Autismo
na escola

Dados Internacionais de Catalogação na Publicação (CIP)
(Câmara Brasileira do Livro, SP, Brasil)

Autismo na escola : estratégias eficazes para os professores / Pesquisa e Desenvolvimento Erickson; tradução de Francisco Morás. – Petrópolis, RJ : Vozes, 2025.

Título original: Autismo a scuola.

ISBN 978-85-326-7180-6

1. Aprendizagem – Metodologia 2. Educação inclusiva 3. Neurodiversidade 4. Prática pedagógica 5. TEA (Transtorno do Espectro Autista) I. Erickson.

25-254617 CDD-371.94

Índices para catálogo sistemático:
1. TEA : Transtorno do Espectro do Autismo : Educação inclusiva 371.94

Aline Graziele Benitez – Bibliotecária – CRB-1/3129

Autismo
na escola

Estratégias eficazes para professores

Tradução de Francisco Morás
Revisão técnica de Isadora Sampaio

EDITORA VOZES
Petrópolis

Tradução do original em italiano intitulado *Autismo a scuola – Strategie efficaci per gli insegnanti*

Direitos de publicação em língua portuguesa – Brasil:
2025, Editora Vozes Ltda.
Rua Frei Luís, 100
25689-900 Petrópolis, RJ
www.vozes.com.br
Brasil

Editoração: A.J.B.
Diagramação: Editora Vozes
Revisão gráfica: Nilton Braz da Rocha
Capa: Nathália Figueiredo

ISBN 978-85-326-7180-6 (Brasil)
ISBN 978-88-590-2506-1 (Itália)

Este livro foi composto e impresso pela Editora Vozes Ltda.

Sumário

Parte II
Programar e agir

Parte III
Refletir e compreender

Parte IV
Aliar-se e partilhar

Autores das contribuições no livro

K. I. Al-Ghani – Professora especializada e pedagoga, trabalha há mais de 30 anos no campo da educação.

Giuseppe Maurizio Arduino – Responsável pelo Centro Autismo e Sindrome di Asperger (C.A.S.A.). Psicólogo, psicoterapeuta, especialista em Psicologia Clínica.

Hans Asperger – Pediatra austríaco, conhecido por ter sido o primeiro a descrever a síndrome que carrega seu nome. Em 1946 tornou-se diretor da clínica pediátrica universitária de Viena.

Anna Rita Attanasio – Professora especializada em atividade de apoio e referência no IPSEOA "Vincenzo Gioberti" de Roma.

Tony Attwood – Psicólogo clínico; há mais de 25 anos se dedica particularmente ao estudo da Síndrome de Asperger, sendo um de seus maiores expoentes.

Simon Baron-Cohen – Professor de Psicopatologia do Desenvolvimento na Universidade de Cambridge. Diretor do Autism Research Centre.

Arianna Bentenuto – Pesquisadora junto ao Departamento de Psicologia e Ciências Cognitivas da Universidade dos Estudos de Trento. Ocupa-se em particular do diagnóstico e do tratamento intensivo de crianças com Transtorno do Espectro Autista (TEA).

Barbara Bucci – Psicóloga e psicoterapeuta, trabalha no Departamento de Pediatria da Universidade de Pádua; especializou-se em 2008 em Psicologia do Ciclo de Vida junto à Universidade de Pádua.

Joanne M. Cafiero – Profissional e relatora especializada no campo do autismo e da Comunicação Aumentativa e Alternativa (CAA), membro do Conselho da Academia Nacional das Ciências para Intervenções Educativas em Crianças com Autismo.

Flavia Caretto – Psicóloga e psicoterapeuta, foi responsável pelo Centro Experimental para o Autismo de Roma e trabalhou no Departamento de Neuropsiquiatria Infantil do Policlínico de Roma Tor Vergata.

Paolo Cornaglia Ferraris – Hematologista pediatra; colunista de *la Repubblica* e pediatra em Gênova no ambulatório gratuito para crianças clandestinas.

Maria Antonella Costantino – Neuropsiquiatra da Infância e da Adolescência. Diretora da Unidade Operacional de Neuropsiquiatria da Infância e da Adolescência (UONPIA) da Fundação IRCCS "Ca' Granda" Ospedale Maggiore Policlinico di Milano. É membro da Sociedade Internacional de Comunicação Aumentativa e Alternativa (ISAAC).

Lucio Cottini – Professor titular de Didática e Pedagogia especial da Universidade de Údine.

Francesca Cottone – Doutora em jurisprudência junto ao Ateneu de Palermo, professora de ensino fundamental e educadora qualificada.

Sofia Cramerotti – Psicóloga da educação, especializada em "Comunicação multimídia e didática". Ocupa-se com programação educacional individualizada, adaptação e simplificação de materiais didáticos.

Chiara Dalla Vecchia – Professora especializada em atividade de apoio na educação infantil "S.S. Trinità" de Schio (VI) e palestrante junto ao Sportello Autismo [Plataforma Autismo] da Província de Vicenza.

Hilde De Clercq – Linguista e formadora de renome internacional no campo do autismo; trabalhou por mais de 20 anos no Centro de Formação para o Autismo de Theo Peeters em Antuérpia, Bélgica, primeiro como formadora e depois como diretora.

Tiziana De Meo – Psicóloga, especializada em psicopatologia da aprendizagem, fez um período de formação na Universidade de Gent, Bélgica, sobre transtornos do autismo.

Maria Devel – Dedicou a maior parte de sua carreira profissional ao aconselhamento a pais de crianças com autismo e outros transtornos do desenvolvimento.

Gabriella Dibattista – Psicóloga e psicoterapeuta, trabalha com pessoas com autismo e ministra formação para operadores de treinamento parental sobre habilidades de autonomia pessoal. Faz parte da Associazione CulturAutismo.

Pernille Dyrbjerg – Mãe de uma criança com TEA e professora especializada.

Uta Frith – Professora emérita de desenvolvimento cognitivo na University College de Londres. Renomada por seus estudos sobre autismo e dislexia, é autora de inúmeras publicações sobre estes temas.

Francesca Fulceri – Neuropsiquiatra Infantil junto ao Departamento de Neurociências da Idade Evolutiva, Instituto Científico de Neuropsiquiatria da Infância e Adolescência (IRCCS) Stella Maris da Universidade de Pisa.

Vittorio Gallese – Professor titular de Fisiologia e coordenador do Doutorado de Pesquisa em Neurociências da Universidade de Parma. Entre as maiores contribuições desse neurocientista estão a descoberta dos neurônios-espelho, com seus colegas do grupo de Parma, e a teoria da simulação encarnada.

Temple Grandin – Professora de Ciências Animais na Colorado State University, faz continuamente conferências sobre transtornos do espectro autista em outros estados americanos.

Carol A. Gray – Diretor do The Gray Center for Social Learning and Understanding em Grandville, Michigan.

Steven E. Gutstein – Psicólogo clínico, codiretor do Connections Center for Family and Personal Development e faz parte do conselho científico do trimestral "Focus on Autism and Other Developmental Disabilities".

Julie Hadwin – Professora na Universidade de Kent.

Francesca Happé – Professora de Neurociências Cognitivas junto ao Institute of Psychiatry de Londres. Seus interesses de pesquisa se concentram no TEA.

Patricia Howlin – Professora na Universidade de Londres, é considerada, junto com Eric Schopler e Uta Frith, uma das maiores especialistas mundiais do autismo.

Dario Ianes – Professor titular de Pedagogia e Didática Especial na Universidade de Bolzano, Curso de Doutorado em Ciências da Formação Fundamental. É cofundador do Centro Studi Erickson de Trento.

Roberto Keller – Médico, especialista em psiquiatria, neuropsiquiatria infantil e psicoterapeuta. Responsável pelo Centro Pilota da Região Piemonte para o TEA em idade adulta junto à ASL TO2.

Lynda Kenward – Trabalhou por mais de 30 anos no campo da educação especial, dedicando-se em particular ao desenvolvimento de recursos e apoios aos alunos com TEA.

Paula Kluth – Doutora em pesquisa, professora e conselheira; trabalha junto aos professores e às famílias a fim de propiciar aos estudantes com TEA oportunidades de inclusão.

Lynda J. Kunce – Professora agregada de Psicologia junto ao Illinois Wesleyan University.

Wendy Kluth – Psicóloga com autismo de nível de suporte 1; há mais de 11 anos se ocupa com transtornos do espectro autista.

Catherine Lord – Pesquisadora ativa no âmbito do TEACCH, programa global que, atuando em larga escala, possibilitou enormes avanços no tratamento do autismo.

Chiara Malagoli – Psicóloga, doutoranda em Psicologia, Antropologia e Ciências Cognitivas da Universidade de Gênova. Ocupa-se das funções executivas na adolescência e nas crianças com autismo.

Dino Maschietto – Neuropsiquiatra infantil e neurologista, é responsável pela Unità operativa di neuropsichiatria infantile ULS n. 10 – Região Vêneto, professor na Universidade de Pádua e de San Marino.

Cristina Menazza – Psicóloga-psicoterapeuta, professora no Master nível II em Psicopatologia da Aprendizagem e na Escola Especializada em Psicologia do Ciclo de Vida da Universidade de Pádua.

Gary B. Mesibov – Professor emérito de Psicologia na Universidade da Carolina do Norte, diretor da Divisão TEACCH de 1992 a 2010.

Enrico Micheli – Psicólogo e psicoterapeuta, de 1983 a 2000 atuou no Hospital S. Paolo, Universidade dos Estudos de Milão. Fundador do Comitê para a correta informação sobre o autismo.

Roberto Militerni – Professor titular de Neuropsiquiatria Infantil junto à II Universidade de Nápoles; é diretor científico do *Giornale di Neuropsichiatria dell'Età Evolutiva*, órgão oficial da SINPIA.

Hugh Morgan – Fundador do Cymru e autor do livro *Adulti con autismo* ("Adultos com autismo").

Claudia Munaro – Pessoa de referência em educação inclusiva e coordenadora do Sportello Autismo e do Servizio Disturbi Comportamento, Ufficio Scolastico Regionale Vêneto – Ufficio VIII Ambito Territoriale di Vicenza.

Filippo Muratori – Professor agregado de Neuropsiquiatra Infantil na Universidade de Pisa.

Giorgia Pelagatti – Psicóloga; em 2006 começou a ocupar-se com a reabilitação de crianças com Transtornos Gerais de Desenvolvimento e como educadora escolar e domiciliar.

Kathleen Ann Quill – Diretora do Autism Institute, centro de apoio para educadores que oferece aconselhamentos e cursos de formação profissional. É conhecida no mundo todo por seus estudos sobre autismo.

Erica Salomone – Professora-assistente no Departamento de Psicologia da Università degli Studi di Milano-Bicocca e pesquisadora visitante junto ao Institute of Psychiatry, Psychology and Neuroscience de King's College London. Ocupa-se de diagnósticos e intervenções relativos ao TEA.

Bruna Scalese – Psicóloga, trabalha com pessoas autistas e oferece formações específicas, teóricas e práticas para assessores e treinamento parental sobre habilidades de autonomia pessoal. Membro da Associazzione Culturale CulturAutismo.

Bruce Schaffer – Pesquisador ativo no âmbito do TEACCH.

Eric Schopler – Psicólogo fundador do TEACCH, programa para o tratamento e educação de crianças com transtornos do espectro autista.

Patrick Schwarz – Doutor de pesquisa, professor de Educação especial e titular da cátedra de Diferenças no aprendizado e no desenvolvimento junto à Universidade de Chicago.

SINPIA – Sociedade Italiana de Neuropsiquiatria da Infância e da Adolescência.

SIPeS – Sociedade Italiana de Pedagogia Especial.

Caroline Smith – Psicóloga especialista em autismo e necessidades especiais. Após ter sido professora por mais de quinze anos, ocupa-se de crianças e adolescentes com transtornos do espectro autista.

Silvano Solari – Professor na Universidade de Gênova, membro da Redação Científica da revista *Autismo e disturbi dello sviluppo* das Edições Erickson.

Raffaella Tancredi – Neuropsiquiatra Infantil junto ao Departamento de Neurociências da Idade Evolutiva, IRCCS Stella Maris da Universidade de Pisa.

Clea Terzuolo – Educadora pedagógica do Ambulatorio Autismo, Centro Autismo e Sindrome di Asperger ASLCN1, Mondovì (CN).

Marialuisa Tonietto – Professora especializada em atividades de apoio no ensino médio de primeiro grau do I.C. de Romano d'Ezzelino (VI) e professora junto ao Sportello Autismo da Província de Vicenza.

Maria Carmen Usai – Ensina Psicologia do desenvolvimento e Desenvolvimento das diferenças individuais junto à Universidade de Gênova. Nos últimos anos, ocupou-se de funções executivas no desenvolvimento comum e atípico.

Enrico Valtellina – De formação filosófica, ocupa-se de Disability Studies e de história da psiquiatria. Colabora com a cátedra de Psicologia dinâmica na Universidade de Bérgamo.

Fabio Veglia – Professor titular de Psicologia Clínica, Universidade de Torino. Diretor da Escola de especialização em Psicoterapia Cognitiva do Centro Clínico Crocetta di Torino, responsável científico do Servizio Sessualità e Disabilità del Comune di Torino.

Paola Venuti – Professora Ordinária de Psicopatologia Clínica, responsável pelo Laboratório de Observação Diagnósticos e Formação (Departamento de Psicologia e Ciências Cognitivas, Universidade dos Estudos de Trento), que se ocupa há anos da pesquisa, diagnóstico e tratamento do transtorno do desenvolvimento, com particular atenção aos transtornos do espectro autista e aos transtornos específicos de aprendizagem.

Claudio Vio – Psicólogo-psicoterapeuta, neuropsicólogo clínico, U.O.C. de Neuropsiquiatria Infantil de San Donà di Piave (VE), professor na Universidade dos Estudos de Pádua e de Trieste.

Paola Visconti – Neuropsiquiatra infantil, do Ambulatorio Disturbi dello Spettro Autistico, UOC NPI, Hospital Bellaria, IRCCS Instituto das Ciências Neurológicas de Bolonha.

Donata Vivanti – Presidente nacional Autismo Itália; vice-presidente European Disability Forum (EDF). Vice-presidente F.A.N.T.A.S.I.A., Federação Nacional para Tutela das Pessoas com Autismo Síndrome de Asperger.

Giacomo Vivanti – Psicólogo, é professor assistente no Drexel Autism Institute de Philadelphia, USA, onde desenvolve atividade clínica e de pesquisa no âmbito do reconhecimento e da intervenção precoce do TEA.

Linda R. Watson – Pesquisadora ativa no âmbito do TEACCH, programa global que, atuando em larga escala, fez passos consideráveis no tratamento do autismo.

Cesarina Xaiz – Psicomotora e terapeuta da família, trabalhou com crianças com transtornos do espectro autista de 1983 a 2000 no C.T.R. do Hospital S. Paolo de Milão, e de 2000 até hoje no laboratório psicoeducacional de La Valle Agordina fundado com Enrico Micheli.

Michele Zappella – Especialista em Neuropsiquiatria Infantil. É professor de Neuropsiquiatria Infantil em diversas escolas de especialização da Universidade de Siena e é conselheiro no Hospital Versilia.

Introdução geral

A Coleção "Grandes Guias"

Para ser verdadeiramente uma escola de qualidade e totalmente inclusiva, a escola é cada vez mais chamada a responder a uma variedade de necessidades expressas por seus alunos, em alguns casos de forma claramente marcada, em outros casos de maneira matizada ou oculta, mas nem por isso menos preocupante.

Juntamente com as formas de deficiências mais conhecidas, é cada vez maior o número de alunos que, embora não sendo "certificados", apresentam Necessidades Educacionais Especiais (NEE) – dificuldades psicológicas e de aprendizagem, comportamentais e relacionais, da esfera afetivo-emocional, resultantes de condições de desvantagens sociais, de diferenças linguísticas e culturais etc.

Por isso, é essencial que o professor seja dotado de instrumentos para compreender atempadamente as diversas dificuldades para que possa acionar todos os recursos possíveis de acordo com os princípios da "normalidade especial" e definir assim as intervenções psicopedagógicas e didáticas mais funcionais. Tudo isso sem negligenciar o fato de que a necessidade de conhecer melhor os diferentes transtornos e definir uma intervenção psicopedagógica e/ou didática eficaz deve envolver tanto as várias figuras profissionais do contexto escolar como, numa visão coconstrutiva de aliança educativa, os familiares e os clínicos.

O objetivo desta coleção é fornecer aos professores guias úteis para adquirir conhecimentos básicos sobre as várias formas de deficiências e a variedade de Necessidades Educacionais Especiais (NEE) presentes nas escolas. Além dos conhecimentos básicos e das características peculiares das diferentes formas de transtornos/dificuldades, o objetivo é também propor métodos de trabalho operacionais e propostas de ações que possam ser colocados em prática no dia a dia da realidade escolar.

Tudo isso no intuito de contribuir para o desenvolvimento das habilidades básicas que não podem faltar, juntamente com a contribuição fundamental e experiencial, no contexto profissional dos professores.

Nessa perspectiva, o quadro de competências transversais que dele derivarão e que caracterizarão esta obra se centrará nos seguintes aspectos:

- no conhecimento do aluno, na capacidade de leitura de seus transtornos/dificuldades e seu perfil de funcionamento;
- na capacidade de leitura/identificação das necessidades e ativar recursos em tempo hábil;
- na capacidade de fazer um planejamento educacional individualizado e verdadeiramente próximo das necessidades do aluno;
- na capacidade de individualizar e personalizar a aprendizagem;
- no conhecimento das principais estratégias e metodologias de intervenção;
- no conhecimento das principais metodologias didático-pedagógicas e das estratégias básicas de ensino-aprendizagem e sua adequada aplicação no contexto escolar;
- na capacidade de promover a aprendizagem, a participação e a mudança na escola e desenvolver a sua qualidade.

Guia de navegação desta obra

O objetivo principal da obra *Autismo na escola* é oferecer uma visão global e simultaneamente útil do Transtorno do Espectro Autista (TEA) e, assim, estabelecer uma intervenção adequada e funcional.

Partindo desse objetivo, o livro oferece aos professores um panorama abrangente das características peculiares do TEA, propondo em seguida inúmeras indicações e sugestões para trabalhar adequada e eficazmente em aspectos particularmente deficitários nos alunos com autismo: dificuldades de interação e de desenvolvimento da intersubjetividade; dificuldades de conhecimento e compreensão de seus próprios estados mentais e dos outros; dificuldades de organização, de planejamento e de autorregulação dos comportamentos de forma flexível; dificuldades de utilização de códigos comunicativos verbais e não verbais; dificuldades de interação em brincadeiras sociais e simbólicas; presença de comportamentos problemáticos repetitivos e estereotipados etc.

Esta obra, que reúne os trabalhos de alguns dos maiores especialistas italianos e internacionais no campo do autismo, graças à sua abordagem teórico-operacional, apresenta um vasto leque de sugestões, de estratégias e de propostas de intervenções psicoeducacionais e didáticas, oferecendo, assim, ao leitor uma ferramenta útil para fazer frente aos desafios cada vez mais complexos que as escolas são chamadas a enfrentar.

Busca-se atingir o objetivo desta obra por meio de uma seleção cuidadosa das contribuições científicas mais conceituadas no campo educacional e didático, que encontraram excelente aplicação no contexto escolar.

O volume se articula em quatro diferentes grandes áreas que ilustram e orientam o professor nas diferentes fases que caracterizam o trabalho com alunos com TEA:

1. Conhecer, observar e avaliar
2. Planejar e agir
3. Refletir e compreender
4. Aliar-se e compartilhar.

A área "Conhecer, observar e avaliar" foi pensada com o objetivo de dar uma definição clara e exaustiva do TEA. Serão examinados, portanto, os critérios e as ferramentas diagnósticas, os aspectos etiológicos, as bases neurobiológicas e os principais modelos de funcionamento do tipo autista. Não será negligenciada, além disso, uma reflexão sobre a importância da identificação precoce.

Na área "Planejar e agir" são apresentadas estratégias e intervenções concretas com as quais a escola e os profissionais envolvidos no trabalho com o aluno possam fazer face de forma mais eficaz aos comportamentos e às exigências didático-educativas particulares dos alunos com TEA.

A subsequente área "Refletir e compreender" aprofunda alguns aspectos peculiares que caracterizam o autismo em uma perspectiva mais ampla. O olhar é dirigido, portanto, à vida adulta e ao projeto de vida, partindo também dos testemunhos diretos de pessoas autistas.

Enfim, na área "Aliar-se e compartilhar" sublinha-se a importância de uma ação compartilhada de rede entre todas as pessoas de referência que giram ao redor do aluno, com particular atenção ao papel e ao trabalho com a família; são sugeridas, além disso, algumas estratégias para realizar da melhor forma possível uma ação sinergética voltada para o bem-estar do próprio aluno. Em particular, esta área objetiva evidenciar como cada sujeito envolvido no trabalho (sem esquecer o papel precioso desempenhado pelo associacionismo) pode participar de forma ativa através da implementação de tarefas muito específicas.

No início de cada capítulo são propostas "representações gráficas" que orientam o leitor na consulta inteligente dos materiais propostos:

– *uma linha temporal sequencial* que ilustra em qual fase estão situadas as indicações de trabalho que se encontram no capítulo:

Quadro de conhecimentos introdutório e características	Diagnósticos, ferramentas de avaliação e identificação precoce	Programação e intervenção	Além do autismo	Construção das alianças educativas

– *um mapa conceitual* que ilustra os principais conteúdos e as relações que existem entre eles, com a finalidade de ter rapidamente uma visão de conjunto dos conceitos tratados, para usar como uma espécie de "organizador avançado".

Dentro de cada capítulo é também possível encontrar boxes de aprofundamento e facilitadores de leitura dos conteúdos:

– *boxe "Exemplo de caso"*, no qual se apresentam, através de breves relatos, pessoas com transtornos do espectro do autista em situações típicas de seu cotidiano;

– *boxe "Da pesquisa científica"*, com aprofundamento de alguns aspectos mediante evidências provenientes da literatura científica;

– *boxe "Aprofundamento"*, com a explicação de alguns conceitos, termos ou conteúdos significativos;

– *boxe "Algumas perguntas ao perito/aos peritos..."*, com entrevistas com os maiores peritos sobre os aspectos mais debatidos e atuais no campo do TEA;

– *perguntas e frases de síntese ao lado do parágrafo*, que têm por objetivo indicar ao leitor sobre o que se está falando, acionar sua reflexão metacognitiva sobre o que é proposto no texto e ajudá-lo a identificar o conceito-chave/a ideia principal no interior do parágrafo.

Em alguns capítulos também é possível encontrar *exemplos de atividades e fichas operacionais*, que dão suporte ao professor por meio de exemplificações concretas, que ajudam a compreender alguns métodos e estratégias a adotar, à luz do que foi ilustrado no capítulo de referência. Na conclusão de cada capítulo, os conteúdos são sintetizados na seção de resumo específico (*Em síntese*), com o objetivo de facilitar uma recapitulação guiada, reorientando a atenção para os principais conceitos-chave.

Pesquisa e desenvolvimento Erickson

Parte I
Conhecer, observar e avaliar

Introdução

Pesquisa e desenvolvimento Erickson

O objetivo desta primeira parte é oferecer ao leitor um quadro geral do TEA e, em particular, oferecer-lhe uma definição clara e exaustiva, ponto de partida fundamental para compreender corretamente todos os outros temas abordados no livro.

O primeiro capítulo abre-se com a descrição das características peculiares do TEA, prosseguindo com uma análise etiológica dos fatores causais e genéticos implicados. É também apresentada uma panorâmica das bases neurológicas e da epidemiologia.

O segundo capítulo, ao contrário, examina alguns dos principais modelos interpretativos do funcionamento de tipo autista; em particular: a teoria socioafetiva, a teoria da coerência central, as funções executivas, a teoria da mente e da cegueira mental, a teoria da empatia-sistematização. O capítulo se encerra com um tópico dedicado a algumas falsas crenças, ainda muito enraizadas, relativas às pessoas com transtornos do espectro autista.

Enfim, o terceiro capítulo desta parte delineia os critérios diagnósticos – oferecendo também indicações úteis e sugestões para a sua correta leitura – e elenca as ferramentas de observação, de avaliação e de diagnósticos mais utilizadas e reconhecidas pela comunidade científica internacional. O capítulo se conclui com um tópico que sublinha a extrema importância da detecção precoce do transtorno, aspecto fundamental para poder definir um projeto de intervenção rápida.

Capítulo 1
Autismo: um quadro introdutório
Definição do transtorno, etiologia, bases neurológicas e epidemiologia

Fontes do capítulo

TÓPICOS

Definição e características do Transtorno do Espectro Autista: retirado de SINPIA (2005, p. 10); Ianes e Zappella (2009, p. 10-18).

Etiologia e genética do Transtorno do Espectro Autista: sob a direção de Arianna Bentenuto.

Bases neurobiológicas: retirado de SINPIA (2005, p. 14-15); Ianes e Zappella (2009, p. 20-22).

Epidemiologia: sob a direção de Arianna Bentenuto.

Prognóstico: retirado de SINPIA (2005, p. 18-19).

BOXES

O caso de Emílio: retirado e adaptado de Venuti (2010, p. 41-42).

Da pesquisa científica: o impacto dos comportamentos restritos e repetitivos sobre a aprendizagem: retirado e adaptado de Vivanti e Salomone (2016, p. 62-65).

Aprofundamento: o Transtorno do Espectro Autista em mulheres: sob a direção de Arianna Bentenuto.

Linha temporal sequencial

Em qual fase temporal são situadas as indicações de trabalho que encontraremos neste capítulo?

Quadro de conhecimentos introdutório e características ▲	Diagnósticos, ferramentas de avaliação e identificação precoce	Programação e intervenção	Além do autismo	Construção das alianças educativas

Mapa conceitual inicial

O que abordaremos neste capítulo?

O caso Emílio

Paola Venuti

Emílio tem 6 anos e frequenta o segundo ano da escola fundamental. Chega de carro acompanhado pelo pai, olha para fora, observa atentamente os carros que passam; por vezes digita sobre o para-brisas como se quisesse escrever algo; para fazê-lo, molha o dedo com a saliva. Na verdade, está escrevendo algumas marcas de carro, mesmo que não correspondam àquelas que vê. Uma vez chegados à escola, desce do carro tranquilo, apanha a mochila e se dirige para a entrada. Caminha saltitando, passos irregulares, ora mais longos, ora mais curtos; primeiro saltita, em seguida para. A perna esquerda parece ligeiramente arrastada. Braços levemente abertos, um cada vez mais elevado do que o outro. Anda rápido como se não visse nada ao seu redor. Alguns colegas o tocam, o cumprimentam, e ele vai em frente: no rosto um olhar que parece sereno. Seu passo aumenta, agora quase corre, chega ao portão e encontra ali, a esperá-lo, Anna, a professora da turma. Emílio a observa, para, dá meia-volta, em seguida olha para o pai e imediatamente começa a gritar forte, muito forte. Fica vermelho, sua, bate as mãos e parece irrefreável. Anna olha em volta, surpreendida, e pronuncia palavras tranquilizadoras que Emílio nem parece ouvir. Em seguida, subitamente diz: "Giovanna chegará um pouco mais tarde, o carro dela quebrou". Naquele instante o pai intui. Segura firmemente Emílio pelos ombros, dizendo: "Olhe, escute, agora explico a você o que houve". Segurando firme o filho com a mão nos ombros começa a falar-lhe com voz calma e clara dizendo: "Sua professora Giovanna está chegando, o carro dela deu pane e ela está atrasada, por isso você encontrou aqui Anna esperando por você. Você está acostumado a encontrar Giovanna, ela espera você, ajuda você a tirar a mochila, pega você pela mão e leva você para a sala de aula. Esta manhã você não viu Giovanna e ficou assustado. Também Anna é sua professora, ela está com você há menos tempo, mas também é sua professora. Nesta manhã, ela estará com você esperando Giovanna". Enquanto o pai continua falando Emílio se acalma, para de gritar. Anna intervém e repete que, em breve, Giovanna chegará: "Agora vamos levar a mochila até sua sala, depois entraremos na sala para cumprimentar os colegas e ali você esperará a chegada de Giovanna". Emílio, após ter dirigido um olhar ao pai, a acompanha.

Definição e características do TEA

SINPIA; Dario Ianes e Michele Zappella

O autismo é uma síndrome comportamental causada por um transtorno do desenvolvimento biologicamente determinado. As áreas prevalentemente interessadas são as relativas à interação social recíproca, à habilidade de comunicar ideias e sentimentos e à capacidade de estabelecer relações com os outros (Baird, Cass & Slonims, 2003; Berney, 2000; Rutter, 1978; Szatmari, 2003). O autismo se configura, portanto, como uma deficiência "permanente" que acompanha o sujeito ao longo de todo o seu ciclo de vida, embora as características do déficit social assumam uma expressividade variável ao longo do tempo.

O autismo é uma síndrome causada por um transtorno do desenvolvimento biologicamente determinado

O que caracteriza um transtorno situado no "espectro autista" e como se manifesta tipicamente? Alguns transtornos que podem ser enquadrados neste vasto leque de incapacidades/diversidades apresentam-se com uma grande variabilidade, alguns com déficit nas diferentes áreas características, de tal forma graves que tornam adequado o termo "incapacidade" na sua acepção comum; outros apresentam situações de funcionamento totalmente excêntricas, bizarras, com áreas de funcionamento excelente ou até mesmo excepcional, e outros, situações variavelmente deficitárias (Asperger, 2003). Nestes casos é mais apropriado falar de diversidade. Para além desta grande variabilidade de expressões, existem, no entanto, aspectos centrais, característicos, que se encontram nas diversas situações pessoais. As definições e as classificações hoje particularmente compartilhadas e utilizadas em âmbito internacional (DSM-5® e CID-11) se baseiam principalmente na descrição do comportamento típico do TEA.

O DSM-5® (APA, 2013) propõe, por exemplo, a díade sintomatológica típica que define o TEA: *déficit persistente da comunicação e da interação social em diversos contextos* (retardo ou falta total de desenvolvimento da linguagem falada sem tentativas de encontrar formas de comunicação alternativas ou, se há linguagem adequada, deficiência na capacidade de iniciar e sustentar uma conversação; uso de uma linguagem estereotipada/repetitiva; falta de jogos de simulação ou de imitação social; comprometimento no uso de comportamentos não verbais, como olhar direto, expressão mímica, postura, gestos etc.); *padrões de comportamento, interesses e atividades restritas, repetitivas e estereotipadas* (interesses restritos anômalos e estereotipados, submissão rígida a rituais específicos, maneirismos motores estereotipados e repetitivos). Além dessas características diagnósticas específicas, é frequente que as crianças com autismo mostrem uma variedade de outros problemas não específicos, como fobias, transtornos do sono e de alimentação, agressividade (também autodirigida) e reações de raiva. Analisemos um pouco mais detalhadamente as características mais típicas do funcionamento psicológico de uma pessoa com transtornos do espectro autista.

O DSM-5®

1. Dificuldades de interagir com o outro desenvolvendo a intersubjetividade

A criança com autismo nasce com déficit mais ou menos grave na predisposição normalmente inata para estabelecer contato com os outros, principalmente com os pais, e desenvolve com dificuldade as várias capacidades de intersubjetividade como:

Quais são as capacidades que caracterizam a intersubjetividade?

- atenção conjunta
- imitação
- emoção conjunta
- intenção conjunta
- troca de turnos (por exemplo, também no jogo)
- interação social (Xaiz & Micheli, 2001).

Quando uma criança tem TEA, estes comportamentos que constituem a intersubjetividade (primária ou secundária) podem não aparecer ou aparecer tardiamente ou de forma distorcida. Além disso, estes comportamentos podem ser potencializados por déficits sensoriais e/ou motores, ou apresentar um desenvolvimento muito lento. Além do mais, nestas situações de dificuldade, tampouco a *motivação social* é desenvolvida, nomeadamente o tipo de motivação capaz de estimular a busca por experiências intersubjetivas que levam à experimentação e à aquisição das habilidades sociais (Xaiz & Micheli, 2001). Isso compromete também a capacidade de compartilhar emoções e estados mentais, de desenvolver interações direcionadas para um fim, de processar simbolizações, especialmente na representação mental de situações e regras sociais, bem como no desenvolvimento de competências/habilidades relacionais (Gutstein & Sheely, 2005).

2. Dificuldades cognitivas de conhecer e compreender os estados mentais próprios e alheios e suas relações com os comportamentos

A criança com autismo parece incapaz de refletir sobre o que acontece na própria mente e de compreender suas várias atividades cognitivas, metacognitivas, afetivas, motivacionais, em suas diferenças e em suas relações com fatos e comportamentos, bem como com outros estados mentais. Em outros termos, a criança com déficit de "teoria da mente", expressão que define esta condição particular, seria "cega" em relação às próprias dimensões psicológicas e principalmente incapaz de "ler a mente" do outro. Incapaz, portanto, de sentir e compreender o que o outro pensa, sente, deseja, e igualmente incapaz de perceber como essas atividades mentais incidem nos comportamentos do interlocutor (Howlin, Baron-Cohen & Hadwin, 1999).

O conceito de "teoria da mente" faz, portanto, referência à capacidade de deduzir os estados mentais dos outros, ou seja, seus pensamentos, opiniões, desejos, intenções e assim

> por diante, e à capacidade de usar tais informações para interpretar o que os outros dizem, dando sentido, assim, ao seu comportamento e prevendo o que farão em seguida (Howlin, Baron-Cohen & Hadwin, 1999, p. 9).

No processo de desenvolvimento a criança aprende, por intermédio da interação com os outros, a definir os seus estados mentais, a relacioná-los com os seus comportamentos, a definir os estados mentais dos outros e a relacioná-los com os seus comportamentos. É assim que se desenvolve a capacidade de *metarrepresentação mental.*

Teoria da simulação mental

Um novo campo de pesquisa particularmente interessante para o TEA é o vinculado à *teoria da simulação mental.* A base desta teoria é a descoberta dos neurônios-espelho (Rizzolatti & Sinigaglia, 2006), ou seja, neurônios motores que são ativados quando uma pessoa realiza uma determinada ação ou quando vê outra pessoa fazer a mesma ação. Isso também acontece quando a parte final do ato não é explícita, isto é, está escondida. Essa descoberta permite afirmar que os neurônios-espelho conseguem codificar as ações em função de seu objetivo, situando-se, portanto, no nível das intenções. Os estudos realizados evidenciaram também que as ações de conteúdo emocional são fortemente ligadas a essas dinâmicas:

> O reconhecimento das emoções de outrem repousa sobre um conjunto de circuitos neurais que, por mais diferentes que sejam, compartilham aquela propriedade-espelho já encontrada no caso da compreensão das ações [...]. Foi possível estudar experimentalmente algumas emoções primárias; os resultados mostram claramente que a observação de uma manifestação de dor ou de nojo nos outros ativa o mesmo substrato neural subjacente à percepção em primeira pessoa do mesmo tipo de emoção. Outra confirmação provém de estudos clínicos efetuados em pacientes com patologias neurológicas: uma vez perdida a capacidade de sentir e exprimir uma determinada emoção, torna-se impossível reconhecê-la, mesmo quando expressa por outros. Como no caso das ações, também para as emoções é possí-

> vel falar de uma compreensão imediata que não pressupõe processos cognitivos de tipo inferencial ou associativo [...]. A compreensão imediata das emoções dos outros é o pré-requisito necessário para o comportamento empático que está na base de uma grande parte de todas as nossas relações interindividuais (Rizzolatti & Sinigaglia, 2006).

O tema dos neurônios-espelho será aprofundado mais adiante.

3. Dificuldades perceptivas e cognitivas de construir um "todo" coerente e global a partir de estímulos externos

A criança com autismo sente-se fortemente atraída e fixada nos detalhes dos objetos e nas situações com que se depara. Ela processa a experiência de maneira fragmentada, segmentada, sem reconstruir um todo sensato e coerente, sem elaborar uma "imagem" significativa. O funcionamento perceptivo-cognitivo parece carecer de uma capacidade de "coerência central" capaz de sintetizar em algo único, coerente e significativo o conjunto de estimulações e informações percebidas. O problema da hiperseletividade no autismo é relatado com o rigor de um acadêmico, mas também com a ternura de uma mãe no texto de Hilde De Clercq, *Il labirinto dei dettagli* (2006) [O labirinto dos detalhes]. Por meio da própria experiência com seu filho autista Thomas, a autora mostra como uma característica-chave do modo cognitivo autista é o "pensar em detalhes", ou seja, sua extrema sensibilidade aos detalhes, que devem ser detectados e combinados em grande quantidade antes de formar um todo unificado e dotado de sentido. Por exemplo, seu filho só confia em mulheres loiras, com cabelos amarrados ao estilo rabo de cavalo, como a sua mãe; quando seu avô, após uma visita, volta para a sua casa, Thomas só se despede dele se o avô estiver com o carro de cor verde; Thomas adora sorvete, mas o pistache deve estar no fundo, a cor laranja no meio e a cor morango em cima. A autora também descreve as consequências desse modo cognitivo específico nas dificuldades de comunicação, de compreensão

Importância dos detalhes

Carência de coerência central

social e de imaginação, com indicações importantes para o desenvolvimento de programas educativos e relações positivas com pessoas autistas. Isso é atribuído a uma deficiência geral na forma como a informação é processada com uma redução da tendência normal de elaborá-las no contexto, dando predominante destaque à imagem geral. No autismo, ao contrário, há uma tendência de concentrar-se no particular, em detrimento da imagem geral: uma carência de coerências central (Frith, 1989). Essa teoria está relacionada com outra mais recente que propõe um baixo nível de ligação (ou conectividade) entre áreas distantes e um nível excessivo numa área limitada como explicação para esta tendência acentuada para a repetição e para a hiperseletividade (Brock et al., 2002).

4. Dificuldades de organizar, planejar e autorregular os comportamentos, também de maneira flexível e criativa

Dificuldades nas funções de execução

A criança com autismo encontra grandes dificuldades nas chamadas *funções executivas* (capacidade de planejamento superior e de autorregulação metacognitiva); por isso, ela mantém ativa com grande dificuldade a atenção, formula planos de ação com dificuldade e executa-os com a mesma inconstância; inibe com dificuldade sua tendência de responder impulsivamente, não utiliza os *feedbacks* ambientais para corrigir os próprios comportamentos, monitorando-os continuamente, e não reorienta de forma flexível as suas estratégias comportamentais ou cognitivas (Schopler & Mesibow, 1998). Portanto, ao lado da hipótese de um específico déficit social/cognitivo que estaria na base dos sintomas evidenciados no autismo, recentemente foi sugerido também que a desordem é caracterizada por uma dificuldade mais geral nos sistemas responsáveis pelo controle e pelo ordenamento do comportamento. Em termos concretos, as dificuldades no âmbito da inibição e da flexibilidade – que podem ser evidenciadas por meio do teste de qualidade Wisconsin Card Sorting Test (WCST) – situam-se no âmbito de procedimentos como: capacidade de inibir uma resposta ou de postergá-la para um momento mais adequado, habilidade de planejar uma sequência de ações, capacidade de representar-se uma tarefa selecionando informações relevantes a manter na memória (memória de trabalho), flexibilidade com a qual a atenção é orientada etc. (De Meo, Vio & Maschietto, 2000).

5. Dificuldades de usar os códigos comunicativos verbais e não verbais

A criança com autismo, como vimos, apresenta um déficit de intenção comunicativa, ou seja, na "vontade" e "prontidão" para envolver o outro nos seus interesses e nos seus próprios estados de espírito e significados. A esse defeito fundamental de reciprocidade e de interação social juntam-se os vários defeitos nos "meios" de comunicação habitualmente utilizados.

Déficit na intenção comunicativa

Assim, encontramos déficits na produção e na recepção verbal, com jargões frequentes, ecolalias imediatas e tardias, estereotipias verbais e inversões pronominais (Quill, 2007). Além disso, em muitas situações a criança com TEA é também obrigada a descobrir, a utilizar e a fazer suas as funções mais avançadas da esfera comunicativa, aquelas que tipicamente no autismo são menos utilizadas e mais deficientes, e que precisam da linguagem verbal para se exprimirem com um mínimo de eficácia, indo, assim, além do simples pedido e da rejeição, das rotinas sociais elementares da saudação, da experimentação mínima de humores ou emoções etc. Em suma, eis o mais importante para pais e profissionais que trabalham em contato direto com crianças com autismo: ouvir uma história, trocar informações, fazer comentários e avaliações etc. (Freeman & Dake, 2007). Existem igualmente deficiências na postura, no emprego do olhar, na gestualidade e na mímica. Em geral também emergem como deficitários a entonação da voz, o ritmo e as pausas no discurso, aspectos de grande relevância comunicativa no discurso (Watson et al., 1997). Naturalmente, esses déficits juntam-se aos da interação social e aos da compreensão de como "devemos nos comportar nos diversos ambientes sociais" (Gutstein & Sheely, 2005; Smith, 2006). Falando de autismo, obviamente não devemos negligenciar as enormes potencialidades das linguagens não verbais: gestos e sinais, símbolos escritos, desenhos e imagens significativas (Dyrbjerg & Vedel, 2008; Dixon, 2008), típicas das técnicas de *Comunicação Aumentativa Alternativa,* que mais adiante teremos oportunidade de aprofundar (Goldman, 2006; Cafiero, 2009; Costantino, 2011, 2012).

6. Dificuldades de jogo social e simbólico (simular)

Como se caracteriza o jogo?

A área lúdica é fortemente comprometida, tanto no que se refere aos jogos com uma base interativa fundamental – e isto é perfeitamente previsível com base nos déficits interpessoais e comunicativos – como no que se refere aos jogos de simulação, em que a criança "transforma" uma coisa em outra e a faz simbolizar outra coisa: o lápis se transforma numa espada com a qual ela perfura uma borracha, que por sua vez simboliza um terrível dragão. Entretanto, para realizar essa atividade mental, a criança deve saber livrar-se de uma visão e de uma interpretação "literais" e perceptivas do mundo e colocar-se em um plano de elaboração simbólica, que abstrai e simula, como já tivemos oportunidade de enfatizar na "teoria da mente" (Howlin, Baron-Cohen & Hadwin, 1999). Estes são aspectos cognitivamente muito difíceis para uma criança com autismo. O fato de que uma criança repita muitas vezes atividades ou comportamentos/frases vistos ou sentidos só pode significar, infelizmente, que mecanicamente ela repete tais *inputs* [entradas] sem as dimensões cognitivas e interpessoais do jogo. E esse aspecto nos leva a refletir sobre outro modo crucial do funcionamento da pessoa autista.

7. Comportamentos repetitivos, estereotipados, restritos e por vezes problemáticos

Interesses restritos e seletivos

Esta área envolve vários comportamentos e atitudes "excêntricos", que podem inclusive transformar-se efetivamente em comportamentos problemáticos graves (p. ex., automutilação, picacismo; Ianes, 1992). Com frequência a criança com autismo tem interesses seletivos e restritos por poucas coisas ou situações, ou até por partes de objetos. Ela pode demonstrar um interesse total, obsessivo e rígido: no caso de não poder persegui-los, ela pode viver essa frustração com fortes emoções negativas. Pode também envolver-se em longos rituais e atitudes compulsivas com o objetivo de exercer um controle total sobre o ambiente e a ansiedade em relação a mudanças súbitas de imprevisibilidade. Em muitos casos a busca de estabilidade e de regularidade do ambiente e das rotinas é fundamental. A criança com autismo pode aprender e utilizar de forma generalizada sequências de comportamentos estereotipados com uma função autoestimulatória motora, cinestésica, tátil, olfativa etc. (Ianes & Cramerotti, 2002). Com esses comportamentos repetitivos ela pode autogerar-se estimulações prazerosas e gratificantes, ou reduzir o impacto perceptivo desagradável de estímulos ambientais para os quais ela demonstra ter uma hipersensibilidade. Em alguns casos ocorrem igualmente comportamentos autoagressivos ou heteroagressivos, muitas vezes com uma função comunicativa, ou seja, são uma "mensagem" dirigida a quem controla o ambiente, propiciando efeitos gratificantes ou eliminando situações desagradáveis à criança com autismo. Esses comportamentos são frequentemente uma presença dramática no repertório comportamental das pessoas com autismo, e são provavelmente um dos grandes obstáculos às relações pessoais e à implementação de intervenções educativas. A esse propósito, Carr e colegas (1998) propõem uma análise do significado interpessoal de uma ampla gama de comportamentos problemáticos presente no autismo. Estes são vistos como atos precisos de comunicação de "mensagens" que nem sempre são fáceis de interpretar, mas cujo significado é muitas vezes empiricamente verificável. Se o comportamento problemático é a comunicação, seu tratamento também deve sê-lo: por conseguinte, não pode limitar-se à tentativa de reduzir ou eliminar o comportamento em questão, mas deve

O comportamento problemático é uma mensagem

ter por objetivo identificar a sua função e ensinar formas de comunicação alternativas, mais aceitáveis e eficazes.

Da pesquisa científica: o impacto dos comportamentos restritos e repetitivos sobre a aprendizagem

Giacomo Vivanti e Erica Salomone

Se a natureza dos comportamentos restritos e repetitivos em parte continua um mistério, o fato de essas manifestações interferirem no aprendizado é, ao contrário, uma certeza. Em particular, essas manifestações podem comprometer a aprendizagem em quatro modos:

1) reduzindo o interesse da criança pelo que é novo e direcioná-la para o que é conhecido;
2) entrando em competição com os *inputs* sociais e linguísticos;
3) limitando os padrões lúdicos da criança;
4) limitando a capacidade de generalizar e usar de modo flexível as habilidades adquiridas.

O primeiro desses processos é uma consequência da "insistência na imutabilidade": para aprender algo novo em qualquer fase do desenvolvimento, é preciso estar aberto a novas atividades e estímulos.

As crianças com desenvolvimento típico são atraídas pela novidade: prestam mais atenção a eventos, palavras e ações que nunca viram ou sentiram do que a estímulos familiares. Essa disposição positiva diante do novo (à custa do que é familiar) significa que os novos estímulos (p. ex., uma criança que se joga na piscina de um trampolim, ou a palavra "libélula" ouvida pela primeira vez) recebem um "tratamento especial".

Na criança com TEA, essa hierarquia parece ser invertida: são os "velhos" estímulos, já conhecidos, que despertam sua atenção, ao passo que os novos estímulos são relegados a um segundo plano ou deliberadamente "contrariados". Faltam, assim, as premissas para aprender novas palavras, novas ações, novos comportamentos: a infinita "oferta" de oportunidades de aprendizagem posta à disposição do ambiente físico e social se reduz a poucos estímulos, que bem depressa esgotam suas potencialidades de ensinar algo novo. Quem paga a conta são frequentemente os estímulos sociais, que passam em segundo plano na "competição" com os interesses repetitivos.

Em um estudo de Sasson e Touchstone (2014), baseado mais uma vez na tecnologia do rastreio ocular, crianças com TEA e coetâneas com desenvolvimento típico olhavam uma série de pares de imagens na tela de um computador emparelhadas uma ao lado da outra: cada par de imagens incluía a foto de uma pessoa e de um objeto. Em geral, as crianças com TEA prestavam a mesma atenção a ambos os estímulos, mas, quando o objeto representado na imagem era um objeto pelo qual a criança tinha um interesse especial, a atenção era desviada completamente para esse objeto, em detrimento da imagem da pessoa, um fenômeno não observado em crianças com desenvolvimento típico.

Estes dados confirmam que no TEA não há nenhum elemento intencionalmente "antissocial". As crianças com esse transtorno não buscam evitar ativamente as pessoas ou seu rosto: simplesmente encontraram algo mais interessante com que ocupar sua atenção. Outro fator que também contribui a tornar os comportamentos restritos e repetitivos uma ameaça potencial à aprendizagem é o impacto que esses fenômenos têm sobre os interesses lúdicos espontâneos da criança. A propensão a repetir alguns poucos comportamentos impede a criação de esquemas lúdicos mais complexos e abstratos, que representam um terreno fértil para a aprendizagem no desenvolvimento típico.

Essas dificuldades de estender o uso de objetos a uma gama de comportamentos diferentes e abstratos são potencialmente uma das razões pelas quais as crianças com autismo têm dificuldades na simulação simbólica (simular que a vaca voe ou que ela beba um imaginário copo de chá ou que se transforme em algo diferente; Kasari & Chagn, 2014). O jogo simbólico é um campo de treinamento insubstituível para o desenvolvimento da cognição social e não social da criança; os cenários do jogo simbólico permitem representar, aprender e praticar comportamentos sociais e comunicativos cada vez mais sofisticados e progressivamente mais desvinculados da função concreta do objeto.

Além disso, esses esquemas de jogo criativo são mais convidativos para crianças coetâneas com desenvolvimento típico, se comparadas com crianças que apresentam comportamentos restritivos e repetitivos. Por exemplo, poucas crianças adeririam a uma brincadeira de ordenar numa fileira algumas vaquinhas, mas provavelmente participariam com entusiasmo de um jogo em que uma vaquinha e um cavalinho voariam numa astronave para levar um remédio a um porquinho com dor de barriga, e na cena seguinte todos mergulhariam numa piscina. É por isso que os comportamentos restritos/repetitivos tendem a ser solitários e, por consequência, pouco funcionais no aprendizado social.

Enfim, mesmo quando crianças com TEA aprendem com sucesso uma determinada atividade – por exemplo, despedir-se dizendo "tchau", no momento de deixar a escola infantil –, a tendência à repetição pode dificultar a capacidade de generalização ou o uso de uma habilidade num contexto diferente daquele no qual foi aprendida. Por exemplo, a criança poderia despedir-se e dizer: "Tchau!" somente no jardim de infância ou na creche, ou somente despedir-se da professora que lhe ensinou aquele comportamento, e não dizer: "Tchau!" ao se despedir dos avós ao deixar a casa deles. Além disso, ela poderia resistir às mudanças de rotina: por exemplo, dizer: "Tchau!" apenas quando ela sai às 16 horas e não nos dias em que sai ao meio-dia; ou não acrescentar elementos à rotina, como dizer: "Tchau, Marcos!", ou simplesmente: "Tchau!" A aprendizagem requer flexibilidade: quando aprendemos a palavra "helicóptero" ou o nado ao estilo livre ou a prática de amarrar os sapatos, a aprendizagem só é útil se o comportamento adquirido for igualmente utilizado em contextos diferentes segundo as circunstâncias. A rigidez comportamental observada no TEA dificulta esse processo, e as novas habilidades aprendidas num determinado contexto correm o risco de permanecer "aprisionadas" a ele; por essa razão, com frequência pais, terapeutas e professores têm, na mais perfeita boa-fé, ideias muito diferentes sobre o que a criança sabe fazer ou não – diferentes comportamentos podem ser expressos em um contexto, mas não em outro.

Etiologia e genética do TEA

Arianna Bentenuto

Diferentes fatores subjacentes ao TEA

Não há uma causa única para o TEA. A ampla heterogeneidade dos sintomas comportamentais do transtorno é expressão de diversas causas biológicas, entre as quais figura a interação de fatores genéticos e ambientais que, desde a concepção da criança, influenciam o desenvolvimento do cérebro (Minshew et al., 2011). Um desenvolvimento cerebral atípico pode depender de diferentes fatores, como a influência de substâncias químicas sobre o desenvolvimento das células cerebrais, alterações na anatomia do cérebro e na conectividade entre neurônios e diferentes áreas do cérebro. Assim como boa parte do transtorno do desenvolvimento neurológico, o TEA também tem uma forte predominância masculina. Vale sublinhar que os meninos tendem a apresentar sintomas mais externalizáveis e disseminados, que facilitam os pedidos de investigação diagnóstica, ao passo que as meninas apresentam sintomas como ansiedade e depressão, que podem retardar o diagnóstico (confira o aprofundamento sobre o TEA em mulheres, no final do capítulo). Além do mais, alguns estudos evidenciam a existência de fatores genéticos específicos que possuem um efeito "protetivo" em relação ao desenvolvimento do transtorno no gênero feminino (Dworzynsky et al., 2012); Solomon et al., 2012).

Variabilidade na manifestação do sintoma do transtorno

A variabilidade na manifestação sintomatológica do transtorno igualmente aparece quando se consideram os diferentes graus de gravidade do transtorno e a presença de comorbidade com outros transtornos. Em 70% das crianças com TEA está presente uma deficiência associada, que varia de leve a grave; o comprometimento da linguagem pode variar da dificuldade no uso pragmático do canal verbal até a ausência de linguagem verbal, com uma estimativa de 30% das crianças que apresentam uma linguagem verbal mínima, não obstante intervenções intensivas. Além disso, vários estudos sublinham a presença de comorbidades com outros transtornos neurobiológicos, como epilepsia, transtornos do sono e atrasos no desenvolvimento motor, e com outros transtornos psiquiátricos, como depressão, ansiedade, irritabilidade, Transtorno do Déficit de Atenção e Hiperatividade (Baker & Jeste, 2015).

Essa grande heterogeneidade na apresentação clínica torna ainda mais claro que é crucial que as intervenções sejam individualizadas e personalizadas segundo o perfil individual do sujeito com TEA. Um grande número de pesquisas sugere uma forte predisposição genética do transtorno, e muitos estudos feitos com famílias confirmam um papel importante exercido pela hereditariedade na determinação da presença do TEA (Ramaswami & Geschwind, 2018). Embora os estudos de genética não tenham ainda rastreado a presença de um "gene específico" do TEA, atualmente foi encontrada uma vulnerabilidade genética para explicar a complexidade genotípica e fenotípica desse transtorno (Abrahams & Geschwind, 2008; Colvert et al., 2015).

Hereditariedade no TEA

O TEA é um dos transtornos neuropsiquiátricos mais hereditários, tal como reconhecido desde os inícios dos estudos realizados em gêmeos e irmãos de crianças com diagnóstico conhecido, dos quais resultaram os seguintes dados:

– as taxas de concordância nos gêmeos monozigóticos se aproximam dos 70% (Smalley, Asarnow & Spence, 1988); em comparação com os resultados iniciais, os recentes estudos identificaram um aumento da taxa de concordância para os gêmeos monozigóticos que vai dos 87% aos 94%, e uma taxa de concordância entre 22% e 26% para gêmeos heterozigóticos (Colvert et al., 2015);

– a presença do transtorno em irmãos de crianças com TEA varia de 5% a 20%, com taxas mais altas se o primeiro filho com TEA for uma menina;

– em estudos prospectivos de larga escala em crianças com irmãos maiores com TEA, detectou-se que 18% dos neonatos avaliados não desenvolvem o TEA, e este percentual alcançava 33% quando na família havia dois filhos com TEA (Ozonoff et al., 2011);

– alguns membros da família de indivíduos com TEA apresentam características similares, embora de forma leve; alguns estudos evidenciaram uma maior probabilidade de manifestar traços de autismo abaixo do limiar principalmente entre parentes de primeiro grau (Hurley et al., 2007; Tsai et al., 2017);

– em outras pesquisas detectou-se também que os recém-nascidos de irmãos maiores com TEA parecem apresentar riscos de desenvolver dificuldades socioemocinais (Pickles et al., 2000). Ademais, grupos de irmãos, entre 20% e 36%, apresentam outros transtornos psiquiátricos, como problemas de internalização e de externalização.

Nos últimos anos as pesquisas têm feito progressos consideráveis na tentativa de evidenciar as bases genéticas e neurobiológicas do TEA. Novas estratégias genéticas e bioinformáticas (sequenciamento do DNA), juntamente com grandes amostras de pacientes e o compartilhamento de dados, ajudaram a obter enormes avanços na arquitetura genética do TEA (Kim & Leventhal, 2015) e na identificação dos genes implicados no transtorno (Geschwind & State, 2015).

A etiologia do TEA pode ser em grande parte atribuída à genética ou à interação entre predisposição genética e fatores de risco ambientais, mas não exclusivamente ao efeito das condições ambientais (Devlin & Scherer, 2012). A pesquisa demonstrou uma multiplicidade de fatores genéticos causais e de risco para o TEA, tais como anomalias cromossômicas raras, *de novo* [ou *mutações novas*], variações nos números de pares, síndromes genéticas conhecidas relacionadas com o TEA (Síndrome do X frágil, Síndrome do Rett, Esclerose Tuberosa, Síndrome de Angelman e Síndrome de Down). Concretamente, estimativas recentes sobre a etiologia do TEA sugerem que um percentual entre 50% e 95% dos casos são atribuíveis a causas genéticas (Colvert et al., 2015); particularmente, menos de 30% dos casos de TEA têm uma causa genética conhecida. Graças aos estudos de *linkage* (ligação gênica) e associação genética, foram identificados muitos genes suscetíveis ao autismo situados em várias regiões cromossômicas, em particular 2q, 5p, 7q, 15q e 16p e no cromossomo X (Persico & Napolioni, 2013), que comprovam a presença de muitos *loci* gênicos diferentes e em graus variáveis entre os indivíduos (Gilman et al., 2011), alguns codificando receptores ou transportadores de neurotransmissores e outros codificando proteínas que desempenham um papel na função sináptica.

Os primeiros estudos sobre os fatores genéticos do autismo foram estudos de ligação em famílias multiplex, destinados a identificar regiões cromossômicas herdadas conjuntamente pelos indivíduos em causa (Geschwind & State, 2015). Além disso, a maioria dos *loci* identificados não foram replicados em estudos sucessivos (Abrahams & Geschwind, 2008). De algumas pesquisas emerge a reconfirmação de apenas dois *loci*: um mapeamento no cromossomo 20p13 (Weiss et al., 2009) e um mapeamento no cromossomo 7q35, que podem ser associados ao gene CNTNAP2 (Geschwind, 2008).

Mais concretamente, mutações genéticas *de novo* (DNM), mencionadas precedentemente, estariam relacionadas com o envelhecimento das células humanas, afetando, especificamente, os gametas dos pais de crianças com TEA. Considerando esse elemento, não surpreende que a idade avançada dos pais possa ser um fator de risco para o TEA (Jamil, 2016). Além da idade avançada dos pais, outros fatores de risco no adulto poderiam derivar da exposição pré-natal e perinatal à talidomida, ao ácido valproico e aos inseticidas (Landrigan, 2010), e a fatores perinatais e neonatais como a posição podálica, a prematuridade e a baixa pontuação APGAR da criança (Guinchat et al., 2012).

A maioria das variações genéticas tem apenas um pequeno efeito, e as variações em muitos genes podem combinar-se com fatores de risco ambiental, especificados precedentemente, para determinar o risco de uma pessoa desenvolver essa doença complexa. Convém sublinhar que muitos dos genes associados ao TEA estão envolvidos no desenvolvimento do cérebro, e isso explica as variações que foram encontradas em zonas cerebrais específicas. As proteínas produzidas por esses genes influenciam múltiplos aspectos do desenvolvimento do cérebro, dentre os quais a produção, o crescimento e a organização das células nervosas. Graças à genômica – que aumentou consideravelmente a capacidade de identificar deleções e duplicações –, observaram-se pequenas variantes estruturais ditas Copy Numbers Variants (CNV), que parecem desempenhar um papel na etiologia do autismo causado principalmente por CNV raras e *de novo* (Pinto et al., 2010).

As CNV são variações estruturais mais comuns e presentes no genoma humano. Elas englobam qualquer variação genética que altera a estrutura cromossômica e, no TEA, afetam principalmente os genes de complexos sinápticos neuronais específicos, alterando algumas proteínas e funções moleculares. As CNV *de novo* mostram uma vasta heterogeneidade em termos de tamanho – algumas são suficientemente pequenas para afetar um único gene ou suficientemente grandes para afetar muitos genes – e na apresentação clínica; pacientes com CNV múltiplas *de novo* têm geralmente fenótipos mais graves (Ramaswami & Geschwish, 2018).

Para compreender melhor a patogênese do TEA, seria conveniente concentrar-se na maneira como os genes e o ambiente interagem entre si, nas fases de desenvolvimento típico e atípico da pessoa. O desenvolvimento é um processo dinâmico que reflete uma constante interação entre os genes e o ambiente. Isso explica os muitos fatores subjacentes ao TEA – precisamente pelo entrelaçamento de diferentes fatores genéticos, biológicos e ambientais –, que determinaria a grande variabilidade das manifestações comportamentais do transtorno.

Bases neurobiológicas

SINPIA, Dario Ianes e Michele Zappella

Quais contribuições importantes as técnicas de neuroimagem trouxeram?

É a área de investigação destinada a identificar eventuais estruturas anatômicas e/ou os circuitos disfuncionais implicados na gênese do quadro clínico-comportamental.

Os estudos morfológicos do sistema nervoso central por técnicas de neuroimagem não invasivas, obtidas por TAC e RMN, detectaram com certa frequência anomalias em várias estruturas cerebrais, como no cerebelo (Courchesne, 1999; Kemper & Bauman, 1998), no lóbulo frontal (Castelli et al., 2000; Schultz et al., 2003) e no sistema límbico, com especial referência para a amígdala e para o hipocampo (Baron-Cohen et al., 2000; Baron-Cohen, Tager-Flusberg & Cohen, 2000; Courchesne et al., 2001; Schultz, Romanski & Tsatsanis, 2000; Piven, 1997).

Atualmente são cada vez mais numerosos os estudos de neuroimagem funcional (RM funcional, PET, SPECT) realizados durante a execução de tarefas linguísticas ou de resolução de problemas do âmbito social, que permitiram identificar em sujeitos neurotípicos as estruturas encefálicas implicadas na realização de objetivos mentais específicos (Anderson & Sobel, 2003; Baron-Cohen et al., 1999; Castelli et al., 2000; Dawson et al., 1998a; Schultz et al., 2003). Várias pesquisas revelaram que, em pessoas com autismo, essas áreas cerebrais geralmente apresentam uma atividade menor. Esses estudos, no entanto, começam a fornecer elementos de apoio aos vários modelos formulados, permitindo a identificação das estruturas anatômicas subjacentes às funções presumidas (Adolphs, 1999; Dawson et al., 1998b).

Parte-se do princípio, com algum grau de certeza, de que anomalias quantitativas ou qualitativas no âmbito dos receptores ou dos neurotransmissores ativos no sistema frontoestriatal, particularmente a serotonina, a dopamina, a ocitocina e a vasopressina, podem influenciar na determinação do TEA (Klauck et al., 1997; Volkmar et al., 2004). Embora sugestivos, esses dados ainda são preliminares e exigem ulteriores estudos.

Como foram investigadas as bases neurobiológicas do autismo?

As bases neurobiológicas do autismo foram, por conseguinte, investigadas quer através de estudos microscópicos do cérebro (neuropatologia), quer através de vários exames radiológicos e avaliações dos aspectos eletrofisiológicos. A neuropatologia deu resultados não completamente convergentes. Bauman e Kemper (2005) constataram em todas as idades uma diminuição das células do Purkinje e uma maior densidade celular na amígdala, no hipocampo e no córtex entorrinal com células que tinham uma estrutura simplificada. Inversamente, nos núcleos do cerebelo e no núcleo olivar inferior as alterações eram diferentes segundo a variação da idade: muitos neurônios anormalmente grandes em crianças, poucos neurônios pequenos e pálidos em adultos; o que sugere que a neuropatologia do autismo evolui ao longo do tempo. Inversamente, Casanova (2007) deu destaque à observação de microcolunas celulares no córtex cerebral. Esses estudos, em sua maioria, foram feitos em cérebros de pessoas que também tinham uma deficiência intelectual importante, razão pela qual a informação que eles oferecem é ainda mais limitada.

Outros dados sugerem que no autismo a alteração é principalmente no desenvolvimento do cérebro, em vez de um dano final (Amaral, Schuman & Nordahl, 2008); de fato, a amígdala é grande em crianças, tornando-se normal com o passar dos anos, e o mesmo tamanho do cérebro atinge a macrocefalia nos primeiros anos de vida, voltando depois frequentemente ao normal. Estudos de ressonância magnética funcional sugerem que as alterações da rede amígdala-área fusiforme estariam na base das deficiências relacionais das pessoas com TEA. De fato, quando essas pessoas estão envolvidas na compreensão do que os outros pensam (ao "mentalizar"), regiões frontotemporais são acionadas, com exceção da amígdala, ao passo que pessoas neurotípicas acionam o giro temporal superior, parte do córtex pré-frontal e a própria amígdala. Foram igualmente documentadas disfunções das conexões entre amígdala e giro fusiforme, este último incumbido da compreensão das expressões faciais (Kleinhans et al., 2008). Uma baixa conexão entre áreas cerebrais distantes e uma excessiva hiperconexão no interior de áreas limitadas que as tornam demasiadamente isoladas, autônomas e difíceis de controlar é outro aspecto do autismo que oferece nomeadamente uma explicação às modalidades repetitivas e estereotipadas que representam o segundo grupo de sintomas no TEA. Essa pesquisa, apresentada inicialmente como uma hipótese por Brock e colegas em 2002, obteve uma série de confirmações tanto em estudos clínicos quanto em experimentais (Rippon et al., 2007). O eletroencefalograma (EEG) é outro método para avaliar a presença de alterações no cérebro.

O EEG em pessoas com autismo

Em pessoas com autismo o EEG frequentemente se altera, mais durante o sono do que na vigília; e, quanto mais prolongado for o estudo EEG, como, por exemplo, em registros que duram 24 horas, tanto mais as anomalias são evidentes, a ponto de superarem os 70% dos casos. Nos estudos de magnetoencefalografia (MEG) as anomalias chegam aos 90% dos casos. É possível, mas controvertido, que em caso de regressão as alterações se façam presentes com mais frequência. A eletroencefalografia permitiu estabelecer a base da teoria da simulação mental como referência principal para compreender o que os outros pensam, sobretudo com a descoberta dos neurônios-espelho, obtida pelo grupo de neurofisiologistas de Parma (Gallese et al., 1996). Estudo este previamente realizado em primatas. Trata-se de uma classe particular de neurônios que se ativam eletricamente tanto quando um primata faz uma determinada ação (p. ex., agarrar um objeto com a mão) quanto quando vê outro primata fazer a mesma coisa, mesmo que a parte final do ato esteja oculta. Estudos posteriores confirmaram a existência desses neurônios também nos humanos, que os ativaria nas modalidades mímicas, gestuais e emotivas. As estruturas envolvidas compreendem uma parte da área de Broca [centro da fala do cérebro], o córtex frontal, o sulco temporal superior e a parte inferior do lóbulo parietal. Na perspectiva da teoria da simulação, as várias etapas de maturação relacional pelas quais a criança passa ao longo de sua vida se desenvolvem por intermédio de experiências sensório-motoras corporais. Vários estudos recentes indicaram disfunções relativas aos neurônios-espelho em pessoas com TEA (Dapretto et al., 2006). Sinteticamente poderíamos afirmar que estudos de neuropatologia, radiologia e eletrofisiologia completam os estudos de base etiológica no esclarecimento das bases neurobiológicas do autismo, termo que se refere a transtornos congênitos do desenvolvimento do cérebro que partilham certas dificuldades comportamentais. Alguns desses estudos permitiram compreender melhor onde e como estão situadas as disfunções do autismo.

Epidemiologia

Arianna Bentenuto

De um ponto de vista epidemiológico, os dados de 2014 (Baio et al., 2018) indicam uma prevalência do transtorno que varia de 13,1 a 29,3 por mil, em crianças com até 8 anos de idade.

Aumento da taxa de incidência

A tendência constatada no ano 2000 cresceu rapidamente: de uma criança com o transtorno sobre 150, ela cresceu para uma sobre 59 em 2014. Ou seja, houve uma progressão exponencial. A hipótese apresentada para explicar essa taxa galopante envolve dois fatores principais (Levy et al., 2009; Tordjman et al., 2014). O primeiro fator tem a ver com a mudança dos critérios diagnósticos no DSM-5* (APA, 2013), que se centra nos déficits de comunicação e de interação social e comportamentos, interesses ou atividades restritas, repetitivas. O segundo fator diz respeito ao desenvolvimento e aperfeiçoamento de melhores ferramentas de avaliação clínica que auxiliam no diagnóstico (como o Autism Diagnostic Observation Schedule-2; Lord et al., 2012), bem como à maior atenção que nos últimos anos foi dedicada ao diagnóstico precoce (Tordjman et al., 2014). Não obstante isso, também foi observado que esses fatores só podem explicar parcialmente o crescimento da taxa de incidência, e que não se pode excluir um aumento dos fatores de risco ambiental; ulteriores pesquisas, portanto, são necessárias (Tordjman et al., 2014).

De fato, mesmo que a causa exata do autismo ainda seja desconhecida, considera-se que fatores genéticos e ambientais influenciam no surgimento e no desenvolvimento do transtorno.

Os componentes que influenciam o aparecimento do TEA

Além disso, a interação entre mais variantes genéticas e fatores epigenéticos aumenta o risco (Trodjman et al., 2014; Lai et al., 2014). O autismo está presente em todos os grupos raciais, e é cerca de quatro vezes mais comum em homens do que em mulheres, mostrando, aparentemente, uma significativa predominância masculina. Para excluir esse desequilíbrio e possíveis diagnósticos preconcebidos, formulou-se a hipótese de que os atuais critérios diagnósticos e as ferramentas de avaliação poderiam apresentar falhas na tentativa de evidenciar esta patologia na população feminina.

TEA na população feminina

Em razão das diferenças intrínsecas do surgimento, do desenvolvimento e dos sinais específicos dessa patologia em mulheres, bem como de áreas específicas de déficit e anomalias funcionais que poderiam ser diferentes nos dois sexos, é possível que uma constelação de traços tenha sido deixada clinicamente na sombra pelas atuais ferramentas diagnósticas. Essa questão é largamente debatida ainda e foi inclusive aventado que poderiam existir efeitos protetivos específicos em favor das mulheres (Robinson et al., 2013; Baron-Cohen et al., 2011).

Nos últimos anos registrou-se um sensível crescimento na incidência do TEA; e tão expressiva que inclusive se fala em "epidemia de autismo". Atualmente existem poucos registros oficiais de transtornos do espectro autista no mundo, e um número muito limitado de estudos epidemiológicos que podem nos auxiliar numa boa avaliação ou num planejamento adequado. Um dos dados mais recentes no âmbito italiano agora é o emitido pelo Observatório nacional para o monitoramento do TEA, que fala de uma incidência do TEA de uma sobre 77 crianças (na faixa etária entre 7 e 9 anos), com uma incidência maior no sexo masculino (4,4 homens para uma mulher). Recentes estudos internacionais (Graf et al., 2017) sublinham o aumento da incidência do TEA de um caso sobre 2.500 para um sobre 68, evidenciando a tendência de crescimento na taxa do transtorno. Uma possível explicação sobre o aumento da incidência do transtorno pode ser atribuída à mudança na conceitualização do próprio transtorno: falando de "espectro" compreendem-se todos os matizes das manifestações do transtorno, que vão da severidade grave a níveis muito leves, similares às condições típicas (Militerni, 2019). Além disso, o aumento da incidência também pode ser lido como manifestação de uma maior atenção e consciência da rede de saúde, que, em nossos dias, é capaz de reconhecer formas leves e matizadas do transtorno que anteriormente não eram detectadas pelos controles clínicos.

Prognóstico

SINPIA

A criança com diagnóstico definitivo de TEA cresce com a sua perturbação, apesar de novas competências serem adquiridas ao longo do tempo. Essas competências são, no entanto, "modeladas" *por* e *sobre* o transtorno nuclear, e continuarão a ter uma qualidade "autista". O diagnóstico em qualquer idade é fortemente condicionado pelo grau de funcionamento cognitivo, que em nossos dias parece representar o indicador mais significativo no tocante ao desenvolvimento futuro. As crianças que desenvolvem a linguagem antes dos 5 anos parecem ter um diagnóstico melhor, mas vale lembrar que a linguagem, tanto na compreensão quanto na produção, também é fortemente condicionada pelo nível de funcionamento cognitivo. Estudos de *follow-up* [acompanhamento] mostraram que um QI de 70 ou maior (ao menos nos testes não verbais), embora represente um indicador muito forte de um resultado positivo, com certeza não protege de uma má adaptação social em idade adulta (Howlin et al., 2004). Em seu conjunto, a particular abrangência da sintomatologia crônica do quadro patológico conduz habitualmente a condições de incapacidade na idade adulta, com graves limitações da autonomia e da vida social.

Atualmente uma altíssima porcentagem (60-90%) de crianças com autismo se torna adulta sem autonomia e precisa de cuidados pelo resto da vida. Em alguns casos, os adultos com autismo podem continuar vivendo em suas casas, usufruindo de uma assistência domiciliar ou de uma supervisão por parte dos profissionais que também se ocupam dos programas centrados na potencialização das habilidades. Alternativamente existe a possibilidade de usufruir de estruturas residenciais que oferecem não apenas possibilidades terapêuticas, mas também oportunidades em termos de organização do tempo livre, de atividades recreativas e de inserção em formas simples de ocupação. Com frequência, no entanto, essas estruturas também contribuem para um isolamento maior dos hóspedes, dificultando a inserção, mesmo que parcial, em contextos sociais. Um número muito menor de pessoas com TEA (15-20%) pode viver e trabalhar na comunidade com diferentes graus de independência. Algumas pessoas com autismo podem até levar uma vida normal ou quase normal.

Uma alta porcentagem de crianças com autismo se torna adulta sem autonomia

Aprofundamento: o Transtorno do Espectro Autista em mulheres

Arianna Bentenuto

Historicamente essa desordem do neurodesenvolvimento foi mais frequentemente encontrada na população masculina; de fato, a crer nas atuais estimativas epidemiológicas de gênero, constata-se que a incidência do TEA se manifesta com uma relação homem/mulher de quatro por um, mas diminui para uma proporção dois por um quando se consideram as pessoas com TEA de baixo funcionamento e/ou com deficiência intelectiva (Fombonne, 2009; Dworzynski et al., 2012; APA, 2013).

Nos últimos anos muitas pesquisas tentaram compreender a razão pela qual esse viés masculino é tão pronunciado, e várias hipóteses, tanto de natureza biológica quanto ambiental, foram aventadas. Um estudo conduzido por Baron-Cohen e colegas (2011) aponta que, embora o TEA, em suas formas mais graves, seja tranquilamente reconhecido em pessoas do sexo feminino, podem surgir problemas nos casos de avaliação clínica envolvendo mulheres com TEA menos afetadas (alto funcionamento).

Segundo algumas pesquisas, na verdade, estas últimas poderiam apresentar uma sintomatologia que alguns clínicos não conseguem classificar como TEA, e assim podem confundir, e consequentemente diagnosticar, como Anorexia Nervosa (Gillberg & Rastam, 1992) ou como Transtorno de Personalidade Borderline. Alguns estudos evidenciam que melhores habilidades sociais manifestadas por pessoas do sexo feminino (Dworzynski et al., 2012; Mandy et al., 2012; Hiller, Young & Weber, 2014; Cridland et al., 2014) poderiam ajudar a camuflar a sintomatologia, difícil de identificar corretamente através dos instrumentos de testes atualmente disponíveis para diagnosticar o TEA. Esse mascaramento, frequentemente encontrado na população feminina, é o chamado de "efeito de *camuflagem*".

Precisamente por essas razões nos últimos anos foi se consolidando um novo objetivo concernente aos estudos sobre o Transtorno do Espectro Autista, qual seja: diferenciar os perfis cognitivos e comportamentais de homens e mulheres com TEA, com especial referência a três categorias principais: habilidades cognitivas, habilidades sociais e padrões de comportamento, interesses e atividades repetitivas e restritivas.

As vantagens de uma clara diferenciação sintomatológica seriam muitas. A maior delas diz respeito ao futuro reconhecimento daquelas meninas com TEA de alto funcionamento que, graças a um diagnóstico clínico correto, poderiam receber os auxílios e apoios necessários para fazer frente aos desafios que essa patologia comporta, tanto para a pessoa com o transtorno quanto para as outras que a circundam. A relação entre o gênero e a concomitante ocorrência de deficiência intelectual em pessoas com um diagnóstico de TEA tem sido abordada por muitos estudos epidemiológicos e, desde os primeiros trabalhos realizados neste domínio, foi encontrada uma significativa diferença no nível intelectual entre homens e mulheres com TEA.

Algumas pesquisas recentes tentaram examinar as diferenças nos perfis cognitivos de meninos e meninas com TEA. Os resultados, no entanto, nem sempre coincidem, embora tenham evidenciado que as habilidades cognitivas que variam entre homens e mulheres com TEA se referem à flexibilidade cognitiva, à atenção aos detalhes, à memória de trabalho e à inibição da resposta (Geurts et al., 2004); foi particularmente observado que as mulheres com TEA apresentam melhor desempenho em testes envolvendo funções executivas, ao passo que os homens têm uma maior atenção aos detalhes e melhores habilidades perceptivas e visuais.

Embora a literatura relativa às diferenças de gênero concernentes à sintomatologia do TEA muitas vezes apresente alguns resultados contrastantes, os resultados concernentes especificamente à categoria dos comportamentos, interesses e atividades restritas parecem ser mais estáveis (Hiller, Young & Weber, 2014). Em um estudo de Tsai et al. (1981; River & Matson, 2011), emerge particularmente um acordo geral que evidencia a maior frequência de comportamentos mais estereotipados em homens do que em mulheres.

Especificamente em relação aos interesses restritos, os resultados relatados pelos autores da pesquisa (Hiller, Young & Weber, 2014) não respaldam apenas as evidências precedentes de que as mulheres apresentariam menores interesses restritos em relação aos homens, mas também evidenciam uma diferença qualitativa sobre a tipologia de interesses manifestados respectivamente por pessoas do sexo masculino e feminino. Na verdade, os resultados mostram que, enquanto as fixações dos primeiros dizem respeito principalmente à televisão e aos *videogames*, os assuntos de interesse restritos apresentados pelas mulheres dizem respeito a uma vasta gama de temas, que podem ir do *rock* aos animais e livros.

Os autores concluem presumindo que as "fixações" femininas poderiam ser mais dificilmente identificadas por duas razões principais: em primeiro lugar, porque elas poderiam parecer menos atípicas em relação aos interesses restritos apresentados pelas pessoas do sexo masculino, evidência esta relatada também por cuidadores que confirmam que os interesses femininos podem ser considerados menos excêntricos (Lai et al., 2011) e/ou menos inapropriados (Kumazaki et al., 2015) em relação aos apresentados por pessoas do sexo masculino; em segundo lugar, porque estes interesses poderiam ser manifestados de maneira menos intensa e/ou ter menos consequências sobre a vida cotidiana, já que direcionados para objetos/situações como, por exemplo, um determinado jogo. A manifestação de tais interesses não seria considerada problemática pelos pais.

Quanto às diferenças de gênero identificadas especificamente em problemáticas de natureza sensorial, os resultados presentes na literatura são contrastantes. De fato, enquanto alguns estudos não apontaram diferenças significativas entre os dois sexos, outras pesquisas relatam que pessoas do sexo feminino com TEA de alto funcionamento se mostrariam mais sensíveis a estímulos gustativos e olfativos (Kimazaki et al., 2015) ou, em geral, a estímulos de natureza sensorial (Lai et al., 2011). As problemáticas de tipo sensorial são amplamente descritas também por Temple Grandin no livro *Il cervello autistico* [O cérebro autista] (Grandin &

Panek, 2014). No capítulo dedicado aos problemas de natureza sensorial, a autora, embora não distinga pessoas de sexo masculino ou feminino, lamenta a escassez de estudos científicos que objetivem aprofundar os transtornos sensoriais em pessoas com TEA. Grandin suspeita que esses transtornos e as consequências que têm na vida cotidiana são subestimados pelos pesquisadores que, sendo na sua maioria pessoas com desenvolvimento típico, se concentram em formas de promover a socialização na população com TEA, sem considerar que, muitas vezes, uma pessoa com TEA nem sequer consegue entrar fisicamente em ambientes sociais, precisamente devido a problemas de processamento sensorial. Além disso, a autora sublinha várias vezes que nem todas as pessoas que apresentam um transtorno sensorial reagem do mesmo modo a um estímulo e que, sobretudo, não sofrem o transtorno da mesma maneira. A autora não se limita a incentivar os pesquisadores a intensificar as pesquisas sobre as problemáticas sensoriais, mas destaca com insistência a necessidade de envolver diretamente as pessoas com dificuldade, e não apenas contentar-se com a consulta aos cuidadores, já que a experiência sensorial vivida pela pessoa com TEA pode ser muito diferente de como aparece para o observador.

Os problemas relacionados com as habilidades sociais, descritos como persistentes em diferentes contextos, são apresentados pelo sujeito atualmente ou manifestaram-se no passado e dizem respeito, como já foi referido, tanto à comunicação social como à interação social. Em particular podem manifestar-se por meio de deficiências na reciprocidade socioemocional, nos comportamentos não verbais e no desenvolvimento/gestão/compreensão das relações interpessoais. A reciprocidade emocional reduzida pode manifestar-se por intermédio de uma abordagem social anormal e/ou também por uma falha na reciprocidade conversacional.

Os resultados da literatura científica sobre diferenças de gênero em habilidades sociais em pessoas com TEA parecem ser contrastantes. Um estudo recente revelou que, enquanto as meninas com TEA ocupam mais o seu tempo em atividades desestruturadas, como, por exemplo, a conversação, os meninos com o mesmo transtorno preferem ocupar-se em jogos estruturados com regras que têm menos a ver com as habilidades de conversação recíproca, exatamente como acontece com seus colegas com desenvolvimento típico (Dean, Harwood & Kasari, 2016). Apesar dessas pesquisas apoiarem a ideia de uma vantagem feminina nas habilidades sociais, outros estudos não encontraram diferenças de gênero nessas habilidades e concluíram inclusive que pessoas do sexo feminino com TEA apresentam problemas superiores aos manifestados por pessoas do sexo masculino com o mesmo transtorno. A incapacidade de chegar a resultados convergentes pelos pesquisadores é frequentemente atribuída a diversos fatores, entre os quais o reduzido número de pessoas consideradas em amostras de referência, sobretudo em relação ao baixo número de meninas de alto funcionamento incluídas nas pesquisas, e a ocorrência simultânea de outras condições além do TEA nas pessoas recrutadas, como, por exemplo, a deficiência intelectual, somada às metodologias de alguns estudos que incluem nos resultados eventos e situações muito distantes no tempo. Seja como for, embora as pesquisas baseadas numa comparação entre as várias ferramentas clínicas cheguem a resultados geralmente contrastantes, os registros de professores de crianças e adolescentes com TEA são mais consistentes e estáveis, e indicam a presença de dificuldades sociais maiores em pessoas do sexo masculino (Mandy et al., 2012; Lai et al., 2015).

No estudo de Mandy e colegas (2012), os professores de pessoas com TEA afirmaram que os meninos com TEA geralmente apresentam sintomas mais problemáticos do que os apresentados pelas meninas com TEA, porque incluem sintomas de hiperatividade e maiores dificuldades sociais e de interação com os colegas. O estudo das habilidades sociais é particularmente relevante, visto que a ideia segundo a qual as mulheres com TEA de alto funcionamento não recebem um diagnóstico e/ou o recebem em idade tardia em comparação com seus colegas do sexo oposto nasce da hipótese de que elas teriam maiores condições de camuflar seus próprios sintomas, que seriam mais pró-sociais do que os dos homens com TEA (Attwood, 2007; Dworzynski et al., 2012; Many et al., 2012; Hiller, Yong & Weber, 2014).

A sintomatologia feminina se tornaria evidente durante a fase da adolescência, período particularmente problemático sobretudo se as meninas com TEA não são devidamente apoiadas (Cridland et al., 2014; Tierney, Burns & Kilbey, 2016). Por esse motivo, é importante incluir algumas pesquisas qualitativas que objetivem compreender as dificuldades enfrentadas pelas meninas com TEA ao longo dessa fase de suas vidas. O trabalho conduzido por Cridland, Jones, Caputi e Magee (2014) sublinha como a adolescência é um período particularmente problemático para as meninas com TEA de alto funcionamento já que, enquanto as habilidades sociais manifestadas por elas poderiam revelar-se suficientes para o desenvolvimento e a conservação das amizades infantis, tais habilidades seriam insuficientes para o desenvolvimento e, sobretudo, para a conservação das relações de amizade na adolescência, que se caracterizam pelo uso de capacidades comunicativas e interativas mais complexas. O modo indireto é mais difícil de interpretar e compreender para as meninas com TEA, que em razão de tais incompreensões são frequentemente expostas a fenômenos de isolamento social, que podem determinar o desenvolvimento de transtornos de ansiedade e/ou depressão e/ou alimentares e, muito frequentemente, uma autoestima menor (Koenig & Tsatsanis, 2005; River & Matson, 2011).

Apesar da eficácia ocasional dos mecanismos de compensação, eles são descritos pelas meninas com TEA como exaustivos e onerosos, uma vez que exigem muitos recursos do ponto de vista cognitivo e emocional. De fato, as meninas referem que se preocupam frequentemente com o fato de parecerem excessivamente estranhas e que esses receios as levam a desenvolver sentimentos de ansiedade e depressão (Tierney, Burns & Kilbey, 2016). Esses testemunhos diretos revestem-se de particular importância, pois nos permitem desmantelar, uma vez mais, o estereótipo comum que vê a pessoa com TEA como alguém que não tem interesse em manter contatos com outros indivíduos, e nos fazem refletir também sobre os grandes esforços que essas crianças-adolescentes e adultas fazem para efetivamente manter contatos com as outras pessoas.

Em síntese

- ☑ O autismo é uma síndrome comportamental causada por um transtorno do desenvolvimento biologicamente determinado.
- ☑ As definições e as classificações atualmente mais compartilhadas e utilizadas no âmbito internacional (DSM-5® e CID-11) se baseiam principalmente na descrição do comportamento típico do TEA.
- ☑ As áreas prevalentemente interessadas são as relativas à interação social recíproca, à habilidade de comunicar ideias e sentimentos e à capacidade de estabelecer relações com os outros.
- ☑ O autismo se configura como uma deficiência "permanente", que acompanha a pessoa em seu ciclo vital, embora as características do déficit social variem em termos de expressividade ao longo do tempo.
- ☑ As causas do autismo são até hoje desconhecidas.
- ☑ O autismo é um dos transtornos neuropsiquiátricos nos quais a componente genética tem uma importância capital, como o evidenciam os inúmeros estudos com gêmeos.
- ☑ Os estudos em âmbito neurobiológico visam identificar possíveis estruturas anatômicas e/ou circuitos disfuncionais envolvidos na gênese do quadro clínico-comportamental típico do autismo.
- ☑ Quanto à epidemiologia, o TEA não apresenta predominâncias geográficas e/ou étnicas, uma vez que ele foi diagnosticado em todas as populações do mundo, raças ou ambientes sociais. Contrariamente, ele apresenta uma predominância de sexo, já que parece afetar mais o sexo masculino, numa relação de quatro por um, quando comparado ao sexo feminino.
- ☑ A criança com diagnóstico definitivo de TEA cresce com seu transtorno, mesmo se, com o passar do tempo, novas competências são adquiridas. O diagnóstico em qualquer idade é fortemente condicionado pelo grau de funcionamento cognitivo, que, até o presente momento, parece ser o indicador mais significativo no que diz respeito ao desenvolvimento futuro.
- ☑ Existem várias hipóteses, tanto de natureza biológica quanto ambiental, que tentam explicar a menor incidência do TEA nas mulheres do que nos homens.

Capítulo 2
Modelos interpretativos do funcionamento de tipo autista

Fontes do capítulo

TÓPICOS

Teoria socioafetiva: retirado de SINPIA (2005, p. 12).

Teoria da coerência central: retirado de SINPIA (2005, p. 14).

Funções executivas: retirado de SINPIA (2005, p. 13-14).

Teoria da mente e da cegueira mental: retirado de SINPIA (2005, p. 13); Howlin, Baron-Cohen e Hadwin (2003, p. 8-13); Howlin, Baron-Cohen e Hadwin (2003, p. 13-14, *cegueira mental*); Baron-Cohen (2011, p. 41-43, *cegueira mental*).

Teoria da empatia-sistematização: retirado e adaptado de S. Baron-Cohen (2011, p. 45-47, 52).

Algumas crenças falsas sobre pessoas com Transtorno do Espectro Autista: retirado e adaptado de P. Venuti (2010, p. 57-61).

BOXES

Romeu e Julieta... eu não sabia o que estavam tramando: retirado e adaptado de H. De Clercq (2011, p. 44).

Da pesquisa científica: funções executivas em crianças e jovens com transtornos generalizados do desenvolvimento: retirado e adaptado de C. Malagoli, C. Usai, S. Solari e G. M. Arduino (2012, p. 177-188).

Algumas perguntas ao especialista... Vittorio Gallese: retirado e adaptado de D. Ianes e M. Zappella (2009).

Linha temporal sequencial

Em qual fase temporal são situadas as indicações de trabalho que encontraremos neste capítulo?

Quadro de conhecimentos introdutório e características ▲	Diagnósticos, ferramentas de avaliação e identificação precoce	Programação e intervenção	Além do autismo	Construção das alianças educativas

Mapa conceitual inicial

O que abordaremos neste capítulo?

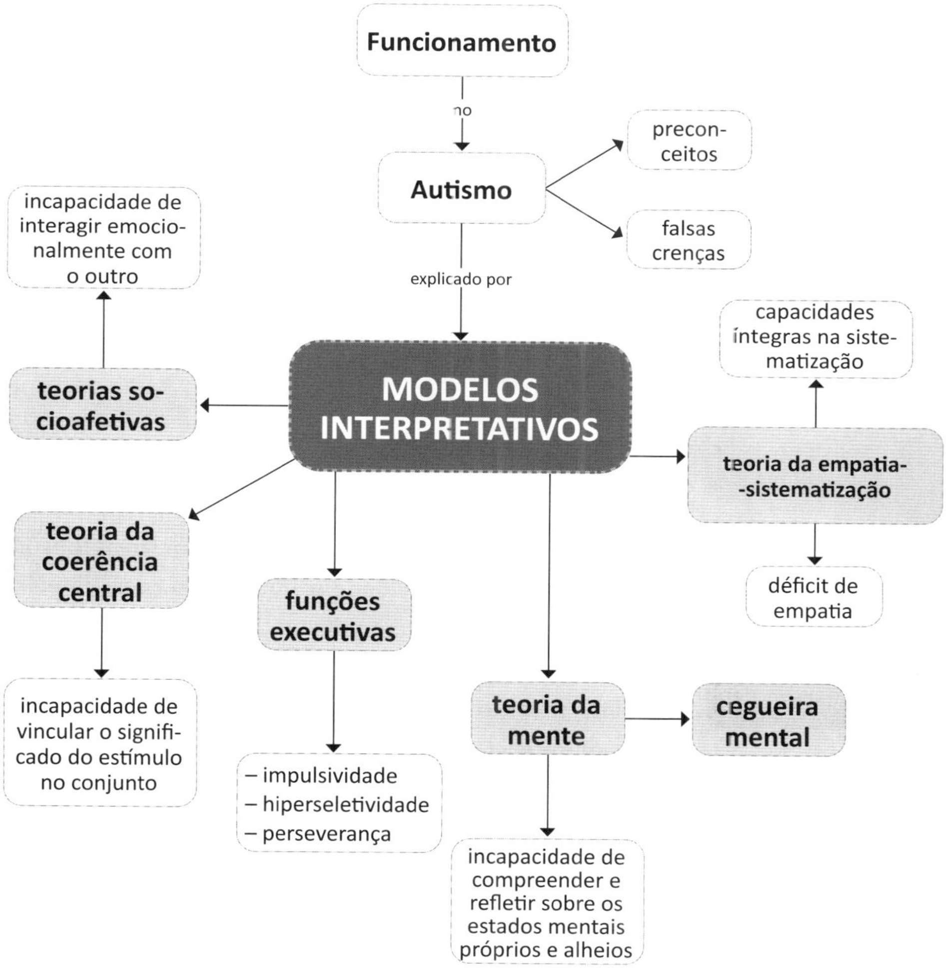

Romeu e Julieta... eu não sabia o que estavam tramando

Hilde De Clercq

Eu lhe fiz perguntas sobre os mitos gregos. Ela me disse que havia lido muitos deles quando criança e se lembrava especialmente de Ícaro, de como ele tinha voado perto do sol e de como as suas asas de cera se tinham derretido, precipitando-o para a morte [...]. Mas percebi que os amores dos deuses a deixavam insensível e confusa. O mesmo se dava com as obras de Shakespeare; dizia estar confusa com Romeu e Julieta ("eu não sabia o que estavam tramando"); em Hamlet, ela se perdia no ir e vir dos acontecimentos. Atribuía as próprias dificuldades a "problemas de continuidade", mas pareciam resultar igualmente de sua incapacidade de identificar-se com os personagens, de acompanhar o complicado jogo das intenções e das motivações (Oliver Sacks, 1998, falando de Temple Grandin).

Teoria socioafetiva

SINPIA

Incapacidade inata de interagir com o outro

A teoria socioafetiva pressupõe que o ser humano nasce com uma predisposição inata para interagir com o outro (Hobson, 1993). Trata-se de uma necessidade primária não causada pelas experiências nem condicionada ou ditada por outros tipos de necessidades. É algo que pertence ao arranjo genético da criança, como patrimônio da espécie, e definido com várias expressões, tais como *empatia não inferencial* ou *intersubjetividade primária* (Trevarthen & Aitken, 2001). Além disso, o recém-nascido, não obstante atento aos estímulos sensoriais, parece exibir uma predileção particular por estímulos de natureza social (Dawson et al., 1998a). Segundo a teoria socioafetiva, haveria no autismo uma incapacidade inata, biologicamente determinada, para interagir emocionalmente com o outro. Essa incapacidade, de acordo com uma reação em cascata, levaria à incapacidade de aprender a reconhecer os estados mentais dos outros, ao comprometimento dos processos de simbolização, a um déficit de linguagem, a um déficit de cognição social.

Teoria da coerência central

SINPIA

O que determina a fraqueza no âmbito da coerência central?

O perfil cognitivo da criança com autismo permite reconhecer uma série de elementos característicos representados por: incapacidade de compreender o estímulo como um todo; elaboração segmentada da experiência; dificuldade de passar do particular ao geral; polarização exasperada sobre fragmentos de experiência. Esses elementos induziram a formular a hipótese de uma fraqueza da coerência central (Frith & Happé, 1994; Happé & Frith, 1996). A coerência central é entendida como a capacidade de sintetizar num todo coerente, ou, se preferir, de sistematizar num sistema de conhecimento, as múltiplas experiências fragmentárias que afetam os nossos sentidos. Uma "fraqueza" nessa capacidade leva a criança com autismo a permanecer atrelada a dados experienciais parciais, com a incapacidade de compreender o significado do estímulo como um todo. Este modelo sugere que o funcionamento mental da pessoa com autismo se caracteriza como um estilo cognitivo que se choca com o processamento não apenas dos estímulos sociais, mas mais genericamente com todos os dados experienciais (Happé, 1999).

Funções executivas

SINPIA

O que se entende por funções executivas?

Com a expressão "funções executivas" é indicada uma série de habilidades determinantes na organização e no planejamento dos comportamentos de resolução de problemas (Pennington & Ozonoff, 1996) (cf. tabela 2.1).

TABELA 2.1
Capacidade em relação às funções executivas

Capacidade de acionar e manter ativa, no âmbito mental, uma área de trabalho, uma espécie de escrivaninha mental, para dispor todos os elementos pertinentes à tarefa em causa
Capacidade de formular mentalmente um plano de ação
Capacidade de não permanecer rigidamente ancorado, na formulação da resposta, aos dados perceptivos que brotam do contexto
Capacidade de inibir respostas "impulsivas"
Capacidade de estar atento às informações de retorno, para corrigir segundo o plano incialmente formulado
Capacidade, enfim, de deslocar de modo flexível a atenção para os vários aspectos do contexto

(Fonte: SINPIA, 2005)

Muitos comportamentos autistas seriam a expressão de um déficit dessas habilidades: por exemplo, a impulsividade, em razão da incapacidade de inibir as respostas inapropriadas; a hiperseletividade, em razão da incapacidade de compreender o todo sem permanecer preso ao particular; a perseverança, em razão da incapacidade de redirecionar de maneira flexível a atenção (Ozonoff, 1997; Pennington & Ozonoff, 1999). Também este modelo, assim como o da coerência central, identifica no autismo um déficit cognitivo de natureza "geral" não limitado apenas ao processamento dos estímulos sociais (conforme pressuposto, inversamente, pelo déficit da teoria da mente).

Teoria da mente e cegueira mental

SINPIA, Patricia Howlin, Simon Baron-Cohen e Julie Hadwin

O que se entende por "teoria da mente"?

Com a expressão "teoria da mente" é indicada a capacidade de refletir sobre emoções, desejos e crenças próprias e alheias, e a aptidão de compreender o comportamento dos outros, não apenas em relação ao que cada um *sente, deseja* ou *conhece*, mas também em relação àquilo que cada um pensa que o outro *sinta, deseje* ou *conheça* (Baron-Cohen et al., 2000; Baron-Cohen, Tager-Flusberg & Cohen, 2000). Trata-se de um módulo cognitivo que amadurece progressivamente com o tempo para tornar-se realidade por volta dos 4 anos. A criança, especialmente através do olhar referencial, da atenção compartilhada e do jogo de simulação, já nos primeiros anos de vida se apropriaria da capacidade de ler progressivamente as emoções, as crenças e os desejos, conseguiria sistematizá-los num sistema de conhecimento e encenar as representações mentais dos outros (*metarrepresentações*). Segundo este tipo de abordagem, o autismo estaria ligado a uma incapacidade que a criança teria de acessar uma teoria da mente, permanecendo numa situação de "cegueira mental" (Baron-Cohen, 1995). A criança com autismo, portanto, seria incapaz de compreender e refletir sobre os estados mentais próprios e alheios e, consequentemente, incapaz de compreender e prever o comportamento dos outros.

A metarrepresentação

Da pesquisa científica: funções executivas em crianças e jovens com transtornos generalizados do desenvolvimento

Chiara Malagoli, Carmen Usai, Silvano Solari e Giuseppe Maurizio Arduino

As funções executivas (FE) são um grupo de habilidades cognitivas relativamente independentes entre si que incluem memória de trabalho, controle inibidor, flexibilidade, planejamento e controle cuidadoso. Essas funções, embora estando ativas muito precocemente, requerem uma evolução prolongada ao longo do tempo que influencia a mudança em muitos domínios do desenvolvimento. Nos últimos anos foram propostos modelos com múltiplos componentes das FE. De acordo com esses modelos, as principais dimensões evidenciadas são a atualização da memória de trabalho, a inibição e a flexibilidade. Quanto ao desenvolvimento atípico, ainda há dúvidas se são os transtornos generalizados do desenvolvimento (TGD) que influenciam o desenvolvimento das FE ou se, inversamente, um déficit neste nível poderia ter um papel importante no desenvolvimento da sintomatologia típica desses transtornos. Entretanto, é evidente a presença de um vínculo entre disfunções neste nível e muitos transtornos evolutivos, entre os quais assumem proeminência os transtornos do espectro autista.

A presente pesquisa tem por objeto o estudo das funções executivas em crianças e meninos com transtornos generalizados do desenvolvimento, e visa igualmente verificar as características do funcionamento executivo em pessoas em idade evolutiva que apresentam esse transtorno. Na literatura, de fato, é notório como essas pessoas apresentam dificuldades em tarefas que requerem inibição e flexibilidade.

Os testes utilizados são específicos para monitorar as funções executivas em crianças e adolescentes com transtornos generalizados, e são subdivisíveis com base nas habilidades predominantes:

- inibição,
- flexibilidade,
- memória de curto prazo e memória de trabalho e
- planejamento.

Os resultados evidenciam diferenças entre crianças com diagnósticos diferentes do espectro do autismo: crianças de alto funcionamento geralmente apresentam um perfil executivo mais preservado, ao passo que crianças com transtornos mais graves do espectro do autismo apresentam diminuições significativas na capacidade de controle inibitório e nas funções complexas relacionadas a esta capacidade.

Em seu conjunto, os resultados estão de acordo com o que a literatura relata: inibição e memória de trabalho, se envolvidas numa mesma tarefa de natureza complexa, tendem a influenciar-se mutuamente (Roberts, Hager & Heron, 1994; Conway et al., 1999; Just et al., 2004). A inibição pode não ser deficitária em tarefas de inibição simples (Bishop & Norbury, 2005; Goldberg et al., 2005; Kleinhans, Akshoomoff & Delis, 2005; Ozonoff & Strayer, 1997; Ozonoff et al., 1994), mas pode sê-lo em testes mais complexos que exijam outros aspectos de funcionamento executivo (Hughes, 1996; Hughes & Russell, 1993).

Além disso, a literatura confirma que essas pessoas podem ter boa capacidade de memória mecânica e visuoespacial (ver os resultados do teste de Curso), ao passo que para aspectos mais complexos da memória podem ser eficazes (Minshew & Goldstein, 2001). Outro dado confirmado é a habilidade encontrada nos testes de pesquisa visual (cf. Joliffe & Baron-Cohen, 1997; Shah & Frith, 1993).

Capacidade de deduzir os estados mentais alheios

A "teoria da mente" se refere, pois, à habilidade de deduzir os estados mentais dos outros, ou seja, seus pensamentos, opiniões, desejos, intenções e assim por diante, e a habilidade de usar essas informações para interpretar o que dizem, dando significado aos seus comportamentos e prevendo o que farão em seguida. Quando as crianças começam a falar, é óbvio que falam de ações em termos de estados mentais. Dos 18 aos 30 meses, as crianças com desenvolvimento típico relacionam-se com toda uma série de estados mentais, como emoções, desejos, opiniões, pensamentos, sonhos, simulações etc., e alguns estudos experimentais demonstram que com a idade entre 3 e 4 anos a teoria da mente da criança já está relativamente bem desenvolvida. Dennett sugeriu que o *acid test* para verificar se uma criança pode ler mentes ou não resulta de situações envolvendo crenças falsas. Isso significa que, se a criança sabe que o dinheiro está dentro do antigo vaso chinês, mas sabe também que o ladrão pensa que esteja na gaveta da escrivaninha, à pergunta "onde o ladrão procurará o dinheiro?", ela deveria responder que o ladrão procurará no lugar errado, isto é, na gaveta. Precisamente recorrendo a uma situação que envolve a presença de uma crença falsa, Wimmer e Perner demonstraram que uma criança de aproximadamente 4 anos de idade é capaz de passar nestes.

Capacidade de compreender falsas crenças

É evidente que o teste representado na figura 2.1 implica a compreensão do fato de que, uma vez que Sally não estava presente quando a bola de bilhar foi deslocada por Anne para outro lugar, não viu que ela foi deslocada e, por isso, não sabe que ela foi deslocada; consequentemente, Sally acredita que a bola ainda se encontre onde estava. À pergunta "onde Sally procurará a bola de bilhar?", a grande maioria das crianças de aproximadamente 4 anos responde corretamente. A habilidade de compreender as crenças falsas é complexa, uma vez que a criança deve levar em conta a opinião de Sally, caso queira prever exatamente o seu comportamento.

Crianças com desenvolvimento típico, no entanto, inclusive as que têm menos de 4 anos de idade, parecem estar plenamente conscientes de que as pessoas têm informações em suas cabeças, ou seja, de que elas "foram informadas". Um sinal precoce dessa compreensão é a capacidade que elas têm de ser bem-sucedidas em testes de perspectiva visual. Aqui, dois níveis podem ser identificados: o primeiro, denominado nível 1, diz respeito à habilidade de deduzir o que o outro vê; já aos 2 anos de idade este nível pode ser detectado. Portanto, a partir dos 2 anos a criança, quando solicitada, já é capaz de mostrar ou esconder objetos. O nível 2 é a capacidade de deduzir como o objeto aparece para o outro, e isso parece que exige mais tempo; na verdade, as crianças conseguem desenvolver tarefas de nível 2 somente depois dos 3 ou 4 anos.

Figura 2.1
A encenação de Sally e Anne (gentilmente cedida por Baron-Cohen, Leslie & Frith, 1985)

Compreensão do desenho e da emoção

Por exemplo, se lhe mostrarmos o desenho de uma tartaruga no lado direito ou do lado esquerdo, consoante ao lado da mesa de onde se olha, uma criança com 3 anos não consegue identificar qual das duas perspectivas terá o seu interlocutor se a perspectiva deste último for diferente da sua. Um passo importante no desenvolvimento da leitura da mente, relacionado com o que dissemos acima, é a compreensão pela criança de que "ver traz saber". Por exemplo, as crianças de 3 anos de idade sabem indicar facilmente qual entre duas pessoas sabe o que está dentro de um recipiente se uma delas olhou dentro do recipiente e a outra apenas o tocou. Essa habilidade demonstra que até essa idade as crianças têm consciência da importância de ter acesso às informações na aquisição de conhecimentos. Isso, no entanto, é relativo aos testes sobre a compreensão da informação na infância; e no que diz respeito à compreensão do desejo e da emoção? O desejo é frequentemente considerado o segundo estado mental mais importante, depois da opinião, para compreender o comportamento dos outros. Todos os tipos de comportamentos podem ser interpretados se compreendermos os desejos e as opiniões. Por exemplo, se virmos um filme e tentamos entender por que é que o protagonista entra na ponta dos pés em seu apartamento vazio, podemos imaginar que ele acredita que há alguém no apartamento e que ele deseja entrar sem ser ouvido. Vários estudos mostram que, nas crianças com desenvolvimento típico, o desejo é compreensível antes da opinião, dado que as crianças de 2 anos com desenvolvimento típico já compreendem bem o desejo.

Eis por que, quando dizemos "os terríveis 2 anos", estamos nos referindo à óbvia e crescente percepção, por parte das crianças desta faixa etária, da lacuna frustrante entre o que elas desejam e o que seus pais desejam. Quanto à compreensão das emoções, até crianças muito pequenas conseguem diferenciar as expressões do rosto que indicam felicidade, tristeza, raiva e medo. Aos 3 anos elas sabem prever como as situações podem influenciar as emoções, e aos 4 sabem avaliar tanto os desejos quanto as opiniões na previsão dos sentimentos de uma pessoa. Se, por exemplo, John quer um livro novo, mas imagina que exista algo diferente dentro do embrulho, certamente sentirá tristeza. Outro estado mental importante, suficientemente aprofundado, é a simulação. Entre os 10 e os 18 meses, a criança já começa a brincar de "simular". Testes realizados com crianças que já conseguem falar mostraram que elas não apenas sabem responder às perguntas, mas parecem estar em condições de compreender que a simulação é diferente da realidade. É por isso que, embora possam brincar com uma banana fingindo ser um telefone, elas não têm dificuldade alguma de reconhecer o uso efetivo de ambos os objetos, e este é certamente um resultado complexo a ser alcançado.

A tabela 2.2 apresenta alguns exemplos da importância da leitura da mente e a razão pela qual a utilizamos.

TABELA 2.2

Importância da leitura da mente: por que a usamos?

Comportamento interpessoal	Dennett talvez tenha sido o primeiro a sugerir o papel indispensável da leitura da mente objetivando compreender o mundo humano e sustentando que atribuir às pessoas estados mentais é de longe a maneira mais fácil de compreendê-las. Com o termo "compreender" Dennett entendia formular explicações sobre o seu comportamento e prever o que as pessoas estão se preparando para fazer. A leitura da mente também poderia ser chamada de "psicologia cotidiana", maneira talvez mais apropriada, já que nos lembra que essa é a nossa forma habitual de entender as pessoas.
Comunicação	Uma segunda função da leitura da mente consiste em compreender a comunicação. O passo-chave que damos quando buscamos dar um significado àquilo que alguém disse consiste em imaginar qual poderia ter sido a intenção comunicativa da pessoa em questão. É evidente que, ao decodificar a linguagem figurada na qual são usados o humor, a ironia, o sarcasmo e as metáforas, a habilidade na leitura da mente é essencial, uma vez que em casos como esse quem fala não quer que suas palavras sejam interpretadas ao pé da letra. Essa análise da linguagem em termos de intenções comunicativas complexas demonstra que quando decodificamos a linguagem fazemos bem mais do que trabalhar simplesmente sobre as palavras ditas. Vamos além daquilo que ouvimos dizer, formulando hipóteses sobre o estado mental de quem fala. Outro modo em que se acredita que a leitura da mente desempenha um papel essencial nas comunicações bem-sucedidas consiste no controle exercido pelo orador sobre as exigências de informações a respeito de seu interlocutor. Ou seja, consiste no julgamento sobre o que o ouvinte já sabe ou não, e sobre qual informação deve ulteriormente ser oferecida para que o ouvinte compreenda a intenção comunicativa. Para que a comunicação tenha sucesso, é necessário também que o orador verifique se a mensagem foi entendida corretamente ou se, ao contrário, é necessário reformulá-la a fim de evitar ambiguidade.

Engano	Consiste obviamente no fato de fazer alguém acreditar que algo é verdadeiro quando na realidade não é. As crianças com desenvolvimento típico começam a mostrar uma evidente capacidade de simular imediatamente após ter introjetado o conceito de crença falsa, ou seja, por volta dos 4 anos de idade.
Empatia	A leitura da mente oferece naturalmente à criança a capacidade de deduzir como uma pessoa poderia interpretar os acontecimentos e como ela se sentiria. Por exemplo, as crianças de 3 anos compreendem o estado emocional provocado por situações externas sobre uma pessoa, e aos 5 anos são capazes de compreender as emoções de uma pessoa baseando-se naquilo que elas pensam sobre o que estaria para acontecer-lhe, por exemplo, "Jane está feliz porque pensa ter vencido a corrida", sem levar em conta se aquilo que pensam corresponde ou não à realidade.
Consciência e reflexão sobre si mesmo	Assim que a criança consegue atribuir estados mentais a si mesma, ela pode começar a refletir sobre a sua própria mente. Eis por que uma criança de 4 anos consegue distinguir a aparência da realidade e reconhecer a falibilidade de suas opiniões ("Pensava que fosse um [...], mas talvez eu tenha me enganado"), as causas de seu próprio comportamento ("Procurei a bola debaixo do carro porque pensei que ela estivesse lá"), a fonte de seu conhecimento ("Sei que é o aniversário de Kate porque ela me falou pela manhã"). Claramente é esse tipo de consciência que desloca a concentração dos pensamentos da criança do aqui e agora para a sua própria subjetividade, com a vantagem adicional de que a criança pode examinar em sua mente as possíveis soluções para os seus problemas, antes mesmo de agir ("Se eu tivesse feito assim, funcionaria?").
Persuasão para mudar as opiniões de uma pessoa	A tomada de consciência de que os pensamentos dos outros e as suas opiniões são moldados pelas informações a que são expostas permite-lhes informar os outros para mudar o que sabem ou a forma como pensam.

(Fonte: adaptada por Howlin, Baron-Cohen & Hadwin, 1999)

Cegueira mental

Patricia Howlin, Simon Baron-Cohen e Julie Hadwin; Simon Baron-Cohen

A capacidade de compreender a própria mente e a dos outros manifesta-se espontaneamente na infância.

Um número crescente de estudos mostra também que as crianças com autismo têm dificuldades particulares em raciocinar sobre estados mentais e sugere-se que a hipótese de déficit mental está subjacente a muitas anomalias de desenvolvimento características desse transtorno. Por exemplo, as crianças com TEA submetidas a testes sobre a crença falsa cometem mais erros do que as crianças com desenvolvimento típico ou aquelas com dificuldades de aprendizagem com idade inferior. A maioria das crianças com TEA não passa nos testes de compreensão da opinião, mesmo se, por outro lado, uma minoria que varia entre 20 e 35% também se encontre na mesma situação. Quando, porém, essas mesmas pessoas são submetidas a testes do mesmo tipo, mas mais complexos, incluídos os de segundo nível, como os de opinião dissimulada ou opiniões sobre opiniões como na ficha "Anne pensa que Sally pense", teste perfeitamente ao alcance das crianças de 6 ou 7 anos, muitas pessoas com autismo, mesmo já no período da adolescência, também são malsucedidas.

Disso resulta que, embora a maioria das crianças com TEA não alcance o nível de compreensão das crianças com desenvolvimento típico de 3 a 4 anos, algumas, inversamente, são bem-sucedidas, embora incapazes de atingir os resultados em nível similar ao das pessoas com desenvolvimento típico de 6 a 7 anos. Isso mostra que houve algo de errado no desenvolvimento de seu conceito de opinião. Essa incapacidade das pessoas com autismo de compreender as opiniões alheias aparece explicitamente nos testes sobre o engano. Anteriormente vimos que é justamente porque o engano pressupõe o manuseio da opinião que faz com que os indivíduos com TEA se encontrem em dificuldade, uma vez que é na compreensão das opiniões que a pessoa com autismo se mostra inadequada. Na brincadeira "escondamos a moedinha", simples teste de engano que prevê que a criança esconda a moedinha em uma mão ou em outra, as crianças com TEA não conseguem esconder realmente os indícios de onde a moedinha possa estar: não fecham a mão vazia ou, por exemplo, escondem a moedinha "debaixo do nariz" do parceiro de jogo ou mostram onde ela está mesmo antes que o parceiro responda. Contrariamente, crianças com 3 anos de idade com

Teste sobre o engano

dificuldades de aprendizagem ou com desenvolvimento típico cometem muito menos erros desse tipo. Quanto à compreensão dos estados mentais alheios, crianças com autismo, à pergunta "como se sente o protagonista de uma história quando lhe é dado algo que ele deseja/não deseja?", cometem poucos erros em comparação às outras crianças da mesma idade mental. Parece, portanto, estar dentro de suas capacidades de compreender esse simples aspecto do desejo, tal como nos testes de percepção os sujeitos com autismo mostram geralmente menos dificuldades em ambos os casos de perspectiva visual.

Outro elemento-chave dos estados mentais é a emoção. Hobson verificou em seus primeiros estudos que as pessoas com TEA apresentavam resultados visivelmente inferiores aos dos outros grupos quando lhes eram confiadas tarefas que envolviam a combinação de expressões emotivas. Pesquisas posteriores evidenciaram não o reconhecimento, mas a previsão das emoções; o propósito de tais pesquisas era estabelecer quão bem as crianças com autismo entendem as causas da emoção, ou seja, como uma pessoa se sente numa situação específica.

Previsão das emoções

As crianças com desenvolvimento típico de 3 a 4 anos compreendem que a emoção pode ser causada pelas situações (p. ex., as situações prazerosas trazem felicidade; as desagradáveis, tristezas) e pelos desejos (p. ex., os desejos realizados fazem a pessoa feliz, os não realizados triste). Entre 4 e 6 anos, as crianças com desenvolvimento típico compreendem também que as opiniões podem influenciar as emoções (p. ex., se a pessoa sente que pode ter o que deseja, se sentirá feliz, ao passo que, se pensa que não o terá, se sentirá triste, independentemente do que de fato acontecerá depois). As crianças com autismo demonstraram ser capazes de avaliar as emoções do protagonista de uma história, se estas forem causadas por uma situação, com resultados semelhantes aos de grupos com dificuldade de aprendizagem, no caso de preverem a emoção da personagem desencadeada pelo seu desejo. Por outro lado, o desempenho na previsão da emoção da personagem devido à sua opinião é negativo quando comparado com os resultados obtidos por crianças de 5 anos com desenvolvimento ou por crianças com dificuldade de aprendizagem. Disso se deduz que as emoções "simples" estão ao alcance da compreensão das pessoas com TEA, ao passo que as emoções "complexas" as colocam em sérias dificuldades. Também os déficits de compreensão da simulação têm suas periculosidades: normalmente o jogo de "simulação" pode ser percebido a partir dos 2 anos de idade. As crianças com autismo, ao contrário, mesmo com a idade mental verbal de mais de 2 anos, brincam pouco ou de forma não espontânea. Seus resultados são também significativamente inferiores aos dos grupos de controle com dificuldades de aprendizagem no que diz respeito às brincadeiras espontâneas.

O que nos ajuda a entender a teoria da cegueira mental?

A teoria da cegueira mental apresenta diversos pontos fortes. Primeiramente, ela é capaz de explicar as dificuldades sociais e de comunicação presentes no autismo, incluídas as relacionadas com o pragmatismo da linguagem (uma vez que a comunicação requer uma leitura da mente; Grice, 1975).

Em segundo lugar, a cegueira mental é detectável, em diferentes graus, em todos os indivíduos com TEA, uma vez que, aplicando testes adequados à idade cronológica e mental, este déficit evidencia-se ao longo de toda a vida e independentemente do QI.

Em terceiro lugar, os estudos de neuroimagem funcional identificaram as áreas-chave do "cérebro social" (córtex pré-frontal medial, junção parietotemporal, cíngulo anterior, córtex insular e amígdala) que são ativadas concretamente durante as tarefas de leitura da mente no cérebro com desenvolvimento típico, e que são pouco ativas no cérebro autista (Baron-Cohen et al., 1999; Castelli et al., 2002; Frith & Frith, 2003; Happé et al., 1996). Esses estudos de neuroimagem funcional confirmam no plano biológico as diferenças psicológicas descritas acima. Além disso, os atrasos no desenvolvimento dos precursores da leitura da mente (como a atenção conjunta e o jogo de função) demonstraram ser fortes preditores, na infância, de um diagnóstico subsequente de autismo (Baron-Cohen et al., 1996). Enfim, a identificação da cegueira mental no autismo levou ao desenvolvimento de novas intervenções para o desenvolvimento das habilidades de leitura da mente, intervenções que demonstraram certa eficácia (Baron-Cohen, 2007; Baron-Cohen et al., 2004; Golan et al., 2006, 2010; Hadwin et al., 1997).

Quais são os limites da teoria da cegueira mental?

É importante salientar também os limites da teoria da cegueira mental. Primeiro: ela não consegue explicar as caraterísticas não sociais do TEA (como o padrão restrito de interesses e a enorme atenção aos detalhes). Segundo: enquanto a leitura da mente é obviamente uma componente da empatia, a empatia autêntica requer também uma resposta emotiva ao estado mental de uma outra pessoa (Davis, 1994). Muitas pessoas com TEA dizem sentir-se desorientadas em relação a como responder às emoções alheias (Grandin, 1996): por exemplo, podem ver alguém que chora e deduzir que está triste ou chateado, mas não sabem o porquê ou como consolá-lo. Acrescente-se que existem outras condições clínicas que apresentam formas de cegueira mental, como, por exemplo, a esquizofrenia (Corcoran & Frith, 1997), os transtornos narcisistas e de personalidade borderline (Dodge, 1993). A cegueira mental, portanto, poderia não ser específica do autismo. Além disso, algumas pesquisas não encontraram nenhuma demonstração de um déficit de teoria da mente no TEA, mesmo que este possa ser atribuído ao fato de que, para as pessoas adultas e de alto funcionamento, os testes devem ser suficientemente sofisticados e adequados à idade a fim de evitar o chamado "efeito chão", contrário do "efeito teto". Enfim, como teoria, ela se concentra naquilo que as pessoas com TEA acham difícil, ignorando, ao contrário, suas áreas de força. Para enfrentar esses cinco pontos fracos, a teoria foi revista sob diversos aspectos. Primeiramente foi proposto um segundo fator para explicar as áreas de força não sociais. Em segundo lugar, o conceito de "teoria da mente" foi alargado, incluindo uma dimensão de reatividade emotiva. Em terceiro lugar, foi proposta a teoria de dois fatores para diferenciar o TEA de outros transtornos. Enfim, as duas características-chave foram dimensionadas com o objetivo de reconhecer que o autismo se manifesta não apenas em vários graus de "intensidade", mas também na forma como é distribuído uniformemente entre a população em geral. Esta última modificação foi introduzida porque hoje a noção de espectro autista não é mais definida através de uma clara separação da "normalidade" (Wing, 1997). A demonstração mais evidente dessa distribuição "normal" dos traços autistas é dada pelos resultados do AQ, Quociente do Espectro do Autismo (Baron-Cohen et al., 2006; Baron-Cohen, Wheelwright, Skinner et al., 2001), uma ferramenta de rastreamento sob forma de questionário, que é respondido pelos pais, quando se refere ao filho, ou pelo próprio indivíduo, quando se trata de um adulto de alto funcionamento. O questionário é composto de 50 itens e, aplicado a uma ampla população, fornece resultados com distribuição normal. O AQ distingue nitidamente o autismo pelos grupos de controle: 93% da população geral entra na faixa média e 99% da população com autismo situa-se no extremo superior da escala (Baron-Cohen et al., 2006; Baron-Cohen, Wheelwright, Skinner et al., 2001).

Teoria da empatia-sistematização

Simon Baron-Cohen

O que explica a teoria da empatia-sistematização?

Esta nova teoria explica as dificuldades sociais e de comunicação nas pessoas com autismo através da referência a atrasos e déficit de empatia e, ao contrário, explica as áreas de força através da referência às habilidades íntegras ou até mesmo superiores na *sistematização* (Baron-Cohen, 2002). A teoria da mente geralmente é considerada uma componente cognitiva da empatia, uma vez que ela implicaria simplesmente a identificação dos estados mentais de outra pessoa (ou os próprios). Em alguns casos, no entanto, acredita-se que a identificação dos estados mentais requeira uma atribuição (uma vez que, não sendo os estados mentais visíveis em si, podem apenas ser projetados), ou um reconhecimento (p. ex., quando o estado mental se manifesta através de indícios emocionais nas expressões do rosto, na voz ou na postura). Seja como for, falta na teoria da mente a segunda componente da empatia, que é o elemento de resposta: ter uma reação emocional apropriada aos pensamentos e aos sentimentos de outra pessoa. É o que costumamos chamar de *empatia afetiva* (Davis, 1994). O Quociente de Empatia (Empathy Quotient, EQ), um questionário preenchido ou pelo adulto em forma de *self-report* ou pelos pais para o filho, avalia a empatia tanto cognitiva quanto afetiva. Nessa escala, a pessoa com TEA obtém pontuações menores em relação aos grupos de controle. Segundo a teoria da empatia-sistematização (E-S), o autismo pode ser compreendido melhor não o referindo apenas à empatia (abaixo da média), mas também a um segundo fator psicológico, a sistematização, que alcança a média ou até a supera. Dessa forma, é a discrepância entre a empatia e a sistematização que determina a probabilidade de desenvolvimento do TEA. Para compreender essa teoria é necessário considerar este segundo fator, o conceito de sistematização, que evidencia a tendência de analisar ou de construir sistemas de qualquer tipo. O que define um sistema é o fato de ele seguir regras e, quando sistematizamos, buscamos identificar as regras que governam o sistema para prever como este se comportará (Baron-Cohen, 2006). Alguns dos principais tipos de sistemas são: sistemas de classificação (p. ex., distinguir entre vários tipos de pedras), sistemas mecânicos (p. ex., um gravador de vídeo), numéricos (p. ex., um horário dos trens), abstratos (p. ex., a sintaxe de uma língua), naturais (p. ex., modelos de onda de maré), sociais (p. ex., uma hierarquia dirigente) e de tipo motor (p. ex., balançar-se

Capacidade de sistematização

num trampolim). Em todos esses casos sistematizamos a detecção da regularidade (ou a estrutura) e as regras. Estas geralmente são deduzidas observando se *p* e *q* se associam de forma sistemática (p. ex., depois do *p* segue o *q*). O fato de que no TEA as habilidades de sistematização são íntegras quando não particularmente desenvolvidas é demonstrado por resultados de um estudo no qual crianças com autismo demonstraram desempenho superior ao esperado para sua idade num teste de física (Baron-Cohen, Wheelwright, Scahill et al., 2001). Uma segunda demonstração vem de estudos que utilizaram o Quociente de Sistematização (Systematizing Quotient, SQ), no qual, quanto maior a pontuação, mais forte é a tendência de sistematizar. Nesse quociente, as pessoas com autismo de alto funcionamento obtiveram pontuações maiores em relação aos demais indivíduos da população em geral (Baron-Cohen, Richler, Bisarya et al., 2003). Os testes de sistematização a que nos referimos acima são destinados a crianças ou adultos com Síndrome de Asperger, não com autismo clássico (esta distinção faz referência à classificação diagnóstica do DSM-IV-TR). Entretanto, as crianças com autismo clássico mostraram resultados melhores dos controles realizados com base numa prova de organização de figuras na qual foi exigido reconstruir uma história colocando em sequência algumas imagens com base nos conceitos físico-causais (Baron-Cohen, Leslie & Frith, 1986). Além disso, as mesmas crianças obtiveram pontuações acima da média num teste sobre a compreensão do funcionamento de uma máquina fotográfica Polaroid, mesmo tendo, ao contrário, dificuldade de compreender os pensamentos e os sentimentos das pessoas (Baron-Cohen, Leslie & Frith, 1985; Perner et al., 1989). Os dois aspectos denotam que suas habilidades de sistematização são íntegras quando não particularmente desenvolvidas.

Deixando de lado os métodos experimentais, quando pensamos nas crianças com autismo, muitos dos comportamentos clássicos que elas exibem podem ser vistos como um efeito de sua forte tendência para a sistematização.

Algumas crenças falsas sobre pessoas com TEA

Paola Venuti

A partir da dificuldade de encontrar uma causa comum e uma etiologia única, ao longo dos anos foram se espalhando muitas ideias errôneas sobre os indivíduos com TEA, que criaram preconceitos e falsas crenças e limitaram a intervenção e o encontro com a criança ou com a pessoa com autismo. Queremos discuti-las detalhadamente, pois, para trabalhar na escola, é muito importante ter a mente limpa e livre de preconceitos.

Crenças falsas e preconceitos contra pessoas com TEA

Ausência de emoções

Muito frequentemente considera-se que as pessoas com TEA não sintam emoções. Trata-se, na verdade, de um grave erro que leva a relacionamentos alterados e distorcidos. É fato que, em muitas pessoas com TEA, o comprometimento das zonas tronco-encefálicas e dos circuitos límbicos pode provocar uma dificuldade tanto na expressão dos estados emocionais quanto no reconhecimento das expressões emocionais em rostos alheios, mas isso não significa não experimentar ou não sentir emoções. Alegria, medo, vergonha, aversão, tristeza, melancolia, raiva e toda a gama de tonalidades emocionais são experimentadas e vividas por todas as pessoas com TEA, seja este de baixo ou alto funcionamento. As maneiras com que essas expressões são manifestadas podem ser muito diferentes e nem sempre compreensíveis a todos.

É possível que meninos se deixem levar por manifestações muito fortes de raiva, com comportamentos inclusive de automutilação, manifestações que, para quem observa, parecem excessivas e incompreensíveis. Com frequência esses comportamentos nascem da incapacidade de expressar-se adequadamente, ou pelo desconhecimento dos próprios estados de ânimo e das próprias emoções, ou por viver por longo tempo em situações em que as próprias capacidades de pensamento ou as próprias diferenças não são minimamente reconhecidas. Muitas vezes ouvem-se professores relatando como um garoto com TEA repentinamente é tomado por uma crise de raiva, "aparentemente sem motivo", mas que, em seguida, numa análise mais aprofundada, descobrem que mais vezes ele havia tentado sair da sala, mas a professora o havia convencido a permanecer e a ficar sentado ouvindo, eventualmente até com um companheiro que "gentilmente" o segurava pelo braço, de forma a limitar-lhe os movimentos. Uma pessoa com TEA pode passar por situações em que a tensão emocional e a ansiedade exigem um momento de trégua; para ela, sair da sala, correr pelos corredores, seriam formas de descarregar a própria tensão. Bloqueá-la e forçá-la a permanecer na sala são ações que impõem um controle sobre seus impulsos e seus estados emocionais que, em alguns casos, podem ser de difícil manejo e provocar manifestações violentas, mas que, por outro lado, às vezes são as únicas a produzir resultados, no sentido de suscitar reações no contexto escolar. Como o evidenciam Barale e Ucelli (Ballerini et al., 2006), o mundo do autista, longe de ser desprovido de emoções, é um mundo em que a experiência emocional vive um contínuo alternar-se entre o muito e o muito pouco. Parece, pois, que o problema das emoções reside principalmente numa dificuldade de regular os estados emocionais e sua intensidade, além da dificuldade de expressar as emoções de uma forma clara e compartilhada por todos.

Falta de afetividade

É de fato real a hipótese da incapacidade de estreitar os laços sociais?

Ainda muito disseminada é a ideia de que indivíduos com TEA não são capazes e não estão interessados em construir vínculos afetivos; ou seja, não gostam das pessoas que estão ao redor deles. Quem trabalhou com pessoas autistas ou convive com parentes no espectro sabe muito bem que se trata de uma falsa ideia. A afetividade regula a relação dos indivíduos com TEA, à semelhança das pessoas com desenvolvimento típico. O papel das figuras parentais tem o mesmo sentido e significado para ambos, assim como as relações entre amigos e entre parceiros na idade adulta. Por meio de estudos empíricos, pesquisas evidenciaram que crianças com TEA são capazes de desenvolver vínculos afetivos com a mãe (Capps, Sigman & Mundy, 1994; Rutgers et al., 2004). A concepção inicial do autismo como fechamento quase total ao mundo social para qualquer experiência emocional apoiava a hipótese da incapacidade de a pessoa com TEA estabelecer vínculos sociais. A pesquisa mais recente evidenciou como as crianças autistas reagem à separação das mães e como buscam estar próximas a elas, particularmente em situações de estresse (à semelhança das crianças com desenvolvimento típico). Além disso, os comportamentos sociais, embora tênues, são direcionados preferencialmente para a mãe ou para uma figura de referência (educadora, professora-assistente; Venuti, 2007). As crianças com TEA expressam seus estados afetivos e demonstram a busca por pessoas com quem elas mantêm um vínculo profundo de maneira muitas vezes diferente e nem sempre imediatamente compreensível. Por exemplo, para uma criança pequena, a melhor maneira de manifestar sua necessidade de proximidade com a pessoa de referência pode ser expressa por sinais de desconforto e de inquietação, andando sem parar no quarto ou se escondendo debaixo da mesa; mais uma vez, a busca por contato pode ser expressa com uma aproximação brusca e impetuosa, e até violenta, e não de forma suave e cativante com que geralmente a criança com desenvolvimento típico o faz. Às vezes as pessoas com autismo expressam seus afetos com intensidade e acusam uma aguda sensibilidade aos contextos emotivos. O mundo do autista não é, portanto, desprovido de afetos, de emoções e de vínculos afetivos.

Falta de sociabilidade

Outra ideia recorrente é que pessoas com TEA não são sociais, não gostam de estar com os outros e recusam qualquer forma de contato físico. Esta também é uma presunção errônea, contestada pelas pesquisas e pelas experiências realizadas nos últimos decênios (Venuti, 2003; Ballerini et al., 2006). Segu-

É verdadeira a ideia de que pessoas com autismo não gostam de companhia?

ramente, como vimos anteriormente, a forma como uma pessoa com autismo se aproxima dos outros é específica e não claramente compreensível: Gianna, uma menina de 10 anos, que estudava numa escola fundamental, se aproximava dos colegas durante o intervalo e tirava das mãos deles seus lanches ou os jogava por terra. Os colegas imaginavam que ela os quisesse e, orientados por professores, começaram a lhe oferecer seus lanches quando ela se aproximava. Gianna, no entanto, depois de pegá-los, não os comia e, algumas vezes sorrindo, os jogava no chão. Após um paciente trabalho dos docentes, analisando as palavras e as frases que Gianna usava, bem com uma série de imagens, conseguiram compreender que aquela era uma maneira de chamar a atenção dos colegas e uma tentativa de brincar com eles. Gianna tinha um grande desejo de passar o intervalo brincando com os colegas, mas não conseguia encontrar nenhum modo de fazer-se compreender a não ser irritando-os. Naquele momento, a professora teve de enfrentar outra dificuldade: conseguir organizar brincadeiras por meio das quais Gianna conseguisse interagir com os colegas. Talvez este tenha sido o maior desafio, enfrentado e realizado com sucesso: da preparação do chá com os colegas ao jogo de bola, bem como a escolha e a leitura de histórias fizeram com que os intervalos de Gianna nunca mais fossem solitários. As pessoas com TEA manifestam, portanto, um enorme desejo de estar com os outros, mas este desejo deve ser satisfeito de modo estruturado e adequado. Muitas vezes a turma de alunos em seu conjunto, e com sua costumeira confusão, é muito exigente. E a pessoa com autismo não consegue selecionar entre as inúmeras informações que provêm dos colegas, não consegue filtrar os incontáveis estímulos e, portanto, se confunde, se agita e prefere sair da sala. No entanto, um grupo menor, mais conhecido, do qual a pessoa aprende a prever os comportamentos e que desenvolve uma atividade estruturada e previsível, pode ser a situação mais adequada para satisfazer as necessidades de vida social do autista. Em muitas experiências comunitárias e de vida em comum com pessoas autistas foi possível verificar como, após um período inicial de dificuldades e de necessidade de estruturação do trabalho por parte de quem tem um papel educativo, as experiências são positivas e importantes, mesmo com pessoas com dificuldades gravíssimas. Vale sublinhar, no entanto, que

> o autismo não pode ser "adaptado" às condições de sociabilidade normal. É, ao contrário, o mundo que deve adaptar-se a essa forma de ser, respeitar as suas características únicas, bem como a enigmática e paradoxal exigência que ele exige. Requer ambientes adaptados. Requer contextos ricos de possibilidades e de estímulos significativos, mas não confusos, não fragmentários, nos quais não se confia muito nas virtudes restauradoras do social (Ballerini et al., 2006, p. 105).

Se é verdade, portanto, que as pessoas com TEA também precisam viver a socialização, é igualmente verdade que, obviamente, não basta colocá-las em uma situação social (p. ex., numa festa, numa cantina apinhada etc.) para que possam beneficiar-se. A educação ou quem se ocupa com as pessoas com TEA deve desempenhar um papel de facilitadora e de filtro em situações sociais complexas, manejando o contexto de acordo com os casos.

Algumas perguntas ao especialista...

Vittorio Gallese

Retirado e adaptado do DVD Facciamo il punto su... L'autismo (Ianes & Zappella, 2009)

Falamos de neurônios-espelho com um dos protagonistas absolutos desta grande descoberta italiana, o neurocientista Vittorio Gallese, que fez parte do grupo que descobriu pela primeira vez este elemento particularmente importante, que imediatamente chamou a atenção do público. Gostaríamos de lhe perguntar agora: em poucas palavras, o que são os neurônios-espelho?

Os neurônios-espelho, em sentido estrito, são neurônios motores que descobrimos no córtex pré-motor do macaco e que têm a prerrogativa de se ativarem não só quando realizamos atos motores, como agarrar objetos e manipulá-los, mas – e este é o fato novo – também quando observamos os outros fazer isso. A novidade, portanto, é que não vemos o que os outros fazem somente com as partes visíveis de nosso cérebro, mas fazemos isso também com o nosso sistema motor, que ressoa com aquilo que vemos os outros fazerem. Isso obviamente abre perspectivas novas em relação à forma como compreendemos aquilo que os outros fazem e por que o fazem.

Por isso o sistema "entra em ressonância", mas não move o músculo?

Não, de fato não se trata de uma imitação, mas de algo que denomino "simulação": os meus neurônios motores se ativam como se eu mesmo estivesse fazendo aquilo que vejo outra pessoa fazendo, mas existem mecanismos de inibição que me impedem de traduzir em imitação aquilo que simplesmente estou simulando. Há casos patológicos, no entanto, em que, especialmente no caso de lesões das partes do lóbulo frontal anterior, vemos pacientes nos quais "ver fazer" resulta automaticamente em compulsão para imitar aquilo que veem fazer.

Isso é extremamente interessante também para a aprendizagem; de fato, algumas teorias da aprendizagem dizem que só se aprende quando se faz, mas parece que se aprende também quando se observa.

Há estudos que mostram como o desempenho, em determinadas tarefas motoras, melhora uma população de indivíduos cuja única tarefa é observar, sem refazer aquilo que veem um demonstrador fazer. Quando voltam ao laboratório, quinze dias depois da visão repetida daquela determinada tarefa, seu desempenho é melhor do que o de um grupo de controle que, ao contrário, não foi exposto ao agir de outros.

No TEA há um déficit evidente de intersubjetividade, de empatia, de conectar-se com o outro, de compreender o outro. Isso pode abrir algum espaço de compreensão ou algum espaço de intervenção?

Sim, creio que sabemos ainda muito pouco sobre como esses, que chamo de mecanismos de base da intersubjetividade, são eventualmente alterados ou moldados de maneira diferente em pessoas com TEA, porque sabemos que as pessoas com TEA têm problemas de mentalização, mas até hoje pouco foi perguntado em qual medida esses mecanismos, que para mim parecem um ingrediente fundamental para um correto desenvolvimento psicoafetivo do indivíduo, respondem em situações da vida cotidiana. Assim, o que nos propomos explorar de novo é a dimensão da empatia pelas emoções, a empatia tátil, o nível do envolvimento do sistema motor no processamento do material linguístico. Todos esses são aspectos que a pesquisa ainda não abordou e que tencionamos abordar num futuro próximo.

Na aurora das intervenções psicoeducacionais no campo do autismo dava-se muita ênfase ao aprendizado de habilidades imitativas. Pensava-se que, se a criança melhorasse as próprias capacidades de imitar, ou seja, de observar, de olhar e de tentar refazer, adquiriria um pré-requisito geral para aprender.

Esse me parece ser, sem dúvida, um campo em que temos de aprofundar a nossa investigação, especialmente todas as formas ou mecanismos ou abordagens de reabilitação que centram os seus esforços no aspecto da reciprocidade de toda ação interindividual, entendida como a capacidade não só de se colocar cognitivamente no lugar do outro, mas também de experimentar o outro a partir de dentro. Essa é uma área que merece ser investigada muito mais do que tem sido feito até agora, esperando que os resultados dessa investigação possam contribuir para os domínios da aplicação e da reabilitação clínica. Essa é a nossa esperança.

Em síntese

- ☑ Segundo a teoria socioafetiva haveria no autismo uma incapacidade inata, biologicamente determinada, de interagir emocionalmente com o outro.
- ☑ A coerência central é entendida como a capacidade de sistematizar em um todo coerente, ou seja, de sistematizar em um sistema de conhecimento as múltiplas experiências parcelares que afetam os nossos sentidos.
- ☑ Uma fraqueza na coerência central leva a criança com autismo a permanecer ancorada a dados experienciais parcelados, com a incapacidade de se beneficiar do significado do estímulo em seu todo.
- ☑ Com a expressão "funções executivas" é indicada uma série de habilidades determinantes na organização e no planejamento dos comportamentos para resolver os problemas.

- ☑ Muitos dos comportamentos das pessoas com TEA seriam expressão de um déficit de capacidades próprias de funções executivas: por exemplo, a impulsividade, em razão da incapacidade de inibir as respostas inapropriadas; a hiperseletividade, pela incapacidade de compreender o todo sem permanecer ancorado ao particular; a perseverança, pela incapacidade de redimensionar de maneira flexível a atenção.
- ☑ A "teoria da mente" refere-se à capacidade de deduzir os estados mentais dos outros, ou seja, seus pensamentos, opiniões, desejos, intenções e assim por diante, e à capacidade de utilizar essas informações para interpretar o que eles dizem, dando significado ao seu comportamento e prevendo o que farão em seguida.
- ☑ A criança com autismo seria incapaz de compreender e de refletir sobre os estados mentais próprios e alheios e, consequentemente, de compreender e prever o comportamento dos outros.
- ☑ A teoria da "cegueira mental" apresenta vários pontos fortes: é capaz de explicar as dificuldades sociais e de comunicação presentes no autismo; é detectável, em graus diferentes, em todas as pessoas com TEA, uma vez que, servindo-se de testes adequados à idade cronológica e mental, tal déficit é evidenciado ao longo de toda a vida e independentemente do QI; estudos de neuroimagem funcional identificaram as áreas-chave do "cérebro social" que se ativam especificamente durante as tarefas de leitura da mente no cérebro com desenvolvimento típico e que aparecem subativadas no cérebro do autista.
- ☑ A teoria da "empatia-sistematização" explica as dificuldades sociais e de comunicação no autismo através dos atrasos e déficit de empatia, e, ao contrário, explica as áreas de força por meio da referência às habilidades íntegras ou inclusive superiores na sistematização.
- ☑ A partir da dificuldade de encontrar uma causa comum e uma etiologia única, ao longo dos anos foram sendo difundidas ideias errôneas sobre pessoas com TEA, que criaram preconceitos e falsas crenças e limitaram a intervenção e o encontro com a pessoa com autismo.

Capítulo 3
Critérios diagnósticos, instrumentos de avaliação e programas de *screening*

Fontes do capítulo

TÓPICOS

Diagnóstico do Transtorno do Espectro Autista: sob a direção de Arianna Bentenuto.

Critérios diagnósticos e indicações para sua leitura: retirado de SINPIA (2005, p. 24-32); sob a direção de Arianna Bentenuto.

Instrumentos de observação, avaliação e diagnóstico: retirado e adaptado de P. Venuti e A. Bentenuto (2017, p. 21-36).

***Screening* e identificação precoce**: sob a direção de Arianna Bentenuto.

BOXE

Jogos de luz: retirado e adaptado de H. De Clercq (2006, p. 21).

Linha temporal sequencial

Em qual fase temporal são situadas as indicações de trabalho que encontraremos neste capítulo?

Quadro de conhecimentos introdutório e características	**Diagnósticos, ferramentas de avaliação e identificação precoce**	Programação e intervenção	Além do autismo	Construção das alianças educativas
	▲			

Mapa conceitual inicial

O que abordaremos neste capítulo?

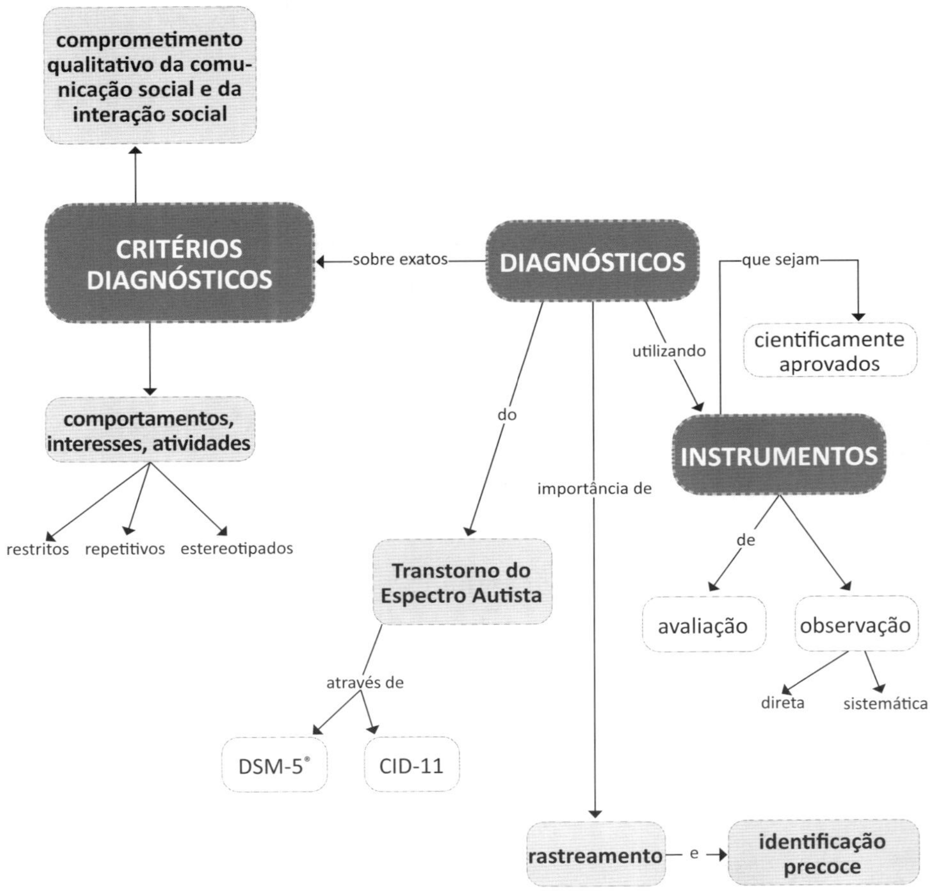

Jogos de luz

Hilde De Clercq

Não gostava de dar beijos em sua mãe, e seu corpinho sempre se enrijecia. Fazer girar pequenos pratos redondos era muito mais divertido. As pessoas eram tão complicadas... faziam e diziam tantas coisas que ele não compreendia. Mas, nos objetos, ele podia confiar: tinham o lugar fixo deles, não faziam nada de inesperado. Seu pai repetia sempre: "Olhe aqui! Diga: 'Papai', pelo menos uma vez". Mas o pequeno não compreendia e olhava, o tempo todo, o jogo de luz através das cortinas. Muito tempo depois, quando viu a mesma intensidade de luz brilhar entre os cabelos de seu pai, disse repentinamente: "Diga: 'Papai', pelo menos uma vez". "Fale, fale!", gritou papai e chamou mamãe: "Diga mais uma vez, diga: 'Papai'". Mas o menino não compreendeu, uma vez que a luz havia desaparecido (Peeters, 1986).

Diagnóstico do TEA

Arianna Bentenuto

O Manual Diagnóstico e Estatístico de Transtornos Mentais (DSM-5®)

O diagnóstico do TEA é baseado principalmente na observação do comportamento e na história do desenvolvimento da criança. Os critérios comportamentais empregados no diagnóstico mudam com o tempo, segundo os avanços dos resultados sempre maiores na compreensão do autismo, obtidos pela pesquisa e pela prática clínica (Mahjouri & Lord, 2012; Vivanti et al., 2013). De importância crucial são a definição e o consenso internacional sobre os critérios diagnósticos, bem como a padronização e a validação de instrumentos que observam as características comportamentais. A introdução da nova versão do *Manual Diagnóstico e Estatístico de Transtornos Mentais* (DSM-5®) trouxe mudanças significativas na definição dos critérios diagnósticos, incluída a adoção do termo guarda-chuva Transtorno do Espectro Autista, que substituiu os diagnósticos específicos do transtorno autista, transtorno de Asperger e PDD-NOS (Pervasive Developmental Disorder-Not Otherwise Specified – Transtorno global do desenvolvimento sem outra especificação, ou TGD-SOE, em português), presentes nas precedentes versões do manual.

Segundo a recente versão, o TEA cai na grande categoria dos "transtornos do neurodesenvolvimento"; estes últimos "são um grupo de condições com exórdio no período do desenvolvimento. Os transtornos se manifestam tipicamente nas primeiras fases do desenvolvimento, frequentemente antes que a criança comece a frequentar a escola fundamental, e são caracterizados por déficits do desenvolvimento que causam um comprometimento do funcionamento pessoal, social, escolar e laborativo" (DSM-5®; APA, 2013).

Dentro dos transtornos do neurodesenvolvimento, encontramos, além do TEA, a deficiência intelectual, o transtorno da comunicação, o transtorno específico da aprendizagem, o transtorno do déficit de atenção e hiperatividade (TDAH), a síndrome de Tourette e os transtornos de movimento.

Quando é possível realizar um diagnóstico exato?

Normalmente, um diagnóstico preciso de TEA não pode ser feito antes dos 2 ou 3 anos de idade (Lord, 1995), período em que podemos pensar que ao menos em parte já se tenha completado o desenvolvimento de algumas competências típicas dessa fase. No entanto, há um grande consenso entre os especialistas em considerar que já por volta dos 15-18 meses seja possível evidenciar alterações no desenvolvimento, por exemplo, presença de olhar fugidio, dificuldade na comunicação por gestos, dificuldade de girar-se quando o seu próprio nome é pronunciado, ou carência de interesse por jogos comunitários. Uma vez que a literatura internacional (Dawson, 2008; Mundy, Sullivan & Mastergeorge, 2009) identifica na precocidade da intervenção um dos preditores de seu sucesso, tende-se a fazer diagnóstico e intervenções em idade cada vez mais precoce.

Em qualquer idade, no entanto, o diagnóstico deve ser *funcional*, ou seja, detectar as áreas de funcionamento e as de dificuldade da pessoa. O processo da formulação do diagnóstico, que deve observar e rastrear várias características comportamentais em contextos e em tempos diferentes, pode exigir muito tempo e uma colaboração entre profissionais da saúde, familiares e escola, se a pessoa envolvida for criança. As várias figuras de referência nos diferentes ecossistemas de vida e de relação podem ser úteis. Por isso, na passagem de um diagnóstico clínico para um diagnóstico "funcional", a equipe de saúde e de reabilitação, juntamente com a família e a escola, deverá compreender de forma global o funcionamento concreto e cotidiano daquela determinada criança. O significado do diagnóstico funcional, de fato, é profundamente diferente do diagnóstico clínico-nosológico-etiológico, em que se deveria reconhecer de forma confiável o indivíduo como "pertencente" especificamente àquele quadro clínico. No diagnóstico funcional, ao contrário, urge compreender o real funcionamento do indivíduo em seus vários contextos de vida, definindo seu mapa interconectado de pontos fortes e fracos, utilizando os conceitos de capacidade, de desempenho, de fatores de mediação facilitadores ou obstrutores dos contextos ambientais e pessoais, extraídos da classificação ICF-CY (OMS, 2007). Em referência às características principais do TEA, a componente ICF de maior interesse é a que se liga às atividades pessoais e à participação social.

Como ocorre o processo de formulação do processo do diagnóstico?

O que é diagnóstico funcional?

Em relação ao uso de instrumentos diagnósticos e de níveis/fichas de observação, é evidente que um bom diagnóstico requer que seu uso seja complementado e validado por uma série de observações diretas, sistemáticas e independentes. É necessário abraçar – com as ferramentas de testes e de observação mais adequadas – desde a avaliação das componentes cognitivas, linguísticas e motoras até as comunicativas, sociais e relacionais, em razão da grande heterogeneidade de formas do transtorno.

Em síntese, o DSM-5* propõe, em comparação com as edições anteriores (DSM-IV-TR; APA, 2002), uma real mudança na classificação e nas indicações nosológicas para definir o transtorno. Em primeiro lugar, fala-se de TEA sublinhando a ampla variedade e a diferente intensidade de suas manifestações, incluindo os resultados e as indicações das inúmeras pesquisas que esclarecem a heterogeneidade na manifestação do transtorno. Foram eliminadas todas as subclassificações precedentes, para dar uma definição muito ampla do espectro do autismo, no interior da qual posteriormente o clínico faz especificações em relação ao nível de gravidade com base nas competências cognitivas, de atenção, linguísticas e de autonomia.

Também no outro importante sistema de diagnóstico, ou seja, no CID-11, os critérios diagnósticos do TEA apresentam a variação da manifestação sintomatológica em conformidade com a nova consideração do transtorno, ou seja, para o diagnóstico do transtorno devem estar presentes os dois grupos de sintomas, especificamente um déficit persistente da comunicação social e na interação social e o padrão de comportamento, interesses ou atividades restritas, repetitivas. O TEA na versão do CID-10 é descrito na seção V, denominada "transtornos psíquicos e comportamentais". A Classificação CID-10 (WHO, 2007) coloca o autismo entre as "síndromes da alteração global do desenvolvimento psicológico".

Critérios diagnósticos e indicações para sua leitura

SINPIA, Arianna Bentenuto

Em sua quinta edição, o *Manual Diagnóstico e Estatístico de Transtornos Mentais* (DSM-5®) descreve as pessoas com TEA como indivíduos que tendem a responder de modo inapropriado às conversações e às interações sociais e carecem da capacidade de construir de modo eficaz relações interpessoais de acordo com a faixa etária a que pertencem. Frequentemente essas pessoas desenvolvem interesses incomuns por objetos particulares ou detalhes que se assemelham a reais obsessões, e se envolvem numa série de esquemas rígidos, atípicos, estereotipados, ou em rotinas de comportamentos (APA, 2013).

A característica mais evidente do TEA reside em sua variabilidade, em diversos níveis, das funções cognitivas e trajetórias evolutivas, que vão da grave deficiência intelectiva ao alto funcionamento, bem como dos diversos graus de desenvolvimento linguísticos e psicomotores e, mais genericamente, das capacidades de aprendizagem (Grzadzinski et al., 2013). De fato, no interior do mesmo rótulo diagnóstico podemos encontrar perfis muito heterogêneos; a título indicativo, abaixo apresentamos alguns:

Qual é a característica mais perceptível do TEA?

- indivíduos que possuem competências linguísticas adequadas ou superiores à faixa etária a que pertencem, mas que apresentam uma acentuada inépcia motora e interesses restritos e específicos ligados às ciências;
- indivíduos que apresentam uma linguagem mínima e um comportamento motor caracterizado por diversos estereótipos, com forte reatividade à luminosidade;
- indivíduos com habilidades verbais em linha com a própria idade cronológica, mas com dificuldade de compartilhar uma atividade lúdica com seus colegas por um período de tempo adequado, e com uma forte seletividade alimentar.

Examinando os diversos exemplos, é possível identificar uma pessoa autista: sua dificuldade social. Outra característica muitas vezes reconhecida no contexto da sintomatologia é a manifestação de dificuldades de comunicação, relacionadas não a déficits cognitivos na estruturação ou articulação da linguagem, mas sim ao transtorno no quadro social. Para um diagnóstico efetivo do TEA, esses traços devem ser acompanhados por uma alteração da sensorialidade e/ou da rigidez nas ações (interesses restritos, estereotipias), consequência, segundo os recentes estudos, de uma alteração cerebral das áreas frontais e pré-frontais na pessoa com TEA.

Quais são os elementos que definem o transtorno?

Por conseguinte, para convalidar o diagnóstico, a pessoa deve apresentar déficit na comunicação e na interação social em múltiplos contextos (critério A, DSM-5®) e comportamentos, interesses ou atividades restritas e repetitivas (critério B, DSM-5®).

Alguns elementos importantes (inseridos recentemente na nova edição do DSM-5®) são as indicações específicas que devem acompanhar o diagnóstico da criança ou do adolescente, entre as quais:

– a presença ou ausência de um comprometimento linguístico;

– a presença de um comprometimento intelectivo, ou seja, de uma inabilidade intelectiva associada ao TEA; esta indicação permite definir o quadro de funcionamento cognitivo geral, isto é, a presença ou ausência de retardo do desenvolvimento;

– o nível de gravidade, isto é, de comprometimento da capacidade de comunicação social conjuntamente com a incidência de comportamentos restritos e repetitivos; graças a esse quadro é possível definir o nível de apoio que a pessoa necessita para completar as atividades de vida cotidiana (APA, 2013; Barton et al., 2013).

Vejamos agora em detalhes os vários critérios diagnósticos que oferecem algumas indicações úteis para a sua leitura.

Critério A – Déficits persistentes da comunicação social e da interação social em múltiplos contextos

Quando falamos de interação e comunicação social, fazemos referência à capacidade de uma pessoa partilhar com a outra, por meio de sinais verbais e não verbais, os próprios interesses, os próprios pensamentos e as próprias emoções. Este critério abarca uma série de comportamentos observáveis que, no entanto, variam ao longo do desenvolvimento da pessoa.

O que se entende por interação e comunicação social?

As dificuldades na reciprocidade sociocomunicativa podem manifestar-se numa inadequada maneira de abordar os colegas, por exemplo, aproximando-se tão somente para pedir um objeto ou iniciando uma interação propondo uma atividade de interesse próprio, sem expectativa de participação maior ou menor do outro; ou podem manifestar-se numa dificuldade de manter de forma recíproca uma comunicação, isto é, de manter um intercâmbio verbal no qual não existe a circularidade social prevista, falando, por exemplo, apenas dos próprios interesses peculiares. Além desse critério interno, entram as dificuldades de compreender os sinais sociais do outro, por exemplo, intercâmbio de expressões faciais, bem como as dificuldades na comunicação não verbal.

É importante sublinhar o fato de que a dificuldade sociocomunicativa nas pessoas com TEA se faz presente ao longo de toda a vida, mas os comportamentos pelos quais ela se manifesta podem ser diferentes nas diversas fases do desenvolvimento.

Comportamentos atípicos no primeiro ano de vida

Ao longo do primeiro ano de vida, os comportamentos atípicos que habitualmente indicam um comprometimento da interação e comunicação social são essencialmente representados por: olhar fugidio, ausência de sorriso social, falta de atitudes antecipatórias quando se tenta dar colo à criança (estender os braços), atipias do diálogo tônico (dificuldade de mantê-la no colo), inadequação da atenção conjunta (dificuldade de chamar sua atenção para um objeto ou um acontecimento interessante) (Mundy, 2003; Mundy, Sigman & Kasari, 1990; Tomasello, 1995), não utilização da linguagem verbal e "desatenção" em relação à linguagem verbal dos outros ("não nos chama pelo nome", "não se volta quando chamada pelo nome", "não usa palavras para pedir ou indicar", "faz-se de surda quando se pede que ela faça alguma coisa").

O choro: primeiro sistema comunicativo da criança

Na base do comprometimento de tais habilidades se encontra a dificuldade que as crianças com TEA têm de adquirirem os códigos necessários para uma comunicação eficaz. Pesquisas recentes sublinham como, desde o nascimento, o sistema comunicativo das crianças com TEA apresenta anomalias: de fato, se se examina em idade precoce seu choro (considerado o primeiro sistema comunicativo), é possível identificar características peculiares, por exemplo, uma frequência atípica do choro, que torna este sinal de difícil interpretação para os pais. Se quisermos considerar o papel que o choro desempenha na criação de uma interação eficaz nos primeiros intercâmbios relacionais entre a criança e o adulto é importante refletir sobre esse aspecto. Na verdade, o comportamento dos pais é modulado pelas solicitações da criança; no entanto, segundo dados pesquisados (Esposito et al., 2010), o choro, em bebês autistas, geralmente é de difícil interpretação.

Como se manifesta o comprometimento da habilidade sociocomunicativa entre o segundo e o quinto anos de vida? E nos anos sucessivos?

Entre o segundo e o quinto anos de vida, o comprometimento da interação social se robustece por comportamentos cada vez mais explícitos e característicos. A criança "vagueia" por entre os outros como se eles não existissem; tende a isolar-se; quando chamada, "não responde"; não solicita a participação dos outros em suas atividades, tampouco os envolve nelas (chamando a atenção do outro, por exemplo, sobre objetos ou eventos interessantes, ou carregando ou mostrando objetos); serve-se do outro de maneira instrumental para a satisfação das necessidades do momento (p. ex., sem olhar o adulto nos olhos, a criança o toma pela mão e o conduz ao objeto que ela não consegue pegar sozinha). Este último aspecto nos leva a ter bem presente que a relação interpessoal nunca está – ou quase nunca – completamente ausente: este aspecto, no entanto, sempre se limita – ou quase sempre – a uma solicitação (alguma coisa ou alguma ação) e não a uma partilha (interesses, necessidades, emoções; Mundy, 2003).

É de fato real a hipótese da incapacidade de estreitar os laços sociais?

Em anos posteriores (do sexto ano de vida em diante), o comprometimento da interação social pode continuar se manifestando com os comportamentos acima mencionados ou, com a concretização de uma adaptação formal ao ambiente, pode assumir formas menos explícitas. Nestas últimas situações, no entanto, em face de uma relativa adaptação às regras sociais, persiste um baixo investimento da relação sem identificação do outro como figura privilegiada na partilha de experiências, interesses e atividades. Em geral, o aspecto característico é a incapacidade de reconhecer o outro como parceiro de conversação.

Por outro lado, este desinvestimento na linguagem verbal não é compensado pelas formas alternativas de comunicação, como os gestos ou a mímica. De fato, a característica distintiva das pessoas com TEA ao longo de todo o seu desenvolvimento (mesmo com comprometimentos diferentes) é a utilização de gestos comunicativos. Entre os primeiros indicadores precoces do risco de desenvolvimento do TEA encontramos a ausência do gesto indicativo (apontar), além de outros gestos como o da saudação. Quando a pessoa é mais velha, faltam os gestos emocionais ou enfáticos que são habitualmente utilizados pelas pessoas para enfatizar certas trocas sociais. Os aspectos do transtorno relacionados com a interação e a comunicação social estão efetivamente muito ligados à ausência do gesto indicativo: este faz parte dos aspectos comunicativos e está intimamente relacionado com as habilidades interativas, uma vez que é um dos sinais que a criança pode utilizar para atrair a atenção do outro e no qual ela pode, posteriormente, basear uma troca interativa.

Gestualidades comunicativas

A falta de atenção partilhada na reciprocidade social das trocas intersubjetivas pode também ser responsável por um déficit linguístico que não deriva exclusivamente de um aspecto cognitivo. São de grande importância, portanto, as intervenções precoces, com foco na reciprocidade, para que a criança possa adquirir a linguagem. Quanto mais cedo se trabalha, menos carências linguísticas são encontradas, embora continuem a existir dificuldades pragmáticas.

Critério B – Padrão de comportamento, interesses ou atividades restritas, repetitivas

Neste critério são incluídos todos os movimentos, gestos e/ou ações que, por sua frequência e falta de adesão ao contexto, assumem a característica de comportamentos atípicos e excêntricos.

A criança com TEA pode apresentar interesses absorventes e perseverantes que podem estar relacionados com diferentes aspectos da realidade: a obtenção de estímulos provenientes do próprio corpo (p. ex., olhar as mãos ou assumir posturas excêntricas pelas sensações que estas lhes enviam), ou a observação de determinados objetos e acontecimentos (p. ex., objetos que rolam ou configurações perceptivas específicas), ou ainda a realização de certas atividades mais ou menos elaboradas e mentalizadas (p. ex., imitar a cena de um filme ou "saber" tudo sobre os dinossauros). Surge, assim, uma espécie de *continuum* que vai dos interesses pouco elaborados às atividades altamente estruturadas; o que deve ser sublinhado é que mudam os interesses, mas o estatuto de participação e a dedicação absorvente não mudam.

A diferente escolha dos "interesses" está provavelmente ligada a certo número de fatores, tais como o estilo temperamental, as características particulares do ambiente, a idade, a extensão sintomatológica autista, a eventual coexistência e gravidade de uma deficiência intelectual associada. Isso inclui também a ritualização de certas rotinas cotidianas, tais como comer, lavar-se, sair de casa, que devem ser realizadas de acordo com sequências rígidas e imutáveis. A criança, por exemplo, na hora da refeição, pode ter necessidade de comer sempre na mesma sala, no mesmo lugar, com a mesma disposição espacial do prato e dos talheres; mais frequentemente são as características da comida que devem ser sempre as mesmas, tanto no sabor quanto no aspecto (massinhas ou queijinhos, ou sempre congelados de forma específica). Essa necessidade de imutabilidade – referida pelos pais como expressão de uma "característica habitual" – é observada também no aspecto lúdico (disposição de soldadinhos ou carrinhos de acordo com uma ordem permanentemente imodificável), na disposição dos objetos em seu quarto (que sempre deve ser a mesma), no percurso sempre idêntico nas saídas de casa, ou no apego exacerbado a objetos incomuns.

Em seu conjunto, dois aspectos particulares caracterizam esse tipo de comportamento: a capacidade que a criança tem de perceber as mínimas variações no conjunto perceptivo (p. ex., dar-se conta de que a disposição dos soldadinhos foi alterada ou de que a comida tem uma consistência levemente diferente) e as reações de profundo desconforto quando isso acontece. Realmente, é esse profundo desconforto – que, por outro lado, se traduz em animadas reações comportamentais de raiva e agressividade auto ou heterodirigidas – que confere a esses hábitos o caráter de um ritual obsessivo e compulsivo.

Embora as atitudes atípicas dos interesses e das atividades acompanhem a pessoa com TEA durante todo o seu ciclo vital, as maneiras com que elas se manifestam variam necessariamente ao longo do desenvolvimento.

Um elemento muito importante diz respeito à hiper ou à hiporreatividade aos estímulos sensoriais ou aos interesses insólitos para aspectos sensoriais do ambiente: aparente indiferença ao calor/frio/dor, reação aversiva a sons ou texturas específicas, cheirar ou tocar excessivamente objetos, atração por luzes ou objetos rotativos. Esse aspecto só foi introduzido na última versão do manual diagnóstico (DSM-5) e não estava presente no DSM-IV (APA, 1994). Como o sublinha Nardocci (2016), Hans Asperger já havia identificado os transtornos da percepção sensorial, tátil e auditiva graças ao cuidado na observação de seus casos e à escuta dos familiares:

Quais são as características da percepção sensorial na pessoa com TEA?

> Muitas dessas crianças têm uma aversão, que pode tornar-se anômala, por certas sensações do tato, talvez para o veludo, a seda, o algodão ou o gesso; não suportam a rugosidade de camisas novas ou meias remendadas; detestam o corte de unhas, e a desagradável sensação sentida logo em seguida é o motivo pelo qual nessas ocasiões podem ocorrer cenas tempestuosas. [...]. Também para o barulho essas crianças são geralmente hipersensíveis, às vezes justamente aquelas crianças que noutras situações são tão completamente ausentes e insensíveis ao que acontece à sua volta, inclusive diante de estrondos (Asperger, 2003).

Não obstante isso, foi só nos últimos trinta anos que o interesse por esse aspecto aumentou significativamente e, por consequência, a pesquisa pôde avançar nesse domínio. Graças a esse crescente interesse, foi ficando cada vez mais evidente que os transtornos sensoriais se fazem presentes em mais de 80% das pessoas com TEA (Baranek et al., 2002, 2006; Ben-Sasson et al., 2008, 2009; Dawson & Watling, 2000; Dunn et al., 2002; Liss et al., 2006; Myles et al., 2004; Watling et al., 2001), e muitas pessoas têm levantado a hipótese de que as diferenças no processamento sensorial podem contribuir (ou estar na base) nas deficiências em áreas sociais mais complexas e nos sintomas cognitivos e comportamentais que definem o autismo (Boyd et al., 2010; Foss-Feig et al., 2012; Hilton et al., 2010; Jones et al., 2003; Watson et al., 2012). Kern et al. (2007) referem que todas as modalidades sensoriais primárias (auditiva, visual, tátil e oral) são afetadas ou mostram diferenças em relação à norma no autismo.

Mais de 96% das crianças com TEA apresenta hiper ou hipossensorialidade em domínios múltiplos, o que pode levar a comportamentos de automutilação e agressivos, sobretudo para quem é incapaz de comunicar, por meio da linguagem verbal ou não verbal, o próprio sofrimento. Leekan et al. (2007) revelaram que mais de 90% das crianças com TEA têm anomalias sensoriais generalizadas, multimodais e persistentes ao longo da vida (Baranek et al., 2006; Ben-Sasson et al., 2009; Liss et al., 2006). Além disso, muitos pesquisadores mostraram em seus trabalhos que as pessoas com transtornos apresentam um perfil sensorial atípico e se esforçaram para que esse aspecto fosse inserido no DSM-5* (Baranek et al., 2006; Mottron et al., 2006; Rogers et al., 2003). Infelizmente, no entanto, ainda não existe um consenso generalizado sobre uma definição das causas das anomalias sensoriais no autismo (Marco et al., 2011).

Na literatura encontramos muitos testemunhos autobiográficos que relatam experiências sensoriais insólitas, como insensibilidade à dor e respostas atípicas a estímulos auditivos, visuais, táteis e olfativos (Bemporad, 1979; Cesaroni & Garber, 1991; Grandin & Scarano, 1986; Gerland, 2003; Williams, 1999). O desconforto causado por estímulos sensoriais particulares pode causar comportamentos muito perturbadores e agressivos tanto nas pessoas de alto funcionamento quanto nas de baixo funcionamento. Neste último caso, a dor não pode ser externada e explicada em palavras. A sobrecarga sensorial pode muitas vezes levar a crises nervosas e a colapsos emocionais muito fortes, e compreender qual é o estímulo que causa o desconforto é essencial para organizar o ambiente e a rotina de forma a minimizar ao máximo possível as possibilidades de dor. Em relação à percepção auditiva, Temple Grandin (1994) escreve:

Importância de ler os comportamentos e controlar as estimulações ambientais

> para mim, ouvir é como ter um amplificador ligado ao máximo. Minhas orelhas são como microfones que captam e amplificam os sons. Posso escolher: a) conectar meus ouvidos e deixar-me dominar pelos sons; ou b) desligar meus ouvidos. Minha mãe disse que às vezes eu me comportava como se fosse surda. Segundo os audiogramas, eu ouvia normalmente. Não consigo modular a estimulação auditiva. Descobri que posso interromper os ruídos irritantes assumindo comportamentos autistas, estereotipados e ritmados. Às vezes posso "desligar a tomada", desativar o contato auditivo. Por exemplo, ocorre-me às vezes de estar ouvindo uma de minhas músicas preferidas no rádio, no carro, e em seguida dar-me conta de que "desliguei a tomada", de que me perdi no meio da música. Na universidade, eu precisava tomar nota constantemente para certificar-me de que estava conectada. Não consigo falar ao telefone numa sala barulhenta ou num aeroporto. Os outros conseguem usar o telefone no burburinho de um aeroporto, mas eu não. Se tento filtrar o ruído de fundo, filtro também a voz da pessoa com quem estou falando ao telefone. Sei de alguns autistas que têm transtornos mais graves na percepção auditiva e que são incapazes de ouvir uma conversa no saguão de um hotel relativamente tranquilo.

A mesma autora salienta também, de forma muito eficaz, os seus problemas de percepção tátil (Grandin, 1994), salientando a arbitrariedade de certas interpretações do evitamento como indicador de raiva ou de medo:

> eu me jogava para trás quando as pessoas tentavam me abraçar, uma vez que isso provocava em todo o meu corpo a irrupção dolorosa de um turbilhão de estimulações. Gostaria de ter tido a experiência gratificante do abraço, mas, assim que alguém me pegava no colo, o efeito no meu sistema nervoso era simplesmente avassalador. Era uma situação paradoxal de aproximação-evitação, mas o que me fazia evitar o abraço era a superestimulação sensorial e não a raiva ou o medo. Uma leve coceira ou irritação da pele a que a maioria das pessoas não faz caso era, para mim, uma tortura. Uma saia que coçasse minha pele parecia uma lixa me esfolando. Lavar-me os cabelos também me era penoso. Quando a minha mãe me esfregava os cabelos, sentia dor no couro cabeludo. Era igualmente um problema adaptar-me a roupas novas. Preferia usar calças compridas porque não gostava da apercepção das minhas coxas que se tocavam.

Esses sentimentos contraditórios (busca do contato e dificuldade de processar corretamente as percepções táteis) levaram Temple Grandin (1986) a inventar e a construir uma "máquina de abraço", uma espécie de caixa dentro da qual ela se introduzia, ajustável para obter exatamente o grau de pressão pretendido:

> Isso corresponde a uma necessidade e acalma-me.

A própria Temple Grandin afirma, no entanto, não ter nenhum problema de percepção visual. E chega a argumentar que, no autismo, quando os sistemas que processam as informações visuoespaciais são intactos, podem compensar as deficiências de linguagem. Por esse motivo, como o veremos a seguir, a autora sugere um percurso educativo largamente centrado na visualização (Grandin, 1995). Essa facilidade de processar o material visual é confirmada também por Barbara Jones, uma jovem senhora com TEA que trabalha num laboratório de análise com um microscópio. Em uma carta publicada nas colunas de *Communication*, revista da Associação Inglesa sobre o Autismo, ela escreve que "as células anormais me saltam aos olhos". Também Gunilla Gerland (1999), em sua autobiografia *Una persona vera* (uma pessoa de verdade), sublinha que as sen-

Percepção visual e educação centrada na visualização

sações provenientes de seu corpo eram muito especiais e dificilmente controláveis, sobretudo quando era criança. Significativa, a este propósito, é sua descrição:

> a superfície de meus dentes era inacreditavelmente sensível e, mesmo quando eu era levemente tocada, parecia-me receber uma descarga elétrica. Podia tornar-se insuportável e, às vezes, morder alguma coisa me ajudava. Para mim, era melhor morder algo não demasiadamente duro, de modo que a pressão pudesse contrastar com a dor. Julgava que a carne das pessoas fosse a melhor coisa a morder. Queria poder cravar os dentes em alguma coisa, até mesmo num braço, sem saber o porquê. Só me dava conta de que devia fazê-lo [...]. Para mim, parecia que eu tinha mais sensibilidade nos dentes do que no resto do corpo, onde sentia sensações muito mais vagas. Meu cérebro só percebia informações confusas sobre o resto de meu corpo, e eu devia usar a visão para compreender bem o que estava acontecendo. Quanto mais afastada do cérebro era uma parte de meu corpo, mais difusas se apresentavam as sensações; os pés eram uma mancha branca no mapa de meu corpo. Não suportava ser tocada, mas, ao contrário de muitas outras pessoas, não me importava absolutamente com as cócegas. Irritava-me ser tocada, pois era como se arrancassem uma parte de mim, e eu ficava furiosa, me era insuportável. Nada disso acontecia quando me afloravam os pés. A sola dos pés era o único ponto em que eu podia tolerar algum contato, e isso às vezes até podia dar-me um prazer, justamente por ser um local tão vago. A única pequena coisa que podia dar-me prazer eram as cócegas feitas com uma folha de grama debaixo dos pés, a única pequena coisa que conseguia detectar com os sentidos e que não me trazia sofrimento.

Para além dos problemas associados às diferentes vias sensoriais, Williams (1996) refere também uma dificuldade em integrar as diferentes sensações:

> A maioria das pessoas pode processar informações de forma eficiente e contínua através de mais de um canal sensorial ao mesmo tempo. Isso significa que, de um modo geral, conseguem lidar com o significado do que estão experimentando, com o proveito que estão tirando e com o que

pensam sobre isso. A maioria das pessoas pode usar simultaneamente todas as vias sensoriais. Quando se sintonizam com o significado do que estão ouvindo, elas continuam compreendendo o significado daquilo que emocional e fisicamente enxergam e sentem. A maioria delas pode fazer todas essas coisas porque operam em "muitos canais". As pessoas autistas, porém, podem funcionar em "mono". Para essas pessoas, processar o que estão vendo enquanto caminham pode significar que o corpo parece chegar a certos lugares como que por magia. Processar o sentido do que estão ouvindo enquanto alguém lhes toca alguma parte do corpo pode significar não ter nenhuma ideia sobre onde foram tocadas, tampouco do que a pessoa que as tocou imaginava ou sentia naquele instante.

Idade de início

O DSM-5* inclui um início precoce dos sintomas do transtorno entre os critérios diagnósticos. Diferentemente da versão anterior, não é dado nenhum limite específico dentro do qual as várias atipias se possam manifestar, mas é considerada a relação entre as necessidades e exigências sociais do ambiente circunstante e as dificuldades e habilidades compensatórias da criança.

O surgimento dos primeiros sinais e sintomas, no entanto, geralmente é sutil e maldefinido. Mesmo que seja impossível datar com precisão o "início" do autismo, é possível definir, porém, com a ajuda dos pais, a época em que a manifestação dos vários sintomas assumiu tamanha relevância que passou a prejudicar sensivelmente o funcionamento em âmbito social e em outras áreas importantes da vida. Fazendo referência aos relatos anamnésticos dos pais das crianças com autismo, verificou-se que, em mais de 80% dos casos, o quadro clínico do autismo se manifestou por volta do vigésimo mês de vida. Os pais são as primeiras pessoas a se dar conta, já nos primeiros meses de vida, de um problema de desenvolvimento, e, retrospectivamente, a maioria deles constatou que o diagnóstico do TEA poderia ter sido feito por volta do vigésimo mês de vida. Essa constatação está de acordo com os dados habitualmente referidos na literatura, segundo os quais o TEA é diagnosticável num período do desenvolvimento muito precoce, como veremos mais adiante (Charman et al., 1997; Cox et al., 1999; Lord, 1995; Stone et al., 1999).

Diagnóstico diferencial

O DSM-5® inclui o TEA num grupo mais amplo de transtornos: os transtornos do neurodesenvolvimento. Trata-se de outras categorias que, embora partilhem com o TEA algumas características, diferem em outras. Em particular, entre as patologias elencadas no *Manual Diagnóstico* encontram-se:

- Síndrome de Rett;
- Mutismo seletivo;
- Transtornos da linguagem e transtorno da comunicação social (pragmática);
- Deficiência intelectiva;
- Transtorno de movimento estereotipado;
- Transtorno de déficit de atenção/hiperatividade;
- Esquizofrenia.

Instrumentos de observação, avaliação e diagnóstico

Arianna Bentenuto e Paola Venuti

Para resolver o problema do diagnóstico precoce foram desenvolvidos vários instrumentos clínicos, constituídos por medidas numa escala de valores, com o objetivo de avaliar as características comportamentais de crianças com TEA (Huerta et al., 2012). Devido à elevada variabilidade inerente ao autismo, uma avaliação exaustiva com vista a um diagnóstico funcional exigirá uma avaliação multidimensional das capacidades cognitivas e socioemocionais (Huerta et al., 2012). Normalmente, os perfis do desenvolvimento das crianças com TEA apresentam fortes disparidades, e os desempenhos podem variar muito em função da atividade específica. Para enfrentar esse problema, os testes de desenvolvimento centraram-se em tarefas e escalas que oferecem uma medida da cognição social, da comunicação e inteligência, do raciocínio social e moral, da mentalização, do raciocínio prático e da coordenação olho/mão, tentando obter comportamentos interativos específicos.

Referimo-nos e discutimos principalmente os dois instrumentos que a literatura define como padrão de excelência e que agora, necessariamente, são ou devem ser utilizados para fazer um diagnóstico: o *Autism Diagnostic Observational Schedule-2* (ADOS-2; Lord et al., 2012) e o *Autism Diagnostic Interview-Revised* (ADI-R; Lord, Rutter & Le Couteur, 2003). Para os outros instrumentos úteis ao diagnóstico podemos nos reportar à tabela 3.1. Desenvolvidos pelo grupo de trabalho guiado por Lord (1995), os testes foram concebidos e construídos como instrumentos de avaliação diagnóstica; no entanto, a utilidade destes dois instrumentos não se limita apenas à fase do enquadramento diagnóstico categórico. Estes, combinando as informações da entrevista com os pais com as da observação direta, permitem delinear tanto o quadro do comportamento do indivíduo quanto a história evolutiva dessa pessoa e de seu transtorno. O amplo espectro de áreas de funcionamento investigadas torna esses dois instrumentos muito úteis em todas as diferentes fases da avaliação dimensional. Apresentamos também o Social Responsiveness Scales, uma ferramenta desenvolvida pelo grupo de Costantino (2005), de fácil emprego para a avaliação das competências sociais, em todas as suas diferentes componentes, com crianças e adolescentes autistas.

Quais são os instrumentos-padrão de excelência para o diagnóstico do TEA?

TABELA 3.1

Principais instrumentos de avaliação e diagnóstico

Instrumento	Autores	Idade	Descrição
Childhood Autism Rating Scale – Second Edition (CARS2)	Schopler, Van Bourgondien, Wellman e Love, 2010 (ed. it. Militerni, Nardocci, Faggioli e Arduino, 2014)	A partir de 2 anos	Escala de avaliação que permite identificar indivíduos com TEA através da observação direta do comportamento e da reunião de informações de múltiplas fontes. É formada por três questões: *Questionário CARS2 Versão Standard* (CARS2-ST), *Questionário CARS2 de alto funcionamento* (CARS2-HF) e *Questionário para pais ou cuidadores* (CARS2-QPC), cada um composto de 15 itens que indicam diversas áreas funcionais, dentre as quais: relações interpessoais, imitação, afetividade, utilização do corpo, jogo e utilização dos objetos, nível de adaptação, capacidade de resposta aos estímulos visuais e auditivos, modalidade sensorial, medo ou nervosismo, comunicação verbal e não verbal, nível de atividade, funcionamento cognitivo, impressões gerais do examinador.
Autism Diagnostic Observation Schedule (ADOS-2)	Lord et al. (ed. it. Colombi, Tancredi, Persico e Faggioli, 2013)	A partir de 2 anos (também para bebês não verbais) até a idade adulta	Ferramenta amplamente utilizada para o diagnóstico do TEA, complementar à entrevista semiestruturada para pais (ADI-R). Baseia-se na observação direta e padronizada da criança e é estruturada em módulos que exploram o comportamento social em contextos comunicativos naturais.
Autism Diagnostic Interview-Revised (ADI-R)	Lord, Rutter e Le Couteur, 2003 (ed. it. Faggioli, Saccani, Persico, Tancredi, Parrini e Igliozzi, 2005)	A partir de 2 anos	Ferramenta diagnóstica para a avaliação do TEA, complementar ao ADOS. Consiste numa entrevista semiestruturada destinada aos pais, baseada em perguntas relativas aos comportamentos pertencentes à sintomatologia do espectro autista e ao tipo de jogo.

Instrumento	Autores	Idade	Descrição
Autism Behavior Checklist (ABC)	Krug, Arick e Almond, 2008	A partir de 18 meses	Escala de avaliação do comportamento que faz referência a 57 comportamentos "problemáticos", divididos em cinco categorias: linguagem, socialização, uso de objeto, sensorialidade e autonomia, com base nos quais atribui uma pontuação.
Gilliam Autism Rating Scale (GARS-3)	Gilliam, 2013	De 3 a 22 anos	*Checklist* [lista] de controle parental baseada em critérios diagnósticos do DSM-5®, composta de 56 itens agrupados em seis subescalas: comportamentos restritivos e repetitivos, interação social, comunicação social, respostas emocionais, estilo cognitivo e linguagem mal-adaptada. A GARS-3 passou a ser uma ferramenta valiosa para promover a comunicação com os pais, precisamente por conta de sua capacidade de representar, em seu sistema de quesitos, os problemas concretos e cotidianos da criança, facilmente reconhecíveis pelos familiares.
Psycho-Educational Profile (PEP-R; PEP-3)	Schopler, Reichler e Lansing, 1990; Schopler, Lansing, Reichler e Marcus, 2005 (ed. it. di Villa e Micheli, 2006)	Dos 2 anos aos 7 anos e 6 meses	O PEP-3 é uma ferramenta que permite obter indicações visando à obtenção de um perfil de desenvolvimento detalhado e ao planejamento de um programa de intervenção específico e individualizado. Consiste na seção de desempenho, que compreende dez subtestes: cognitivo verbal/pré-verbal, linguagem expressiva, linguagem receptiva, habilidade motora, motricidade global, imitação visual motora, expressão emotiva, reciprocidade social, comportamentos motores característicos, comportamentos verbais característicos. Além disso, existe um questionário para os pais articulado nos subtestes: comportamentos problemáticos, autonomia pessoal, comportamento adaptativo.

Instrumento	Autores	Idade	Descrição
Vineland Adaptive Behavior Scales – Third Edition (Vineland-3)	Sparrow, Cicchetti e Saulnier, 2016	De 0 a 90 anos	Entrevista semiestruturada, considerada unanimemente a melhor escala psicométrica que avalia o nível adaptativo de um indivíduo. É administrada por um operador especialmente treinado à pessoa interessada. O Comportamento Adaptativo (CA) investigado diz respeito à atividade que um indivíduo tem de realizar diariamente para ser suficientemente autônomo e desempenhar de forma adequada as tarefas decorrentes do seu papel social, de modo a corresponder às expectativas do meio ambiente em relação a um indivíduo da mesma idade e do mesmo contexto cultural. O nível adaptador é definido pelos desempenhos típicos e não pelas habilidades: as Vineland-3, portanto, medem os desempenhos e não as competências. As Vineland-3 são organizadas nos seguintes domínios: comunicação (subescalas: linguagem receptiva, expressiva, leitura/escrita), socialização (subescalas: relações interpessoais, jogo e tempo livre, habilidade de *coping*), habilidades de vida cotidiana (habilidades pessoais, domésticas, de comunidade). Além disso oferecem dois domínios opcionais: habilidades motoras (exímias e grotescas) e comportamentos não adaptativos (de interiorização e externalização).
Autism Spectrum Rating Scales (ASRS)	Goldstein e Naglieri, 2009 (ed. it, Militerni, Arduino, Nardocci, Faggioli e Taddei, 2014)	De 2 a 18 anos	Escala útil para a avaliação de características, comportamentos e sintomas associados ao Transtorno do Espectro Autista em crianças e adolescentes, graças às informações oferecidas pelos pais e professores. Os questionários ASRS são divididos por faixas etárias, 2 a 5 anos e 6 a 18 anos, e medem diferentes dimensões: socialização, reciprocidade social e afetiva, linguagem atípica, rigidez comportamental, sensibilidade sensorial, atenção e autorregulação.
Checklist for Autism Spectrum Disorder (CASD)	Mayes 2012 (ed. it. di Vivanti e Muratori, 2013)	De 1 a 16 anos	É uma ferramenta de rastreamento para a avaliação do TEA em conformidade com os critérios diagnósticos do DSM-5[*]. A CASD é composta de 30 sintomas reagrupados nas seis áreas seguintes: problemas na interação social, perseverança, transtornos somatossensoriais, atipias da comunicação e do desenvolvimento, transtornos do humor, problemas de atenção e segurança. Para cada sintoma é necessário indicar se ele está presente ou se nunca esteve presente.

(adaptação de Ianes e Zappella, 2009)

Autism Diagnostic Observational Schedule-2 (ADOS-2)

O *Autism Diagnostic Observational Schedule-2* (ADOS-2; Lord et al., 2012) constitui um dos instrumentos utilizados internacionalmente há vários anos para o diagnóstico. É um instrumento de observação que cria as bases para discernir as habilidades próprias de desenvolvimento típico e os traços autistas dos indivíduos em análise.

O ADOS-2 é constituído de atividades padronizadas que permitem ao examinador observar comportamentos específicos que ajudam a distinguir a presença ou não do TEA. Trata-se de um teste semiestruturado articulado em cinco módulos, subdivididos segundo a idade cronológica do indivíduo e o nível de linguagem verbal espontânea (tabela 3.2).

O que é o ADOS-2 e como é estruturado

Cada módulo consiste em um número específico de atividades ou tarefas administradas pelo examinador, às quais está associado um determinado número de itens de codificação, que são os aspectos específicos do comportamento nos quais o examinador centra sua observação.

TABELA 3.2
Os Módulos do ADOS-2

Módulo	Características	Atividades
Módulo Toddler	Adaptado às crianças dos 12 aos 30 meses que dispõem de uma capacidade linguística verbal que varia da ausência de linguagem a simples frases	Baseia-se em 11 atividades
Módulo 1	Voltado para crianças a partir dos 31 meses de idade, cujas capacidades verbais variam da ausência de linguagem a simples frases	Baseia-se em dez atividades
Módulo 2	Destinado a pessoas de qualquer idade com uma linguagem verbal constituída de frases, mas não ainda verbalmente fluentes	Baseia-se em 14 atividades associadas
Módulo 3	Voltado para crianças/jovens adolescentes verbalmente fluentes (em geral com idade inferior aos 16 anos e linguagem expressiva funcional mínima estimada aos 4 anos de idade)	Consiste em 14 atividades
Módulo 4	Aplicado em adolescentes e adultos com linguagem expressiva espontânea fluente que tenham alcançado certo nível de independência na autonomia cotidiana	Estão presentes entre dez e quinze atividades (algumas atividades neste módulo são definidas como facultativas)

Cada situação proporciona uma combinação diferente de ocasiões sociais planejadas para observar determinados comportamentos sociais. As atividades presentes mudam de módulo em módulo, mesmo que possam sobrepor-se com itens idênticos. Os princípios gerais são os mesmos e existe uma variação consciente e predisposta do comportamento do examinador, que deve utilizar uma hierarquia de estímulos sociais progressivamente menos estruturados. Uma vez que o foco principal do ADOS-2 é observar os comportamentos sociais e comunicativos, o objetivo das atividades passa a ser proporcionar ao indivíduo contextos padronizados e interessantes para lhe propiciar interações.

As atividades não têm um fim em si mesmas, mas servem para estruturar a interação. Os cinco módulos do ADOS-2 proporcionam sequências sociais e comunicativas que unem tanto situações estruturadas quanto não estruturadas. O objetivo das atividades não é testar habilidades cognitivas específicas, mas apresentar tarefas que se tornem prazerosas e cativantes a fim de estimular a criança ou o adulto a participar do intercâmbio social, bem como observar e julgar os intercâmbios que virão a ser criados. As pontuações obtidas na aplicação deste instrumento podem ser utilizadas para formular um diagnóstico graças ao uso de um algoritmo diagnóstico presente em cada módulo. A aplicação do ADOS-2, que pode ser feita por especialistas que fizeram um treinamento específico, permite atribuir pontuações em diferentes habilidades, com base nos comportamentos exibidos pelo indivíduo ao longo de toda a avaliação. Tais pontuações (variáveis de zero a dois ou de zero a três, em que zero corresponde ao nível máximo) são obtidas em cinco áreas principais:

- Comunicação e linguagem;
- Interação social recíproca;
- Imaginação;
- Comportamentos estereotipados e interesses restritos;
- Outros comportamentos anômalos.

Essa ferramenta apoia decisões diagnósticas com base nas pontuações de corte do algoritmo diagnóstico (série de itens específicos selecionados) de duas áreas diferentes: afeto social (AS), que compreende características ligadas à comunicação e à interação social, e comportamentos restritos e repetitivos (CRR). Quanto ao Módulo Toddler, considerando a idade cronológica das crianças a quem é aplicado, a compilação do algoritmo diagnóstico leva à definição da faixa de risco (de leve a severa) que a criança observada apresenta de desenvolver TEA. Em sua nova versão, além da introdução do Módulo Toddler, a ferramenta possibilita que todos os módulos, com exceção do Módulo 4, utilizem a Pontuação de Comparação; esse valor fornece um sistema para identificar a sintomatologia correlata com o TEA presente no sujeito observado durante a administração, comparando-a com o funcionamento de indivíduos da mesma idade e nível verbal com um diagnóstico de autismo.

Autism Diagnostic Interview-Revised (ADI-R)

O que é a ADI-R e como é estruturada?

A *Autism Diagnostic Interview-Revised* (Rutter, Le Couteur & Lord, 2003) é uma entrevista semiestruturada, aplicada pelo(a) cuidador(a) da criança. É uma ferramenta de amplo alcance, útil para obter uma vasta gama de informações centradas em alterações e atrasos de desenvolvimento nas áreas da interação e da reciprocidade social, da linguagem e da comunicação, do aspecto lúdico e da imaginação (com particular atenção aos comportamentos repetitivos e estereotipados e à amplitude do repertório de interesses da pessoa implicada). Além dos comportamentos relativos a esses domínios do desenvolvimento, a entrevista objetiva compreender uma série de outras manifestações sintomatológicas que foram observadas em pessoas com TEA e coleta ulteriores informações sobre marcos de alguns estágios fundamentais de desenvolvimento nos primeiros anos de vida da criança. É aplicável a todas as pessoas a partir de uma idade de desenvolvimento mental de 24 meses. As informações reunidas ao longo do teste enriquecem as que são recolhidas nas sucessivas fases de avaliação, contribuindo de forma decisiva no estabelecimento das bases do planejamento de uma intervenção eficaz. A entrevista se concentra nas descrições dos comportamentos manifestados na vida cotidiana fornecidas pelos pais/cuidadores. A atribuição da pontuação baseia-se na apreciação do examinador quanto à descrição do comportamento mantido e não na apreciação fornecida pelos pais. Exatamente por isso, a ferramenta também supõe que o examinador tenha feito um treinamento específico, além de possuir uma adequada experiência clínica com pessoas com TEA.

Essa entrevista é constituída de 93 itens subdivididos por diferentes áreas. O protocolo é particularmente constituído por uma primeira série de perguntas que pretendem reunir informações que servem para delinear o contexto do indivíduo (família, avaliações precedentes, aspectos educativos escolares) e informações relativas às primeiras etapas do desenvolvimento (nos âmbitos motor, linguístico etc.). Essas perguntas são seguidas pela parte mais importante da entrevista, que objetiva perguntar sobre eventuais alterações nas áreas-chave a fim de detectar um possível TEA: área do funcionamento da linguagem e da comunicação, área do desenvolvimento social e lúdica, e área dos interesses e comportamentos.

Para cada item da entrevista, o examinador aplica um código específico que identifica se a descrição do comportamento apresenta características de alterações particulares. Os valores dos códigos aplicados aos diversos itens da entrevista variam de zero (ausência de alterações no comportamento) até dois ou três (alterações especificadas claramente presentes). A atribuição das pontuações, em síntese, segue as mesmas normas de codificação aplicadas ao ADOS-2. A ferramenta apresenta dois diferentes algoritmos diagnósticos com base na idade cronológica do indivíduo: um para crianças dos 2 aos 3 anos e onze meses e outro para indivíduos de 4 anos ou mais. Os algoritmos compreendem itens específicos da entrevista, subdivididos por áreas relevantes, às quais correspondem determinados valores de corte (valor que, se for superado, identifica uma alteração específica em relação à área). A ultrapassagem dos valores críticos para todas as áreas investigadas aponta a necessidade de realização de um diagnóstico de TEA.

Social Responsiveness Scale (SRS)

O que é a SRS e como é estruturada?

A *Social Responsiveness Scale* (SRS; Constantino & Gruber, 2005) é um questionário que indaga, por meio de 65 perguntas, diversas dimensões sociais. Trata-se de uma ferramenta que permite a medição dos domínios críticos para o TEA, avaliando, com base na percepção da pessoa adulta (pais e/ou professores) que observa o indivíduo em contextos "naturais", o comportamento social recíproco, a comunicação e a presença de comportamentos repetitivos (comportamentos autistas) nos últimos seis meses, em crianças/adolescentes de 4 a 18 anos. Essa ferramenta pode ser utilizada como instrumento de rastreamento como auxiliar de diagnóstico.

Percurso de diagnóstico

Em que consiste o "percurso de diagnóstico" e a quais ferramentas ele recorre?

No percurso de diagnóstico, especialmente no âmbito dos distúrbios do espectro autista, o conhecimento de determinadas ferramentas específicas, apresentadas anteriormente, pode ajudar o profissional clínico na definição das características específicas do indivíduo em avaliação; no entanto, elas não podem ser consideradas exaustivas. É muito importante que o clínico obtenha informações relativas ao desenvolvimento e ao estado atual do indivíduo, tanto por meio de conversas médicas quanto por entrevistas específicas com os pais, que devem ser combinadas com as informações obtidas por intermédio de observações, em contextos livres ou estruturados.

Falando de observação, é oportuno lembrar que esta geralmente acontece em um contexto novo para o indivíduo, e por isso pode ser útil diferenciar as primeiras observações das sucessivas, ou após uma familiarização tanto com o ambiente quanto com as pessoas. Os instrumentos indicados para o diagnóstico de TEA apresentados, bem como outros testes psicodiagnósticos, podem exigir treinamentos específicos, mas é igualmente necessário que o clínico tenha amadurecido certa experiência que lhe permita definir quais comportamentos descritos ou observados são específicos do transtorno. Considerando a nova classificação diagnóstica fornecida pelo manual diagnóstico internacional (DSM-5®), o aprofundamento do perfil cognitivo é muito importante para definir a presença ou ausência de deficiência intelectual num quadro de TEA, bem como para delinear as áreas de qualidades e fraquezas da pessoa examinada.

A classificação diagnóstica para definir o perfil do desenvolvimento das diversas competências

Além de permitir a definição específica do quadro clínico da pessoa em avaliação, a classificação diagnóstica é fundamental para obter um perfil do desenvolvimento das diversas competências, tanto cognitivas quanto afetivo-relacionais, a fim de estruturar da forma mais específica e detalhada possível um projeto de intervenção que considere não só os núcleos desfuncionais da pessoa, mas também seus pontos fortes, sendo este o elemento principal para estruturar os objetivos específicos de intervenção. No caso do TEA, gostaríamos de lembrar como a intervenção deve ser absolutamente em rede, envolvendo todos os ambientes, tanto físicos quanto sociais, nos quais o sujeito se inscreve, incluídas a família e as diversas instituições escolares.

Rastreamento e identificação precoces

Arianna Bentenuto

O que é o rastreamento precoce e por que ele é importante?

É amplamente reconhecido que o TEA se desenvolve muito precocemente na criança e, mesmo que sua clara manifestação não seja imediatamente reconhecida, a realização de rastreamentos precoces com suficiente confiabilidade pode ser muito útil. Fazer um rastreamento não significa elaborar um diagnóstico certo, mas esse procedimento permite identificar as crianças em situação de risco que podem ser beneficiadas por um diagnóstico.

Esse processo é crucial para poder realizar intervenções direcionadas o mais cedo possível, de acordo com a literatura científica internacional, que sublinha e concorda com o princípio de que quanto mais rápido for o início de uma intervenção de apoio, maiores são as probabilidades de aperfeiçoamento e de recuperação de alguns comportamentos atípicos.

Nem todas as características comportamentais do transtorno se manifestam no mesmo período e de maneira analogamente evidente, mas hoje é dado como certo que muitos sinais do transtorno já se fazem evidentes entre os 12 e os 24 meses de idade da criança, graças ao uso de algumas ferramentas de rastreamento que se mostraram eficazes e válidas.

Quando normalmente é feito um diagnóstico?

Geralmente o diagnóstico não é formalizado antes dos 3 aos 4 anos de idade (mesmo que seja possível reconhecer os sinais de risco para o transtorno da comunicação e da interação a partir dos 18 meses), e sua definição é considerada confiável já aos 24 meses, quando realizada por profissionais especializados no reconhecimento dos sinais precoces de uma disfunção sociocomunicativa.

Que características têm os sinais precoces de risco nos primeiros anos de vida?

Nos primeiros anos de vida da criança os sinais precoces que indicam o risco de autismo se manifestam muito mais frequentemente na ausência de comportamentos "típicos" das etapas fundamentais de seu desenvolvimento do que na presença de comportamentos estranhos ou atípicos.

De acordo com a idade da criança, os sintomas são diferentes: da ausência de sorriso social e de manifestação de alegria por volta dos seis meses, à ausência de frases com duas palavras por volta dos 2 anos (que são diferentes de simples repetições daquilo que os outros dizem ou do que é dito nos desenhos animados, músicas etc.). Aos nove meses essas crianças não se orientam por sons e expressões faciais; aos doze meses não respondem quando chamadas pelo nome; e nelas geralmente está ausente o balbucio ou palavras típicas das crianças da mesma idade. Outro elemento importante é a falta de gestos comunicativos, como, por exemplo, o gesto de cumprimentar, de indicar ou de mostrar. A caixa de texto abaixo apresenta indicadores de risco úteis para uma identificação precoce do transtorno.

- Dificuldade de estabelecer contato ocular
- Ausência de resposta ao sorriso social
- Ausência de resposta na orientação dos estímulos sonoros ou ao próprio nome, mesmo que pronunciado por pessoas familiares
- Dificuldade de acompanhar com o olhar objetos em movimento
- Ausência de gestos comunicativos como indicar, cumprimentar estendendo a mão etc.
- Dificuldade de seguir com o olhar o movimento de indicar outras pessoas
- Ausência de comportamentos apropriados para chamar a atenção dos outros
- Dificuldade de externar manifestações de afeto ou de recebê-las de outros
- Ausência de comportamento de aproximar-se para ser recebida nos braços
- Ausência de comportamento imitativo
- Dificuldade em realizar jogos com outras crianças
- Dificuldade de pedir ajuda ou objetos/atividades desejados

Como foi sublinhado anteriormente, um diagnóstico rápido e abrangente permite ativar o mais cedo possível um percurso de reajustamento e de reorganização ativa da família e da escola, dois ambientes decisivos para o desenvolvimento das crianças, tanto com desenvolvimento típico como com outras dificuldades.

Intervenção precoce em casa e na escola

Com base em tais evidências, várias organizações pediátricas elaboraram uma série de recomendações para favorecer a sensibilização dos profissionais do primeiro nível (pediatras de família) em relação aos indicadores precoces para um risco de TEA. Os médicos pediatras têm efetivamente a oportunidade de ser os primeiros agentes de saúde contactados por pais preocupados com o desenvolvimento ou com a presença de comportamentos específicos em seus filhos. Além disso, os pediatras, em seus habituais monitoramentos de crescimento, podem monitorar a presença de alguns indicadores específicos que devem soar como sinalizadores para uma possível investigação diagnóstica mais aprofundada.

Que papel desempenham os médicos pediatras no processo de rastreamento?

Instrumentos de rastreamento

Durante as revisões periódicas de saúde realizadas em crianças de faixa etária entre 18 e 24 meses, em muitas regiões [do território italiano] é feito um rastreamento precoce por meio de testes padronizados para monitorar as habilidades sociocomunicativas. A esse respeito, dois são os instrumentos mais utilizados: a *Checklist for Autism in Toddler* (CHAT; Baron-Cohen, Allen & Gillberg, 1992) e a *Modified Checklist for Autism in Toddler* (M-CHAT; Robins et al., 2014).

A CHAT consiste numa seção A (composta de nove itens), com as respostas dadas pelos pais, e numa seção B (formada por cinco itens), preenchidos pelo pediatra de família com base nas observações semiestruturadas do comportamento da criança na consulta ambulatorial. A duração da execução do rastreamento é estimada entre dez e quinze minutos por criança.

O que é a CHAT e como é utilizada?

A M-CHAT (*Modified Checklist for Autism in Toddler*) é uma reelaboração da precedente: aos nove itens originários, relativos à presença/ausência de competências já exploradas pela CHAT (gesto de apontar declarativo, monitoramento do olhar, jogo compartilhado), foram acrescentados 14 itens

Que diferença existe entre a CHAT e sua versão modificada?

que, ao contrário, fazem referência à presença/ausência de comportamentos atípicos que caracterizam o transtorno, como os transtornos sensoriais (p. ex., sensibilidade a altos ruídos), as alterações motoras (movimentos incomuns dos dedos, saltinhos na ponta dos pés), as alterações do olhar e do contato ocular, as alterações das funções auditivas e linguísticas. Entretanto, enquanto a CHAT pode ser realizada aos 18 meses de idade, a M-CHAT é mais sensível aos 24 meses de idade. Com base na pontuação obtida, é possível classificar o perfil sociocomunicativo observado ou avaliado pelo progenitor em faixas de risco para um diagnóstico de TEA.

Que ações as instituições educativas podem desenvolver para facilitar a identificação precoce dos sinais de alerta?

Salientando mais uma vez que a identificação precoce de sinais de alarme é um elemento-chave para o reconhecimento do transtorno, nos últimos anos também as instituições de ensino estão realizando cursos específicos com a finalidade de sensibilizar os responsáveis por creches e escolas infantis a observarem com maior atenção alguns comportamentos indicadores de distúrbios específicos no desenvolvimento da criança.

Em síntese

☑ O diagnóstico do TEA deve ser feito o mais rapidamente possível, recorrendo a diferentes ferramentas de observação e testes específicos.

☑ Os critérios diagnósticos utilizados fazem referência a dois sistemas de classificação internacionalmente mais usados: o DSM-5® (APA) e o CID-11 (OMS).

☑ Os critérios do DSM-5® fazem referência ao déficit das habilidades de comunicação e de interação social e aos comportamentos repetitivos e estereotipados, com interesses restritos.

☑ Uma característica a ser levada em conta nas pessoas abrangidas pelo espectro é sua possível hiper ou hipossensibilidade aos estímulos, particularmente auditivos e táteis.

- ☑ Outros critérios a levar em conta são a idade de início do transtorno e um diagnóstico diferencial cuidadoso.
- ☑ Para o diagnóstico do espectro autista é necessário recorrer a ferramentas eficazes e padronizadas, junto com uma observação atenta em ambientes estruturados.
- ☑ Além disso, é importante adotar escalas de avaliação devidamente elaboradas para detectar comportamentos atípicos, bem como instrumentos diagnósticos reconhecidos e utilizados pela comunidade científica internacional.
- ☑ Hoje é comumente aceito o dado de que os traços da pessoa autista já são notórios na infância e, portanto, é possível fazer um rastreamento precoce, desde que este seja suficientemente confiável.
- ☑ A importância do rastreamento precoce reside no fato de que ele permite e facilita um diagnóstico apropriado e abrangente, também por intermédio de uma sensibilização dos profissionais e das famílias.
- ☑ Um diagnóstico feito a tempo permitirá um reajustamento e uma reorganização ativa e mais competente da família e da escola, o mais rapidamente possível.
- ☑ As preocupações dos pais nunca devem ser subestimadas, especialmente as que se referem à regularidade do desenvolvimento emocional e social de seus filhos.
- ☑ Existem caminhos de formação específicos para sensibilizar quem trabalha nas instituições educativas que podem facilitar o processo de identificação de comportamentos de risco em idade ainda precoce.

Parte II
Programar e agir

Introdução

Pesquisa e desenvolvimento Erickson

A segunda parte deste Guia tem por objetivo expor, valendo-se também de inúmeros exemplos e fichas operacionais, as estratégias e as intervenções concretas que tanto a pesquisa científica quanto a aplicação concreta "de campo" mostraram ser mais eficazes para um trabalho orientado e funcional em relação às principais dificuldades que caracterizam o TEA.

O quarto capítulo – após uma breve introdução às diretrizes emitidas em outubro de 2011 para o tratamento do TEA em crianças e adolescentes, elaboradas pelo Sistema Nacional de Diretrizes, coordenado pelo Instituto Superior de Saúde italiano (ISS) – ilustra os principais programas e abordagens de intervenção psicoeducacional de habilitação/reabilitação reconhecidas pela comunidade científica internacional, com particular referência às abordagens comportamentais e evolutivas. Além disso, uma parte substancial é dedicada à intervenção psicoeducacional nos comportamentos problemáticos.

O quinto capítulo apresenta algumas importantes indicações em relação ao tratamento em idade precoce e escolar e, em particular, como programar e ajustar a intervenção (também no plano organizacional, didático e metodológico) no contexto escolar. Além disso, uma parte é dedicada à elaboração do PEI – Plano Educativo Individualizado.

Enfim, o sexto capítulo contém uma vasta seleção de propostas e materiais úteis para a implementação de pistas concretas de trabalho no contexto escolar. Em particular, as propostas são orientadas para as competências cognitivas e metacognitivas; para a intersubjetividade, reciprocidade, habilidades sociais e interpessoais; para o lúdico; para o âmbito da comunicação/linguagem; para as competências escolares e didáticas; para as intervenções educativas estruturadas (TEACCH).

Capítulo 4
Programas, estratégias e abordagens de intervenção psicoeducacional e capacitadora/reabilitadora

Fontes do capítulo

TÓPICOS

Diretrizes do Instituto Superior de Saúde para o tratamento do Transtorno do Espectro Autista em crianças e adolescentes: retirado e adaptado de P. Visconti (2012, p. 263-265).

Intervenções psicoeducacionais habilitadoras/reabilitadoras: retirado e adaptado de D. Ianes e M. Zappella (2002, p. 55-57, 61-63).

Estratégias comportamentais, métodos e abordagens específicas de intervenção; os modelos de responsabilização pelo outro: retirado de SINPIA (2005, p. 74-81).

Intervenção nos comportamentos problemáticos e construção de alianças psicoeducacionais: retirado e adaptado de D. Ianes e S. Cramerotti (2009, p. 227-230, 236, 238, 250-257, 262-265).

BOXES

O caso Tom: retirado e adaptado de K. A. Quill (2007, p. 43) (contribuição de Adriana L. Schuler).

Algumas perguntas ao especialista... Giuseppe Maurizio Arduino: retirado e adaptado de D. Ianes e M. Zappella (2009).

Linha temporal sequencial

Em qual fase temporal são situadas as indicações de trabalho que encontraremos neste capítulo?

Quadro de conhecimentos introdutório e características	Diagnósticos, ferramentas de avaliação e identificação precoce	**Programação e intervenção**	Além do autismo	Construção das alianças educativas
		▲		

Mapa conceitual inicial

O que abordaremos neste capítulo?

O caso Tom

Kathleen Ann Quill

Tom era um menino de 10 anos. Não obstante os intensos esforços educativos, não fazia progressos. Ele era simultaneamente motivo de confusão, de encorajamento e de decepção para professores, familiares e outros profissionais, sobretudo pela velocidade surpreendente com que aprendia comportamentos novos em contextos específicos, embora não aprendesse outros e não conseguisse generalizar as habilidades adquiridas ou utilizá-las de modo funcional. Não obstante as vacilações, Tom parecia atento e animado quando se concentrava numa tarefa de sua escolha, como, por exemplo, montar um quebra-cabeça. Em outros contextos, apresentava muitos comportamentos estereotipados ou desviantes, como morder os dedos, especialmente quando era forçado a realizar tarefas pelas quais pouco interesse nutria.

Diretrizes do Instituto Superior de Saúde para o tratamento do TEA em crianças e adolescentes[1]

Paola Visconti

Diretrizes

Em outubro de 2011 foram publicadas as diretrizes denominadas *Il trattamento dei disturbi dello spettro autistico nei bambini e negli adolescenti* (o tratamento do TEA em

1. Atualmente o Instituto Superior de Saúde (ISS) está se dedicando a algumas atividades institucionais e de pesquisa com o objetivo de garantir a tutela da saúde, a melhoria das condições de vida e a inserção na vida social das pessoas com TEA. Dentre estas, encontramos a elaboração das novas diretrizes sobre o diagnóstico e o tratamento do TEA destinadas tanto às crianças e aos adolescentes quanto aos adultos, que serão publicadas brevemente. Merece destaque, além disso, a promoção de atividades de formação destinadas não apenas à rede de cuidados, mas também à familiar e educativa. Com referência a esta última, foram organizados percursos de formação a distância (acessíveis por meio da plataforma SOFIA do Ministério da Educação, da Universidade e da Pesquisa na Itália) específicos para educadores e professores, tanto curriculares quanto de apoio, das creches e das escolas infantis, e para os professores curriculares e de apoio das escolas de ensino fundamental e médio, sobre as temáticas relativas aos transtornos do espectro autista. Outra intervenção importante do ISS foi a aprovação, em maio de 2018, do documento "Aggiornamento delle linee di indirizzo per la promozione e il miglioramento della qualità e dell'appropriatezza degli interventi assistenziali nei disturbi dello spettro autistico" [Atualização das grandes linhas para a promoção e melhoria da qualidade do caráter apropriado das intervenções assistenciais no TEA], que regiões e províncias autônomas da Itália foram convidadas a acolher com o objetivo de pôr em prática um plano operativo a ser transmitido ao Ministério da Saúde. Enfim, para favorecer diagnósticos e intervenções cada vez mais precoces, foram instituídas redes de coordenação regional entre pediatras de base, educadores da infância e unidades de neuropsiquiatria infantis, e foi definido um protocolo de reconhecimento/avaliação de alterações comportamentais precoces na população geral e de alto risco. Para maiores aprofundamentos sobre as atividades do ISS é possível consultar o site do Osservatorio Nazionale Autismo: https://www.osservatorionazionaleautismo.it/ [ndr].

crianças e adolescentes), desenvolvidas pelo Sistema Nacional de Diretrizes, coordenado pelo Instituto Superior de Saúde da Itália.

Em linha e em continuidade com o documento elaborado pela Secretaria Ministerial sobre o Autismo em 2008, as diretrizes se inserem no primeiro programa nacional de pesquisa sobre a saúde mental na infância e na adolescência, no "Programa Estratégico" denominado *Un approccio epidemiologico ai disturbi dello spettro austistico* [Uma abordagem epidemiológica do TEA], financiado pelo Ministério da Saúde da Itália (www.salute.gov.it).

Parece ser de particular interesse e digno de menção o fato de que o Primeiro Programa Nacional de Pesquisa sobre a Saúde Mental na Infância e na Adolescência na Itália tenha tido como primeiro campo de pesquisa o TEA, com uma atenção particular ao tratamento e à sucessiva elaboração das diretrizes.

Um intenso trabalho, que levou mais de um ano, realizado por um grande painel de avaliadores da literatura, especialistas e revisores e outros membros do Instituto Superior de Saúde/ISS, produziu um documento volumoso, que requer uma leitura atenta também da parte de pessoas especializadas no setor, precisamente pelas extensas fontes de literatura relatadas para apoiar a validade científica do construto.

Além disso, adotou-se um documento preexistente, das diretrizes escocesas, datado de 2005, submetendo-as a uma atualização dos conteúdos para o período posterior à sua redação. As primeiras diretrizes em matéria de DPS pertencem à *Società Scientifica di Neuropsichiatria dell'Infanzia e dell'Età Adolescenziale* (SINPIA) [Sociedade Científica de Neuropsiquiatria da Infância e da Adolescência] e remontam ao ano 2005.

Importância ISS

No entanto, o fato de a ISS ter compreendido a importância da questão e ter investido nela recursos em termos de tempo e de envolvimento de equipes de trabalho indica que o problema do autismo (terminologia em uso por simplificação) ultrapassou os limites da discussão científica (com diretrizes calibradas por profissionais) para tornar-se um problema que envolve toda a coletividade. As possíveis motivações por trás dessa escolha são suscetíveis de lidar com diferentes domínios:

– uma incidência epidemiológica crescente, com aumento exponencial nos últimos dez anos, decorrente tanto de estimativas de pesquisas extranacionais quanto de dados de incidência em algumas das regiões italianas (Piemonte e Emília Romagna);

– a superabundância e confusa "mistura" de terapias, em ambiente farmacológico ou não, muitas das quais com pretensão de "biologicidade", mas não respaldadas pela validação científica;

– as escolhas de adequação também em função do impacto no bem-estar dos serviços públicos;

– a merecida pressão das associações de pais para obter clareza sobre a cientificidade de algumas terapias, sobre os dados de eficácia, para conter fenômenos de "comércio" e de "*shopping* terapêutico" provenientes da babel de tratamentos, sem falar no desembolso monetário exorbitante e na expansão do mercado da ilusão.

De fato, o autismo carrega em si o paradoxo de ser muito "tentador" como tema, precisamente em razão de uma espécie de aura de mistério que o definiu desde as primeiras descrições; e também em virtude da complexidade dos quadros clínicos e da falta de clareza etiológica que gera uma espécie de estímulo emocional, mais do que racional, ao tratamento, com uso de terapias não comprovadas, por tentativas entre acertos e erros, enfim, recorrendo-se a abordagens substancialmente não científicas.

Importância das terapias baseadas em evidências

Era, portanto, necessário um documento nacional equânime com diretrizes e recomendações ditadas por provas científicas para a avaliação e eficácia de acordo com o conceito de ser baseado em evidências. O conceito de tratamentos baseados em evidências também está em uso há algum tempo na pedagogia especial, embora proveniente da esfera mais estritamente médica, e, como disse um de seus fundadores, o Doutor David Sackett, esse conceito pode ser definido como "o uso consciencioso, explícito e judicioso de eventuais melhores evidências na adoção de decisões na vida individual dos pacientes" (Cavagnola, comunicação pessoal).

As presentes diretrizes examinaram o que foi publicado na literatura e avaliaram, segundo os critérios descritos no documento, a validade ou não dos tratamentos realizados, como pode ser confirmado nos aproximadamente 2.500 itens examinados. O objetivo, portanto, não poderia ser descrever de forma exaustiva tudo o que vem sendo atualmente proposto para os transtornos do neurodesenvolvimento, mas sim oferecer uma fotografia atualizada dos tratamentos julgados apropriados, segundo uma investigação metodológica rigorosa, para garantir-lhes validade, comparabilidade, confiabilidade, compatibilidade e replicabilidade.

Esses elementos pertencem legitimamente à metodologia científica e o TEA, assim como os tratamentos a ele relacionados, não pode deixar de ser abordado nesta perspectiva, tanto mais que há fortes implicações sociais, culturais, políticas e de bem-estar associadas ao transtorno. Isso, no entanto, não exclui *a priori* que outras tipologias de intervenção possam existir e demonstrar sua validade num futuro próximo. O fato de ter-se optado, pois, por não adotar um sistema de classificação hierárquica ou formular recomendações denota a substancial ausência de esquematismos ou dogmatismos, com uma postura de abertura para o futuro em relação a outras intervenções e eventuais mudanças que emergirão das indicações e pesquisas que vão surgindo na literatura.

A diferença entre os conceitos de *efficacy* (eficácia) e *effectiveness* (efetividade), conforme utilizados por Moderato (2003), merece atenção, já que o primeiro termo encontra sua definição num conceito de eficácia demonstrada em estudos experimentais controlados e o segundo se refere a uma eficácia testada de maneira experiencial na realidade de vida do indivíduo. Claramente, apenas o primeiro termo foi investigado na revisão sistemática da literatura, sabendo que o segundo conceito tem um impacto igualmente importante num sistema criança-família-escola-situações de vida, num contexto de Qualidade de Vida mais amplo e difícil de avaliar.

É provável e desejável que este seja o próximo foco de validação "no terreno" dos tratamentos na medida em que, por exemplo, uma melhoria do QI (parâmetro testável e largamente presente nos estudos experimentais) não é necessariamente acompanhada de um incremento das capacidades de adaptação (como, por exemplo, de autonomia) ou sociais, num contexto mais geral e natural.

No Brasil, o Ministério da Saúde publicou, em 2014, as "Diretrizes de Atenção à Reabilitação da Pessoa com Transtornos do Espectro do Autismo (TEA)". O documento, elaborado por um grupo de pesquisadores e especialistas, oferece orientações para o cuidado à saúde das pessoas com TEA no campo da habilitação/reabilitação na Rede de Cuidados à Pessoa com Deficiência. Um dos principais objetivos das Diretrizes é ajudar a construir equidade e integralidade nos cuidados às pessoas com TEA, contemplando não só aspectos diagnósticos, como também seus sentimentos, pensamentos, aspectos psíquicos e suas relações com os outros e o ambiente. Sua elaboração resultou não só de uma revisão crítica da experiência clínica dos profissionais participantes do grupo de trabalho, mas também de um levantamento bibliográfico de material científico nacional e internacional publicado nos últimos 70 anos. Além disso, houve grande contribuição de movimentos científicos e sociais, como entidades e associações de familiares de pessoas com TEA. As ações estabelecidas pelas diretrizes propõem uma articulação entre os diversos pontos do Sistema Único de Saúde (SUS) – atenção básica, especializada e hospitalar –, os serviços de proteção social e a rede de educação (Brasil, 2014).

Intervenções psicoeducacionais habilitadoras/reabilitadoras

Dario Ianes e Michele Zappella

Os posicionamentos mais recentes, provenientes tanto do âmbito médico (Sinpia, 2005) quanto do campo psicopedagógico (Sipes, 2008) sobre a forma mais adequada de lidar com os problemas que caracterizam o autismo, convergem no ponto crucial que afirma a prioridade de uma série de intervenções para o desenvolvimento de competências e a substituição positiva de comportamentos problemáticos por intermédio de uma metodologia essencialmente habilitadora e psicoeducacional. Já não se fala mais de psicoterapia. Fala-se, ao contrário, de facilitar de forma estruturada e sistemática o desenvolvimento de uma série de competências que ajudam a pessoa a melhorar, tanto quanto possível, a sua adaptação ao ambiente por meio da aprendizagem e da utilização espontânea de uma série de atividades pessoais e do maior número possível de papéis sociais integrados e normativos. Existe um "consenso" crescente sobre certos pontos estruturantes de uma metodologia psicoeducacional geral, no âmbito dos "métodos" e abordagens específicas (cf. tabela 4.1).

TABELA 4.1

Características das intervenções psicoeducacionais

São articuladas com base nos conhecimentos e provas até agora disponíveis sobre as características peculiares do funcionamento (cognitivo, interpessoal, comunicativo, emocional, sensorial etc.) das pessoas com TEA. Isso significa, por exemplo, ter de adaptar certas abordagens do ensino escolar, privilegiando os meios visuais em detrimento dos meios verbais de transmissão de informações.
São escolhidas com base nas evidências de dados de eficácia e de eficiência registrados por estudos internacionais credenciados e agora também presentes em revistas nacionais especializadas.
São cuidadosamente escolhidas tendo em conta as características do sujeito, a sua idade, os objetivos e as diferentes características dos contextos de vida e de relação. Ninguém mais pensa que existe uma intervenção única para todas as pessoas com autismo: a palavra de ordem é "personalizar".
São global e diacronicamente contextualizas num "sistema de cuidado", num projeto de vida, num sistema que envolve e corresponsabiliza os vários intervenientes nos cuidados ao longo da viva da pessoa com autismo. Família, escola, serviços sociais, sanitários, comunidade e terceiro setor são cada vez mais vistos como parceiros-chave cuja aliança é indispensável.
São cada vez mais ativadas numa idade muito precoce.
Tendem a alargar-se o máximo possível a muitos domínios da vida e das relações do sujeito, tentando tornar-se intensivas à medida que os recursos o permitem (até 20 horas por semana).
"Adaptam-se" à utilização cotidiana nos contextos habituais de vida do indivíduo: família e escola, ou atividades ocupacionais ou laborais. Dessa forma, procura-se introduzir nos contextos normais da vida aqueles "princípios técnicos ativos" que enriquecem e tornam especial a normalidade da vida do sujeito, que por sua vez "humaniza" e torna menos artificiais e tecnicistas essas abordagens (basta pensar na abordagem ABA ou TEACCH realizadas na cotidianidade das atividades escolares integradas) (Ianes, 2006).
Estruturam-se tendencialmente cada vez mais como "currículos" sequenciais, organizados em percursos estruturados, com objetivos e atividades bem-definidas, mas sem as prescrições rígidas e mecanicistas que caracterizavam as primeiras propostas veterocomportamentais, por exemplo, as de Lovaas, um dos primeiros autores adotados na Itália.

Fala-se, portanto, de "intervenções psicoeducacionais" porque a metodologia para a educação especial é aperfeiçoada mais ainda pelos conhecimentos psicológicos. As intervenções comportamentais embasam seus princípios na análise do comportamento e, portanto, nas leis que regem o comportamento, nas suas mudanças e nos fatores que determinam essas mudanças no contexto em que a pessoa vive.

No Brasil, o Ministério da Saúde publicou, em 2015, o documento "Linha de cuidado para a atenção às pessoas com Transtornos do Espectro do Autismo e suas famílias na rede de atenção psicossocial do Sistema Único de Saúde", que sugere diversas tecnologias de cuidado às pessoas com TEA, desde o tratamento clínico de base psicanalítica, passando por integração sensorial e acompanhamento terapêutico, até os métodos ABA, CSA, TEACCH (Brasil, 2015), os quais serão abordados e aprofundados ao longo desta obra.

O método ABA (análise do comportamento aplicada), por exemplo, que teremos ocasião de aprofundar mais adiante neste capítulo, tem por objetivo aplicar os dados que emergiram da análise experimental do comportamento para compreender as relações que decorrem dos comportamentos e das várias condições externas, formulando, assim, hipóteses sobre a razão pela qual um dado comportamento é verificado em tal contexto e, por consequência, implementando uma série de intervenções/estratégias voltadas para a transformação do comportamento e/ou dos fatores contextuais implicados. A ABA não é considerada, portanto, um modelo específico de intervenção para o autismo ou para outras formas de deficiência, mas antes uma metodologia muito articulada que prevê a aplicação de princípios/técnicas específicas (que extraem sua origem mais remota no *condicionamento operante*) segundo um plano específico e analítico da intervenção.

Na perspectiva comportamental, portanto, um dos objetivos de trabalho também sentido pelas famílias da pessoa com TEA é aumentar os repertórios de habilidades socialmente significativas e reduzir as problemáticas, por meio de uma série de técnicas e procedimentos específicos cuja eficácia é, hoje em dia, amplamente documentada na literatura internacional.

Perspectiva comportamental na intervenção

Os programas educacionais voltados para as pessoas com autismo que derivam da análise do comportamento centram-se no ensinamento de competências através do uso de técnicas específicas. Como já acenamos, essa abordagem define como objeto apropriado de intervenção o comportamento atual da pessoa (tanto em seus aspectos problemáticos quanto nos deficitários, relacionados ao desenvolvimento das várias habilidades), embora reconhecendo naturalmente que os eventos históricos passados e os processos genéticos e orgânicos exercem em muitos casos um papel determinante. Muitos desses fatores, no entanto, já não podem ser modificados, e apenas o ambiente de estímulo do estado atual do organismo pode, em certa medida, facilitar a aprendizagem de competências adaptativas e comportamentos adequados.

O papel dos profissionais, dos professores, dos educadores e dos pais passa a ser, então, fazer com que as pessoas adquiram comportamentos mais adaptáveis e organizar o ambiente de modo que este seja naturalmente um reforçador para os novos comportamentos aprendidos, que serão, assim, mais bem mantidos e utilizados de forma mais eficaz ao longo do tempo.

A tabela 4.2 ilustra as características principais de algumas das técnicas/estratégias educativas típicas dos processos de ensino/aprendizagem (Ianes, 2006).

TABELA 4.2

Técnicas e estratégias de ensino/aprendizagem

Análise de tarefa	Conjunto de métodos (descrição da tarefa, identificação das competências e dos pré-requisitos para a tarefa etc.) que permite decompor em subobjetivos mais simples e acessíveis uma tarefa objetiva inicialmente demasiado complexa para ser proposta na sua totalidade, mesmo com uma facilitação adequada.
Utilização dos auxílios técnicos de "prompting" e "fading"	A aquisição de uma habilidade é facilitada também pela utilização de instruções, de ajudas gestuais, de exemplos e modelos e de outros estímulos adicionais de vários tipos (*prompt* = "solicitações"). Podem ser considerados *prompts* todos "os eventos de estímulo" que facilitam ao aprendiz a emissão iminente da resposta desejada ou a aproximação positiva, de modo a que possa então experimentar um resultado gratificante (Kazdin, 1984). Esta fase deve ser seguida por uma subsequente redução de *fading* [redução das solicitações]: redução gradual dos auxílios inicialmente disponibilizados através de uma orientação física direta que, com o passar do tempo, se torna presente apenas por instruções verbais; atenuação da intensidade do modelo ou dos *prompts* verbais; atenuação das várias formas de ênfase em alguns elementos importantes das instruções etc.

Aprendizado sem erros	Conjunto de técnicas que visam a facilitar as aprendizagens discriminativas de vários tipos, sem levar o sujeito a cometer erros. Isso é possível por meio de um planejamento cuidadoso e da "manipulação" do material de estímulo apresentado ao sujeito no programa de ensino. O material de estímulo visual é criado através da introdução maciça de estímulos que chamam a atenção, tais como cores ou outros elementos gráficos (flexas direcionais, desenhos diversos etc.).
Uso de modelos apropriados	A aprendizagem de novas competências por meio da técnica *modeling* [modelação] baseia-se na aprendizagem por observação que ocorre quando o sujeito observa outra pessoa (o modelo) que realiza o comportamento em questão. O observador olha para o modelo que age, mas não dá nenhuma resposta direta nem recebe nenhuma consequência direta. O comportamento desejado é aprendido somente por meio da observação do modelo (Bandura, 1977); pode-se relacionar esta técnica com as descobertas recentes sobre os *neurônios-espelho*.
Uso de reforços positivos	Baseado no princípio de que um comportamento será reforçado, ou seja, aumentará em frequência e em probabilidade de ser emitido, se for seguido de um reforçador (positivo ou negativo), sentido como tal pelo sujeito que emite o comportamento. Naturalmente, será então necessário reduzir gradualmente os reforços extrínsecos e uma gradual substituição por reforços intrínsecos.
Uso de técnicas como moldagem ("shaping") e encadeamento ("chaining")	*Shaping* é uma clássica técnica de comportamento para o desenvolvimento de comportamentos complexos não presentes no repertório das habilidades da pessoa. Trata-se de uma técnica aplicada através da ajuda e reforço sistemáticos de aproximação cada vez maior do comportamento final desejado. Também para a técnica do encadeamento (*chaining*) o objetivo é o mesmo da *shaping*, ou seja, construir um comportamento complexo, atualmente ausente do repertório das habilidades, embora seu método seja radicalmente diferente. No *chaining* o comportamento final é descrito em seus microcomportamentos com a análise de tarefas e, assim, ele se assemelha a uma cadeia de unidades de respostas únicas e facilmente acessíveis. O profissional inicia o seu ensinamento propondo o último anel dessa cadeia (encadeamento retrógrado), pois acredita-se que o último componente do comportamento complexo seja o mais fortalecedor, por ser contíguo ao reforço natural final.
Favorecer as estratégias de generalização e de conservação	As técnicas descritas precedentemente, se aplicadas correta e sistematicamente, certamente produzem resultados significativos e louváveis, mas aqui cabem duas perguntas críticas para julgar o efetivo sucesso dos procedimentos feitos. Será que as alterações obtidas também se estendem a situações, contextos, pessoas ou materiais diferentes daqueles em que a intenção original está ou esteve ativa, de modo que se possa dizer que houve "generalização do estímulo"? E, além disso, as mudanças obtidas mantêm-se ao longo do tempo depois de as condições especiais do programa de intervenção original terem desaparecido totalmente? Naturalmente, o objetivo só será realmente alcançado quando as novas competências forem aplicadas nos mais diferentes contextos e durante o tempo que for necessário.

Estratégias comportamentais, métodos e abordagens específicas de intervenção

SINPIA

As estratégias comumente sugeridas e adotadas, mesmo que variem em relação a uma série de fatores, como a idade ou o grau de comprometimento funcional, podem se encaixar em duas grandes categorias: nas *abordagens comportamentais* e nas *abordagens evolutivas*.

Abordagens comportamentais

Existe a este respeito uma considerável confusão, que requer preliminarmente um rápido excurso histórico, com alguns esclarecimentos terminológicos.

A análise comportamental (*Behavior Analysis*) é o estudo das mudanças de comportamento e dos fatores que determinam essas mudanças.

Abordagem ABA

A análise comportamental aplicada (*Applied Behavior Analysis*, ABA), que introduzimos no parágrafo precedente, é a área de pesquisa cujo objetivo é aplicar os dados que derivam da análise do comportamento para compreender as relações entre alguns comportamentos e as condições externas. Nessa perspectiva, o "analista comportamental" utiliza os dados obtidos para formular teorias relativas à razão pela qual um determinado comportamento ocorre em um determinado contexto e, consequentemente, faz uma série de intervenções cuja finalidade é mudar o comportamento e/ou o contexto. As informações obtidas da análise do comportamento são utilizadas, portanto, de maneira propositiva e sistemática para mudar o comportamento.

A ABA leva em consideração os seguintes elementos:

1) os *antecedentes* (tudo o que precede o comportamento em exame);

2) o *comportamento em exame* (que deve ser observável e mensurável);

3) as *consequências* (tudo o que deriva do comportamento em exame);

4) o *contexto* (definido em termos de lugar, pessoa, materiais, atividades ou momento do dia) em que o comportamento ocorre.

O programa de intervenção (ou seja, a mudança do comportamento) é implementado com base nos dados resultantes da análise, utilizando as técnicas habituais da terapia comportamental ilustrada anteriormente na tabela 4.2: as solicitações (*prompting*), a redução das solicitações (*fading*), a modelação (*modeling*), a moldagem (*shaping*) e o reforço.

Intervenções comportamentais "tradicionais"

Discrete Trial Training

Desde o final da década de 1970 as abordagens baseadas na ABA foram aplicadas em crianças autistas com o objetivo de ensinar competências específicas para melhorar sua socialização, comunicação e seu comportamento adaptativo. Particularmente Lovaas, um dos primeiros a utilizar desta abordagem (Lovaas, 1979), foi progressivamente elaborando um protocolo de tratamento altamente estruturado: o *Discrete Trial Training* [treinamento por tentativa discreta] (Lovaas, 1981). Trata-se de uma intervenção que prevê uma série de sessões terapêuticas para um total de 40 horas semanais. Cada sessão, por sua vez, prevê uma série de *trials* (tentativas) altamente estruturadas. A *trial* é uma ocasião de aprendizagem na qual a criança é solicitada a responder a um comando ou a um "estímulo" específico.

Em conformidade com o programa *Discrete Trial Training* existem outros diferentes, mas unidos por dois pressupostos subjacentes:

– a necessidade de uma instrução altamente estruturada, com uma proporção de um por um, num ambiente especificamente organizado;

– a incapacidade de a criança com autismo aprender num contexto "natural", que muitas vezes funciona apenas como uma "distração".

Sobre esses pressupostos desenvolveu-se o modelo *The University of California at Los Angeles (UCLA) Young Autism Project* [Projeto Autismo Jovem] (National Research Council, 2001; Smith, Donahoe & Davis, 2001).

Intervenções neocomportamentais

Ao longo destes últimos anos tem sido gradualmente reconhecido que um programa excessivamente estruturado comporta novos problemas de "generalização" das competências aprendidas fora do ambiente (*setting*) de aprendizagem. Além disso, foi constatado que a criança com autismo pode aprender muito mais do que se acredita em ambientes "naturais" e de forma incidental.

Importância da aprendizagem em ambientes naturais

Recentemente, portanto, passou a ser frequente a utilização do paradigma da ABA, implementando-o em ambientes que a criança frequenta "naturalmente" (família, escola, atividades de lazer). Isso, evidentemente, implica o envolvimento dos pais, irmãos, professores e pares, com adequados treinamentos que ajudem a implementar os programas de intervenção junto à criança com TEA. Essa tendência traduz, além disso, a orientação para um tipo de intervenção cada vez mais "centrada na criança", na estimulação de sua iniciativa e na facilitação de seu desenvolvimento social (Dunlap & Fox, 1999a; 1999b; Prizant & Wetherby, 1998).

Sobre esses pressupostos, aos poucos foram se desenvolvendo o *Walden Early Childhood Programa at the Emery University School of Medicine*, que faz uso da aprendizagem incidental (*incidental learning*) em turmas integradas (crianças autistas e com desenvolvimento típico), e o *Learning Experiences, an Alternative Program for Preschoolers (LEAP) at the University of Colorado, School of Education*, focado em ensinar o tratamento a ser dado aos colegas de classe com TEA (National Research Council, 2001).

As abordagens evolutivas (ou interativas)

As abordagens evolutivas (ou interativas) movem-se no interior de um quadro conceitual completamente diferente das anteriores. Na filosofia deste modelo de programas está implícita a importância da dimensão emocional e relacional, na qual o agir da criança se concretiza.

Normalmente as diferentes áreas da emotividade, das funções cognitivas, das capacidades comunicativas etc. envolvem e se influenciam mutuamente, definindo um sistema dinâmico que não pode ser considerado a mera soma dos componentes envolvidos na sua realização. Trata-se igualmente de um sistema dinâmico "aberto" que, em relação à contribuição experiencial, está sintonizado com níveis funcionais progressivamente mais evoluídos, sem que seja possível identificar quais das alterações individuais do comportamento são mais importantes. A intervenção é "centrada na criança", objetivando favorecer sua livre-expressão, sua iniciativa, sua participação.

Ambiente como lugar de intercâmbio e de conhecimento

Nesta perspectiva, o ambiente não é apenas concebido como um espaço físico no qual serão implementados os programas de intervenção segundo os princípios da ABA, mas assume em si mesmo um valor "terapêutico" enquanto lugar privilegiado de interação, de intercâmbio e de conhecimento. Um contexto natural é o pré-requisito indispensável para a ativação da expressão, da iniciativa e da participação da criança, e favorece, portanto, um profícuo emprego da contribuição da experiência pessoal. Além disso, de acordo com esses aspectos de inseparabilidade entre as dimensões cognitiva, emocional, comunicativa e relacional, o papel dos profissionais encarregados de implementar o projeto torna-se crítico não só para os "exercícios" que eles podem administrar, mas também para a sua forma de colocar-se diante dos outros e de se relacionarem com eles.

Os modelos que fazem referência a essas abordagens são o *Denver Model at the University of Colorado* (Rogers et al., 2001), o *Health Sciences Center Developmental Intervention Model at the George Washington University School of Medicine* (Greenspan &

Wieder, 1999) e a *Thérapie d'Échange et de Développement (TED) de l'Université François Rabelais, CHU de Tours* (Lelord et al., 1978; Barthelemy, Haumeury & Lelord, 1995).

A terapia da psicomotricidade, habitualmente utilizada na Itália, entra no domínio dessas abordagens. Em particular, ela constitui uma proposta terapêutica que se propõe os seguintes objetivos:

- favorecer o aparecimento de sinalizadores sociais (contato ocular, olhar referencial, sorriso etc.);
- aumentar o tempo de atenção;
- facilitar uma utilização mais apropriada dos objetos;
- estimular a comunicação;
- enriquecer o vocabulário;
- desencorajar certos comportamentos (hiperatividade, estereotipias motoras, condutas automutiladoras etc.).

A terapia da psicomotricidade, além disso, se apresenta como uma práxis terapêutica que privilegia uma forma de abordagem capaz de facilitar na criança:

- a percepção e o conhecimento de si como pessoa;
- a percepção e o conhecimento do outro;
- a percepção e o conhecimento das emoções subjacentes aos vários comportamentos;
- a percepção e o conhecimento das "leis" emocionais e sociais que regulam as relações interpessoais.

Os modelos de responsabilização pelo outro

SINPIA

Quais são os principais modelos de responsabilização pelo outro?

O panorama internacional permite identificar uma série de "modelos" de responsabilização pelo outro, que superaram os confins geográficos onde foram idealizados e passaram a ser aplicados em diversas partes do mundo (tabela 4.3).

TABELA 4.3
Alguns modelos de responsabilização pelo outro

Treatment and Education of Autistic and related Communication Handicapped Children (TEACCH) – University of North Carolina School of Medicine at Chapel Hill

O programa TEACCH prevê um ensinamento estruturado baseado numa aprofundada avaliação dos pontos fortes e fracos de cada criança e em alguns princípios de caráter geral: a organização do ambiente físico, a verificação exata das atividades, a valorização dos auxílios visuais e a participação da família no programa de intervenção. O objetivo é potencializar as autonomias do autista e melhorar a sua qualidade de vida pessoal, social e laboral. Os pais são considerados a fonte de informação mais confiável sobre a própria criança e são envolvidos no programa de tratamento tanto para generalizar as competências adquiridas quanto para garantir uma coerência de abordagem em cada atividade de vida da criança (Schopler et al., 1980; Schopler, Lansing & Waters, 1983). O programa TEACCH, mesmo utilizando técnicas comportamentais como o reforço, não é de tipo estritamente comportamental; de fato, em vez de forçar a criança a mudar o comportamento através da repetitividade e do reforço positivo ou negativo, prefere-se mudar o ambiente para que a aprendizagem seja mais fácil (Marcus, Schopler & Lord, 2001). Para os defensores deste modelo, adaptar o ambiente à pessoa e apresentar-lhe progressivamente as dificuldades significa respeitá-la em sua diversidade. Um quadro temporal-espacial muito estruturado, compreensível e previsível constitui o primeiro passo para ajustar um trabalho educativo com a criança com TEA. O ambiente de trabalho, organizado em espaços clara e visualmente delimitados, cada qual com funções específicas e nitidamente visualizadas, permite à criança saber com precisão o que se espera dela em cada lugar e a cada instante. A passagem do tempo é uma noção difícil de aprender, já que ela se apoia em dados não visíveis. Por isso é importante estruturar a jornada por meio de uma organização do tempo que informe a cada momento a criança sobre o que está acontecendo, o que aconteceu e o que acontecerá, aumentando, assim, a previsibilidade e o controle da situação e diminuindo a incerteza, fonte de ansiedade. O envolvimento dos pais, a estruturação e a previsibilidade do ambiente, a adequação das solicitações, bem como a clareza, a consistência e a estabilidade das mensagens, são, em síntese, os princípios basilares do modelo.

Lerning Experiences, an Alternative Program for Preschoolers and their Parents (LEAP) at the University of Colorado School of Education

O LEAP, idealizado por Strain e Cordisco (2001; Strain & Hoyson, 2000), parte do princípio-chave de que todas as crianças se beneficiam de uma intervenção integrada (que inclua casa, escola e comunidade), que as pessoas com autismo podem aprender com seus pares com desenvolvimento típico e que a intervenção deve ser planejada, sistemática e personalizada. O modelo é estritamente influenciado por teorias de aprendizagem comportamental e incorpora as técnicas propostas por Lovaas (*prompt, fading, shaping* e reforço) e a componente social da aprendizagem, mantendo o objetivo principal do desenvolvimento das habilidades sociais do indivíduo. Isso favorece, enfim, a autonomia na organização lúdica e na interação social.

The University of California at Los Angeles (UCLA) Young Autism Project

Idealizado por Lovaas (1979; 1981), este método se embasa no modelo do Applied Behavior Analysis (ABA) e prevê seções intensivas de aprendizagem de tarefas diferentes entre si (*Discrete Trial Training*, DTT). O pressuposto teórico é que cada comportamento é decomponível e tem uma causa (antecedente) e uma consequência, ambas controláveis através de uma análise atenta do comportamento e de um treinamento. O método promove o uso de reforços positivos como questão-chave para a mudança e a moldagem do comportamento. Segundo seus defensores, o comportamento reforçado positivamente continuará, ao passo que o ignorado ou punido paralisará. O método prevê um grande envolvimento da família e um número de horas de intervenção semanal variável segundo as fases (podendo chegar a 40 horas por semana).

Denver Model at the University of Colorado Health Sciences Center

O modelo defendido por Sally Rogers (Rogers et al., 2001) utiliza estratégias que fazem parte da "abordagem evolutiva". Nomeadamente, ele enfatiza o papel do lúdico, entendido como modo de aprendizagem que pode promover: processos de assimilação e generalização de uma série de padrões cognitivos, comunicativos e linguísticos; melhoria das relações sociais através do adulto, que se torna promotor de relações e facilita o convívio com os pares; que desenvolve afetos positivos, que devem ser estimulados na criança para torná-la mais motivada nas atividades psicopedagógicas; apoio à comunicação, que é estimulado e potencializado tanto no âmbito verbal quanto no não verbal; desenvolvimento do pensamento simbólico por meio de atividades lúdicas; recurso a rotinas e a ambientes estruturados, que oferecem uma espécie de controle externo. Na verdade, este modelo, nascido no âmbito de uma experiência-piloto numa unidade operacional específica, vem sendo implementado nos contextos naturais da família e da escola desde 1998.

Developmental Intervention Model at the George Washington University School of Medicine

O *Developmental Intervention Model* (Greenspan & Wieder, 1999) é baseado na identificação do nível de desenvolvimento funcional e emocional alcançado pela criança, nas diferenças individuais nas formas de processar as informações sensoriais e motoras e na tipologia de relações que a criança estabelece com os adultos de referência. O centro do tratamento (*floor time*) é o desenvolvimento funcional de modalidades interativas que visam estabelecer e incrementar cada vez mais círculos de comunicação capazes de expandir tanto a gama dos estados emocionais, quanto as competências de comunicação e de simbolização da criança, partindo do pressuposto de que a "lição emotiva" precede a "lição cognitiva".

Thérapie d'Échange et de Développement (TED) dell'Université François Rabelais, CHU de Tours

O método de tratamento TED, idealizado por Lelord (Lelord et al., 1978) e progressivamente reelaborado pelo grupo de Tours (Barthelemy, Haumeury & Lelord, 1995), consiste em um programa de estimulação precoce individualizado, centrado em algumas funções como a atenção, a percepção, a motricidade, a imitação, a comunicação, a regulação. Baseado nos princípios de tranquilidade (a sessão acontece numa sala com poucos móveis, sem estímulos visuais, a fim de favorecer a atenção da criança e a decodificação das mensagens), de disponibilidade do profissional e sua reciprocidade (a comunicação é estimulada por meio de jogos e atividades que comportam troca de objetos, gestos e vocalizações de palavras entre terapeutas e crianças). Prevê, além disso, um ambiente estável, previsível e tranquilizador, com sequências temporais precisas das atividades.

Intervenção nos comportamentos interferentes e construção de alianças psicoeducacionais

Dario Ianes e Sofia Cramerotti

A abordagem dos comportamentos problemáticos graves, como a agressão, a autolesão e as estereotipias, baseia-se na ideia de uma intervenção não repressiva nem punitiva, mas antes destinada a favorecer o desenvolvimento de competências alternativas de comunicação e de relacionamentos interpessoais (Ianes & Cramerotti, 2002).

As intervenções psicoeducacionais propostas fazem parte de uma forte aliança entre aqueles que partilham a responsabilidade do cuidado, do desenvolvimento e do bem-estar da pessoa com deficiência: pais, professores, educadores, psicólogos, profissionais da saúde, voluntariado etc. O conceito de "aliança", portanto, é central neste tipo de intervenção; o compartilhamento do trabalho e das estratégias educativas, a aliança entre a pessoa com necessidades especiais e as figuras de referências são, portanto, os pontos fundamentais para uma intervenção verdadeiramente eficaz, destinada a melhorar a integração e a participação social e, por conseguinte, a qualidade de vida da pessoa com deficiência.

Construção de uma forte aliança

Obviamente, a intervenção psicoeducacional no caso dos comportamentos-problema ou interferentes não é de fácil implementação, tampouco destituída de dificuldades. Uma delas pode ser a oposição da pessoa com deficiência, especialmente se esta for grave, às propostas educativas, com várias formas de rejeição, bloqueio, fechamento em si, fuga, esquiva etc., que dificultam o seu desenvolvimento e sobrecarregam as pessoas que desempenham funções educativas. Os comportamentos interferentes minam as relações educativas e, ao mesmo tempo, estigmatizam a pessoa que os manifesta; isso é caracterizado num sentido negativo e, por conseguinte, são reduzidos os objetivos, as esperanças, a confiança, gerando, em vez disso, medos e desmotivações.

Os comportamentos-problema ou interferentes têm, portanto, como resultado imediato excluir diretamente a pessoa de uma série de possibilidades de autorrealização. A resposta que temos de dar não deve, no entanto, limitar-se a assistir e a gerir tais comportamentos, embora possa ser necessário na gestão de crises em que os danos devem ser limitados e as pessoas devem ser protegidas dos possíveis efeitos do comportamento problemático. As intervenções de gestão não devem, no entanto, fazer-nos cair na ilusão de uma solução definitiva e construtiva do problema. Na intervenção psicoeducacional vai-se muito mais longe, ou seja, tenta-se entender a razão pela

As intervenções de gestão não são a solução construtiva para o problema qual um comportamento interferente se manifesta e como se pode ajudar a pessoa a substituí-lo por estratégias mais adaptativas, com comportamentos socialmente mais aceitáveis. Para fazê-lo, porém, deve-se embasar a intervenção em alianças estratégicas: aliar-se à pessoa com esses comportamentos para compreender o significado deles; aliar-se a suas necessidades, mesmo quando manifestadas de forma muito inadequada; e formar uma aliança com pessoas de referência no campo educacional, a fim de encontrar uma estratégia comum.

Essa aliança não é, de modo algum, fácil, uma vez que a pessoa com deficiência é muitas vezes vista quase como "inimiga", e não aliada, mas esta é talvez a única maneira de vislumbrar alguma probabilidade de sucesso. A aliança pode igualmente ser difícil e cansativa – por vários motivos – também para as diferentes pessoas de referência educacional. Outro ponto fundamental diz respeito à origem dos comportamentos problemáticos e sua compreensão. Antes de mais nada, deve ficar claro que os comportamentos-problema são funcionais ao sujeito que os manifesta, mesmo que sejam realmente prejudiciais e contraproducentes. As funções que desempenham são predominantemente comunicativas e só em menor grau autorregulam o fluxo de estímulos e sensações.

Essa posição, hoje amplamente partilhada pela comunidade científica internacional, foi iniciada com a conceitualização e os estudos pioneiríssimos de Edward Carr (Carr et al., 1998), segundo os quais os comportamentos problemáticos são atos de comunicação concretos, "mensagens" nem sempre fáceis de interpretar, mas cujo sentido é muitas vezes empiricamente verificável. De fato, na ausência de estratégias de comunicação melhores e socialmente mais aceitáveis, a pessoa com deficiência fará uso de comportamentos interferentes. Se tais comportamentos são uma forma de comunicação, seu tratamento também o deve ser. Por isso, este não pode limitar-se à tentativa de reduzir ou eliminar o comportamento em questão, mas ter por objetivo identificar sua função e ensinar formas alternativas e mais eficazes de comunicação.

É necessário, portanto, um investimento pontual de procedimentos e energia para compreender os valores funcionais dos comportamentos problemáticos e, embasados neles, projetar uma intervenção substitutiva. Disso deduz-se que a base de trabalho da qual se deve partir é proativa, positiva e substitutiva; se, por outro lado, a gravidade do comportamento o exige, e o que foi feito na fase positiva-substitutiva infelizmente não foi suficiente, deverá então "ter a coragem" e a responsabilidade de lançar mão de procedimentos positivos-punitivos.

Enfim, vale não esquecer que a intervenção psicoeducacional precisa estruturar e modificar também o contexto das possibilidades de vida da pessoa com deficiência, no sentido de uma maior abertura à comunicação, à interação positiva, à autodeterminação, à decisão autônoma e, em última análise, à liberdade.

A construção do grupo de referência e da rede educativa

Elaboração da lista bruta dos comportamentos problemáticos

Como já foi referido, o grupo educativo de referência para a intervenção é idealmente composto de todas as pessoas que partilham qualquer responsabilidade com a pessoa a ser beneficiada. Conseguir criar esse grupo de trabalho representativo da rede educativa da pessoa é já um bom ponto de partida, que nem sempre é fácil de estabelecer. A primeira tarefa desafiadora do grupo é elaborar a lista bruta dos comportamentos-problema por parte de cada componente. A lista deve ser elaborada procurando ser o mais exata possível na descrição dos comportamentos, sem deixar de incluir os sentimentos de desconforto que o professor ou os membros da família vivem. A tarefa sucessiva do grupo é comparar as listas: primeiramente comparar os comportamentos interferentes, em seguida as experiências. Dessa comparação deve resultar a elaboração da lista partilhada, ou seja, a lista de todos os comportamentos declarados desconfortáveis pelos participantes da mesa. Mas todos os comportamentos elencados seriam realmente problemáticos? Chegou agora o momento de nos colocarmos essa questão e de conduzirmos essa fase crucial definida como a verdadeira decisão do problema real.

Elaboração da lista compartilhada

A decisão do problema real

Como é elaborada a decisão do problema real

Nessa fase, com base nas listas compiladas, decide-se, procurando obter consenso, quais comportamentos são realmente problemáticos "para o aluno, e não para nós". A expressão "e não para nós" subentende que existem duas categorias de comportamentos-problema: os "verdadeiros" (para o aluno) e os "falsos" (somente para nós). Na decisão das verdadeiras problemáticas é necessário trabalhar a consciência das próprias experiências de desconforto e uma mudança radical de perspectiva por parte de todos: da subjetiva, de desconforto para si próprio, para a objetiva, dos problemas reais e urgentes da pessoa deficiente. Por conseguinte, deve ser adotada uma perspectiva mais "neutra", que se ocupa exclusivamente com o bem-estar, o desenvolvimento e a libertação do indivíduo que se sente "enjaulado" em seus comportamentos interferentes. Para tanto, podem ser usados três critérios que auxiliam na discussão e na tomada de decisão mais racional e objetiva possível (cf. tabela 4.4).

TABELA 4.4

Critérios para os comportamentos problemáticos

Critério do dano	Podemos nos perguntar se aquele comportamento produz à pessoa, aos outros ou aos objetos um dano documentável (p. ex., muitas formas de autolesão, de agressividade e destruição). Se a resposta for "sim", então não deve haver dúvidas em considerar esse comportamento como verdadeiramente problemático.
Critério do obstáculo	É frequente encontrar comportamentos que também são vividos com grande desconforto, mas que não prejudicam fisicamente o indivíduo ou outras pessoas ou objetos. Nesses casos, podem ser considerados realmente problemáticos apenas os comportamentos que constituem um "obstáculo", real ou documentável, em sentido objetivo, ao desenvolvimento intelectual, afetivo, interpessoal ou físico do indivíduo (p. ex., algumas estereotipias muito invasivas).
Critério do estigma social	Há comportamentos que não prejudicam nem afastam a pessoa, mas que são vividos com desconforto e incluídos na lista partilhada. Mas, se não prejudicam, seriam realmente problemas reais? Poderíamos responder que não, que seriam desvios positivos da norma, variações muito excêntricas na maneira de comportar-se, formas estranhas de expressar a própria identidade, que devem ser consideradas no âmbito do direito da pessoa de ser e manifestar-se da forma como ela é, sem se esquecer de cuidar e de proteger a imagem social dessas pessoas, muitas vezes desvalorizadas *a priori*.

Lista dos comportamentos realmente problemáticos

Nestas primeiras fases do trabalho é necessário identificar também a figura de um "mediador", que coordene o trabalho do grupo e comece a elaborar a lista dos comportamentos problemáticos baseada nas decisões tomadas pelo grupo, e que considere que os diferentes contextos de vida criam situações diferentes: um comportamento pode ser problemático e obstrutivo num contexto, mas não em outro. A lista pode ser estruturada por ordem de prioridade de intervenção, de gravidade, de possibilidade, de facilidade provável de intervenção etc. O importante nesta fase é não tentar "explicar" o comportamento com várias teorias interpretativas e muito menos prospectar soluções ou intervenções. No final deste trabalho de discussão e de mediação, o grupo de referência deverá ter alcançado um importante objetivo: produzir a lista dos comportamentos realmente problemáticos, fruto de uma partilha – também de experiências pessoais – e de um acordo consensual no interior da rede educativa.

Discussão e mediação pelo grupo de referência

Além disso, a fase de decisão da real problemática ajuda a delimitar o campo da intervenção, definindo um número geralmente menor de comportamentos, decididos como realmente problemáticos por todos e sobre os quais há uma exigência – também de ética profissional, além de moral – de intervir. Nesta fase de decisão e de avaliação, o grupo geralmente não precisa recorrer a instrumentos de observação, escalas ou grades estruturadas, mas pode também acontecer que sinta a necessidade de explorar a situação do sujeito com a ajuda de listas pré-preparadas de comportamentos problemáticos.

Observação inicial e "linha de base"

Chegados a este ponto do trabalho, torna-se essencial começar a recolher dados sobre a situação, concentrando-se naqueles que mais necessitam de intervenção psicoeducacional e, portanto, com base em *como*, no *quando* e no *porquê* o comportamento problemático se manifesta. Entre os vários membros do grupo de trabalho, é desejável, portanto, que se crie um acordo e uma estratégia de trabalho (e também de

Observação e reunião de informações significativas

observação) comum, bem como uma metodologia – mesmo que simples – que permitam reunir informações de caráter tanto qualitativo quanto quantitativo de medição do comportamento (como, p. ex., fichas e grades de observação). Quanto ao primeiro ponto a analisar, ou seja, "como" o comportamento se manifesta, é evidente que estamos entrando na verdadeira "descrição operacional do comportamento", na qual os vários aspectos qualitativos de um determinado comportamento têm de ser cuidadosamente definidos para que todos os participantes no grupo de trabalho saibam quais comportamentos e quais características devem ser observadas de forma mais sistemática, evitando, assim, descrições genéricas que possam ocultar aspectos essenciais.

Em uma segunda fase faz-se uma "pré-observação informal" do comportamento, na qual, tendo bem presentes as características do comportamento, observa-se, ainda sem fazer uso de instrumentos formalizados, o que está acontecendo e projeta-se como poderia ser desenvolvida uma posterior observação sistemática – ou seja, que se serve de um sistema formalizado constante no tempo e que produz dados exatos do tipo quantitativo (como, p. ex., frequência e duração de um comportamento num período de tempo bem-definido, manifestado especificamente contra uma pessoa/objeto/parte do próprio corpo etc.).

Essa primeira descrição das operações de observação pode sugerir uma sobrecarga de tarefas, especialmente para aqueles que não estão profissionalmente envolvidos. De fato, o risco existe e, portanto, é necessário analisar com muita atenção para que os custos de uma observação rigorosa, também em contextos domésticos ou informais, não superem os benefícios, evitando criar, assim, fontes de estresse nocivas à colaboração – que, aliás, deve ser reforçada, para que seja cada vez mais útil em outras fases da intervenção.

A observação quantitativa inicial continua, no entanto, a ser um momento de importância fundamental no trabalho psicoeducacional. Primeiramente, devido à importância de determinar o peso "real" dos comportamentos problemáticos nas várias situações. Em seguida, para estabelecer com precisão a "base de referência" dos comportamentos, ou seja, a fotografia detalhada e fidedigna de como esses comportamentos normalmente se manifestam antes de iniciar a intervenção, a fim de avaliar sua eficácia. Enfim, pela importância de evidenciar algumas "áreas de atenção" nas quais se manifesta com particular força e frequência o comportamento problemático.

Análise funcional

Ao encarar esta nova etapa do trabalho de intervenção psicoeducacional sobre os comportamentos problemáticos é necessário definir uma nova dimensão de aliança com a pessoa com deficiência. Trata-se da aliança com a função desempenhada pelo seu comportamento interferente. De fato, atribuímos um "valor" ao comportamento-problema através do reconhecimento da sua função, da sua utilidade, que tentaremos descobrir para depois estabelecer uma aliança num sentido metafórico. Não se trata de aceitar a forma, ou seja, o *como* o comportamento problemático se manifesta, mas de aceitar a sua função; só assim será possível ajudar a pessoa a manifestar a função positiva e socialmente mais aceitável do comportamento. A análise funcional é, por conseguinte, indispensável para identificar a verdadeira função do comportamento problemático. A técnica da análise funcional permite observar e avaliar a circularidade das interações, das comunicações e das ações-reações que envolvem o comportamento problemático, o comportamento dos outros e o nível de estimulações que o sujeito afetado produz. O comportamento problemático, de fato, se manifesta sob determinadas condições de estímulo que o precedem e/ou lhe são concomitantes, e que, de alguma forma, o influenciam.

O que a análise funcional nos permite identificar?

O comportamento produz, então, efeitos e reações a vários níveis, que retroagem sobre as situações iniciais, transformando-as geralmente no estado desejado pelo sujeito. Nesse caso é possível falar de comportamento funcional, ou seja, que conseguiu produzir o efeito desejado nessas condições.

O ciclo que se cria então é: condição inicial-comportamento-reação-nova, condição-comportamento-reação etc., numa interação que continua com essa escansão e sucessão. Na análise funcional costuma-se pesquisar a função das condições anteriores sobre o comportamento problemático e o papel dos efeitos produzidos pelo mesmo comportamento. Confrontando sistematicamente essas duas categorias de informações, reunidas através de inúmeras observações qualitativas, será possível formular uma hipótese sobre as funções desenvolvidas por um comportamento problemático específico.

O papel das condições antecedentes

O comportamento problemático é sempre precedido de "algo" e, sobretudo, ocorre num determinado contexto.

As condições anteriores influenciam e, de alguma forma, "facilitam" a manifestação do comportamento problemático.

Como classificar as condições anteriores?

As condições anteriores podem ser classificadas de acordo com três critérios:

1) a proximidade temporal do comportamento-problema (quanto mais distantes estiverem os antecedentes do comportamento problemático, mais difícil será a sua leitura);

2). a sua localização e tipo;

3) a qualidade e o tipo de influência que exercem.

As condições consideradas neste tipo de análise são:

- condições do estado físico da pessoa;
- condições do estado afetivo-emocional da pessoa;
- condições do estado cognitivo da pessoa;
- condições das relações com as pessoas significativamente presentes;
- condições das relações mais alargadas (do grupo) atualmente em curso;
- condições do contexto (físico-ambiental, das atividades e das relações em sentido global).

Existem duas grandes áreas de funções facilitadoras, exercidas pelas condições antecedentes: uma função motivadora, que dá o impulso, o porquê, a necessidade e o objetivo a ser alcançado (motivações negativas e positivas, naturalmente), e uma função mais indicativa para a ação específica, que aponta as formas dos comportamentos, o momento mais oportuno de intervenção, as pessoas mais receptivas à ação etc. Por essa razão a análise funcional nos ajuda a definir com a maior precisão possível as condições antecedentes e a função de facilitação que elas exercem sobre o comportamento problemático.

Papéis facilitadores das condições antecedentes

Outro fator a ser considerado é a relação muito forte e privilegiada entre os aspectos emocionais e os comportamentos problemáticos; de fato, na pessoa com deficiência existe frequentemente uma forte reatividade emocional com fracas capacidades de comunicação e de relacionamentos interpessoais para gerir as emoções. Por isso, nesses casos, mesmo o menor dos acontecimentos, como, por exemplo, uma situação de incerteza banal, pode gerar um altíssimo nível de ansiedade e de agitação, que pode resultar em comportamentos agressivos e destrutivos; de fato, muitos são os casos em que na base dos comportamentos interferentes está uma emotividade pouco controlada.

Lovaas (1992) afirma que há uma relação inversa entre comportamentos adaptativos e interferentes: em geral, quanto mais capacitada é a pessoa na comunicação e na interação, menos necessidade de estratégias diferentes e prejudiciais ela terá. Dessas considerações resulta a estratégia principal da abordagem psicoeducacional para comportamentos-problema: ajudar a pessoa a desenvolver e a utilizar, de forma autônoma, competências alternativas capazes de cumprir a função e substituir a forma de comportamento problemático. Sem retirar nada às neurociências e aos estudos sobre a genética dos comportamentos, acreditamos que o jogo dos comportamentos problemáticos se decide quase inteiramente no âmbito da comunicação e da aprendizagem.

Para um aprofundamento sobre a possível interação entre mecanismo de aprendizagem e fatores biológicos podemos nos reportar aos estudos de Edward Carr (1994) e Brian Iwata (1994), autores que podem ser considerados, por direito próprio, os "pais" da análise funcional. A origem e a manutenção dos comportamentos problemáticos estão nas interações, nas comunicações, nas relações, no valor funcional de uma ação que cria sua aprendizagem e manutenção. É certo que o estado biológico do sujeito pode desempenhar um papel importante: se uma pessoa com autismo tem uma hipersensibilidade/hiperatividade perceptiva e sensorial, causada por alguma característica de seu sistema nervoso central, que lhe cria, por exemplo, um desconforto muito forte em locais com motores elétricos ou com outro tipo de vibrações, haverá uma motivação muito forte para que ela fuja ou evite esses estados de desconforto. Nesse caso terá então de aprender uma estratégia funcional e eficaz, e, tendo em conta os seus déficits de comunicação e de interação social, é mais provável que tente contentar-se fugindo ou atirando-se por terra para evitar ir a locais que lhe causem desconforto. Se, para pôr fim a esses comportamentos, as pessoas que a rodeiam permitirem que não vá a esses locais, a estratégia será funcional e comunicativa e, dado o seu "sucesso", é muito provável que seja aplicada também no futuro quando surgirem situações semelhantes.

O papel dos efeitos produzidos pelo comportamento interferente

As condições previamente examinadas no âmbito da observação e da avaliação das condições antecedentes devem ser utilizadas para a análise dos efeitos produzidos pelo comportamento problemático. Este, de fato, não cai no vazio, mas produz efeitos em vários âmbitos.

Muitos desses efeitos se entrelaçam contemporaneamente; alguns estão imediatamente relacionados com o comportamento (p. ex., no arranhar-se), outros também precisam de outras pessoas e, portanto, devem ser vistos num contexto mais amplo.

Ao analisar o papel dos efeitos sobre o comportamento é preciso levar em conta dois mecanismos de aprendizagem muito simples: o *reforço positivo* e o *reforço negativo*. No primeiro caso, o comportamento é seguido de um efeito que a pessoa sente como positivo para si própria na medida em que responde a

Papel dos reforços

uma motivação positiva e a uma necessidade da pessoa implicada (atenção, controle sobre o ambiente, segurança, autoestima, estímulos agradáveis etc.) e, consequentemente, o comportamento que a pessoa considera ter produzido esse efeito é consolidado e aumenta a sua probabilidade de ocorrência nas situações antecedentes em que se havia manifestado. Um exemplo muito claro de comportamento problemático mantido por reforço positivo pode ser encontrado em um estudo histórico de Lovaas e Simmons (1996), em que alguns rapazes que recebiam muita atenção social pelos seus comportamentos de autolesão aumentavam a sua frequência de emissão. Quando os mesmos rapazes eram observados numa sala vazia, o comportamento nunca se manifestava.

Por outro lado, no reforço negativo de um comportamento problemático, este aumenta em força e em probabilidade de emissão se conseguir fazer com que o sujeito evite ou fuja de condições prévias experimentadas como negativas, que criam um forte desconforto para o sujeito. Nesse caso, o comportamento deve ser ensinado, já que é funcional na redução de um estado vivido como negativo.

Assim, tanto o reforço positivo como o negativo produzem estratégias de aprendizagem funcionais: no primeiro caso há um "enriquecimento" do sujeito; no segundo, uma "defesa" de situações desagradáveis. As funções mais frequentes do comportamento interferente respondem principalmente a um objetivo comunicativo: controlar o comportamento dos outros a fim de obter efeitos de reforço, positivo e negativo. Esses efeitos devem ser mediados pela intervenção de outras pessoas, que recebem a comunicação e a ela respondem.

Comportamentos problemáticos não comunicativos

Entretanto, existem comportamentos problemáticos não comunicativos em que os efeitos são automaticamente produzidos pelo corpo do sujeito por sensações positivas ou redução de sensações negativas, como, por exemplo, em muitas formas de estereotipias. O sujeito produz comportamentos que são, em si mesmos, produtores de *feedbacks* supostamente agradáveis, de tipo cinestésico (rodopiar, balançar), tátil (esfregar as mãos em superfícies, lamber), auditivo (amassar papel, bater objetos), gustativo (pôr as mãos na boca, mastigar tecidos).

Muitas pesquisas mostram que, se um sujeito se encontra em uma situação de inatividade e com baixo nível de estímulos sensoriais, aumenta muito a probabilidade que manifestem comportamentos problemáticos cuja função seja produzir positivamente estímulos (autoestimulação) e aumentar, homeostaticamente, o fluxo de estimulações que afetam o sistema nervoso central.

Ao lado dessa função de autorregulação positiva pode haver outra negativa, em que o comportamento problemático, muito frequentemente estereotipias ou atos automutiladores, serve para reduzir um fluxo muito forte de estímulos, que cria desconforto, às vezes intenso.

Na avaliação funcional das observações é preciso inclinar-se para essas hipóteses de autorregulação se os comportamentos problemáticos não parecerem estar ligados a relações particulares, à presença de certas pessoas ou atividades. Carr (1999) distingue três possíveis variantes na função de autorregulação, definidas como: a) "sensoriais", isto é, mantidas pela autoestimulação produzida; b) "homeostática", isto é, como resposta a uma estimulação muito alta ou muito baixa exercida pelo ambiente; e c) "orgânica", em que a automutilação é compreendida a partir de mecanismos biológicos.

A coleta de dados funcionais e sua interpretação

Modo de coleta de dados

Uma primeira e simples maneira de coleta de dados é constituída, como já vimos, por entrevistas estruturadas, questionários, fichas ou outras formas similares, nas quais são reunidas informações sobre as variáveis críticas para uma interpretação funcional do comportamento. Uma resenha de técnicas e instrumentos de avaliação funcional dos comportamentos problemáticos é apresentada também no trabalho de Sigafoos et al. (2007). Muitas vezes, porém, é necessário observar as situações diretamente, usando maneiras simples de detecção. Uma delas é a que prevê a utilização de *post-its* de cores diferentes (uma para cada comportamento interferente observado) pelos diferentes observadores envolvidos, nos quais as condições antecedentes e os efeitos do comportamento são anotados, como num diário, juntamente com quaisquer outras indicações dignas de nota sobre o comportamento.

No final do dia, os *post-its* são fixados num cartaz subdividido em quatro colunas, cada uma dedicada às principais funções:

- função comunicativa de reforço positivo;
- função comunicativa de reforço negativo;
- função de autorregulação positiva;
- função de autorregulação negativa.

Dentro de uma função se poderiam encontrar, então, ao reler os vários *post-its*, alguns padrões comuns e algumas recorrências de situações que nos seriam de grande utilidade no planejamento da intervenção.

A fase de análise funcional deveria ter-nos fornecido informações úteis sobre as funções desempenhadas pelo comportamento-problema, de modo a que uma intervenção positiva e de substituição pudesse ser concebida com base nisso.

A mesa do grupo de referência deveria, assim, ter atingido mais um marco importante para a construção de uma aliança psicoeducacional forte e para o sucesso da intervenção: a defini-ção partilhada das funções desempenhadas pelo comportamento interferente.

Partilhamento das funções desempenhadas pelo comportamento problemático

Uma boa análise funcional corresponde, portanto, a um bom fundamento da construção e preserva-nos do risco de simplificar demasiadamente ou esperar explicações sempre lineares.

De fato, ela pode ajudar-nos a descobrir que:

- o mesmo comportamento-problema serve a duas funções diferentes em duas pessoas diferentes;
- a mesma pessoa pode manifestar vários comportamentos problemáticos, cada qual com funcionalidades diferentes;
- um comportamento interferente de uma pessoa pode servir a diferentes funções em contextos diferentes (Singh, 1997).

A consciência de que alguns adultos de referência (ou todos) desempenham inconscientemente um papel na conservação de algum comportamento problemático pode desencadear um sentimento de culpa e de inadequação, que pode se manifestar com a célebre frase "entendi tudo errado..." Se isso acontecer e se houver entre os membros do grupo uma aliança suficientemente forte, não deverá ser difícil ajudar a pessoa envolvida a superar essa experiência, reforçando as muitas outras áreas de competência presentes e o empenho educativo que é investido. A função de ajuda mútua entre os vários membros do grupo de trabalho é, portanto, neste e em muitos outros momentos da caminhada, de fundamental importância.

Intervenção de substituição positiva

Características da intervenção de substituição positiva

A primeira regra a ter em conta na elaboração de uma intervenção psicoeducacional é que esta deve basear-se em três orientações fundamentais: *proativa, positiva, substitutiva.*

Uma intervenção *proativa* não define modos de "respostas" aos comportamentos interferentes, mas os antecipa, atua prevendo os comportamentos negativos e criando ativamente todas as condições para que a pessoa desenvolva estratégias e alternativas positivas.

Por *positiva* entende-se uma intervenção tanto "otimista, esperançosa e construtiva" quanto "orientada para o desenvolvimento de comportamentos positivos, alternativos e antagônicos ao comportamento-problema". A pressão educacional não será, portanto, direcionada para neutralizar conflituosamente o comportamento problemático, mas para o favorecimento do desenvolvimento e da utilização de estratégias comportamentais e comunicativas positivas e alternativas. Esse ponto certamente não é fácil de ser aceito pelos membros do grupo, que podem não abraçar imediatamente a filosofia de que "não estamos preocupados com o comportamento problemático, mas interessados nos comportamentos positivos", mesmo percebendo a gravidade dos comportamentos problemáticos em si. Isso não significa, de fato, negligenciar os comportamentos problemáticos graves, mas limitar-se a uma intervenção mínima de gestão de crises e a proteger a segurança do indivíduo e dos outros, investindo, assim, todas as forças em favor do comportamento positivo.

Para identificar esses comportamentos é necessário analisar primeiro a terceira diretriz, a que se refere à *substituição*. Os comportamentos positivos, que são o objetivo da intervenção, são estritamente "substitutivos" do comportamento problemático, no sentido de que o sujeito terá de utilizá-los como alternativa ao comportamento-problema. Nesse contexto, a aliança com a função desempenhada pelo comportamento interferente exerce uma função fundamental; esta permite alterar a forma com que é expressa, substituindo-a por uma positiva.

Comportamentos positivos e substitutivos do comportamento interferente

Dentro dessa aliança, a parte indubitavelmente mais significativa é a função que tentamos compreender, aceitar e apoiar, a menos que não seja urgentemente prejudicial ao sujeito e aos que o rodeiam.

Mas o que fazer se a função é negativa também para o sujeito que precisa de ajuda? Se essa negatividade for suportável por algum tempo, nos aliaremos taticamente à função e, quando a forma tiver mudado, nos ocuparemos com a função problemática em si. Se, por exemplo, a função é o *evitamento comunicativo* e persistir ainda uma forte aversão a determinadas situações, então é preciso tentar entender o motivo e, consequentemente, intervir para reequilibrar as emoções negativas e as motivações positivas. Se a função for o *reforço positivo comunicativo*, devem ser então utilizadas estratégias para desenvolver competências de tolerância à gratificação retardada e à frustração. Na maioria dos casos, entretanto, depois de mudar a forma negativa do comportamento, aliando-se taticamente à função, a negatividade da função é reduzida quase espontaneamente e deixa de ser necessária uma intervenção adicional.

Função comunicativa

Construir uma aliança psicoeducacional pela transformação significa também desenvolver um processo em que a pessoa com deficiência viva a própria mudança como desejável e encontre uma nova motivação intrínseca para participar ativamente desse processo, por meio da definição conjunta de acordos de autorregulação. Além disso, vale lembrar que os comportamentos interferentes "são úteis" para a pessoa que os manifesta e, consequentemente, não será efetivamente simples eliminá-los sem construir conjuntamente algo em troca que seja tão bom ou melhor.

A tabela 4.5 ilustra os passos básicos a seguir numa intervenção psicoeducacional de substituição positiva.

TABELA 4.5

Passos básicos na intervenção psicoeducacional de substituição positiva

Entrar com frequência na situação	A análise funcional mostrou-nos as condições antecedentes em que o sujeito tem mais probabilidade de emitir comportamentos interferentes: com essas situações constrói-se uma escala de aproximação gradual, sistemática, habitual. Não devemos evitar essas situações; nelas acompanharemos o sujeito com uma forte presença tranquilizadora e orientadora, tendo o cuidado de olhar para a dificuldade (neste caso, as técnicas de *fading* são úteis).
Definir os comportamentos positivos substitutivos específicos	Um comportamento interferente típico dos indivíduos com deficiência intelectual é agredirem outras pessoas quando pretendem obter, por exemplo, um objeto que está nas mãos delas. Nesse caso, ensina-se uma forma alternativa e substitutiva que ajude a manifestar os próprios desejos. Na programação dessas ações (gestos) é necessário que as ações sejam compreensíveis para todos e, portanto, extensíveis também a outros contextos, situações e pessoas. Além disso, o novo comportamento é antagônico do ponto de vista físico e leva aos mesmos resultados funcionais: obter a coisa desejada. A definição de comportamentos positivos alternativos é particularmente difícil nos casos de estereotipias de autolesão ou de comportamentos interferentes motivados por uma função autorreguladora positiva. Ao escolher comportamentos positivos que tenham um valor funcional adequado, deve-se adotar os seguintes critérios: – comportamentos alternativos mais adequados à idade e que não infantilizem; – comportamentos alternativos que socialmente não estigmatizem; – comportamentos alternativos que não interfiram na aprendizagem de outras habilidades.

Escolher as modalidades e a linguagem substitutivas	Sigafoos e colegas (2007) recomendam, para além da escolha das funções comunicativas adequadas, que é necessário definir a forma exata da alternativa comunicativa a ser ensinada antes de iniciar o curso de substituição de comportamentos interferentes. É necessário especificar se a alternativa comunicativa deve entrar no domínio das formas vocais, gestuais ou gráficas. Para além de identificar a forma de comunicação mais adequada é necessário determinar os gestos, o vocabulário ou os símbolos mais adaptados para cada caso.
Acompanhar o comportamento positivo	Ao exercitar a pessoa no comportamento positivo, a relação deve ser enriquecida com ajudas e especificidades que acompanhem a execução de comportamentos positivos e alternativos, quase garantindo o sucesso constante das ações do sujeito. Será de grande valia se existirem comportamentos "precursores" do comportamento interferente. Inicialmente o "mérito" do comportamento positivo será de quem intervém, mas, pouco a pouco, as partes se inverterão e o ajudante reduzirá progressiva e gradualmente o seu apoio físico, acompanhando o sujeito com sugestões verbais, depois apenas com gestos e, por fim, exclusivamente com sua presença.
Valorizar o comportamento positivo	A ação positiva do sujeito deve proporcionar-lhe uma série de efeitos positivos semelhantes aos que conseguiu obter com o comportamento problemático, na verdade ainda mais potentes do ponto de vista motivacional. Quem intervém assume por missão reforçar o comportamento positivo ou uma aproximação aceitável. Os "elogios descritivos" ou, em caso de deficiência intelectual grave ou de dificuldades especiais, a possibilidade de formas de valorização tangíveis e muito fortes de reforço positivo em termos de motivação extrínseca são muito úteis. As melhorias devem proporcionar tudo aquilo de que a pessoa com deficiência necessita para responder adequadamente, mas devem ser gradualmente reduzidas até desaparecer. É claro que este trabalho também requer muitos testes de aprendizagem baseados na sucessão de "situação-ajuda-valorização".
Frustrar o comportamento problemático	Não obstante o acompanhamento contínuo, cuidadoso e insistente, com frequência o antigo problema reaparece. A função do cuidador é então frustrá-lo e fazer com que ele não alcance os efeitos que a análise funcional evidenciou como importantes para a sua conservação. Terá de atuar como força de interposição, impedindo, de maneira suave e não violenta, que o comportamento tenha o efeito desejado e habitual. A frustração do comportamento problemático pode ser relativamente simples no caso dos comportamentos que proporcionam gratificações sociais, mas é complexa ou mesmo impossível no caso dos comportamentos interferentes reforçados automaticamente. Quem intervém num sentido psicoeducacional deve também estar muito atento aos efeitos colaterais típicos da frustração: o efeito do aumento da força/frequência no comportamento problemático e o efeito de respostas emocionais/comportamentais de agressividade (Lerman, Iwata & Wallace, 1999). Este dado indica que a frustração é cuidadosamente controlada e mantida dentro dos limites mais baixos possíveis através de vários procedimentos positivos e substitutivos descritos até agora.

Ampliar e generalizar a intervenção	As cinco estratégias educativas acima descritas são aplicadas de forma contínua, desde que se consiga minimizar e depois eliminar a série de ajudas e melhoramentos extrínsecos utilizados. Logo que se começa a perceber progressos da pessoa com deficiência na aquisição do comportamento positivo alternativo e na sua utilização espontânea de substituição em situações críticas, deve-se trabalhar para generalizar e manter a mudança positiva. Uma mudança é generalizada quando o novo comportamento, comunicativo ou de auto-ocupação construtiva, é utilizado pelo sujeito numa vasta e diversificada gama de contextos, lugares e situações. A generalização dos comportamentos adquiridos deve ser ativada paciente e sistematicamente, alargando gradualmente a intervenção (Stokes & Baer, 1977). É igualmente importante trabalhar na generalização para que a competência adquirida possa ser mantida ao longo do tempo. Nesse contexto, a única forma "garantida" de evitar que as pessoas com deficiência esqueçam as estratégias que adotaram é fazer com que os comportamentos positivos sejam realmente úteis e utilizá-los frequentemente em vários contextos da vida real.

A intervenção positiva punitiva

Pode acontecer, no entanto, que, apesar de ter agido de acordo com todos os princípios expostos até aqui, fazendo tudo o que era possível para o sujeito, chegue infelizmente um momento em que o grupo de referência tenha de fazer uma avaliação importante sobre a necessidade de acrescentar à intervenção positiva alguns aspectos punitivos, como consequências "desagradáveis" ao portador de comportamentos interferentes. Isso acontece geralmente quando os procedimentos do nível positivo substitutivo alcançaram um resultado considerado insuficiente em relação à gravidade do comportamento, aos danos, aos obstáculos e ao estigma social que produz com a sua persistência ao longo do tempo.

Perguntas para decidir sobre o mérito da intervenção positiva punitiva

O grupo deve então decidir se o que permanece do comportamento problemático requer uma ulterior fase de intervenção, que será mais onerosa para todos, já que elementos de caráter punitivo deverão ser introduzidos. Antes disso, porém, o grupo de referência deve fazer-se algumas perguntas: "Essas intervenções são realmente necessárias? A situação realmente o exige? Estamos razoavelmente certos de que não podemos tornar mais eficaz a intervenção positiva substitutiva que estamos realizando? Estamos dispostos a enfrentar a situação com os custos psicológicos que ela exige de todos?

Esta última questão se reveste de uma importância particular, pois é um ponto fundamental se quisermos responder seriamente à necessidade (e ao direito) da pessoa com deficiência de sair da prisão a que os comportamentos problemáticos a lançaram.

É seu direito poder recorrer a todos os modos de intervenção psicoeducacional que se revelaram eficazes, mesmo que por vezes onerosos do ponto de vista psicológico.

Esse nível de intervenção é designado por "punitivo positivo" porque é o desenvolvimento de uma intervenção positiva, não a substitui de todo, mas acrescenta-lhe algo: os procedimentos da fase anterior não são efetivamente interrompidos nem reduzidos, mas continuam sendo a base forte e indispensável da relação de ajuda. Se a relação deve ser realmente de ajuda, no entanto, em alguns casos é necessário que ela coloque limites e também adote procedimentos punitivos. Também esse é um imperioso compromisso educativo.

O que se entende por punição?

Vejamos mais de perto o que se entende por punição. Podemos definir a punição como um evento psicologicamente negativo que se segue a um comportamento interferente com o objetivo de fazê-lo cessar ou diminuir.

Podemos classificar a punição em duas grandes categorias:

1. *Punição de primeiro grau*, ou seja, oferecer ao sujeito uma estimulação desagradável após um comportamento negativo.

2. *Punição de segundo grau*, ou seja, suspender temporariamente uma situação positiva após um comportamento problemático.

Nesta altura, pode colocar-se a questão de saber se o castigo funciona realmente para reduzir o comportamento. O ponto fundamental é que, para funcionar, a punição deve ter características específicas; deveria, em teoria, ser:

– imediata;

– forte;

– contínua (não intermitente e irregular) e inevitável (mesmo que isso se torne muito difícil na vida cotidiana).

Ao mesmo tempo, porém, é preciso dizer que os custos da punição são frequentemente muito elevados, tanto no âmbito pessoal quanto relacional e social. De fato, a punição pode:

- produzir comportamentos de esquivamento ou mesmo um reforço dos comportamentos problemáticos;
- produzir ansiedade, desconforto e transtornos emocionais;
- ensinar modelos de comportamento agressivos;
- prejudicar a relação de ajuda etc.

É evidente que todos esses efeitos se tornam particularmente prejudiciais para as pessoas com deficiência, que têm uma necessidade particular de ser compreendidas e aceitas. Aceitar uma pessoa não significa, no entanto, aprovar e justificar seus comportamentos negativos, mas ajudá-la a encontrar modos de substituí-los. O recurso ao castigo, porém, arrisca-se muitas vezes a transmitir à pessoa essa mensagem negativa de não aceitação pessoal.

Não obstante as múltiplas implicações negativas, a punição parece ser, ainda hoje, uma modalidade largamente adotada em contextos educativos e relacionais. Talvez isso esteja relacionado com algumas razões muito específicas: a primeira pode ser o fato de, infelizmente, ser o primeiro e, às vezes, o único modo de intervenção que nos vem à cabeça em certos momentos de tensão e que nos permite descarregar a nossa raiva, a nossa frustração ou "vingar-nos" de algumas raivas e decepções sofridas. Em segundo lugar, esse procedimento tem muitas vezes o efeito de fazer cessar em curto prazo o comportamento problemático, o que acaba reforçando a nossa tendência à punição, embora tenha depois efeitos decididamente negativos (D'Ambrosio, 2004).

Essas motivações são frequentemente admitidas por aqueles que recorrem ao castigo (talvez muitas vezes mesmo inconscientemente), mas são certamente muito comuns entre pais de pessoas com deficiência. É fácil encontrar professores ou educadores que admitem que usaram o castigo não pela convicção de que estavam fazendo a coisa certa para o aluno naquele momento, mas porque perderam o controle sobre as próprias emoções.

O grupo de trabalho vê-se, pois, a certa altura, obrigado a decidir sobre a viabilidade dos procedimentos punitivos que são efetivamente utilizáveis e aceitáveis do ponto de vista ético, legal e profissional.

Decisão de viabilidade real

A tabela 4.6 apresenta alguns desses procedimentos de intervenção; a ordem de apresentação é importante porque coincide com a ordem em que a intervenção deve ser feita: da menos desagradável à mais adversa, seguindo o princípio da proteção do sujeito, que tem o direito de "sofrer" o menor nível possível de intervenção.

TABELA 4.6
Procedimentos de intervenção punitiva positiva

Timeout *(pausa)*	O *timeout* é um exemplo típico de punição de segundo grau enquanto consiste em afastar brevemente a pessoa de uma situação agradável. No entanto, duas dificuldades práticas na utilização da metodologia de *timeout* devem ser destacadas: a primeira é que é preciso ter muito cuidado e certificar-se de que a suspensão de uma atividade é realmente desagradável para a pessoa; para funcionar, um procedimento de *timeout* deve retirar os reforços da pessoa e impedir que ela fuja de uma atividade chata, provocadora de ansiedade ou frustração. Em geral, porém, é sempre importante trabalhar numa relação de reciprocidade justa, ajudando a pessoa que emitiu o comportamento interferente a aceitar os efeitos e as consequências para as pessoas envolvidas.
Custo da resposta	O custo da resposta é um procedimento punitivo que consiste em fazer seguir ao comportamento interferente um comportamento que poderíamos denominar "reparador". Um primeiro exemplo simples do custo da resposta pode ser conseguir que uma pessoa peça desculpas ao colega "ofendido" ou, se destruir algo, que lhe seja aplicada uma multa com o montante necessário para comprar de novo o que foi danificado. Essa forma de punição tem a vantagem de ser mais aceita, pois é mais bem compreendida pelas pessoas com certo nível de deficiência cognitiva, uma vez que as formas de punição e recompensa podem ser acordadas diretamente. Também nesse caso devem ser seguidas algumas regras básicas: – esclarecer antecipadamente a sanção a que se está sujeito em caso de não cumprimento das regras; – certificar-se de que aquilo que acreditamos ser um "custo" não é na verdade uma recompensa para a pessoa punida; – fazer com que as valorizações, no entanto, sejam sempre em maior número do que as punições.

Hipercorreção	A hipercorreção, ao contrário, é uma forma de intervenção punitiva de um comportamento interferente que consiste em guiar o aluno a fazer uma correção (às vezes até acentuada) de seu comportamento após tê-lo manifestado (limpar-se, lavar-se, reorganizar etc.). Essa modalidade tem certamente a vantagem de se integrar muito bem nos projetos educativos, tornando a própria situação educativa mais natural e representando um avanço considerável no processo de normalização (o que não acontece, por exemplo, nos procedimentos previstos no bloqueio físico).
Bloqueio físico	Uma metodologia punitiva difícil é o chamado bloqueio físico, que consiste em bloquear o comportamento negativo do sujeito só depois de este começar a ser emitido. Trata-se de um procedimento muito raramente utilizado; só é efetivamente usado em sujeitos com deficiência intelectual muito grave, que manifestam, por exemplo, comportamentos destrutivos e de autolesão particularmente perigosos e resistentes aos outros procedimentos de tratamento. Nos raros casos em que é necessário utilizar o procedimento de bloqueio físico é preciso prestar muita atenção para que o contato físico não desencadeie uma resposta de agressividade ainda maior e, em qualquer caso, limitar-se ao momento agudo do comportamento problemático. O bloqueio físico é o procedimento mais restritivo que podemos aplicar e o que exige mais empenho por parte do utilizador e, ao mesmo tempo, que causa mais sofrimento ao receptor. Por isso é necessário avaliar cuidadosamente o quadro de nossos recursos e de nossos limites. O bloqueio físico tem também um forte valor protetor e restritivo do sujeito que é bloqueado por uma pessoa que tem a certeza do que está fazendo e que lhe diz serenamente a razão que o levou a bloqueá-lo, e a pessoa bloqueada faz diretamente a experiência do sentido do limite aplicado a um comportamento específico, no contexto de relação de ajuda que o apoia também fisicamente. Isso é fácil de dizer, mas naturalmente muito difícil de ser aplicado, sobretudo quando se interage com pessoas que manifestam comportamentos muito violentos e perigosos. Neste caso, a ajuda concreta dos outros membros do grupo educativo, ou de eventuais supervisores profissionalmente preparados, assume uma importância capital.

Ao recusar empreender, se necessária, a via "punitiva positiva" da intervenção, com todas as sensibilidades, atenções e garantias necessárias, só podemos prejudicar ainda mais o desenvolvimento da pessoa com deficiência, reforçando a sua "gaiola" de comportamentos problemáticos, refugiando-se no álibi da gravidade, da patologia e da rejeição ideológica, a todo o custo da punição.

O trabalho de aperfeiçoamento do contexto

O trabalho até aqui desenvolvido concentrou-se mais na dinâmica relacional entre a pessoa com deficiência e outras de seu entorno importantes. Agora, porém, devemos também olhar para o contexto mais alargado da vida da pessoa com deficiência, embora esta fase deva ocorrer em simultâneo e de forma complementar à "positiva substitutiva" acima referida.

Contexto de vida alargado

O objetivo principal é melhorar a qualidade de vida da pessoa com deficiência e de quem está em seu entorno, paralelamente a uma intervenção na relação de ajuda individual e do tipo positiva substitutiva.

Há quatro pontos fundamentais a considerar quando se trabalha com o contexto de vida mais alargado da pessoa com deficiência. Vejamo-los em seus detalhes.

1. *Dilatar os ecossistemas de vida e de relação.* A vida cotidiana se ambienta em um contexto em que são inseridas a pessoa com deficiência e outras pessoas importantes, entre as quais se criam interações recíprocas, influências, condicionamentos, interconexões, facilitações, obstáculos etc. Podemos falar, pois, de vários contextos de vida, assim como de muitos outros ecossistemas de vida e de relações, onde fluxos de influências recíprocas são criados. Ecossistemas fundamentais são a família, o círculo dos parentes e vizinhos, a escola, o centro socioeducativo, a comunidade habitacional, o bairro, o grupo de colegas etc. O fato de o grupo de referência educativo ser representativo da maioria destes contextos nos ajuda a raciocinar, mantendo-os todos em mente, numa intervenção que deve ser maximamente alargada, estendida sobre o maior número possível de ecossistemas, tendendo à globalidade. Portanto, percebe-se como esse tipo de intervenção se encaixa em uma abordagem normalizadora e não de isolamento da problemática, ou, pior ainda, de tratamento de um contexto arti-

ficial com fins exclusivamente terapêuticos. Pode ser útil, portanto, para o grupo de trabalho elaborar um mapa dos vários ecossistemas que a pessoa vive, com o objetivo de aumentar progressivamente seu número. Para alguns indivíduos, consistirá de acrescentar pouco a pouco uma pequena porção neste mapa para "normalizá-lo"; para outros, ao contrário, trata-se dos primeiros passos para alcançar formas de integração social e ocupacional mais amplas.

2. Construir continuidade educativa nos vários ecossistemas. A segunda "expansão" é a utilização dos diferentes procedimentos definidos nas fases de intervenção positiva substitutiva e positiva punitiva. A estratégia geral de desenvolvimento de novas competências para contrastar os comportamentos problemáticos se articula em tantas táticas específicas quantas forem as pessoas envolvidas, que a interpretam nos vários contextos e funções. Essas pessoas devem transformar-se cada vez mais, envolvendo pouco a pouco novos contextos, com a participação ativa de muitas outras figuras-chave. Desse modo, o alcance da intervenção aumenta e, por consequência, sua eficácia também. Cria-se, assim, uma continuidade "horizontal" entre os vários ecossistemas em que a pessoa com deficiência vive, e uma coerência positiva, que age como multiplicador de eficácia dos procedimentos. Um procedimento pode ser efetivamente banal, pouco genial, e provavelmente pouco eficaz se utilizado apenas por uma pessoa de referência, mas torna-se poderoso e decisivo quando partilhado coletivamente e passa de uma pessoa para a outra, que assim não se sente mais sozinha, mas parte de uma caminhada comum. A união faz a força também na realização de projetos educativos.

3. Expandir as intervenções num projeto de vida. A terceira consideração diz respeito a uma ampliação "longitudinal" da intervenção, a sua projeção no futuro do projeto de vida da pessoa. O contexto alarga-se mesmo quando olhamos para períodos da vida que nos parecem ainda muito distantes. Muitas vezes a problematicidade do comportamento e a tipologia de deficiência nos levam a "fechar o horizonte" pensando apenas "no aqui e no agora". Pensar no futuro das pessoas com deficiência não é obviamente uma tarefa fácil, e isso o sabem perfeitamente bem as famílias que justamente por isso são auxiliadas, apoiadas e encorajadas na construção de um projeto de vida para o seu filho a fim de torná-lo o mais independente e autônomo possível.

4. Melhorar a qualidade psicoeducacional dos contextos atuais. A quarta dimensão do trabalho sobre os contextos diz respeito, como era previsível, à melhoria de sua qualidade psicoeducacional atual, em relação a seis dimensões fundamentais (cf. tabela 4.7).

Essas estratégias aumentam a qualidade psicoeducacional dos contextos de vida da criança e ampliam seu alcance existencial. Elas não são facilmente aplicáveis sem intervenções de apoio, que ajudem principalmente os familiares a superar a ambivalência com que, como vimos, são geralmente vividas essas mudanças em termos de contextos.

TABELA 4.7
Dimensões para melhorar a qualidade psicoeducacional dos contextos

Potencializar o papel ativo do sujeito	Superar a atitude assistencialista e pietista, abrindo-se, ao contrário, à vontade de incrementar expectativas, objetivos positivos e construtivos de valorização contínua.
Melhorar o grau de atração recíproca entre o adulto de referência e a pessoa apoiada	Criar um relacionamento significativo baseado na proximidade positiva, na empatia, na reciprocidade, no desejo de estar juntos, na simpatia pelas coisas realizadas, na busca por interesses compartilhados e na paixão comum.
Aumentar as possibilidades de escolha, autodeterminação e liberdade	Isso é necessário, mesmo que por vezes crie dificuldades e atitudes ambivalentes tanto nos educadores como nos pais, entre a busca de autonomia e a preocupação com os eventuais riscos que esta comporta. Não deve, no entanto, bloquear as opções de escolha da pessoa deficiente, pois esse é certamente um dos seus direitos primordiais.
Aumentar os conteúdos de pró-socialidade dos contextos	Melhorar a "qualidade generalizada" dos comportamentos relacionais, que deveriam ser reorientados o máximo possível para comportamentos pró-sociais e de competência social.

Aumentar a capacidade de resposta dos contextos	Certificar-se de que os contextos estejam dispostos a ouvir e a interagir, e que o indivíduo com deficiência perceba as pessoas de seu entorno como confiáveis e a elas se dirija em caso de necessidade. De um modo geral, fazer com que a comunicação do sujeito seja vivida como uma estratégia muito útil para acrescentar objetivos e resolver situações difíceis, em oposição aos comportamentos problemáticos em si.
Formar novas capacidades de tolerar gratificações ou frustrações retardadas	Aplicar estratégias educativas específicas implementadas pelas diferentes figuras educativas (p. ex., ajudando a criança a esperar, através da ocupação em tarefas cada vez mais agradáveis), capazes de tolerar, sem emoções exageradamente violentas ou comportamentos interferentes, o fato de não ser imediatamente possível atingir o objetivo de satisfação dos desejos ou de eliminação de um desconforto.

Isso implica o direito à família de ser apoiada e incentivada (lado emocional-experiencial), mas também formada quanto às exigências educativas do filho (lado especificamente mais técnico de aquisição de competências). A isso se juntam verdadeiros momentos de descanso e alívio das tensões e das tarefas de cuidados. A esse respeito, vale a pena lembrar os "programas-respiro", que oferecem à família da pessoa com autismo um pouco de tempo livre e, portanto, um pouco de "respiro" em relação às tarefas de cuidados. O conceito de "respiro" diz respeito tanto às famílias quanto às pessoas com autismo, promovendo a possibilidade de viver em outro ambiente que, ao permitir-lhes a obtenção de uma autonomia, promove um caminho de crescimento fora do ambiente familiar.

A intervenção psi-coeducacional é uma "prova de fogo" para todos

A intervenção psicoeducacional nos comportamentos problemáticos é de fato uma "prova de fogo" para todos: dos pais aos gestores educacionais. Em outros domínios de trabalho educativo é possível "fazer de conta" que se está fazendo. Com os comportamentos interferentes, não; a pessoa com deficiência é mais exigente, questiona constantemente a todos com suas mordidas, cabeçadas, gritos e não é fácil esconder-se dela. É um teste para o nosso empenho, para a nossa tenacidade, criatividade, inteligência e formação individual. É uma prova direta também do quanto, como profissionais, estamos dispostos a fazer "alianças" com os outros, especialmente com membros da família, ouvindo-os realmente, valorizando-os e aprendendo com eles.

Algumas perguntas ao especialista...

Giuseppe Maurizio Arduino

Retirado e adaptado do DVD Facciamo il punto su... L'autismo (Ianes & Zappella, 2009)

Atualmente, considera-se que o tratamento fundamental do Transtorno do Espectro Autista é psicoeducacional, e não psicoterapêutico, ou, como tradicionalmente se diz, tratamento médico. Como se chegou a dar tanto valor à intervenção educativa?

Penso que os passos foram diferentes. O primeiro passo, creio, encontra-se na falta de eficácia, se é que existe, das intervenções de tipo psicoterapêutico, em particular as centradas nos modelos de tipo psicodinâmico; esta é uma evidência que pouco a pouco foi crescendo ao longo do tempo. Por outro lado, quanto à terapia médica, hoje não temos um conhecimento das causas, portanto, não somos capazes de estabelecer o tratamento, e as terapias médicas atuais são basicamente centradas em alguns sintomas. Paralelamente, eu diria que há cerca de 40 anos que se experimentam metodologias sobretudo baseadas em métodos cognitivo-comportamentais, que se revelaram eficazes não no tratamento do autismo, mas na redução significativa da deficiência. Além disso, e de forma muito importante, esse tipo de intervenção associava o trabalho dos profissionais e dos especialistas com o trabalho mais educativo dos pais, ou seja, do educador por excelência, do educador natural, juntamente com a escola, o que constituía uma mais-valia do modelo psicoeducacional.

Sobre o tema fundamental da redução da deficiência em relação ao cuidado, haveria algumas áreas fundamentais sobre as quais se destinaria a intervenção psicoeducacional?

Digamos que há várias áreas que também mudam com a idade da criança e em função das suas características. Se quisermos considerar as mais gerais, que são sempre importantes, poderíamos considerar as competências adaptativas, que dizem respeito basicamente à área da comunicação, das autonomias, das competências cotidianas e da socialização.

A intervenção na comunicação é fundamental enquanto área sintomática importante no autismo, e isso tanto no caso de crianças que falam e que não falam, como no caso de adolescentes e adultos. Uma área de intervenção psicoeducacional deve ser, portanto, necessariamente, a área da comunicação.

Outra área importante, que pode fazer a diferença, sobretudo na adolescência e na fase adulta, é a autonomia. Não se trata apenas das autonomias pessoais, as básicas, relativas ao vestir-se, ao lavar-se, ao saber cozinhar, mas também de algumas autonomias sociais, como fazer as compras, deslocar-se em espaços externos.

A terceira área na qual seguramente se concentram as maiores dificuldades, por ser a área mais comprometida nos casos de autismo, é a socialização.

Sobre essas áreas é importante trabalhar com modalidades diferentes segundo a idade e o nível de retardo da pessoa.

Estas seriam intervenções especializadas, de alta complexidade educativa, ou seriam intervenções propriamente factíveis também nos contextos de vida normal da criança?

Tratam-se, a meu ver, de intervenções que requerem conhecimentos especializados de quem as concebe e, por conseguinte, também por parte dos profissionais e dos professores. Na sua aplicação, na forma como são realizadas em casa ou na escola, nos ambientes de vida, por outro lado, são simples porque se baseiam em formas que qualquer pai, qualquer educador pode realizar com as crianças, para lhes ensinar coisas que são basicamente ensinadas a todas as crianças.

A peculiaridade do autismo exige que a forma como estas coisas são ensinadas seja coerente com a forma como as pessoas com autismo funcionam. Estas modalidades, porém, podem ser transmitidas, por exemplo, por um trabalho de formação dos pais, por meio do treinamento parental, que é uma das modalidades indicadas em todas as diretrizes internacionais, tanto científicas quanto institucionais, ao referir-se ao tratamento do autismo.

Em síntese

☑ Em outubro de 2011 foram publicadas as diretrizes para o tratamento do TEA em crianças e adolescentes, elaboradas pelo Sistema nacional para as diretrizes, coordenado pelo Instituto Superior de Saúde da Itália. As novas diretrizes para o diagnóstico e o tratamento do TEA, destinadas não somente às crianças e adolescentes, mas também aos adultos, foram disponibilizadas em 2021.

☑ As decisões mais recentemente adotadas acerca das maneiras mais adequadas de enfrentar as problemáticas que caracterizam o autismo convergem ao afirmar a prioridade das intervenções do desenvolvimento de competências e de substituição positiva de comportamentos interferentes por meio de metodologias facilitadoras e psicoeducacionais.

☑ Trata-se de facilitar de maneira estruturada e sistemática o desenvolvimento de uma série de competências que ajudem a criança a melhorar o máximo possível sua adaptação ao ambiente, por intermédio da aprendizagem e do uso espontâneo de uma série de atividades pessoais e do exercício relativo às funções sociais integradas e normais.

☑ As intervenções comportamentais baseiam os seus princípios na análise do comportamento e, portanto, nas leis que regulam o comportamento, ou nas suas mudanças e nos fatores que determinam essas mudanças no contexto em que a pessoa vive.

☑ A ABA (*Applied Behavior Analysis*) tem por finalidade aplicar os dados procedentes da análise experimental do comportamento para compreender as relações entre os comportamentos e as diferentes condições externas, formulando, assim, hipóteses sobre a razão pela qual um determinado comportamento ocorre naquele contexto particular e, por consequência, implementar uma série de intervenções/estratégias voltadas para a transformação do comportamento e/ou dos fatores contextuais implicados.

☑ São igualmente importantes as várias técnicas e estratégias de ensino/aprendizagem como: *task analysis* (análise de tarefas); apoios, técnicas de *prompting* (solicitações) e *fading* (redução das solicitações); aprendizagem sem erros; modelos competentes; reforços positivos; *shaping* (moldagem) e *chaining* (encadeamento); estratégias de generalização e de conservação.

- ☑ As estratégias comumente sugeridas e adotadas na intervenção nos transtornos do espectro autista podem ser classificadas em duas grandes categorias: as *abordagens comportamentais* e as *abordagens evolutivas*.
- ☑ O panorama internacional também permite identificar alguns "modelos" específicos de cuidados.
- ☑ A abordagem dos comportamentos interferentes graves, como a agressividade, a automutilação e as estereotipias, baseia-se na ideia de uma intervenção não repressiva, mas proativa, positiva e substitutiva, destinada a favorecer o desenvolvimento de competências comunicativas e interpessoais alternativas, a construir uma forte aliança entre as diferentes figuras educativas envolvidas e um trabalho focado no contexto de vida da pessoa com autismo.
- ☑ A análise funcional é indispensável para identificar a verdadeira função do comportamento problemático. A técnica de análise funcional permite observar e avaliar a circularidade de interações, as comunicações e ações-reações que envolvem o comportamento problemático, o comportamento dos outros e o nível de estimulações que o sujeito produz.
- ☑ Enfim, é importante olhar o contexto de vida mais amplo da pessoa com deficiência. O objetivo principal é melhorar sua qualidade de vida, bem como a das pessoas que lhe estão próximas.

Capítulo 5
Recomendações, planejamento e implementação de intervenções na escola

Fontes do capítulo

TÓPICOS

Indicações para o tratamento em idade pré-escolar e escolar: retirado de SINPIA (2005, p. 82-85, 101-103).

A criança com autismo na escola; recomendações para a intervenção psicoeducacional na escola; indicações metodológicas, didáticas e organizativas: retirado e adaptado de SIPeS (2008, p. 37-41, 43-46, 49-55).

Plano educacional e fases operacionais para a implementação da intervenção na escola: retirado e adaptado de P. Venuti (2010, p. 66-73).

BOXES

Como um extraterrestre: retirado e adaptado de SIPeS (2008, p. 38).

Aprofundamento: princípios orientadores da intervenção: retirado e adaptado de SIPeS (2008, p. 44).

Aprofundamento: aprender a aprender com a ajuda dos colegas: retirado e adaptado de L. Cottini, C. Munaro, C. Dalla Vecchia, M. Tonietto e A. R. Attanasio (2018, p. 355-383).

Linha temporal sequencial

Em qual fase temporal são situadas as indicações de trabalho que encontraremos neste capítulo?

Quadro de conhecimentos introdutório e características	Diagnósticos, ferramentas de avaliação e identificação precoce	**Programação e intervenção**	Além do autismo	Construção das alianças educativas

Mapa conceitual inicial

O que abordaremos neste capítulo?

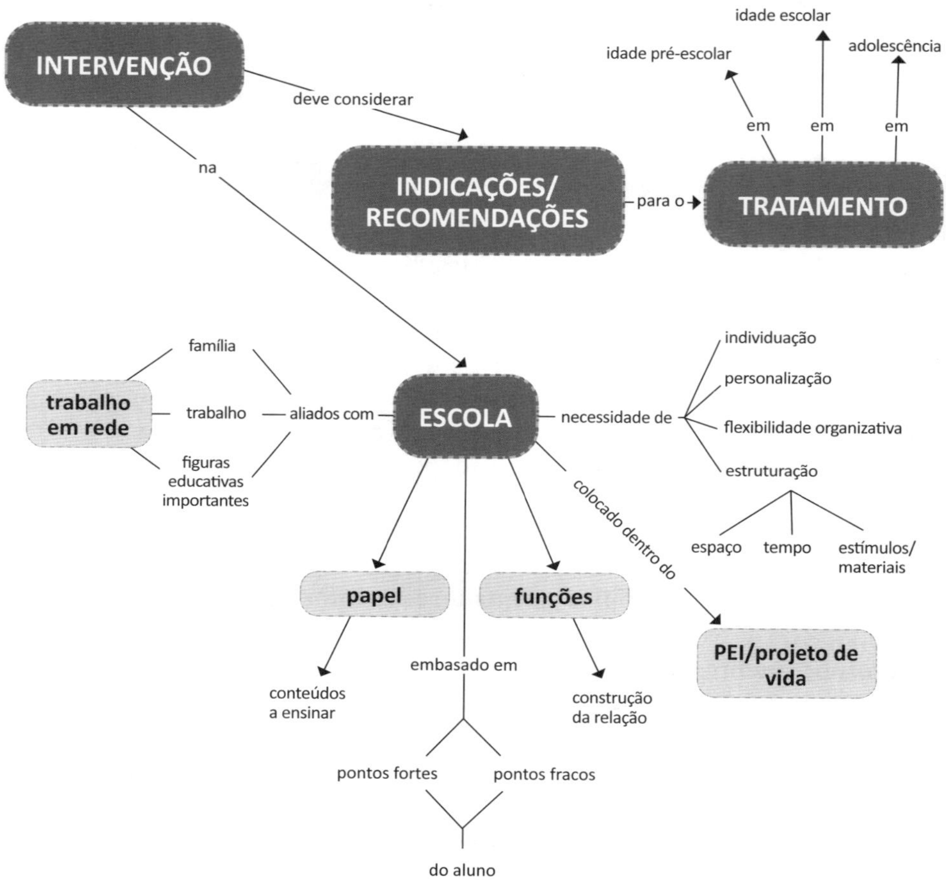

Como um extraterrestre

SIPeS

Ser autista não significa não ser humano, mas sim, ser diferente.

O que é normal para outros não é normal para mim, e o que considero normal para mim não é normal para os outros. Em certo sentido, estou mal-equipado para sobreviver neste mundo, como um extraterrestre que está perdido sem um manual para se orientar. Mas minha personalidade permaneceu intacta. Minha individualidade não é afetada. Encontro um grande valor e significado na minha vida e não desejo ser curado de mim próprio. Concedam-me a dignidade de me encontrar nos caminhos que desejo; reconheçam que somos diferentes um do outro, que a minha maneira de ser não é apenas uma versão defeituosa da de vocês. Questionem as convicções de vocês, definam as posições de vocês. Trabalhem comigo para construirmos pontes entre nós (Sinclair).

Indicações para o tratamento em idade pré-escolar e escolar

SINPIA

Indicações de tratamento para crianças em idade pré-escolar

As características que conferem a este período a sua especificidade absoluta são representadas por um conjunto de aspectos que podem ser resumidos da seguinte forma:

– Esta é a idade em que o diagnóstico do autismo é geralmente feito pela primeira vez, diagnóstico cujo impacto emocional nos pais é muito forte. Eles, no entanto, não conseguem uma explicação das causas ("por quê"), não compreendem sua natureza ("o que é isso"), não podem prever sua evolução ("como será a criança quando crescer").

– Esta é a idade em que o "fenótipo" comportamental é bastante homogêneo. O quadro clínico é, de fato, dominado pela perturbação da interação social e da comunicação, que, além disso, nesta idade se traduz por comportamentos que se sobrepõem globalmente de criança para criança (o contato relacional é sempre muito difícil, muitas vezes impossível; a aderência às propostas do outro é sempre muito fraca, muitas vezes ausente; a percepção do outro é sempre esporádica e sempre instrumental, enquanto exigência de realização de necessidades pessoais. Em uma palavra: "a criança vive em um mundo todo seu"). Na maioria dos casos, é apenas progressivamente que vai se tornando evidente a especificidade do perfil clínico-evolutivo próprio de cada criança.

– Esta é a idade em que os processos de maturação e crescimento do sistema nervoso central são particularmente estimulados, período em que não se verifica ainda uma diferenciação definitiva das estruturas encefálicas. É provavelmente isso que determina a máxima "generalização" dos sintomas e, paradoxalmente, a particular homogeneidade do fenótipo comportamental.

– Esta é a idade em que é praticamente impossível identificar elementos com significado diagnóstico e prever, mesmo em termos gerais, a evolução em longo prazo.

Os aspectos acima referidos, atualmente aceitos internacionalmente, constituem a base de uma orientação geral em relação à qual a intervenção nesta faixa etária deve ser *precoce, intensiva, curricular* (Howlin, 1998; National Research Council, 2001).

Como deve ser a intervenção?

A intervenção deve ser "precoce"

A precocidade, de fato, permite uma sistematização mais adequada e uma reorganização interna das experiências perceptivas, que são facilitadas pelo fato de poder "operar" num momento em que as estruturas encefálicas não assumiram uma especialização funcional definitiva e as funções mentais se encontram, portanto, numa fase de maturação e de diferenciação ativa (Guralnik, 1998; Dawson, Ashman & Carver, 2000).

A intervenção deve ser "intensiva"

O termo "intensivo" se refere à necessidade de acionar uma nova dimensão de vida, para a criança e para a família. Quanto à criança, trata-se de organizar uma série de situações estruturadas, nas quais ela possa confrontar-se com novas experiências, novas atividades e novos modelos de relações. Isso requer tempo, sobretudo no início: tempo para conhecer a criança, tempo para elaborar um projeto personalizado, tempo para verificar suas respostas e adaptar o projeto a essas respostas. A indicação proveniente da experiência internacional faz referência a um tempo não inferior a 18 horas semanais (National Research Council, 2001).

O que se entende por "intensivo"?

Quanto à família, é igualmente necessário organizar situações estruturadas em que seja trabalhada a desorientação dos pais para ativar os seus recursos naturais e envolvê-los no projeto terapêutico. Também este objetivo, sobretudo no início, requer tempo: tempo para conhecer os pais, tempo para ajudá-los a processar as angústias ligadas ao transtorno e à pouca previsibilidade de seu futuro, tempo para formular com eles estratégias para a execução do projeto.

O termo "intensivo", entretanto, não se limita a uma simples dimensão temporal, mas envolve uma adequada organização dos tempos, dos espaços e das atividades da criança ao longo de sua jornada habitual. Assim, as experiências cotidianas assumem um valor terapêutico. Nessa perspectiva, a "terapia" não é apenas a que se desenvolve no serviço de reabilitação, mas é antes um projeto, que deve ser elaborado pela equipe do Serviço de NPI [Neuropsiquiatria Infantil, na Itália]. Esse projeto prevê objetivos específicos realizáveis por intermédio de programas com características que se adaptem aos contextos em que devem ser executados (família, departamentos de reabilitação, escola).

É evidente que, para que esses programas respondam aos objetivos mais gerais do projeto, é necessária uma ligação funcional entre as pessoas responsáveis por sua execução: pais, terapeutas e professores (National Research Council, 2001; Prizant et al., 2003).

No contexto brasileiro, de forma similar, o Ministério da Saúde propõe como importante dispositivo de cuidado, independentemente da faixa etária, o Projeto Terapêutico Singular (PTS). Sua elaboração e revisão sistemática é de responsabilidade da equipe multiprofissional de referência da pessoa com TEA nos serviços de atenção psicossocial. Ele deve ser construído a partir das necessidades dos sujeitos e de suas famílias em contextos reais de suas vidas e ser composto por ações dentro e fora do serviço, levando em conta os projetos de vida, o processo de reabilitação psicossocial (visando à autonomia) e a garantia de direitos da pessoa autista (Brasil, 2015).

A intervenção deve ser "curricular"

O que se entende por "curricular"?

O termo "curricular" se refere aos conteúdos que devem caracterizar os diversos programas previstos pelo projeto. Em termos de conteúdos, considera-se que aquilo de que a criança necessita para um desenvolvimento o mais "típico" possível pode ser "ensinado", fazendo referência a uma ordem sequencial de "etapas", que são as que normalmente aparecem ao longo do desenvolvimento. No conceito "curricular" está implícito outro aspecto crítico na elaboração do programa, a saber, a necessidade de uma definição clara dos objetivos e um monitoramento sistemático do percurso terapêutico. Em particular é necessário:

– identificar, dentre os objetivos possíveis, os que se relacionam com competências observáveis e mensuráveis;

– estabelecer um ponto de partida e prefixar uma série de etapas sequenciais;

– predispor um sistema para a coleta de dados durante a execução e a avaliação dos resultados em tempos prefixados.

Sobre o que é necessário agir?

Objetivos prioritários da intervenção

As características do período levam a identificar alguns pontos críticos comuns às várias crianças. Esses pontos críticos ditam os objetivos prioritários da intervenção, que podem ser identificados nos seguintes aspectos:

1) a desorientação dos pais;

2) o transtorno da interação social e da comunicação devido a uma acentuada dificuldade (ou impossibilidade) de vínculo relacional e a uma baixa (ou ausente) disponibilidade de experiências compartilhadas;

3) a fraca modulação dos estados emocionais.

Identificar esses três aspectos como pontos críticos que o projeto deve abordar não significa, obviamente, ignorar quaisquer outros problemas que possam estar presentes. No entanto, deve-se levar em conta que muitos desses "outros" problemas são frequentemente "secundários" em termos de sequência causal. É evidente, contudo, que, quando quaisquer "outros" problemas parecem assumir um valor proeminente na caracterização do comportamento desadaptativo, eles devem ser levados em consideração e devidamente tratados. Portanto, os três "pontos" acima descritos são considerados objetivos irrenunciáveis (objetivos mínimos) de qualquer programa a aplicar nesse grupo etário específico.

Qual é o papel e a função da escola?

Considerando a idade, o nível de desenvolvimento e a natureza do problema, o ambiente escolar (creche e pré-escola) representa um espaço particularmente útil para "complementar" o projeto. O ambiente escolar permite, de fato, transferir, num contexto de encontro e de confronto com os pares, o trabalho previsto para a atenção conjunta, a capacidade de

Colegas como agentes

utilizar símbolos, a comunicação e a modulação dos estados emocionais. Para que esse espaço adquira um valor terapêutico é necessário que os profissionais da escola participem ativamente no projeto. Propõe-se, mais uma vez, a necessidade de definir o contexto em que os conteúdos da intervenção devem ser estruturados e depois inseridos. O envolvimento dos profissionais no ambiente escolar deve ser efetuado por meio de reuniões periódicas, nas quais se deve discutir certo número de aspectos gerais relativos à criança, aos seus modos de relação e às características da sua maneira de reagir às solicitações externas. Quando informam o pessoal escolar sobre os objetivos terapêuticos individuais em outros contextos (serviços públicos, família), definem-se os que se realizam no ambiente escolar. Um recurso que deve ser particularmente utilizado é a presença dos colegas. Estes, de fato, com a espontaneidade que lhes é característica, a "naturalidade" com que se relacionam e a capacidade de uma sintonização empática apresentam-se como figuras particularmente adequadas para ativar sequências de interação que facilitam o crescimento social da criança com TEA. É evidente que essa função que os pares podem desenvolver é essencialmente potencial. Faz-se necessário, portanto, o envolvimento ativo, através de sensibilizações em relação a temáticas que, por sua complexidade, devem ser enfrentadas com modalidades e instrumentos adequados ao âmbito de desenvolvimento.

Indicações de tratamento para crianças com idade escolar

A idade entre 6 e 7 anos marca um momento decisivo na história da criança com autismo. Quando se torna necessária a matrícula no ensino fundamental, aos 6 ou 7 anos, a transição de um ambiente menos estruturado e mais flexível (escola infantil) para um ambiente decididamente mais estruturado e organizado segundo uma lógica curricular (escola fundamental) implica necessariamente uma reavaliação (pelos pais e profissionais da educação) do quadro geral. A nova realidade, de fato:

– propõe novos elementos de confronto;

– estimula avaliações de todo o trabalho anteriormente desenvolvido;

– fornece elementos para aumentar a conscientização das capacidades reais da criança;

– desestabiliza equilíbrios precários.

Em outros termos: nessa idade, a população de crianças com autismo, embora caracterizada por comportamentos que satisfazem os critérios diagnósticos para uma classificação nosográfica numa única categoria (TEA), evidencia para cada criança uma série de traços inteiramente "originais", que tornam o seu comportamento adaptador rigorosamente diversificado. Em relação ao comportamento adaptador, é definida uma espécie de *continuum* em cujos extremos se encontram, por um lado, as pessoas com TEA com alto nível de gravidade e uma maior necessidade de apoio e, por outro lado, as pessoas com um baixo nível de gravidade e uma menor necessidade de apoio.

O que precisa ser feito?

Projeto centrado na família e no contexto

Enquanto no período precedente (idade pré-escolar) o caráter do projeto era predominantemente "centrado na criança", com uma conotação fortemente capacitadora (fazer sobressaírem as competências), nesta segunda fase o caráter do projeto é cada vez mais "centrado na família", e mais geralmente no contexto ambiental, mesmo assim com objetivos de habilitação (fazer sobressaírem as competências), mas cada vez mais adaptáveis (utilização das competências para favorecer a adaptação do sujeito ao ambiente em que vive). Por conseguinte, os aspectos a levar em conta na elaboração do programa terapêutico são os seguintes:

– os pais;

– a criança;

– a escola.

É óbvio que as considerações expostas para o período anterior também se aplicam neste caso. Ou seja, é possível que, em função da variabilidade fenotípica do quadro, surjam situações específicas que devem ser adequadamente avaliadas e tratadas.

Qual é o papel e a função da escola?

Escola como espaço privilegiado do projeto terapêutico

A escola representa um espaço privilegiado no projeto terapêutico já que, além de favorecer as aprendizagens escolares (leitura, escrita, cálculo), permite realizar uma parte do programa mais geral que visa melhorar a interação social, enriquecer a comunicação funcional e diversificar os interesses e as atividades. Por outro lado, a presença dos pares faz do ambiente escolar o palco natural onde o sujeito pode generalizar aquisições e competências favorecidas em contextos terapeuticamente estruturados (terapia psicomotora, logopedia, ensino estruturado numa relação de pessoa para pessoa).

a) Nas situações em que persiste um déficit funcional acentuado nos domínios das funções sociais, comunicativas e cognitivas, o professor responsável pela disciplina deve "conhecer" as principais estratégias de abordagem (princípios do ABA, da CAA etc.) e, com o auxílio dos profissionais dos serviços públicos, inspirar-se nessas abordagens para a realização dos objetivos curriculares identificados de acordo com as necessidades do caso.

b) Em situações em que os níveis comunicativo-linguístico e cognitivo são globalmente satisfatórios, a variável crítica sobre a "forma" de atuar é determinada pela disponibilidade relacional.

Em situações de comprometimento acentuado do vínculo relacional, geralmente associado a comportamentos desadaptativos, o papel dos prestadores dos serviços públicos torna-se decisivo. Estes, de fato, em consonância com os operadores escolares, devem definir uma organização espaçotemporal adequada e identificar as modalidades afetivo-relacionais mais idôneas para favorecer o trabalho sobre as aprendizagens escolares.

No caso de a criança apresentar uma oportunidade satisfatória de envolvimento no âmbito relacional, o trabalho sobre as aprendizagens escolares deve, no entanto, ser complementado pela valorização dos momentos de interação e de troca que só a escola pode proporcionar para o enriquecimento da cognição social. Nessa perspectiva, são particularmente úteis os encontros com os profissionais do serviço público nos quais estes podem ilustrar aos professores os objetivos prioritários do projeto.

Em termos *curriculares*, os objetivos a alcançar são os ilustrados na tabela 5.1.

TABELA 5.1

Objetivos a alcançar no contexto escolar

Facilitar a conscientização das intenções, das preferências e das experiências alheias
Facilitar a capacidade de narrar as próprias experiências relativas a acontecimentos passados e futuros, fornecendo simultaneamente informações suficientes para a escuta
Desenvolver a capacidade de manter e de mudar o tema de conversação segundo a perspectiva do ouvinte (p. ex., estimulá-lo a conscientizar-se das preferências, do estado emocional, dos conhecimentos de base de quem ouve)
Desenvolver a utilização de uma linguagem para mediar e resolver conflitos e/ou divergências de opiniões
Desenvolver a utilização da linguagem para expressar sentimentos e empatia com os outros
Facilitar o uso de uma linguagem mais avançada para expressar as diferenças de significado (p. ex., as conjunções e as preposições subordinadas)
Incentivar a aquisição de convenções verbais para iniciar as interações, para interagir por sua vez e para concluí-las
Incentivar a aquisição dos sinais não verbais e paralinguísticos para reforçar as interações sociais (p. ex., o olhar, a posição do corpo, o volume da voz)
Aumentar a habilidade de interpretar e de utilizar a linguagem de modo flexível segundo o contexto social e os sinais não verbais do interlocutor (palavras com significados múltiplos, linguagem figurada, sarcasmo etc.)

Indicações de tratamento para adolescentes

Com a adolescência, muitos comportamentos podem sofrer uma melhoria significativa, ao passo que outros podem sensivelmente piorar. Como para todos os adolescentes, também as crianças com autismo, à medida que crescem, enfrentam dificuldades de adaptação ao corpo em transformação, à sexualidade emergente, às transformações nos processos de pensamento e nas capacidades de observação e avaliação de si e do mundo circunstante. As tensões e o sentido de confusão que acompanham o desenvolvimento puberal podem determinar no adolescente com TEA um aumento do isolamento, de comportamentos estereotipados ou o surgimento da agressividade. Ao mesmo tempo, pela maior sensibilidade aos aspectos de confronto social que a fase de desenvolvimento comporta, o adolescente com autismo, especialmente se tiver um déficit cognitivo, pode ter de enfrentar pela primeira vez a consciência das suas diferenças em relação aos seus pares (falta de amigos, de interesses comuns, de projetos para o futuro). Isso pode fazer emergir transtornos do humor que requerem frequentemente um tratamento específico.

Há que se ter em conta que a variabilidade expressiva dessas dinâmicas complexas é tal que não podem ser dadas indicações preestabelecidas, devendo necessariamente ser utilizados programas personalizados.

A criança com autismo na escola

SIPeS

O ponto central sobre o qual colocar a atenção é a *diversidade qualitativa* do TEA, mesmo antes da quantitativa, que agora tende a assumir contornos menos nebulosos, graças, sobretudo, aos avanços da pesquisa e das descrições lúcidas e surpreendentes que nos últimos anos foram feitas diretamente por pessoas com autismo.

Pontos fortes e fracos dos alunos

Existem, portanto, capacidades definitivamente deficientes nos alunos com TEA que se relacionam, no entanto, com capacidades aparentemente surpreendentes em várias funções (*pontos fortes e fracos*).

A adoção dessa perspectiva leva-nos a ver na abordagem educativa destinada à pessoa, à criança e não apenas ao seu déficit, a via mais frutífera e promissora. Para a escola, a criança com autismo pode representar um desafio em diferentes domínios.

Os obstáculos (e os desafios) principais dizem respeito ao acolhimento, à aprendizagem, à socialização, aos problemas de comportamento.

Acolhimento

É muito útil iniciar visitas preventivas aos ambientes externos e internos e conhecer previamente as pessoas adultas; não sobrecarregar o impacto num sentido perceptivo (qualidade de ambientes, objetos, olhares) e emocional (expectativas, incógnitas); deslumbrar a praticabilidade da assistência desde o primeiro dia: orientar o acesso à escola mediante a descoberta de rostos familiares, de objetos e ícones pessoais.

Aprendizagem

A aprendizagem dependerá:

1) *quanto à criança*, de seu nível cognitivo, da capacidade de prestar atenção, de compreender a comunicação verbal, de tolerar determinados estímulos;

2) *quanto à escola*, da adequação dos conteúdos com base nas características da criança, da maior ou menor presença de estímulos em sala de aula, da organização do espaço, da precisão com que é elaborado o plano educativo individualizado com base na avaliação inicial e à presença de competências específicas sobre o autismo, da colaboração entre os professores, da ativação de lógicas de apoio e ajuda generalizada entre pares.

O grau de dificuldade de aprendizagem dependerá, portanto, não só das características da criança e do transtorno, mas também das competências específicas dos professores e das estratégias educativas utilizadas.

Socialização

Processo de socialização

Como referido, a socialização é um dos problemas principais das crianças com TEA. As dificuldades na interação social representam o núcleo do autismo. A criança pode isolar-se ou procurar insistentemente o outro, apresentar comportamentos excêntricos na interação ou evitar sistematicamente o contato com os próprios colegas. Pode ser muito diferente dependendo se ela está sozinha com o professor, num grupo muito pequeno ou num grande grupo. Provavelmente irá se comportar de forma mais adequada na relação de pessoa para pessoa e no pequeno grupo (duas ou três crianças), ao passo que poderá sentir-se muito desconfortável no grande grupo, especialmente se sofrer de problemas sensoriais (incômodo com o barulho, com a confusão, com o excesso de movimento, com a temperatura ou a luminosidade da sala de aula etc.). O processo de socialização varia em função das características peculiares da criança e trata-se de uma via que deve ser construída de forma flexível e ao longo do tempo. A manifestação das competências sociais dependerá, portanto, não só das características da criança e do transtorno, mas também do grau de estruturação da situação em que ela se encontra, da dimensão do grupo e, em geral, dos estímulos presentes no ambiente.

Problemas de comportamento

Os problemas de comportamento representam outro importante desafio aos professores. Eles podem manifestar-se de vários modos: oposição ao trabalho proposto, falta de respeito às regras da turma, crises de raiva, agressividade, automutilação, comportamento destrutivo, rituais que perturbam ou condicionam o trabalho dos colegas e outros problemas. A intervenção nos problemas de comportamento, como vimos no capítulo precedente, deve levar em conta o fato de que, em quase todos os casos, eles têm um significado e uma função e podem ser determinados por:

1) respostas sensoriais anômalas a determinados estímulos ambientais (barulho, luminosidade, calor, confusão etc.);

2) propostas didáticas não adequadas às características da criança: quanto ao conteúdo (p. ex., demasiado difícil ou, numa mi-

noria de casos, muito fácil) e/ou à forma (a expressão verbal de uma atividade pode ser mais difícil de compreender do que uma atividade autoexplicativa ou expressa visualmente);

3) dificuldade na comunicação para compreender e exprimir adequadamente as suas necessidades e estados de espírito.

Esses exemplos sobre as possíveis causas que podem desencadear um comportamento desadaptativo são, evidentemente, meramente orientadores e não exaustivos. Para aprofundar de modo racional e eficaz os problemas de comportamento, levando em conta as evidências da pesquisa científica, é necessário fazer uma clara "análise funcional do comportamento problemático" (Ianes & Cramerotti, 2002), como amplamente referido no capítulo anterior.

Recomendações para a intervenção psicoeducacional na escola

SIPeS

Não há ainda uma intervenção que responda à complexidade do autismo. O caráter generalizado da desordem, a multiplicidade dos quadros clínicos e a situação crônica do transtorno exigem a integração de vários métodos numa abordagem multidisciplinar: o programa de habilitação deve necessariamente ser individualizado com base nas características de cada criança, com base no âmbito cognitivo, na idade, no funcionamento neuropsicológico, nas capacidades presentes e potenciais e, não menos importante, nas necessidades reportadas pela família.

Como vimos amplamente nos capítulos precedentes, o modelo de intervenção de habilitação atualmente mais validado pela literatura internacional é o *psicoeducacional com abordagem cognitivo-comportamental.*

O programa de intervenção é estabelecido pelos serviços especializados, pelos professores e educadores, em sintonia com a família, com base nas características peculiares de cada criança: é desejável contar com a plena colaboração dos operadores regionais, dos professores e dos educadores para integrar o programa específico nas atividades de ensino-aprendizagem previstas pelo grupo de alunos por meio da utilização de metodologias e estratégias típicas de integração (p. ex., aprendizagem cooperativa, tutorias, metodologias ativas, reorganização dos espaços e dos tempos etc.).

Aprofundamento: princípios orientadores da intervenção

SIPeS

A intervenção deve ser individualizada, baseada nos pontos fortes e fracos da criança, identificados através de uma avaliação precisa do perfil de desenvolvimento realizada pelo centro de competência.

- ☑ As estratégias de intervenção devem ser baseadas na habilidade e nos interesses da pessoa: partindo dos interesses específicos de cada criança é possível, de fato, propor novas aprendizagens que lhes possam ser úteis na vida cotidiana.
- ☑ É necessário que todos os operadores conheçam de maneira aprofundada as características do autismo, mas também as do desenvolvimento típico.
- ☑ É necessário identificar objetivos em curto, médio e longo prazos que sejam aplicáveis à vida cotidiana da criança, tendo presente que, em geral, a finalidade de um projeto psicoeducacional é favorecer a adaptação da pessoa ao seu ambiente natural e garantir uma satisfatória qualidade de vida para a criança/adolescente e para a sua família. Por isso é necessário prever, juntamente com a atividade cognitiva, trabalhos específicos sobre a comunicação (utilização funcional de estratégias convencionais ou alternativas para a comunicação tanto em compreensão quanto em produção), sobre as habilidades sociais e sobre a gestão/organização autônoma do próprio tempo livre.
- ☑ Recomenda-se vivamente a utilização de práticas apoiadas por provas científicas de eficácia.
- ☑ É fundamental que haja coerência e colaboração entre todas as pessoas (profissionais e família) que se ocupam da criança.

O Plano de Ensino Individualizado – PEI

A chave para uma intervenção eficaz nos transtornos do espectro autista é a educação, que ocorre de maneira mais eficaz quando ela cobre todo o arco da vida da pessoa, desde os primeiros anos até a idade adulta.

O modelo biopsicossocial ICP-CY (OMS, 2007) pode, neste caso, ser útil justamente por observar o funcionamento da pessoa numa perspectiva de 360°, nas suas diferentes componentes de funções e estruturas do corpo, atividade e participação, fatores contextuais.

No Brasil, existe a Lei Brasileira de Inclusão (LBI), n. 13.146/2015, que visa promover a inclusão social de pessoas com deficiência – incluindo as pessoas com TEA. Por esse motivo, é conhecida também como "Estatuto da Pessoa com Deficiência". O artigo n. 28 da LBI discorre acerca de deveres do Estado em relação à educação inclusiva, inclusive o de implementar projetos de atendimento educacional especializado e personalizado como ferramenta de inclusão escolar obrigatória para alunos com deficiência e necessidades educacionais específicas. Nesse sentido, no território brasileiro adotam-se os instrumentos Plano Educacional Individualizado (PEI) e Plano de Atendimento Educacional Especializado (PAEE), cuja nomenclatura pode variar de acordo com o estado ou município.

O PEI/projeto de vida para a criança com autismo leva em consideração as áreas problemáticas na interação, na comunicação e na imaginação do indivíduo, bem como o seu grau de autonomia e a situação de funcionamento geral; a partir desses pressupostos, define os objetivos a alcançar, diferenciando-os com base na previsão de alcance: em curto, médio e longo prazos (Ianes & Cramerotti, 2009).

Esse trabalho só pode ser elaborado a partir de uma observação cuidadosa e prolongada da criança em diferentes situações: no jogo, na brincadeira, na atividade com o educador ou professor de apoio, com os pais, em situações mais ou menos estruturadas. Posteriormente à observação da criança, será possível organizar espaços e tempos para implementar o projeto com base nas diferentes características peculiares.

Em muitos casos, é útil começar pelo que lhe é familiar: por exemplo, se a criança está aterrorizada com a sala de aula por ser um lugar desconhecido e cheio de pessoas estranhas, mas sente-se à vontade na cozinha, por reconhecê-la como um espaço organizado de maneira semelhante ao de sua casa, o projeto poderá continuar utilizando parte do tempo neste espaço, talvez na companhia de um ou dois colegas-tutores, que em seguida acompanharão a criança com autismo na descoberta dos demais espaços da escola e, especialmente, a sala de aula.

O projeto deve igualmente considerar os interesses do aluno e o que ele decidirá fazer, em vista de criar um ambiente de bem-estar e equilíbrio. Algumas crianças se tranquilizam em contato com a água: para elas pode ser apropriada uma atividade na piscina; outras podem interessar-se pela música, que pode ser explorada de muitas formas: ouvindo-a, tocando instrumentos musicais, cantando etc.

Levar em conta os interesses do aluno

O espaço em que a criança se move deve ser adequado à tipologia da atividade requerida, ao tempo que a criança passa naquele espaço e aos materiais que ela utiliza. Há várias maneiras de ajudar a criança a criar esses vínculos entre espaço, tempo, materiais e atividades, por exemplo, através de cartazes, rodas do tempo, objetos manipuláveis apresentados em sequência. As modalidades menos difíceis e mais imediatas para uma criança com TEA são a iconográfica e a tátil.

O processo de ensino-aprendizagem deve também basear-se nas capacidades efetivas de cada criança: os objetivos definidos serão predominantemente de curto prazo na medida em que são muitos os pequenos passos que dão em direção aos objetivos primários do PEI aprovado. Os objetivos de longo prazo devem referir-se às áreas de aprendizagem cognitiva, à interação, à comunicação social e à autonomia. A formação do estudante com autismo, articulando-se num PEI periodicamente atualizado, não deve concluir-se com a escolarização, com a chegada da idade adulta, mas ser contínuo, uma vez que na fase sucessiva à adolescência, tendo alcançado um nível aceitável de habilidades sociais, a pessoa se torna progressivamente mais receptiva à aprendizagem.

O PEI deve prever momentos destinados a atividades individuais (na relação de pessoa para pessoa) e momentos de atividades em grupo. O envolvimento dos colegas e a dinâmica em um pequeno grupo (de dimensões que permitam a melhor socialização possível para a criança) são elementos centrais de um caminho de integração. Entretanto, para que essas atividades favoreçam o desenvolvimento social da criança com autismo, devem ser cuidadosamente programadas e estruturadas, atribuindo um papel específico tanto para a criança com autismo quanto para as outras.

O que o PEI deveria prever?

A integração da criança com autismo na escola só pode ser efetivamente feita com uma instituição realmente renovada, que faça da *flexibilidade organizativa* (tabela 4.2) e da disponibilização em rede de todos os recursos humanos e materiais um padrão constante de trabalho. Falar de integração qualitativa não significa, pois, pensar numa escola organizada de maneira tradicional, sempre igual a si mesma; o processo de integração do aluno com autismo exige adaptações substanciais e leva a acreditar que nada pode permanecer como era antes.

TABELA 5.2

Maneira de favorecer a flexibilidade organizativa

Promoção de percursos formativos funcionais à realização do direito de aprender e ao crescimento educativo de todos os alunos
Reconhecimento e valorização da diversidade
Valorização das potencialidades de cada um
Adoção de todas as iniciativas úteis para alcançar o sucesso formativo
Regulação dos *tempos* de ensino e de desenvolvimento de cada disciplina e atividade da maneira mais adequada ao tipo de estudos e aos *ritmos de aprendizagem* dos alunos
Adoção de *formas de flexibilidade* da organização educativa e didática
Acionamento de iniciativas de *recuperação e apoio*, continuidade, orientação

Indicações metodológicas, didáticas e organizativas

As instruções

Também a forma como são dadas as instruções é importante: antes de dar uma instrução é preciso obter a atenção da criança (p. ex., chamando-a pelo nome, buscando o contato visual, eventualmente tocando-a): a informação que segue deve ser clara, concisa, expressa de maneira afirmativa e dada uma única vez. Além disso, é importante utilizar sempre a mesma fórmula para pedir a mesma coisa: uma variação na forma poderia ser percebida pela criança como uma solicitação diferente.

A generalização da tarefa

O aluno com autismo tende a associar a aprendizagem a uma situação ou a um ambiente específico, e geralmente tem dificuldade de adotar o mesmo comportamento em contextos diferentes. Será necessário, portanto, estender as habilidades aprendidas em uma situação para outros contextos, através da colaboração mútua entre pais e professores.

A utilização de recursos visuais

Considerando as características cognitivas acima descritas, os recursos visuais devem servir de apoio às aprendizagens. Naturalmente, a escolha do tipo de auxílio visual deve basear-se no nível de desenvolvimento da criança: serão utilizados, pois, objetos, fotografias dos espaços e/ou das pessoas, cartões com imagens em sequência de atividades, visualização das regras da escola permitindo que a criança compreenda o que deverá fazer. Os guias visuais assumem um grande valor quanto à comunicação/indicação de atividades, tanto na produção quanto na compreensão.

Como motivar a criança a aprender (utilização de reforços e ajudas)

Para uma criança com autismo aprender não é uma atividade simples: o que motiva a maioria das crianças típicas (como serem elogiadas pelos pais, imitar os colegas, fazer bem uma tarefa etc.) geralmente é insuficiente para esta criança; por isso é necessário identificar e utilizar premiações extrínsecas (os *reforços*) para motivá-la a prestar atenção e a desenvolver a atividade. Esses reforços deveriam ser, ao menos inicialmente, concretos (p. ex., ter acesso a atividades, jogos e brincadeiras agradáveis etc.), intimamente ligados à execução da tarefa e identificados segundo as preferências de cada criança. Em uma fase posterior, a satisfação de ser capaz de realizar a tarefa por conta própria pode gradualmente tornar-se o reforço mais apropriado. As *ajudas* na realização de uma atividade devem igualmente ser concretizadas de forma funcional e gradualmente reduzidas ao mínimo necessário. O grau máximo de ajuda é a *orientação física*: por exemplo, a pessoa de apoio acompanha com sua mão a mão da criança no desenvolvimento de uma tarefa; o gesto deve ter um valor explicativo e não coercitivo. As ajudas gradualmente menos invasivas são as representadas pela indicação (indicar a resposta certa), pelo reposicionamento dos objetos (colocá-los mais perto da criança), pela imitação (demonstrar na prática como realizar uma tarefa) e pela ajuda verbal.

Como ajudar

Enfim, a representação da tarefa através de uma série de imagens que ilustram as etapas constitui o tipo de ajuda mais conciliável com a autonomia de trabalho.

Identificação de objetivos em curto e longo prazos

Para ensinar uma habilidade complexa é necessário subdividi-la em uma série de passos menores (análise da tarefa), que aumentem a probabilidade de facilitar sua aprendizagem. Para analisar a tarefa deve-se prestar atenção à sequência da execução de uma habilidade (p. ex., lavar as mãos) e escrever todos os passos necessários para completá-la (p. ex., abrir a torneira, colocar as mãos debaixo dela, apanhar o sabonete etc.); neste ponto, dois métodos podem ser utilizados: os *encadeamentos anterógrado e retrógrado*. O *encadeamento anterógrado* começa ensinando a primeira ação da série e intervém com ajudas físicas para a execução das posteriores; uma vez adquirida

Diversos tipos de encadeamento

a primeira, faz-se o mesmo com a segunda, mantendo a mesma diretriz para as demais. O *encadeamento retrógrado* age em sentido contrário: o ensinamento começa com a última ação planejada até chegar à primeira.

Atualização periódica da avaliação

A atualização periódica da avaliação, feita segundo critérios e métodos objetivos, deve ser a base para redefinir o PEI. A ausência de progressos documentáveis nos próprios objetivos identificados após um período de três meses deveria levar à redefinição ou dos objetivos, ou dos métodos aplicados ou da intensidade da intervenção didático-educativa.

Organização de entrevistas com familiares e profissionais do conhecimento

A peculiaridade e a originalidade de cada estudante com autismo exigem a colaboração dos diferentes atores que constroem uma boa colaboração, objetivando conhecer melhor o estudante e construir juntos o programa de trabalho.

Apresentação da criança em colaboração com a família e os órgãos que são responsáveis por ela

Seria benéfico se a entrada na escola de uma criança com TEA fosse precedida de pelo menos um encontro de apresentação do caso (durante o qual também se devem programar sucessivos momentos de análise) entre os profissionais regionais da saúde e os professores incumbidos de realizar o projeto de integração na escola. Um melhor conhecimento da criança permite aos professores colher informações úteis acerca de seus pontos fortes e fracos, conhecer a organização dos hábitos de vida, apresentar o plano de trabalho, reduzir eventuais estereotipias e prejuízos que poderiam desvirtuar o sucesso da intervenção.

Organização geral da escola

É essencial que o diretor da escola coloque toda a organização educacional em condições de participar de cursos de formação específica e facilite, assim, o processo de atualização dos agentes da escola como um todo, sem se esquecer dos professores especializados que apoiam a criança com autismo. O diretor também tem por função promover a formação continuada do corpo docente em seu todo, mas, em particular, dos professores de apoio. Portanto, é essencial a formação do corpo docente por meio de cursos específicos e profissionalizantes. De fato, a implementação de um projeto de integração escolar não é tarefa só do professor de apoio ou do educador, mas exige a colaboração e o conhecimento de todos os agentes escolares.

Trabalho em rede

A construção de um PEI na escola exige a colaboração dos diferentes atores que trabalham na região em que a escola se situa. Em particular, o professor especializado no apoio deveria assumir dentro da escola o papel de *personagem do sistema* que constrói a rede de colaborações (tabela 5.3).

TABELA 5.3
Construção da rede de colaborações

Com os profissionais dos centros especializados de referência ou profissionais dos órgãos regionais que acompanham o projeto de vida do estudante a fim de:	– receber informações úteis e sugestões de melhoria dos trabalhos em sala de aula; – definir conjuntamente o projeto e as ações a desenvolver; – estabelecer os momentos de verificação e avaliação da intervenção; – instaurar momentos de confronto para lidar com eventuais dificuldades e crises.
Com a família e o estudante com TEA a fim de:	– reunir informações sobre as atitudes em relação à vida (organização da jornada, costumes, rituais, competências, habilidades, eventuais comportamentos problemáticos etc.); – iniciar um processo de conhecimento mútuo e chegar a um acordo sobre um programa comum; – definir momentos periódicos de verificação do trabalho desenvolvido; – estar a par das ações desenvolvidas fora da escola.
Com os centros de documentação para a integração a fim de:	– melhorar as competências na perspectiva de uma atualização contínua; – conhecer o mapa dos recursos da região para partilhar informações úteis.

Ter competências claras nas quais concentrar-se (intervenções prioritárias)

Seis tipos de intervenções deveriam ser prioritários:

Tipologia de intervenções prioritárias

1. Intervenções para desenvolver uma *comunicação funcional* e espontânea também através da utilização de estratégias de Comunicação Aumentativa e Alternativa (CAA).

2. Intervenções para desenvolver as competências: desde o jogo psicomotor individualizado para crianças pequenas até as atividades de cooperação para as crianças mais velhas.

3. Ensino de *habilidades lúdicas*, objetivando a utilização desta habilidade com os colegas, inicialmente num grupo pequeno ou muito pequeno.

4. Intervenções objetivando desenvolver *habilidades cognitivas* que possam ser adotadas na vida cotidiana. Aqui devem ser privilegiadas modalidades de ensino que garantam, em sua execução, a máxima autonomia possível para a criança.

5. Intervenções que objetivem enfrentar e prevenir os *problemas de comportamento*. Estas intervenções devem embasar-se numa "avaliação funcional" e prever estratégias como o ensino da comunicação funcional e o *reforço positivo de comportamentos alternativos*.

6. *Atividades didáticas curriculares*. Estas devem se embasar na avaliação da criança; promover sua conexão, onde for possível, com os colegas da turma; e se beneficiar das estratégias de estruturação visual das tarefas.

Papel dos colegas de turma

Viver com colegas na escola representa uma ocasião única em termos de aprendizagens funcionais, de melhoria na compreensão do mundo e suas regras e de generalização das aprendizagens adquiridas no quadro reabilitador. Além disso, muitas vezes o contexto escolar representa o único ambiente em que a criança divide/partilha com os colegas e, por-

Interação com o grupo de colegas

tanto, constitui-se enquanto um terreno essencial da experiência. A integração escolar de crianças com TEA é, e continua sendo, um objetivo essencial e de grande valor adaptador.

Apesar da dificuldade objetiva de uma integração escolar total ou parcial, de alguma forma, mesmo que a criança apresente níveis elevados de comprometimento cognitivo, comportamental e relacional, ela deve ser posta em prática.

Para tanto, urge uma adaptação organizacional da escola, um investimento em recursos, um envolvimento de todos os agentes que circundam a criança, bem como a adoção de metodologias específicas que facilitem esse complicado processo.

Uma das principais chaves de sucesso do processo de integração escolar deriva da estimulação das relações de amizade e de apoio por parte dos colegas. Sobre este aspecto, além do testemunho inquestionável dos professores envolvidos cotidianamente, há muitas pesquisas que podem ser úteis.

Certamente as relações "sociais" são extremamente individuais, fluidas e dinâmicas, diferentes segundo a idade e, no geral, embasadas numa opção livre que deriva de preferências totalmente pessoais. No entanto, podem ser facilitadas e apoiadas por ações implementadas por professores e pais e por um clima favorável na sala de aula.

Medidas para facilitar a ajuda dos colegas

As características cognitivo-comportamentais da criança com TEA tornam muito complexo o estabelecimento de relações interativas significativas, sobretudo no âmbito do ensino da escola infantil e fundamental. Entretanto, é possível identificar uma série de medicas para *facilitar formas de ajuda e apoio por parte dos colegas*:

– encorajar o desenvolvimento de relações de ajuda e ensinar habilidades pró-sociais;

– programar situações de tutoria;

– promover o conhecimento da deficiência na sala de aula;

– trabalhar na criação de um clima não competitivo a fim de desencadear experiências de aprendizagem cooperativa.

Aprofundamento: aprender a aprender com a ajuda dos colegas

Lucio Cottini, Claudia Munaro, Chiara Dalla Vecchia, Marialuisa Tonietto e Anna Rita Attanasio

A escola representa um contexto privilegiado onde alunas e alunos podem experimentar concretamente valores como a ajuda, a partilha, o apoio dos colegas e aos colegas, e tornar-se um ponto de referência para colegas que apresentam deficiências e dificuldades.

A esse respeito, a tutoria entre pares (*peer tutoring*) – intervenção mediada pelos colegas – é uma abordagem fundamental para promover o bem-estar e a inclusão no ambiente de ensino-aprendizagem através da partilha de tempo, de espaços e de materiais entre professores, *tutor* e *"tutelado"*.

Existem diferentes formas de tutoria entre pares, que são escolhidas com base em diversos fatores, dentre os quais estão a categoria de escola, o contexto educativo e os objetivos prefixados. Geralmente utiliza-se no âmbito didático-disciplinar uma forma de tutoria entre pares, a *Class Wide Peer Tutoring* (CWPT), na qual os estudantes, em duplas, participam de atividades em equipes sobre temas propostos e coordenados pelo professor (Cottini, 2017, p. 209). Existem, além disso, modalidades de tutoria entre colegas da mesma idade ou de idade diferente nas escolas de ensino médio ou em colégios profissionalizantes.

Nas escolas com alunos com TEA normalmente há uma forma de tutoria entre pares em que são os colegas de turma – envolvidos ativamente como coeducadores e, portanto, formados sobre o que e como fazer – que colaboram com o programa de intervenção e favorecem a autonomia e a independência dos demais colegas (Harper, Symon & Frea, 2008).

Os colegas-tutores favorecem a aprendizagem em diversas áreas, entre as quais as autonomias pessoais, escolares, sociais e comunicativas. Os tutores têm, portanto, um papel importante, uma vez que representam um modelo a ser observado e replicado para o colega com TEA ("tutelado"). Além disso, o ensinamento em contextos naturais permite generalizar as competências e possibilitar à pessoa tutelada tornar-se, sucessivamente, ela mesma tutora.

Como afirma Blauvelt Harper (Harper, Symon & Frea, 2008), desse ponto de vista a tutoria entre pares, entendida como um sistema de intervenção didático e educativo implementado num contexto natural, tem muitas vantagens, dentre as quais a otimização dos recursos existentes (uma vez que são os próprios colegas que se tornam coeducadores), a redução de custos e tempo para alcançar os objetivos, bem como limitar o risco de atitudes de antecipação ou de substituição implementadas pelos adultos especializados, que podem limitar a autonomia do aluno com TEA.

As pesquisas defendem a eficácia da tutoria entre pares por diversos motivos. Primeiramente esse tipo de intervenção permite criar uma forte motivação em todos os alunos, tanto nos tutores quanto nos tutelados, graças ao apoio individualizado e estruturado dos tutores em relação aos colegas com dificuldades (Mitchell, 2014). Além disso, entre tutores e tutelados criam-se relações diretas, melhorando as capacidades comunicativas, a autodeterminação e a independência. Torna-se evidente, portanto, a importância formativa desse procedimento tanto para a totalidade dos alunos quanto para os adultos que projetam e monitoram a intervenção.

Especialmente nas pessoas tuteladas foi evidenciado um aumento da atenção individual e da motivação, graças à recepção de *feedbacks* imediatos e apoios por parte dos colegas, além da oportunidade de repetir determinadas partes do programa.

Nos tutores, por sua vez, foram reconhecidos um aperfeiçoamento das competências metacognitivas e um aumento da autoestima e da sensibilidade em relação aos outros. Também para os professores que adotam essa abordagem existem vantagens, uma vez que colocam em prática um modelo de trabalho capaz de apoiar sua ação e de aumentar a cooperação em sala de aula, e fazem uma experiência pessoal de novas formas de didática personalizada.

A tutoria entre pares traz, portanto, uma real mudança do sistema educativo, melhorando a inclusão e os aspectos ligados à relação custo/eficácia. Entretanto, para que isso seja possível, a técnica de ensino deve ser bem-organizada pelos adultos ao longo do tempo, tanto nas modalidades quanto nas ações. Só assim é possível envolver todos os alunos como modelos positivos e treinados e tornar possível uma oportunidade de encontro e respeito recíproco entre alunos com características diferentes do ponto de vista neurológico, temperamental e comportamental.

A seguir serão exibidas algumas ações importantes a realizar para tornar a tutoria entre pares uma prática educativa estável e estruturada.

Primeiramente urge criar momentos dedicados a informar e formar o corpo docente, os alunos e as famílias sobre o funcionamento da pessoa com TEA.

Em seguida, promover a cooperação e a aliança entre todos os agentes envolvidos no projeto, entre os quais a escola, a família, os entes educacionais. Igualmente é preciso estruturar a tutoria entre pares utilizando ferramentas específicas, como fichas de observação a serem aproveitadas na fase de planejamento, de verificação e de avaliação da intervenção, definindo com precisão os tempos, os espaços, as atividades e os modos de relacionamento que envolvem os alunos. Agir de tal forma que todos tenham um papel ativo, verificando e encorajando eventuais formas de delegação à turma ou a alguns alunos. Enfim, é preciso prever momentos de observação (utilizando também videogravadores), de reflexão individual e em grupo, a fim de monitorar constantemente o envolvimento dos tutores e dos tutelados.

Plano educacional e fases operacionais na implementação da intervenção na escola

Paola Venuti

A intervenção educativa e a integração nos contextos escolares e sociais são de fundamental importância para o tratamento de pessoas com TEA. As características do tratamento implicam uma ação educativa constante e consciente que ajude esses indivíduos a generalizar as aprendizagens reabilitadoras feitas para contextos da vida cotidiana, apoiando-os na compreensão de diferentes situações sociais, na decodificação dos estados emocionais e nas intenções das pessoas que os circundam e, enfim, na aquisição de formas comunicativas e emocionais compreensíveis pelos outros.

Importância da continuidade e da estabilidade nas relações educacionais

É por isso que as pessoas com TEA necessitam de programas de educação especial com apoio adaptado às suas dificuldades e requerem uma intervenção em longo prazo prestada por pessoas competentes e especializadas. É igualmente necessário manter a continuidade e a estabilidade das relações, o que é certamente muito difícil nas nossas escolas, onde os professores de apoio e os educadores mudam frequentemente todos os anos. Além disso, cada caso é muito diferente e necessita de diferentes formas de trabalho e planos de intervenção.

Princípios metodológicos gerais

Busquemos agora recuperar alguns dos princípios metodológicos gerais e aplicá-los às pessoas com TEA, tentando perceber quais são as melhores atividades a propor nesses casos.

Fase 1. Observação e conhecimento do jovem com TEA para definir seus pontos fortes e fracos

A observação de uma criança ou adolescente – feita de forma aprofundada e sistemática – ajuda a conhecer as situações e os contextos em que certos comportamentos ocorrem, permitindo-nos compreender as causas e as consequências das ações, bem como a forma como as relações se estruturam, se desenvolvem ou são bloqueadas, fornecendo-nos pistas para começar a planejar ações didáticas e educativas.

A observação pode ser efetuada quer com instrumentos específicos, quer com outros materiais de observação ou descrições sistemáticas dos comportamentos da pessoa com quem se trabalha, reunindo informações sobre ela em diferentes contextos e em diferentes momentos do dia. Na fase de observação devemos também incluir os relatos de pessoas que precedentemente trabalharam com o sujeito em questão, de familiares, e tudo o que permite ampliar os conhecimentos sobre suas habilidades para chegarmos a uma definição satisfatória das atividades e dos objetivos a alcançar.

Fase 2. Construção da relação

Para instaurar uma relação construtiva com uma pessoa com TEA é importante, em primeiro lugar, reduzir o caos: um estado de calma da pessoa com transtorno é condição essencial para que ela perceba o outro e, portanto, possa ter início um processo de intercâmbio e de interação.

Nenhuma relação duradoura é construída na confusão e no caos. A relação constitui o ponto inicial e o ponto final de qualquer processo educativo. É também o enquadramento de toda a ação com um sujeito, independentemente de sua idade. Falar de relação como um objetivo significa sublinhar a importância – e ao mesmo tempo a dificuldade – de se relacionar verdadeiramente com uma pessoa com TEA. Em uma relação, o educador não deve agir no lugar do sujeito, nem deve bloquear suas ações; não deve ensinar a fazer nem interpretar sem perguntar.

Fala-se de uma relação quando existe uma troca afetiva entre duas pessoas que partilham um olhar, mesmo que mínimo. Para a estrutura e a patologia do autismo é evidente que nenhuma intervenção educacional pode ter lugar sem que primeiro se estabeleça uma relação em que o profissional terá de lhe dedicar todo o primeiro período de sua atividade, mesmo que pareça não estar fazendo nada. Não há planejamento, não há objetivos a atingir, não há fichas ou outros meios, mas apenas verificação: verificação do bem-estar da pessoa com deficiência, verificação da redução de sua angústia e ansiedade, verificação da redução dos estados de tensão ou manifestações de automutilação.

A relação – uma vez construída – não é estável de forma permanente e é afetada pelas tensões e ansiedades da pessoa com transtorno. Ela é um aspecto crucial para garantir a segurança e permitir a exploração adequada do ambiente e propiciar o prazer de adquirir conhecimentos, mas ela precisa de tempo para se desenvolver ou reativa-se após cada pausa e interrupção.

Reciprocidade

Outro aspecto a considerar é que a relação de reciprocidade nem sempre significa reciprocidade na proximidade e no contato. Pode, por exemplo, acontecer que uma pessoa com TEA se aproxime de outra pessoa e talvez até a toque, mas, no momento em que a outra pessoa responde da mesma forma, ela se afaste e se isole. Ela só está pronta para aproximar-se do outro quando se sente capaz de controlar a situação; mas pode ser que ela ainda não se sinta pronta ou à vontade para aproximar-se do outro pelo fato de que o contexto em que o intercâmbio interativo acontece não é totalmente gerenciado e controlado por ela.

Fase 3. Estruturação do ambiente e individualização dos objetivos

Muitos comportamentos "estranhos" da pessoa com TEA dependem também de um problema geral de percepção do mundo, de sensorialidade e de formas de interagir. Isso torna a pessoa com TEA confusa, bloqueada em um mundo caótico, incapaz de decodificá-lo. Um aspecto fundamental em seu processo educativo é reduzir o caos e encontrar uma forma adequada de oferecer e disponibilizar estímulos.

Nessa perspectiva, três aspectos principais podem ser trabalhados:

1. Estruturação do espaço

Oferecer um ambiente simples e previsível pode ser um mecanismo válido para contrastar o caos interno que muitas vezes a pessoa com TEA vive. O espaço deve ser estruturado de forma a incentivar o desenvolvimento das diferentes habilidades sobre as quais é necessário trabalhar. Por exemplo, o espaço pode ser estruturado em diferentes áreas nas quais são desenvolvidas atividades diferentes e dentro do qual é possível deslocar a pessoa com TEA em diferentes momentos da jornada.

Poder-se-ia prever o espaço por áreas:

– *Jogos de simulação ou de desenvolvimento do simbolismo*: uma área que inclua diferentes jogos, de carros a bonecas ou ao lego, ou seja, jogos através dos quais é possível aumentar as capacidades de "simulação", pouco desenvolvidas em pessoas com TEA e mediante as quais é possível articular encenações mais complexas que podem ajudar na aquisição dos diferentes estados emocionais, além de facilitar a compreensão daquilo que a pessoa com TEA sente pelo outro (desenvolvendo, assim, empatia). Para pessoas mais velhas (ensino médio, profissionalizante) esta área (que pode ser intensa também como espaço de atividade) pode favorecer as atividades de comunicação e expressão, com momentos de narração, síntese e adaptação da experiência pessoal.

– *Elaboração perceptiva, espacial e coordenação motora fina*: uma área em que a criança trabalhe com uma variedade de padrões visíveis, que variam do procurar o objeto escondido à construção de encaixes. O local deve auxiliar a pessoa a coordenar a precisão visual, geralmente alterada, com habilidades manuais e, ainda mais, com habilidades manuais complexas. Da mesma forma, a atividade pode ser desenvolvida com a ajuda de estímulos auditivos moduláveis ou acoplados a estímulos visuais, para facilitar a integração das diversas sensorialidades.

– *Coordenação motora grossa*: uma área equipada com balões de diferentes tamanhos, círculos, palitos, cubos, que sirvam como instrumentos mais utilizados para favorecer a coordenação motora, geralmente carente, particularmente em pessoas com TEA de nível 1 de suporte (anteriormente denominados "autismo de alto funcionamento" e "Síndrome de Asperger" na classificação diagnóstica do DSM-IV-TR). Trilhas ou caminhos motores, pistas de equilíbrio, lançamentos de bola, futebol etc. são habilidades para as quais se deve investir muito tempo e recursos, já que permitem o desenvolvimento de uma coordenação e de uma consciência de si e do próprio movimento, geralmente não espontaneamente adquiridas por pessoas com TEA.

2. Estruturação do tempo

Outro modo de contrastar o caos interno é organizar a jornada com uma rotina clara e visual, proposta com modalidades diferentes segundo o tipo de pessoa implicada e o tipo de sensorialidade predominante nela. Para uma criança com um raciocínio predominantemente visual, a organização da jornada deve ser escrita; para uma criança "auditiva", deve ser feita oralmente; e, para uma criança com uma predominância tátil, as palavras ditas ou escritas devem fazer-se acompanhar de um estímulo tátil a fim de facilitar a sua identificação. Em cada caso e em qualquer nível cognitivo da pessoa com TEA, a redução do caos, a programação e a antecipação das ações desenvolvidas ajudarão a reduzir a ansiedade e permitirão que ela preste maior atenção aos estímulos recebidos.

Outro modo de favorecer a contenção do caos consiste em organizar os tempos. Nos indivíduos com TEA, a percepção do tempo, em geral, é alterada (Peeters & Gillberg, 1999). Por isso, a facilitação da medição do tempo com sinais evidentes (p. ex., ampulhetas ou ponteiros do relógio) pode ajudar na organização e no ritmo da jornada. Planejar sempre a sequência das ações é um primeiro passo, enquanto o segundo é prever e antecipar as relações sociais ao longo de ações específicas.

Poderia ser útil uma tabela com duas entradas na qual seja possível prever – de hora em hora – as ações, os encontros sociais, os imprevistos. A tabela pode ser representada graficamente com palavras, desenhos, imagens, materiais de vários tipos, segundo o nível de capacidade mental da pessoa com transtorno (tabela 5.4).

TABELA 5.4

Exemplo de tabela para organizar o tempo

	HORA	ATIVIDADE	LOCAL	ENCONTROS	IMPREVISTOS
SEGUNDA-FEIRA	8h-8h30	Leitura	Sala azul	Maria, Ângelo	
	8h30-9h	Atividade de Matemática	Sala azul	Maria	
	9h-10h	Atividade Musical	Salão	Maria e a turma	
	10h-10h30	Intervalo	Sala azul	Maria + dois colegas: Cláudio e André	
	10h30-11h30	Orientação no bairro	Lá fora	Ângelo	
	11h30-12h	Arrumar a sala	Sala azul	Ângelo	

A inclusão de imprevistos na tabela permite refletir sobre as atividades desenvolvidas e ajuda a compreender as causalidades dos eventos e os próprios imprevistos. Paulatinamente é possível tornar a tabela cada vez mais complexa, por exemplo, introduzindo posteriormente uma coluna relativa ao estado emocional, a ser preenchida imediatamente após as atividades.

Sequência temporal das atividades ao longo da jornada

É importante também estruturar a sequência temporal das atividades ao longo do dia, de modo a manter sempre ativa a concentração da criança sem cansá-la inutilmente.

Segundo Greenspan (Greenspan & Wieder, 2006), considerando a diferença individual no modo de elaborar as informações, um terço da jornada deve ser consagrado a atividades individuais ou em pequenos grupos destinadas a reforçar o desenvolvimento de competências, o processamento auditivo (a compreensão de conceitos abstratos incluída), visual ou visuoespacial (o conhecimento da posição do próprio corpo no espaço e conservar os conceitos espaçotemporais); além disso, importante é incluir nestas atividades também o planejamento e a organização sequencial de movimentos e ações (atividades como a dança, o esporte, a música, a expressão gráfica podem favorecer muito esta fase de trabalho).

As atividades sobre estes temas devem ser desenvolvidas intensamente em períodos de 20-30 minutos, e muitas vezes repetidas ao longo da jornada, alternando o trabalho individual com o trabalho em pequeno grupo. Outro terço do dia deve ser dedicado à potencialização das atividades cognitivas superiores, ligadas ao raciocínio, à habilidade de resolução de problemas, à gestão dos conflitos; mas essas atividades devem sintonizar-se com a vida afetiva da criança; por exemplo, a habilidade de resolução de problemas deve ser associada às situações que para ela são caracterizadas pela intensidade emocional e que entram na gama de seus interesses; esta competência não pode ser desenvolvida a partir de questões abstratas e pouco compreensíveis.

Intensidade das atividades durante o jogo

É preciso trabalhar potencializando todos os setores do raciocínio funcional e ativo que muito frequentemente não são considerados e que geralmente levam a criança a uma desmotivação total. Não deve soar estranho, portanto, começar trabalhando numa tarefa de enfiar pequenas contas num barbante, ou na estimulação auditiva e, em seguida, passar para a resolução de problemas aritméticos, para, enfim, dedicar o último terço da jornada aos conteúdos didáticos mais propriamente escolares, ou seja, às atividades didáticas ligadas ao nível de desenvolvimento da criança que possibilitem aumentar a sua capacidade de pensar. Muito importante é lembrar, porém, que é contraproducente insistir em exercícios repetitivos e sempre idênticos, já que eles só geram desmotivação. Por exemplo, para um aluno com dificuldade de coordenação manual é inútil insistir que escreva páginas e páginas de letras copiadas ou sempre idênticas; seria mais conve-

Potencializar os setores de pensamento funcional

niente, ao contrário, potencializar sua coordenação com exercícios e atividades especiais, exercícios divertidos e sempre diferentes, ou potencializar a sua capacidade de escrita com a utilização do computador, do mouse, de letras móveis etc.

Todas as atividades descritas acima podem ser desenvolvidas de maneira individual e num pequeno grupo, e devem ser alternadas com períodos de manutenção da atenção na mesma atividade por, no máximo, 30 minutos. Em pessoas com TEA não é difícil perceber que por longo tempo concentram sua atenção numa determinada atividade e geralmente resistem em mudar de atividade; trata-se aqui de problemas oriundos da rigidez e da tendência à repetitividade típicas do transtorno, razão pela qual a mudança frequente de atividades serve para tornar a pessoa flexível e evitar a fixação em algumas ações específicas. Além disso, vale igualmente lembrar que as atividades mais cansativas para a pessoa com TEA são as sociais, que envolvem as relações com os outros; por isso é mais fácil ver uma criança autista muito cansada depois de 15 minutos brincando com um colega do que depois de uma hora de trabalho individual. Justamente por isso, especialmente no início das atividades, os tempos de interação, tanto com os adultos como com os pares, devem ser gradualmente aumentados e, na sequência de um momento de interação muito forte e de máximo envolvimento, é necessário permitir que a criança fique por algum tempo sozinha, para reequilibrar seus estados emocionais internos.

3. Apresentação dos estímulos

Uma atenção especial deve ser dada à forma com que os incentivos e as atividades são apresentados. Muitas vezes costumamos exigir de uma pessoa com TEA formas de ser, desempenhos e comportamentos muito semelhantes aos nossos. Por exemplo, se essa pessoa não nos olha, imediatamente deduzimos que ela não está prestando atenção, por isso repetidamente lhe pedimos que nos olhe nos olhos, que deixe de

Descobrir as melhores formas de apresentar um estímulo e obter uma resposta adequada brincar etc. Trata-se de uma forma de pensar que pertence ao nosso modo particular de funcionamento: se não olhamos para uma pessoa ou estamos brincando com algo, provavelmente é porque estamos distraídos. Ao trabalhar com uma pessoa com TEA é bom ter presente que seu modo de funcionamento é diferente e que não podemos atribuir-lhe os nossos modos de ser. Pacientemente precisamos descobrir, através de um progressivo conhecimento, o significado de suas ações e as melhores formas de apresentar um estímulo a fim de obter uma adequada resposta. Repetir lembretes, chamá-la pelo nome, dizer-lhe verbalmente que preste atenção não leva a outro resultado senão a interrupção da comunicação e ao aumento de sua sensação de sentir-se incompreendida.

O professor deve encontrar, portanto, a forma mais adequada de entrar em contato com a criança com TEA, de se fazer compreender e de lhe oferecer estímulos: deve tentar estimular o sujeito pela via tátil, visual, acústica ou combinar estímulos de diferentes tipos. Não é possível oferecer uma única indicação; cabe ao professor, através de um trabalho de observação cuidadoso, chegar a conclusões e encontrar a melhor forma de apresentar as informações e os estímulos às pessoas com autismo. É importante lembrar que a via vocal e acústica não é a preferida de muitas dessas pessoas – as palavras muitas vezes têm significados diferentes – e que o processo de decodificação de uma informação pode ser lento e implicar tempos e maneiras muito diferentes dos normalmente usados por seus pares com desenvolvimento típico.

Fase 4. Definição dos conteúdos a ensinar

Referir-se aos conteúdos não significa entrar na especificidade das matérias disciplinares, mas sim concentrar a reflexão em alguns conteúdos particulares ensinados para ajudar a pessoa com TEA a reduzir as suas dificuldades, trabalho este particularmente importante na fase do ensino fundamental.

Redução do déficit e capacitação de competências

Durante o período escolar é importante colocar em prática uma programação educativa que em seus conteúdos preveja ações que reduzam alguns déficits ou reforce algumas competências e habilidades geralmente inadequadas para as crianças ou adolescentes com TEA. Nas escolas na Itália (e em muitas outras partes do mundo), infelizmente, nem sempre houve esta postura em relação aos estudantes com TEA. Na maioria dos casos, o professor de apoio tenta encontrar estratégias para levar essas pessoas a aprenderem formas facilitadas de aprendizagem e conteúdos didáticos comuns aos demais colegas de turma. Em muitos casos, no entanto, esta é a principal dificuldade da pessoa com autismo: o problema, para ela, não é aprender história e geografia, mas sim encontrar um canal adequado para comunicar-se ou para reduzir os comportamentos interferentes ou, ainda, para desenvolver competências sociais mais adequadas.

No próximo capítulo serão apresentadas em pormenores várias propostas de materiais operacionais úteis para o trabalho previsto nesta fase.

Em síntese

☑ No tratamento de crianças em idade pré-escolar algumas indicações bem específicas devem ser consideradas.

☑ A intervenção deve ser intensiva, ou seja, é necessário organizar uma série de situações estruturadas em que a pessoa possa ser confrontada com novas experiências, novas atividades e novos padrões de relacionamento; além disso, também deve ser curricular no que se refere aos conteúdos que devem caracterizar os diferentes programas previstos pelo projeto.

☑ O ambiente escolar é um espaço particularmente útil, pois permite que o trabalho planejado ocorra num contexto de encontro e confronto com os pares, que demanda e pode ajudar a desenvolver a atenção conjunta, a capacidade de utilizar símbolos, a comunicação e a modulação dos estados emocionais.

- ☑ Enquanto em idade pré-escolar o caráter do projeto está prioritariamente "centrado na criança", com uma conotação fortemente facilitadora (fazer emergir a capacidade/habilidade); na idade escolar, ao contrário, o projeto está cada vez mais "centrado na família", e mais geralmente no contexto ambiental, com a finalidade de ser, muito embora ainda facilitador (no sentido de fazer emergir as habilidades), cada vez mais voltado para a adaptação (ou seja, uso das habilidades para favorecer a adaptação do indivíduo ao ambiente em que vive).
- ☑ Ainda não existe uma *intervenção* capaz de responder à complexidade do autismo. A generalização do transtorno, a multiplicidade dos quadros clínicos e seu caráter crônico exigem a integração de vários métodos numa abordagem interdisciplinar.
- ☑ O PEI/projeto de vida para uma criança com autismo deve considerar as áreas problemáticas na interação, comunicação e imaginação do sujeito, o seu grau de autonomia e a sua situação de funcionamento global; com base nesses pressupostos, são definidos e diferenciados os objetivos a atingir.
- ☑ Esse trabalho só pode ser efetuado após uma atenta e prolongada observação da criança em diferentes situações: no jogo, na atividade com o educador ou professor de apoio; com os pais, em situações mais ou menos estruturadas. Após a observação da criança, passa-se a organizar os espaços e os tempos de aplicação concreta do projeto segundo as características peculiares da criança.
- ☑ As características do tratamento implicam uma ação educativa constante e consciente, que ajuda a criança a generalizar para os contextos de vida cotidiana as conquistas feitas em âmbito reabilitador para que possam dar-lhe suporte na compreensão das diferentes situações sociais, na decodificação dos estados emotivos e nas intenções das pessoas que a circundam e, por fim, na aquisição de formas comunicativas e emocionais compreensíveis pelos outros.

Capítulo 6
Propostas de intervenção psicoeducacional e didática no contexto escolar

Fontes do capítulo

TÓPICOS

Intervenções sobre habilidades cognitivas e metacognitivas: retirado e adaptado de D. Ianes e M. Zappella (2009, p. 66-67); P. Howlin, S. Baron-Cohen e J. Hadwin (2003, p. 18-20, 27, 185, 207-208); T. De Meo, C. Vio e D. Maschietto (2000, p. 38-42).

Intervenções voltadas para a intersubjetividade, reciprocidade, habilidades sociais e interpessoais: retirado e adaptado de D. Ianes e M. Zappella (2009, p. 68-69); S. E. Gutstein e R. K. Sheely (2005, p. 31-32); K. A. Quill (2007, p. 281-284) (contribuição de Carol A. Gray); C. Smith (2006, p. 10-11, 13-14, 26-27).

Intervenções psicoeducacionais sobre o jogo: retirado e adaptado de D. Ianes e M. Zappella (2009, p. 69); C. Xaiz e E. Micheli (2001, p. 74-77, 108-109).

Intervenções no domínio da comunicação e da linguagem: a CAA/ Comunicação Aumentativa e Alternativa: retirado e adaptado de D. Ianes e M. Zappella (2009, p. 51-55) (contribuição de Maurizio Arduino); J. M. Cafiero (2009, p. 39-43); M. C. Costantino (2012, p. 81-83).

Intervenções sobre as competências escolares e pedagógicas: retirado e adaptado de F. Cottone e G. Pelagatti (2011, p. 11-15, 17-18); K. I. Al-Ghani e L. Kenward (2012, p. 45-49, 52-53).

Intervenções educativas estruturadas: retirado e adaptado de D. Ianes e M. Zappella (2009, p. 44-51) (contribuição de Clea Terzuolo); L. R. Watson, C. Lord, B. Schaffer e E. Schopler (1998, p. 147-151); P. Dyrbjerg e M. Vedel (2008, p. 29, 31, 35).

BOXES

Blá-blá-blá!: retirado e adaptado de H. De Clercq (2011, p. 90-91).

Aprofundamento: ideias para incentivar o aprofundamento no estudo através dos interesses e paixões: retirado e adaptado de P. Kluth e P. Schwarz (2011, p. 52-53).

FICHAS

Ficha 6.1: retirada de T. Attwood e M. Garnett (2014, p. 64).
Ficha 6.2: retirada de P. Howlin, S. Baron-Cohen e J. Hadwin (2003, p. 92).
Ficha 6.3: retirada de S. Rosati e N. Urbinati (2016, p. 39-40).
Ficha 6.4: retirada de C. Salviato, I. C. Mammarella e C. Cornoldi (2020, p. 93-94).
Fichas 6.5 e 6.6: retiradas de C. Gray (2016, p. 56 e 225).
Ficha 6.7: retirada de C. Smith (2006, p. 47-48).
Fixha 6.8: retirada de S. Molteni e E. Farina (2016, p. 122).
Ficha 6.9: retirada de C. Xaiz e E. Micheli (2001, p. 110-111).
Ficha 6.10: retirada de J. Adkins e S. Larkey (2015, p. 77).
Fichas 6.11 e 6.10: retiradas de G. Pelagatti e F. Cottone (2011, p. 136, 196).

Linha temporal sequencial

Em qual fase temporal são situadas as indicações de trabalho que encontraremos neste capítulo?

Quadro de conhecimentos introdutório e características	Diagnósticos, ferramentas de avaliação e identificação precoce	**Programação e intervenção**	Além do autismo	Construção das alianças educativas

Mapa conceitual inicial

O que abordaremos neste capítulo?

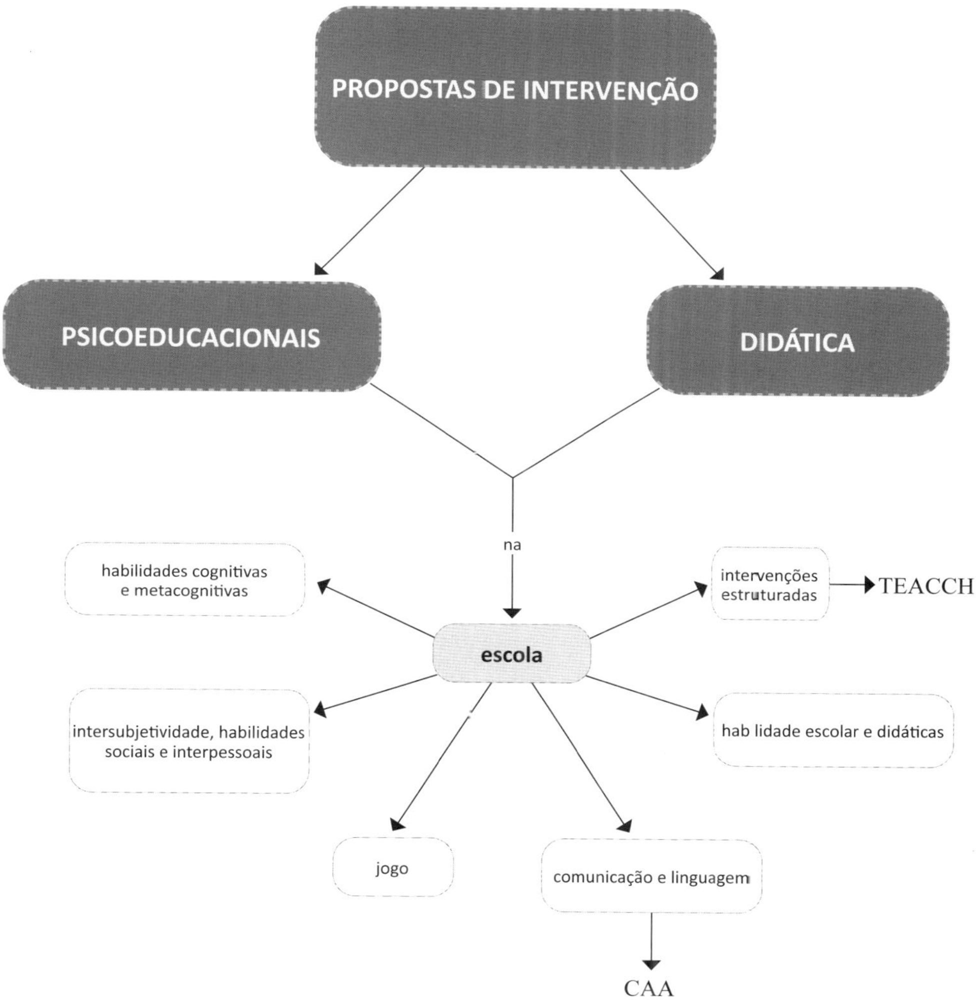

Blá-blá-blá!

Hilde De Clercq

Eu tinha dificuldade de transformar as palavras em linguagem e, por essa razão, raramente tinha tempo suficiente para dizer alguma coisa quando a conversação envolvia mais de duas pessoas. No papel, por outro lado, eu fazia fluir as palavras abundantemente. Eu gostava de escrever e era muito boa em ortografia; de fato, raramente cometia erros de ortografia. Eu era quase um dicionário. Quando eu via uma palavra escrita, a grafia exata era imaginada dentro de mim, e eu podia acessá-la sempre que precisasse. Esse talento não era muito apreciado na escola. A professora pensava que eu havia trapaceado quando entregava o trabalho de ortografia sem nenhum erro (Gerland, 1997).

Por vezes vemos pessoas com autismo repetirem coisas para si próprias. Quando uma pergunta lhes é feita, elas repetem literalmente a pergunta. A compreensão só chega depois; precisam de tempo para decodificar. Às vezes as bombardeamos com muitas palavras. Um estilo sóbrio, não mais que as palavras necessárias, já pode ser muito complicado para elas.

Essa é também a razão pela qual as mães de crianças com autismo não usam com elas frases muito longas. A essência do conceito já é suficientemente difícil. Falar demais cria uma perturbação desnecessária. É melhor falar com palavras que tenham significado para elas.

Antigamente pensava-se que o autismo era causado pelo ambiente e que essas crianças recebiam insuficiente amor materno, e por isso eram pouco sociáveis e introvertidas. Na pré-história do autismo as mães eram definidas como mães-geladeira. É possível que nosso hábito de não desperdiçar palavras com nossos filhos tenha inadvertidamente contribuído para a formulação dessa teoria. No entanto, culpar as mães foi pura loucura, pois, por parte delas, usar um estilo telegráfico já era um sinal de seu grande amor pelos filhos. Como mães de crianças com autismo, precisamos dar um passo atrás e refrear o impulso de lhes sussurrar palavras doces: sabemos que todo esse blá-blá-blá lhes causaria perturbação... (Hilde De Clercq, mãe de Thomas).

Intervenções sobre habilidades cognitivas e metacognitivas

Dario Ianes e Michele Zappella

Trata-se de abordagens cognitivo-comportamentais particularmente estruturadas que, no âmbito de uma dimensão comunicativa/relacional, ajudam a criança com autismo a apreender, de modo particular, os mecanismos e as nuanças que caracterizam as relações interpessoais. Transversal a todas essas abordagens é o conceito de "teoria da mente", que precedentemente tivemos oportunidade de explicar.

Por isso, para que a intervenção psicoeducacional seja verdadeiramente eficaz, é importante criar atividades fáceis de compreender, próximas dos interesses e das experiências da criança com autismo, e que a ajudem a ler e a interpretar as situações sociais precisamente com base nas deduções que podem ser feitas sobre os estados mentais do interlocutor, a partir dos comportamentos e das situações que o rodeiam e que, por sua vez, o veem como protagonista, precisamente com o seu comportamento e modo de relacionamento.

Atividades próximas aos interesses e às experiências da criança

É de grande importância trabalhar especificamente:

Aspectos a trabalhar

– a capacidade de estabelecer um foco comum de interesse com o interlocutor (atenção conjunta);

– a cognição social, ou seja, compreender e antecipar as intenções alheias;

– a utilização de símbolos que permitem padronizar códigos de comunicação verbal e paraverbal.

Abordagens ao ensino dos estados mentais

Patricia Howlin, Simon Baron-Cohen e Julie Hadwin

É possível ensinar a "ler a mente"?

Howlin, Baron-Cohen e Hadwin (1999) se perguntaram se seria possível ensinar a "ler a mente", ou seja, se é possível compreender os estados psíquicos alheios.

Abaixo ilustramos brevemente os principais fundamentos que embasaram o programa educativo proposto pelos autores referidos acima:

– A aprendizagem deve ser dividida em pequenas unidades para que as habilidades complexas possam ser gradualmente adquiridas numa sequência de componentes separadas.

– As sequências encontradas no desenvolvimento típico são geralmente um bom guia para formular a sequência de aquisição de competências, ou seja, as competências que são adquiridas mais cedo pelas crianças com desenvolvimento típico são suscetíveis de serem adquiridas mais rapidamente do que as que são geralmente alcançadas em fases mais avançadas do desenvolvimento.

– O ensino num contexto natural é geralmente mais eficaz do que os procedimentos educativos que ignoram o ambiente da criança ou as suas capacidades e interesses individuais.

– Os comportamentos sistematicamente reforçados são mais rapidamente adquiridos e muito provavelmente serão mais bem conservados do que os comportamentos que não são devidamente reforçados. Embora o reforço extrínseco, como o elogio, seja importante para este fim, as recompensas intrínsecas que derivam da própria tarefa ou o prazer encontrado na conclusão bem-sucedida da tarefa atribuída têm, pelo menos, a mesma relevância.

– Quando um grande esforço para obter uma aprendizagem sem erros é feito (buscando, p. ex., evitar o máximo possível as ocasiões de respostas erradas), acelera-se muito a velocidade de compreensão das tarefas.

– Os problemas de generalização, como a incapacidade de se adaptar o que foi aprendido a novas situações e tarefas, que muitas vezes limitam a eficácia dos programas educativos, podem ser reduzidos se o ensino se centrar nos princípios subjacentes aos conceitos, em vez de se concentrar exclusivamente em respostas corretas específicas.

As técnicas educativas aqui descritas foram propositalmente estudadas para enfrentar estes tipos de problemas. Com a finalidade de reduzir ao mínimo a complexidade conceitual das tarefas, a compreensão dos estados mentais foi dividida em três componentes separadas:

Compreensão dos estados mentais

1) compreensão da emoção;
2) compreensão dos estados informativos (crença);
3) compreensão da simulação.

Cada conceito foi, por assim dizer, decomposto em cinco níveis de compreensão, do primeiro ao quinto em ordem de dificuldade crescente (tabela 6.1).

TABELA 6.1
Os cinco níveis de ensino dos estados mentais

	Emoção	*Crença*	*Simulação*
Nível 1	Reconhecimento de fotografias de expressões do rosto (feliz/triste/raivoso/assustado)	Perspectiva simples	Jogo sensório-motor
Nível 2	Reconhecimento de desenhos esquemáticos de expressões do rosto (feliz/triste/raivoso/assustado)	Perspectiva complexa	Jogo funcional (até dois exemplos)
Nível 3	Reconhecimento de emoções causadas por situações (felicidade/tristeza/raiva/medo)	Ver leva a saber	Jogo funcional (mais de dois exemplos)
Nível 4	Reconhecimento de emoções causadas pelo desejo (felicidade/tristeza/raiva/medo)	Crença verdadeira/previsões das ações	Jogo simbólico (até dois exemplos)
Nível 5	Reconhecimento de emoções causadas por opiniões (felicidade/tristeza)	Falsa crença	Jogo simbólico (mais de dois exemplos)

Partindo de uma análise da literatura existente e com base na sua vasta experiência profissional com pessoas com TEA, os acadêmicos acima referidos desenvolveram um programa educativo que consiste na articulação de uma série de propostas: vejamo-las em seus pormenores.

1. Ensinar as emoções

Esta parte do programa é subdividida em cinco níveis de compreensão das emoções (tabela 6.2), que podem ser ensinadas através de atividades específicas. Um exemplo de atividade para trabalhar sobre o reconhecimento das emoções se encontra na ficha 6.1.

TABELA 6.2

Os cinco níveis da compreensão das emoções

Nível 1 Reconhecimento das expressões faciais em fotografias	Trata-se da competência de reconhecer em fotografias expressões de emoções faciais, como felicidade, tristeza, raiva e medo.
Nível 2 Reconhecimento das emoções em desenhos esquemáticos	Este nível é alcançado quando a criança está em condições de identificar a expressão exata de felicidade, tristeza, raiva e medo em faces reproduzidas através de desenhos.
Nível 3 Identificação de emoções causadas por situações	Trata-se de emoções desencadeadas por situações como, por exemplo, medo de um incidente que está para acontecer. Neste nível a criança deveria ser capaz de predizer como um determinado personagem se sente no contexto inequivocamente indicado pela figura.
Nível 4 Emoções causadas pelo desejo	São as emoções devidas à oponência ou não de um desejo. Neste nível a criança deveria ser capaz de identificar os sentimentos de felicidade ou tristeza de quem vê algo opondo-se ou não ao seu próprio desejo (cf. ficha 6.2).
Nível 5 Emoções causadas por opiniões	Trata-se das emoções suscitadas pelo que se pensa, mesmo quando isso entra em conflito com a realidade dos fatos. A criança é convidada a seguir uma sequência de três ilustrações e a interpretar o sentimento das personagens do desenho, consoante pense que os seus desejos estão prestes a se realizar ou não.

2. Ensinar estados de informação

Esta parte do programa inclui a classe seguinte de estados mentais, ou seja, os estados de informação: a percepção, o conhecimento e a crença (tabela 6.3).

TABELA 6.3

Os cinco níveis da compreensão dos estados de informação

Nível 1 Perspectiva visual simples	Trata-se da compreensão do fato de que pessoas diferentes podem ver coisas diferentes. Neste nível a criança sabe avaliar aquilo que o professor vê ou não vê.
Nível 2 Perspectiva visual complexa	Isso implica não só compreender o que as pessoas veem, mas também como elas veem as coisas. Este nível exige que a criança seja capaz de avaliar tanto o que a outra pessoa vê quanto a forma como esse objeto aparece para essa pessoa.
Nível 3 Compreensão do princípio "ver leva a saber"	Trata-se da habilidade de compreender que as pessoas só sabem as coisas que direta ou indiretamente experimentaram. Neste programa didático, o nível é simplificado, avaliando apenas as ligações entre ver e saber, embora existam obviamente também ligações entre ouvir ou sentir e saber.
Nível 4 Prever ações com base no que uma pessoa sabe	Estes testes verificam a compreensão da criança sobre a crença exata. Neste caso pede-se à criança que preveja as ações de uma pessoa com base no lugar em que a pessoa acredita que um determinado objeto esteja.
Nível 5 Compreender as falsas crenças	Neste nível se estabelece a habilidade da criança de compreender a falsa crença, abordagem-padrão para a teoria do raciocínio mental. Neste caso, pede-se à criança que preveja as ações de uma pessoa com base no local onde esta acredita que um determinado objeto se encontra.

3. Desenvolver o jogo da "simulação"

Esta parte considera a última classe de termos relacionados com o estado mental para os quais foram preparados os programas didáticos: a "simulação" (tabela 6.4). A ficha 6.3 traz um exemplo de atividade para trabalhar sobre a habilidade de "simular".

TABELA 6.4

Os cinco níveis do jogo imaginativo

Nível 1 Jogo sensório-motor	Nesta atividade, a criança manipula simplesmente os brinquedos, deslocando-os no ar ou lambendo-os. Inclui também comportamentos rituais ou estereotipados, como alinhar objetos ou ordená-los por forma ou cor.
Nível 2 Jogo funcional emergente	Há brincadeiras funcionais ocasionais quando a criança utiliza os brinquedos da forma convencional, mas sem simular, como quando, por exemplo, coloca a xicrinha no pires ou empurra o carrinho de brincar. Considera-se que a criança atingiu este nível se for capaz de dar um ou dois exemplos deste tipo de jogo em dez minutos.

Nível 3 Jogo funcional adquirido	A criança demonstra que atingiu este nível se der provas de pelo menos três ou mais exemplos de brincadeiras com uma série de brinquedos numa sessão de dez minutos.
Nível 4a Jogo de "simulação" emergente	A "simulação" compreende: a) Substituição de objetos: quando um objeto desempenha o papel de outro objeto, como quando, por exemplo, a criança faz de conta que um pedaço de madeira é um carrinho de brincar. b) Atribuição de características fictícias: quando leva a atribuir características fictícias ao objeto com que se brinca, como no caso da criança que limpa o rosto da boneca como se estivesse sujo. c) Uso de objetos/cenários imaginários: é atribuída à criança a utilização de objetos imaginários no decurso do jogo quando ela se comporta como se objetos que não estão presentes estivessem, como é o caso, por exemplo, de uma criança que bebe de um copo vazio ou simula que o seu carrinho de brincar tem um acidente. A criança atingiu este nível se fornecer espontaneamente um ou dois exemplos de qualquer um dos brinquedos acima mencionados durante uma sessão.
Nível 4b Distinção realidade/ simulação	Neste caso o professor simula realizar uma tarefa e em seguida pergunta à criança se ele está realmente realizando aquela ação ou está simulando. Se a criança dá a resposta certa, o nível é alcançado. Exemplos e materiais deste tipo de jogo de atividade didática serão sugeridos mais adiante.
Nível 5 Jogo de simulação adquirido	O nível em questão é alcançado se a criança produz espontaneamente ao menos três exemplos para cada tipo de jogos elencados precedentemente no nível 4a em uma sessão de dez minutos.

Programa de intervenção cognitiva

Tiziana De Meo, Claudio Vio e Dino Maschietto

De Meo e colegas (2000) propõem um articulado programa de intervenção na área cognitiva e metacognitiva voltado para:

– Desenvolver as competências representativas e metarrepresentativas da criança através da compreensão e da atribuição de emoções, crenças e desejos. Isso deve permitir aumentar as capacidades comunicativas e imaginativas da criança, melhorando as relações sociais interpessoais nos diferentes ambientes em que ela se insere cotidianamente.

– Desenvolver a capacidade de integrar as informações, permitindo assim uma compreensão mais completa e adequada dos fatos cotidianos, tanto no âmbito perceptivo quanto no linguístico/emocional. Isso favoreceria a presença dos comportamentos mais adequados e consequentes para a situação em causa e, consequentemente, um melhor ajustamento escola-família.

– Desenvolver a capacidade de resolução de problemas através do ensino de uma atitude mais estratégica e flexível, de procedimentos de planejamento, de seleção de informações relevantes e organização de dados. Isso permite uma maior autonomia na gestão das situações problemáticas cotidianas, sobretudo no âmbito escolar, e favorece (constituindo seus pressupostos) a possibilidade de generalizar habilidades à medida que vão sendo adquiridas.

Este programa se destina a pessoas com transtornos do desenvolvimento, em particular o TEA, com uma idade mental de pelo menos 5 anos, dado que algumas das habilidades exigidas, ou que se pretendem incrementar nesta intervenção, se tornam evidentes no desenvolvimento típico da criança a partir desta idade, e porque uma correta compreensão dos registros e dos conteúdos de relatórios pressupõe este nível intelectivo básico.

Estruturas e características do programa

Programa articulado em 11 áreas

O programa é composto de um total de 11 áreas ordenadas de acordo com o grau de competências e funções exigidas: partimos efetivamente dos níveis básicos de tratamento da informação, como a análise e a integração perceptivo-sensorial de estímulos particularmente significativos em relação aos objetivos a conseguir; posteriormente é prevista uma intervenção com o objetivo de utilizar o código linguístico e as informações diferenciais que podem ser extraídas das tarefas propostas e da situação contextual a que se referem de forma cada vez mais evoluída e estruturada (nos referimos principalmente à compreensão e familiaridade com o pragmatismo da linguagem). A partir da análise e compreensão das expressões faciais, introduzimos a exigência de uma teoria da mente de primeiro nível, através da representação das emoções e dos pensamentos associados.

O passo seguinte prevê um nível mais elevado da teoria da mente, por meio da explicação e previsão do comportamento, baseando-se nas deduções do estado mental alheio. Leva-se em consideração, portanto, os aspectos e as habilidades específicas ligados às aquisições de uma maior eficiência e autonomia na abordagem das tarefas (flexibilidade, seleção e organização do material e resolução de problemas).

Deduções sobre o estado mental dos outros

Por último, o material implica a aplicação das competências adquiridas até então a algumas situações do cotidiano, de modo a favorecer as capacidades relacionais, de conversação e a compreensão do sentido de perigo.

Uma explicação mais detalhada das áreas e dos objetivos associados a cada seção está sintetizada na tabela 6.5.

TABELA 6.5
Áreas e objetivos específicos

1. Análise e integração de informações visuais
Objetivo: desenvolver a capacidade de integrar, através do canal visual, alguns indícios perceptivos fornecidos pelo estímulo. Exemplo: a criança é convidada a realizar certo número de quebra-cabeças com um número gradualmente crescente de peças e, no final, são colocadas questões sobre características das personagens representadas (seus pensamentos, desejos, emoções e intenções).
2. Dedução de um elemento a partir da imagem completa
Objetivo: desenvolver as capacidades lógico-dedutivas e indutivas através da integração de informações perceptivas. Exemplo: a criança vê desenhos em que falta uma parte, que deve ser deduzida a partir do contexto.
3. Integração de pontos de vista diferentes
Objetivo: desenvolver a capacidade de representação intermodal. Exemplo: propõem-se à criança desenhos em que as personagens apreendem o mesmo acontecimento através de diferentes sentidos e pontos de vista.

4. Reconhecimento de estados emocionais nos rostos humanos
Objetivo: desenvolver a competência de reconhecer e de descrever os estados emocionais. Exemplo: associar expressões faciais dadas a personagens em diversas situações e colocar a hipótese de um possível acontecimento antecedente e o pensamento correspondente.
5. Integração de informações linguísticas e visuais de pontos de vista diferentes
Objetivo: a partir das informações fornecidas pelo contexto, desenvolver a capacidade de representar pensamentos e desejos diferentes sobre um mesmo evento. Exemplo: associar os pensamentos correspondentes a diferentes personagens representadas graficamente em relação ao mesmo acontecimento.
6. Análise da coerência de um texto
Objetivo: desenvolver competências de coerência central através da utilização do código linguístico. Exemplo: apresentam-se à criança duas histórias cujas frases são misturadas; sua tarefa é dividi-las por coerência de significado.
7. Identificação dos índices de referência de um texto
Objetivo: desenvolver a capacidade de extrapolar informações de caráter interpessoal em relação ao conteúdo. Exemplo: a partir de algumas cartas escritas a destinatários diferentes, a criança deve entender o grau de confidência e os elementos que o definem.
8. Compreensão de frases e palavras ambíguas
Objetivo: desenvolver a capacidade de servir-se do contexto para interpretar o significado mais adequado das palavras e frases. Exemplo: a criança deve completar frases, escolhendo dentre as alternativas a mais adequada.
9. Previsão do comportamento das personagens de uma história
Objetivo: desenvolver a capacidade de dedução do pensamento e, portanto, da ação alheia, independentemente do estado real das coisas (falsa crença) e do estado mental das outras pessoas. Exemplo: são apresentadas à criança vinhetas para reorganizar nas quais uma personagem acredita numa história diferente da realidade.
10. Organização da ação, identificação dos objetivos, seleção e alteração da resposta, organização do material
Objetivo: desenvolver uma maior autonomia no desenvolvimento das tarefas, adquirir uma maior capacidade organizativa e atenção às informações pertinentes. Exemplo: a criança deve encontrar o caminho correto de um labirinto, considerando contemporaneamente uma outra tarefa: escolher o percurso que lhe permite obter mais elementos de uma determinada categoria.
11. Adaptação e habilidades sociais (habilidades relacionais, senso de perigo)
Objetivo: utilizar as competências representativas para as habilidades relacionais e para identificar e prever o perigo. Exemplo: a criança deve identificar a forma mais adequada de comunicar uma mesma coisa para pessoas de idade e nível de confidência diferentes.

Por sua vez, cada domínio tem, pelo menos, dois graus de complexidade no seu interior, desta vez por conta não das funções exigidas, mas sim do nível de tratamento das informações necessário para realizar as tarefas previstas pelo programa.

Estas características permitem uma abordagem gradual e progressiva, garantindo que a criança adquira e consolide efetivamente as competências a desenvolver; além disso, elas permitem adequar o material proposto e a intervenção correspondente à idade e/ou ao nível intelectivo do indivíduo. De fato, sabemos que, no espectro do autismo, há diferentes graus de severidade com que os sintomas se manifestam e, além disso, nos perfis cognitivos recorrentes (como já vimos) é possível identificar diferenças nos perfis de cada criança (p. ex., nível de teoria da mente alcançado ou nível linguístico adquirido), o que é importante considerar para utilizar o material do programa de uma forma flexível e funcional, tendo em vista as competências da criança na administração do material.

Diferentes graus de severidade com que os sintomas se manifestam

Intervenções voltadas para a intersubjetividade, reciprocidade, habilidades sociais e interpessoais

Dario Ianes e Michele Zappella; Steven E. Gutstein e Rachelle K. Sheely

De modo geral, os percursos de habilitação neste domínio partem do desenvolvimento de competências básicas de intersubjetividade primária, como a atenção compartilhada, o olhar para o outro, a imitação, para chegar a formas mais evoluídas de reciprocidade, partilha, compreensão interpessoal e empatia (Xaiz & Micheli, 2001; Quill, 2007). O desenvolvimento destas competências é a base para motivar e dar sentido ao desenvolvimento das diferentes formas, verbais e não verbais, da linguagem e das diferentes habilidades afetivas.

Desenvolvimento de competências de base de intersubjetividade primária

Neste campo, como já referido, são interessantes os estudos sobre as bases neurais da primeira intersubjetividade: os neurônios-espelho, que parecem explicar a origem e o desenvolvimento das capacidades humanas de imitar e de compreender o outro, cujo comportamento observamos.

A utilização de histórias sociais, pequenas histórias escritas especificamente para ajudar as pessoas com autismo a compreender como funciona o seu mundo social, a aprender como se comportar nas relações interpessoais e, assim, a utilizar as formas de comunicação mais adequadas e funcionais, aponta para esta direção (Smith, 2006).

Utilização de histórias sociais

Tendo em conta essas premissas, compreendemos a necessidade de um trabalho específico sobre estes aspectos, tal como o proposto, por exemplo, na intervenção de desenvolvimento relacional (*RDI/Relationship Development Intervention*, Gutstein & Sheely, 2005a, 2005b). Este programa propõe atividades diárias, exercícios e jogos progressivos destinados a desenvolver o domínio das capacidades relacionais e sociais, por meio de uma verdadeira "simulação vivida" das relações humanas a realizar na família, na escola, na sociedade etc.

No processo educativo, os verdadeiros protagonistas do aperfeiçoamento relacional são, de fato, os atores principais do contexto em que a pessoa vive (familiares, professores, amigos, grupo de colegas etc.). Os aspectos fundamentais em que este método se concentra são: a atenção para com o outro, a atenção conjunta, o respeito às pausas, a escuta do outro, o modo apropriado de comportar-se num determinado contexto seguindo as regras (as chamadas habilidades instrumentais, utilização de roteiros), a maneira de iniciar uma relação/amizade e como desenvolvê-la (as chamadas habilidades relacionais) etc.

O currículo completo da intervenção de desenvolvimento relacional de Gutstein e Sheely compreende seis níveis e vinte e quatro fases. Cada nível é constituído por quatro fases e marca uma mudança fundamental no foco da relação. Enquanto o nível vai subindo, a quantidade e a complexidade das capacidades necessárias ao sucesso aumentam de forma exponencial.

Abaixo apresentamos uma breve descrição dos seis níveis.

Nível 1: Principiante

O primeiro nível é estruturado ao redor do ensino dos pré-requisitos necessários para que posteriormente a pessoa se torne um bom "aprendiz" no mundo das relações e dos sentimentos. Neste nível inicial os alunos são definidos como "principiantes", e deles não se espera grande contribuição no trabalho de regulação dos encontros relacionais. Este nível coloca efetivamente as bases para a etapa subsequente. As crianças aprendem a colocar os adultos no centro da própria atenção e desenvolvem as competências de referência social, "usando" literalmente as outras pessoas como pontos de referência primários.

Nível 2: Aprendiz

O segundo nível introduz o aluno, que a esta altura conquistou para si a categoria de "aprendiz", nas responsabilidades da relação partilhada e do arranjo comunicativo. Além disso, neste nível é evidenciada a importância de aprender a apreciar as variações e as transições rápidas. No final do nível 2 dá-se início a um trabalho em duplas de colegas coetâneos denominado "díade".

Nível 3: Perito

Este nível intermediário introduz as crianças, agora definidas como "especialistas", nas alegrias da improvisação e da criatividade partilhada. Neste nível elas experimentam o que significa ter uma "identidade de grupo" que lhes permite realizar coisas que nunca poderiam pensar em realizar sozinhas. No nível 3 as crianças começam a colocar em prática, dentro de pequenos grupos, suas habilidades relacionais.

Nível 4: Viajante

Este nível crucial marca a mudança do foco da relação para o mundo das percepções e da experiência subjetiva. O aluno envolvido na relação, definido agora como "viajante", é apresentado a diferentes perspectivas de utilização da imaginação para enriquecer a sua própria viagem partilhada pelo mundo. No nível 4, os viajantes enfrentam um mundo que não é definido por valores absolutos e no qual o próprio ponto de vista é tão importante quanto a realidade.

Nível 5: Explorador

No nível 5 o "centro" da relação se desloca para o mundo interior das ideias, dos interesses, das opiniões e das reações emocionais. A conversação assume uma nova riqueza à medida que os parceiros tentam partilhar os seus próprios mundos interiores. A criança, definida como "exploradora", é capaz de explorar o próprio passado e o próprio futuro, assim como os mundos dos outros, e consegue colocar-se no lugar dos outros: um passo importante para o desenvolvimento da empatia.

Nível 6: Parceiro

O último nível centra-se nas parcerias desenvolvidas para criar relações em longo prazo. Os parceiros analisam mais aprofundadamente as suas relações com a família e os grupos, desenvolvem um sentido coerente de identidade pessoal e procuram uma amizade mais madura, baseada na confiança e na disposição de abrir-se.

Ensinar às crianças com autismo a "ler" as situações sociais

Kathleen Ann Quill

As crianças com autismo têm percepções peculiares das pessoas e dos acontecimentos e as manifestam por comportamentos que pais, professores e pares podem ter dificuldade de compreender. Elas têm deficiências na sua capacidade de compreender e interpretar corretamente os sinais sociais (Wing, 1988). Para as crianças com autismo, os gestos e as expressões que integram a comunicação humana são pouco claros e sem importância (Frith, 1989).

Em situações sociais as crianças podem ter dificuldade em prever as reações das pessoas. Para que as coisas permaneçam compreensíveis, as crianças dedicam muita energia e determinação para garantir que os hábitos e os horários sejam rigorosamente cumpridos. As crianças com TEA têm dificuldade de compreender o que as outras pessoas pensam e sentem (Dawson & Fernald, 1987). Embora um pai ou um profissional frustrado possa concluir "não compreendo nada" quando tenta descrever o comportamento de uma criança autista, do ponto de vista da criança, seu comportamento faz todo o sentido.

No ensino das habilidades sociais para crianças com TEA, o desafio está no fato de que o adulto e a criança trabalham com duas perspectivas diferentes, mas igualmente válidas. As pessoas que trabalham com crianças com esse transtorno precisam conhecer estratégias e técnicas que ajudem a esclarecer a forma como a criança percebe uma determinada situação. Ao mesmo tempo, essas crianças precisam de ajuda para identificar o que é importante e por quê. Também precisam aprender as competências sociais que são relevantes para as suas vidas, com informações fornecidas de uma forma que possa ser compreendida mais eficazmente.

As crianças com autismo precisam de ajuda para "ler" as situações sociais e para compreender o que os outros esperam delas. A *leitura social* é uma abordagem que busca melhorar a compreensão das situações sociais da criança por meio de materiais didáticos visuais.

Leitura social

A ficha 6.4 traz um exemplo de atividade útil para o trabalho de compreensão das situações sociais.

A "leitura social" é um termo genérico que se refere a materiais e técnicas de ensino que utilizam situações retiradas da experiência real da criança para fornecer visualmente informações sociais e ensinar competências sociais.

Os materiais de leitura e de escrita constituem frequentemente uma parte considerável de cada atividade, sendo fundamental, para a eficácia desta abordagem, a compreensão da capacidade da criança de ler, compreender e escrever. Se a criança não souber ler, podem ser feitos alguns ajustes em determinados procedimentos.

A abordagem da leitura social centra-se nas competências necessárias à criança em diferentes contextos sociais. Para ajudá-la a adquirir as competências mais eficazes nas situações sociais esta abordagem busca principalmente compreender a perspectiva da criança. A criança recebe informações sociais exatas com base nas suas possibilidades e formas de compreensão, mas respeitando a sua forma de ver a situação. Além disso, as pistas que explicam as situações sociais e os comportamentos esperados são claramente visíveis com a utilização de materiais individualizados e de técnicas de instrução que permitem à criança compreender. Dessa forma é possível melhorar as competências sociais por meio de uma compreensão social mais aprimorada.

Habilidades necessárias nos diferentes contextos sociais

Fases da leitura social

A leitura social divide-se em três áreas de atividades pedagógicas: *histórias sociais*, *releitura social* e *atividades de apoio social*. Estas três áreas são utilizadas uma de cada vez e em combinação para poder intuir as percepções da criança sobre uma situação determinada, ao mesmo tempo em que introduzem e apoiam novas competências sociais.

Três áreas de atividade de ensino

As *histórias sociais* são breves histórias escritas por pais ou profissionais da área com o objetivo de descrever situações e definir comportamentos sociais que deveriam ser postos em prática pela criança (Gray & Garand, 1993). As histórias sociais são aplicáveis a diferentes contextos e podem ser utilizadas no ensino de diferentes competências sociais.

A *releitura social* é um processo de instrução que utiliza sequências gravadas em vídeo para avaliar informalmente as percepções de uma situação social por parte da criança, buscando fornecer informações sociais e ajudar a criança a desenvolver competências sociais eficazes.

As *atividades de apoio social* são materiais e atividades que podem ser implementados para crianças com TEA em qualquer sala de aula para dar apoio às novas competências sociais que ela está aprendendo, capacidades que são frequentemente identificadas em histórias sociais ou através do processo de releitura social.

As três áreas da leitura social diferem na utilização dos materiais e das técnicas pedagógicas. No entanto, seguem os mesmos quatro passos básicos: identificar uma situação ou uma competência social-alvo; coletar informações; partilhar as observações; apoiar novas competências sociais (tabela 6.6).

TABELA 6.6
Passos básicos da leitura social

I. Identificar uma situação-objetivo
• Buscar situações nas quais normalmente são observados comportamentos negativos ou problemáticos.
• Buscar situações que continuam apresentando dificuldades mesmo depois de melhorias do programa educativo sobre as habilidades sociais e outras intervenções positivas.
• Saber prever as situações novas para a criança ou que tenham mudanças no interior das rotinas.
II. Coletar informações
• Coletar informações relativas aos interesses, habilidades, deficiências da criança e fatores que poderiam dar origem aos comportamentos observados.
• Observar a situação-alvo em busca de fatores visíveis e invisíveis.
• Utilizar informações que permitam assumir a perspectiva da criança.
• Utilizar informações para determinar o foco das informações compartilhadas (histórias sociais).
• Fazer com que, através da visão de sequências selecionadas registradas em vídeo, a criança identifique e descreva uma lista de objetos, pessoas e conversações presentes no interior da situação-alvo (releitura social).

III. Observações compartilhadas
• Considerar a perspectiva da criança ao identificar sinais relevantes e apresentar sua própria perspectiva.
• Empregar declarações descritivas e perspectivas e considerar as características do autismo (histórias sociais).
• Passar em revista as observações da criança e "ler" novamente a situação à criança utilizando suas observações como orientação (reflexo social).
IV. Identificar e apoiar novas habilidades sociais
• A criança identifica por conta própria suas novas respostas e habilidades sociais.
• Novas habilidades sociais são identificadas pela criança.
• Cria-se um novo apoio para as novas habilidades sociais utilizando-se materiais visuais.

Identificação de uma situação-alvo

Em um primeiro passo identifica-se uma situação-alvo em que muitas vezes se percebem comportamentos negativos e problemáticos. Uma situação-alvo pode ser, por exemplo, uma situação que, apesar das tradicionais intervenções e adaptações ambientais, continua apresentando dificuldades para a criança. Determinadas capacidades sociais específicas também podem transformar-se em objetivo de intervenções de leitura social.

Em seguida, recolher subsequentemente informações sobre a situação-alvo.

Para que a leitura social seja eficaz é necessário que as informações sejam detalhadas.

Antes de começar uma atividade de leitura social, a criança é observada no interior da situação-alvo e, quando possível, também em outros contextos. Posteriormente são coletadas outras informações através de discussões com a criança, os pais, os profissionais da escola, colegas e/ou outras pessoas envolvidas na situação.

Depois de reunir todas as informações, as observações são compartilhadas com a criança. A leitura social oferece à criança uma oportunidade de confrontar sua compreensão da situação social com a compreensão do adulto. Ambas as perspectivas, dos adultos e da criança, são consideradas igualmente válidas. As atividades de leitura social estruturam e simplificam o modo com que as informações sociais são oferecidas à criança. As informações são compartilhadas através da utilização de materiais visuais.

Compartilhamento de informações sociais

Por exemplo, utilizando a leitura social, a sua percepção de uma situação social é apresentada verbalmente e por escrito imediatamente após a criança ter dado a sua interpretação da situação-alvo. As histórias sociais, por outro lado, utilizam diretrizes concebidas para escrever histórias para crianças com autismo com o objetivo de partilhar cuidadosamente informações sociais. Para partilhar as informações sociais com a criança, as histórias sociais se servem de sinais escritos.

Por último serão identificadas e reforçadas novas competências. O apoio oferecido à criança para praticar uma nova competência social baseia-se em materiais visuais e em técnicas de ensino personalizadas. Por exemplo, novas habilidades identificadas através da releitura social podem ser reforçadas por uma história social; ou informações apresentadas pela primeira vez a uma criança numa história social podem ser reforçadas com atividades de apoio social.

A identificação e o apoio contínuo das competências sociais recém-adquiridas são componentes fundamentais de todos os três domínios da leitura social. Cada domínio de leitura social segue as quatro fases básicas descritas acima. As fases estruturam formalmente tanto a releitura social quanto as atividades de histórias sociais. As atividades de apoio social acompanham estas fases de maneira informal.

Histórias sociais

Caroline Smith

Uma nova abordagem do trabalho de grupo sobre as competências sociais é a utilização das histórias sociais (Gray, 2004). Trata-se de breves relatos escritos, pensados especificamente para crianças com autismo, no intuito de ajudá-las a compreender uma pequena parte de seu mundo social e comportar-se adequadamente nesse mundo.

Cada história social oferece à criança informações claras, concisas e cuidadosas sobre o que está acontecendo numa situação social específica, explicando por que está acontecendo e qual pode ser a resposta mais adequada.

Cada história busca oferecer à criança respostas às perguntas-chave relativas a uma situação social problemática. As perguntas-chave são:

– O que está acontecendo?

– Quem faz o quê?

– Por que isso acontece?

– Que regra cultural, institucional ou individual está na base do que as pessoas fazem?

– Quais são as respostas típicas, socialmente aceitáveis, que a criança ou o adolescente pode dar em uma situação específica?

A história social, ao responder claramente a estas questões, torna explícito o que as crianças com desenvolvimento típico compreendem por si próprias por meio de mensagens sociais explícitas ou implícitas contidas em situações sociais cotidianas. As crianças com autismo, juntando os pedaços do que as pessoas dizem ou fazem quanto às expectativas sociais em uma situação particular, em geral são incapazes de compreender o que está acontecendo.

As histórias sociais foram originalmente escritas por "alunos com autismo" (Gray, 2004). O impacto positivo sobre a compreensão e sobre o comportamento social desses estudantes de diferentes faixas etárias é evidente, incluindo crianças mais velhas (Fullerton et al., 1996). Estudos mais recentes realizados por pais e profissionais na Grã-Bretanha forneceram mais provas da eficácia das histórias sociais em crianças entre os 3 e os 14 anos que tinham problemas na comunicação social e com TEA (Rowe, 1998; Erangey, 2001; Moffat, 2001; Smith, 2001).

Eficácia em crianças dos 3 aos 14 anos

Não é surpreendente que o método de abordagem das histórias sociais tenha sido desenvolvido e levado adiante sobretudo com crianças dessa faixa etária. Desde que Kanner (1943) identificou um grupo de crianças cujos comportamentos mais singulares eram suas estranhezas nas interações sociais, buscou-se compreender e fazer algo em relação às suas necessidades. Ao longo dos anos, pesquisadores e professores buscaram compreender o que torna a interação social tão difícil para as crianças com autismo. Pais e professores ainda se interessam muito pela questão, não como um fim em si mesma, mas como meio de desenvolver intervenções que potencializem a capacidade da criança de interagir de maneira apropriada numa vasta gama de contextos sociais.

Para que uma intervenção seja inicialmente considerada digna de ser utilizada em crianças com TEA, pais e profissionais devem ter a certeza de que tal intervenção esteja em conformidade com o que atualmente se conhece sobre crianças com espectro do autismo. Para tornar o método de abordagem das histórias sociais plausível é preciso que ele espelhe as conquistas até o momento obtidas no campo do autismo.

As histórias sociais podem diferenciar-se enormemente umas das outras, tanto em seu aspecto e conteúdo quanto na forma com que são apresentadas à criança.

As frases devem ser formuladas de forma simples, com linguagem clara e concisa, utilizando formas verbais no presente e no futuro. Em cada página deve constar um número reduzido de frases – às vezes apenas uma ou duas – e, para aumentar o interesse e a clareza, devem estar acompanhadas de uma imagem. O aspecto e o conteúdo de uma história, no entanto, dependem das necessidades e dos interesses da criança a quem a história é destinada. Por exemplo: um adolescente pode preferir ler uma página de prosa em uma única folha de papel; outro pode reagir melhor a uma pequena brochura impressa num papel da sua cor preferida. A ficha 6.5 traz um exemplo de história social destinada a crianças pequenas.

Alguns adultos, por ocasião da elaboração de uma história social para uma criança em particular, muitas vezes sentiram certa apreensão no momento de decidir sobre a melhor maneira de apresentá-la.

Quais são as preocupações mais comuns?

Há, muitas vezes, o receio compreensível de que todos os esforços possam ser frustrados por uma apresentação inicial pouco cuidadosa. Outra preocupação, ainda mais grave, é que, se a criança rejeitar a primeira história, a utilização delas será banida para sempre. Pode certamente ser um golpe para a autoconfiança se as coisas não correrem bem da primeira vez; no entanto, embora seja obviamente preferível que tudo funcione "a contento" desde o início, mesmo que a apresentação da primeira história não corra bem, nem tudo está perdido.

Método para apresentar uma história social

Gray propõe um método-padrão para apresentar uma história social. Sugere que a criança se sente numa escrivaninha com o adulto sentado ao seu lado, ligeiramente afastado para trás. A história escrita é colocada sobre a escrivaninha vazia, bem em frente à criança, e o adulto a lê de sua posição lateral. Isso de acordo com o que é considerado uma boa prática com crianças com autismo, ou seja, reduzir as exigências de natureza social da intervenção, a imprevisibilidade e os níveis de ansiedade da criança.

Além disso, liberando a escrivaninha e deixando sobre ela apenas a história social, a atenção da criança pode fixar-se inteiramente nela. Muitas histórias, com bons resultados, foram apresentadas dessa maneira. Muitas vezes, no entanto, é cada vez mais frequente que aqueles que apresentam histórias sociais se sintam suficientemente confiantes para atualizar o método de apresentação às necessidades da personalidade e do nível de desenvolvimento da criança.

Vejamos abaixo algumas abordagens que tiveram bons resultados.

– Para as crianças que estão habituadas e gostam de ouvir os adultos lerem histórias, o método que utilizam habitualmente para fazê-lo, seja ele qual for, pode ser adotado para as histórias sociais: sentar-se sobre os joelhos dos pais; sentar-se no sofá lado a lado; sentar-se próximos à escrivaninha ou no chão ou sobre um tapete de frente um para o outro etc.

– Para uma criança com capacidade de ler bem e que não gosta que lhe leiam histórias, um bom caminho é deixar a história sobre a sua escrivaninha para que ela silenciosamente a leia para si mesma.

– Para um adolescente sem dificuldades de leitura, a história pode ser inserida num arquivo de computador, solicitando-lhe que a leia, a comente, lhe acrescente algo.

– Para crianças que em determinado momento das aulas e das refeições ficam muito agitadas, a história pode ser lida antes destas agitações e, em seguida, frases podem ser escritas em cartões para que a criança as leve consigo como referências imediatas às mensagens-chave contidas na história (um exemplo de história se encontra nas fichas 6.6 e 6.7).

Intervenções psicoeducacionais sobre o jogo

Dario Ianes e Michele Zappella

O que caracteriza o déficit de jogo simbólico?

Neste domínio o papel do jogo simbólico e do jogo de simulação é relevante tanto como critério diagnóstico quanto como uma categoria de objetivos de aprendizagem. Na raiz dos déficits simbólicos frequentemente encontramos, como já visto, dificuldades de "teoria da mente" e, consequentemente, é aconselhável trabalhar em paralelo com ferramentas cognitivas e lúdicas, além de interpessoais, voltadas também para o desenvolvimento da intersubjetividade (Xaiz & Micheli, 2001).

As experiências lúdicas com os pares são, portanto, bastante comprometidas e extremamente complicadas para crianças com TEA. A natureza fortemente social e simbólica do jogo o torna particularmente difícil de ser compreendido, mas também, simultaneamente, faz dele uma prioridade no desenvolvimento e um veículo particularmente importante no processo terapêutico-adaptativo dessas crianças. Sem essas experiências fundamentais do jogo, a criança com autismo não consegue adquirir o conhecimento social necessário para simular e coordenar a própria dimensão lúdica com seus pares. É fundamental, pois, implementar programas e métodos voltados para o ensino de habilidades lúdicas, como, por exemplo, os métodos inspirados no modelo dos grupos de jogo integrado, cujo principal objetivo é oferecer às crianças com autismo, dentro de contextos de jogos cuidadosamente estruturados, oportunidades naturais de aprender a brincar em companhia de jogadores experientes – aqui entram os chamados "modelos competentes" (Quill, 2007). Um exemplo de atividade estruturada a ser desenvolvida num pequeno grupo se encontra na ficha 6.8.

Jogo e integração social

Cesarina Xaiz e Enrico Micheli

Quem começa a brincar com uma criança com TEA seguramente se fará uma série de perguntas: Por quais jogos começar? A quais é bom dedicar a maior parte do tempo? Quais são os mais úteis para o desenvolvimento social da criança? A quais aspectos da interação social se deve dar mais atenção durante o jogo?

Em muitos casos, pais e educadores obtêm respostas a partir do conhecimento direto dos interesses, dos gostos e do nível de desenvolvimento social que a criança demonstra. Em muitos outros casos, ao contrário, uma observação atenta de seu comportamento faz-se necessária.

Apresentação dos jogos à criança

Antes de tudo, recomenda-se que as primeiras sessões sejam destinadas à apresentação dos jogos à criança, prestando atenção em seu comportamento diante das propostas. Observem, portanto, se o material apresentado suscita interesse na criança e se ela sabe realizar as ações necessárias ao desenvolvimento da atividade.

Nos casos em que ela demonstre interesse no jogo e seja capaz de participar de alguma forma, pode-se também observar e avaliar as suas competências sociais, isto é, as suas capacidades de interagir de forma recíproca durante a atividade.

Para tanto, deve-se propor à criança jogos que comecem com uma variante muito simples. A cada proposta a criança reagirá de forma diferente: urge observar bem sua resposta a fim de avaliar se o teste pode ser considerado bem-sucedido, emergente ou fracassado.

Definimos *bem-sucedido* um teste integralmente completado pela criança, sem nenhuma ajuda do outro e com domínio total da ação. Definimos *emergente* um teste que é pelo menos parcialmente realizado pela criança ou se ela precisa de ajuda para completá-lo (p. ex., se a pessoa que está ao seu lado deve organizar o material, se deve manter calma a criança segurando-a pela mão, se deve estar sempre pronta a oferecer-lhe outra possibilidade, se deve tirar o objeto da mão da criança antes que ela o arremesse). É *fracassado* o teste que não suscita na criança nem interesse nem vontade alguma de experimentá-lo: se ela não olha, não desperdiça nenhum segundo para observar ou tocar o material proposto.

Se o material apresentado permite à criança realizar, mesmo que minimamente, as ações do jogo (teste emergente), então vale a pena propô-lo repetidas vezes, com as modalidades descritas mais abaixo. Caso contrário, é preciso encontrar outro objeto que suscite essas atitudes ou que, no mínimo, suscite interesse na criança.

Avaliação do interesse e das competências para desenvolver o jogo

Avaliação do grau de interesse da criança

Importante é observar alguns aspectos: se o material oferecido e as formas de apresentá-lo permitem que a criança não se preocupe com o tempo e preste mais atenção no jogo proposto; se seu corpo assume uma postura de atenção e concentração; se suas estereotipias ou movimentos intermitentes cessam ou diminuem quando ela se ocupa com um determinado jogo. Essas observações permitem avaliar o grau de interesse da criança pelo material oferecido. Elas também permitem compreender se a criança se dedica ao jogo sem precisar ser convidada a prestar atenção (teste bem-sucedido); ou se ela demonstra algum interesse, mas apenas por alguns momentos, tornando continuamente necessário que se façam sugestões ou movimentações do material para torná-lo evidente e, dessa forma, mesmo que mínimo, esse interesse possa traduzir-se em motivação para o início de uma atividade (teste emergente).

Por fim, se for verificado que tampouco estes acompanhamentos ajudaram a criança a prestar atenção e, por conseguinte, se nem este material e este jogo conseguiram provocar alguma atividade, então estamos diante da denominada "falência" (teste fracassado).

Avaliação das competências sociais que a criança demonstra ao longo do jogo

Da mesma forma que é possível avaliar o interesse da criança por um material ou por alguma atividade, também é possível avaliar suas habilidades sociais manifestadas num jogo.

Para tanto, observe se, quando a criança está concentrada na observação ou na manipulação do objeto, está também aberta à proximidade, ao contato com os que estão à sua volta, a compartilhar as brincadeiras com os colegas, respeitando devidamente a sua vez de participar. Ela olha para você? Por vezes, para além do objeto, ela olha também para você que o propõe ou o manuseia? Ela se interessa por seus gestos, seus movimentos, mesmo com dificuldade de olhar em seus olhos? É importante recordar que, dadas as dificuldades neste domínio, muito pouco é necessário para avaliar como emergente um comportamento social: um olhar de relance, um indício de aptidão de acompanhar os movimentos ou os gestos de uma pessoa, de tolerar seu contato ou sua proximidade...

Quando a criança interrompe o jogo, ela dá algum indício de que quer repeti-lo? Também neste caso um comportamento pode ser avaliado como emergente se houver qualquer manifestação de desejo de repetir a ação, ou se houver qualquer tentativa de tocar o objeto, ou movimento, som ou agitação que insinuem o desejo de voltar a brincar com o objeto.

A tabela 6.7 apresenta um exemplo de uma avaliação informal dos interesses, das capacidades de jogo e das competências sociais no jogo dos círculos.

TABELA 6.7
Exemplo de avaliação informal

Jogo com os círculos
Material: alguns círculos de madeira ou de plástico colorido.
Jogo: A criança deve sentar-se no chão ao seu lado. Pegue um conjunto de círculos e lance-os um de cada vez, a um ritmo lento e constante, de modo que cada lançamento seja claramente marcado na ação e que haja tempo suficiente entre os lançamentos para observar o destino do arremesso anterior: para onde vai o círculo, com que ruído cai e para etc. Finalizados os lançamentos, peça que a criança recolha os círculos ou faça-o com ela, e reinicie a mesma ação.
• *Teste bem-sucedido*: se, à sua proposta de arremessar os círculos, a criança para, aceita sentar-se no chão ou se coloca por conta própria num lugar propício à participação; se, antes do arremesso, ela olha para você com expressão de expectativa; se, ao seu arremesso, ela segue o círculo com o olhar, comenta sua velocidade em palavras, sons ou sinaliza por sua postura; se permanece atenta quando o círculo toca o chão, se começa a balançar o corpo e, quando para, ela olha para você; se sorri, comenta, aponta com o dedo o lugar onde o círculo parou, e diz com palavras ou gestos: "Mais um!", ou se ela mesma pega um círculo e o arremessa. • *Teste emergente*: pode ser difícil parar a criança e fazê-la sentar-se quando você começa a arremessar os círculos. No primeiro, no segundo ou no terceiro arremesso, ela perece estar pouco interessada. E, no entanto, é possível que, a dada altura, a criança olhe para você mesmo que fugazmente e, sobretudo, olhe um pouco para o círculo, se não durante todo o percurso, pelo menos quando para, ou quando ouve algum barulho. É possível que isso aconteça se o local onde o círculo foi lançado não estiver muito longe do local onde você e a criança estão sentados. O teste também pode ser considerado emergente se a criança olhar para você ou forçar a sua mão para que você arremesse outro círculo; ela também pode simplesmente sorrir ou fazer um movimento de corpo sincronizado com o lançamento. • *Teste fracassado*: se, quando você apanha os círculos, a criança não para, não aceita a sua solicitação de sentar-se no chão; se, mesmo que se sente, ela olha para o outro lado ou balança os braços ou se deita no chão ou pega um objeto qualquer para brincar; se, quando você segura a criança firme para que ela não se distraia, ela, ao seu arremesso do círculo, sequer olha ou muda de expressão; se, quando o círculo para, ela não olha para você; enfim, se você tiver a sensação de estar arremessando os círculos ao léu.

Lembramos que o teste bem-sucedido do exemplo acima citado só é possível em crianças com desenvolvimento típico com pelo menos 18 meses de idade. Por isso, pode surpreender-nos o fato de, nos casos de autismo ou de distúrbios graves nas relações sociais, ser provavelmente difícil obter um teste bem-sucedido, mesmo em crianças de 10 anos de idade.

É bom não esperar obter testes com êxito

Observando ao longo da avaliação o comportamento social de crianças de 3 a 5 anos com transtorno do desenvolvimento, recomenda-se não sonhar com testes bem-sucedidos. Esta avaliação serve sobretudo para diferenciar os testes emergentes dos fracassados: nos casos bem-sucedidos, boas perspectivas se abrem, estimulando, assim, novas tentativas de aperfeiçoamento; nos casos de testes fracassados, ao contrário, é melhor aguardar que a criança melhore o seu comportamento social.

Por fim, gostaríamos de enfatizar que, de tempos em tempos, é aconselhável acolher as propensões da criança: obviamente, se forem detectadas evidências emergentes em brincadeiras com bolhas de sabão ou com círculos, e pouquíssimas em jogos com carrinhos, melhor é abandonar os carrinhos e dedicar os vinte minutos lúdicos programados na alternância entre brincadeiras com bolhas e círculos, em suas diferentes variações.

A utilidade de diferenciar habilidades lúdicas e habilidades sociais

Competências lúdicas e competências sociais

É necessário recordar que esta divisão nítida entre competências lúdicas e competências sociais exibidas durante o jogo não existe de fato. Observando a criança em suas atividades lúdicas, uma combinação das duas áreas pode ser percebida. Entretanto, pode ser útil observar este conjunto de comportamentos focalizando ora especificamente o interesse e as competências na utilização de objetos, ora as competências sociais, com o objetivo de reunir informações úteis nessas duas áreas. Embora esse exercício pareça meramente intelectual, dele podem derivar importantes efeitos práticos.

Dadas as dificuldades da criança, aconselha-se a assumir a importante tarefa de propor apenas o que ela entende e sabe fazer, para que, desta forma, ela obtenha satisfação e sucesso. Isso evita confusão, ansiedade, tendência ao retraimento e isolamento. Sabemos que é impossível ensinar sem exigir progressos da criança, mas é igualmente importante ensiná-la a enfrentar algo novo, apresentando-lhe uma dificuldade de cada vez.

Não espere, pois, que a criança aprenda simultaneamente a prestar atenção em um novo objeto, realizar novas ações com esse objeto e realizar outras ações de intercâmbio social, como alternar olhares ou trocar de turno por conta própria.

Em suma, só é possível avaliar o interesse da criança em brincar e as competências práticas necessárias na utilização de um objeto se formos capazes de concluir que a criança é suficientemente hábil nisso; só então será possível introduzir solicitações de tipo social. Se, ao contrário, ficar claro que as competências necessárias para desenvolver a brincadeira são ainda emergentes, o conselho é dedicar um pouco mais de tempo para ensinar o aspecto prático da atividade, sem exigir da criança comportamentos sociais. Quando houver indícios de que a criança conhece e responde à brincadeira de modo satisfatório, solicitações sociais podem então ser introduzidas.

Xaiz e Micheli (2001) apresentam interessantes propostas de brincadeiras ou jogos que favorecem o desenvolvimento da intersubjetividade, e sugerem também algumas importantes precauções na realização das brincadeiras.

1. Aumentar a utilização do olhar: olhar, ser olhado, olhar juntos alguma coisa

Tente desenvolver uma ação interessante para a criança com um objeto. Peça-lhe que olhe para você ou para o objeto ou para a ação que está sendo desenvolvida, ou atraia a sua atenção, e verifique atentamente se o olhar dela é espontâneo. Diga-lhe então: "Excelente! Que belos olhos! Como você me olhou bem! Como estou feliz por você ter me olhado!", mesmo que o olhar tenha sido breve e fugaz. Repita a ação, peça-lhe que olhe novamente para você e diga-lhe mais uma vez: "Excelente!" Se ela não olhar, tente parar e repetir a ação assim que a criança a realiza, mesmo que seja só por um instante.

É necessário ser claro ao dizer: "Excelente!" e ao repetir a ação no exato instante em que a criança olha. Vale lembrar que, para a criança, satisfazer a solicitação pode ser muito cansativo. Por isso, aconselha-se a enfatizar a ação fazendo uso de voz e gestos, enviando mensagens claras e exatas. Caso seja necessário, ajude-a a ficar sentada posicionando bem as pernas, exercendo uma leve pressão sobre o seu corpo; se sua tendência é levantar-se, faça-a compreender que você está lhe pedindo que fique onde ela está e que olhe para você. Urge encontrar um tênue equilíbrio entre firmeza e compreensão das necessidades da criança: o objetivo é ajudá-la a encontrar um sentido no desenvolvimento de uma ação divertida na companhia de outra pessoa, utilizando objetos que sejam do agrado dela.

Para estimular nela o uso do olhar, talvez seja útil:

– que o objeto tenha características interessantes;

– que o objeto se mova ou emita sons ou provoque surpresa;

– que a pessoa de apoio também seja animada e interessante, que seja, pois, "fonte de espetáculo" para a criança.

Como dissemos acima, também pode ser útil fazer um esforço para ensinar à criança uma postura corporal que a faça olhar ou para você ou para o objeto, bem como escolher posições que a ajudem a ficar parada em vez de perambular pelo recinto. Para tanto, às vezes basta dizer à criança com clareza: "Pare! Sente-se! Olhe!"; pode até ser necessário mantê-la parada no local colocando, por exemplo, de modo decidido e calmo uma mão sobre a sua perna ou as duas mãos, sempre firmes e calmas, sobre o seu tronco. Importante é tentar compreender se a criança percebe tudo isso como uma mensagem ou se, para ela, esse gesto é uma tortura, impedindo-a de interpretar corretamente a exortação para que "fique parada e olhando". Obviamente, se isto acontecer, melhor é pensar em outras formas de interação.

2. Troca de turno

Para ensinar uma criança a fazer algo trocando de turno é necessário que ela primeiramente conheça e goste da brincadeira proposta. Antes de propor essa troca de turno é necessário que a pessoa que a acompanha repita a brincadeira tantas vezes quantas forem necessárias para certificar-se de que a criança entendeu a lógica e queira participar; também é possível, ao contrário, que a criança tente realizar sozinha a brincadeira, e assim só gradualmente a pessoa de apoio intervirá. Também aqui rapidez e senso de oportunidade são necessários, a fim de que a criança não perca seu interesse pela brincadeira.

3. Indicar e seguir a indicação

É útil saber que, para muitas dessas crianças, a indicação é um ponto de chegada, quando normalmente as crianças com desenvolvimento típico, mesmo muito novas, já são capazes de indicar ou responder a indicações.

Inicialmente pode-se indicar tocando o objeto com o dedo, depois indicando-o a partir de uma distância maior; a indicação pode ser acompanhada de muitos outros elementos, como interjeições, sons, orientação física do comportamento da criança.

Por outro lado, para estimular nela essa ação, pode-se inicialmente aceitar que a criança estenda a mão em direção ao objeto; também é possível fazer esse gesto por indicação com o dedo, mas sem muita insistência.

4. Compartilhar uma emoção

Para fazer com que a criança partilhe uma emoção é necessária uma ênfase considerável, mas expressa de forma a não lhe causar desconforto: deve-se, portanto, sorrir, expressar suspense com um comportamento em atenta harmonia com a criança.

A melhor maneira de desenvolver esta tarefa é escolher jogos que realmente satisfaçam não apenas a criança, mas também a pessoa que a acompanha, e escolher o momento e o lugar que propiciem calma e tranquilidade. Além disso, importante é desenvolver atividades que provoquem fortes e agradáveis emoções na criança, como jogos de movimentos com água e música. Para algumas propostas de jogos, confira a ficha 6.9.

Intervenções no domínio da comunicação e da linguagem: a CAA/Comunicação Aumentativa e Alternativa

Dario Ianes e Michele Zappella

Deficiência da comunicação

A deficiência da comunicação é uma das características que definem o TEA. A comunicação pode estar comprometida de várias maneiras e com diferentes níveis de gravidade. Entre as pessoas autistas podemos encontrar efetivamente algumas que não falam e não compreendem a linguagem; outras que não falam, mas compreendem razoavelmente bem; e, ainda, outras que falam, mas compreendem pouco o que se diz, ou que possuem um bom repertório linguístico e uma boa compreensão.

Desenvolvimento de melhores capacidades de comunicação

O desenvolvimento de melhores capacidades de comunicação é um dos principais objetivos da intervenção educativa/adaptativa destinada a uma criança com autismo.

Por um lado, esta intervenção deve potencializar a intersubjetividade e todas as outras formas de comunicação não verbal e de expressão que influenciam precocemente o desenvolvimento da capacidade de interação social da criança e, por outro lado, o objetivo deve ser identificar um código de comunicação convencional comum que permita intercâmbios comunicativos entre a criança e as outras pessoas de seu entorno.

No desenvolvimento da criança típica, e em parte nas crianças com TEA, este código de comunicação é representado pela linguagem. Na maioria das crianças com autismo, no entanto, a linguagem nem sempre representa um código comum, dado que essa criança não fala e compreende pouco as palavras ou, como é comum em muitos casos, porque a linguagem disponível da criança não é suficiente para exprimir as suas necessidades e, para dizê-lo em termos mais amplos, é insuficiente para ela expressar sua *subjetividade*.

A CAA intervém justamente para apoiar estas dificuldades. O termo "aumentativa" indica a utilização de instrumentos que apoiam e "ampliam" o discurso do sujeito quando este está presente, ainda que de forma limitada. A este significado habitual do termo "aumentativa" deve ser acrescentado um segundo, igualmente importante, que diz respeito à utilização de códigos de comunicação não verbais pelos parceiros da criança (pais, professores, profissionais). Não é *somente a criança*, portanto, que utiliza um código em sentido "aumentativo" como suporte da própria linguagem, mas também o parceiro de comunicação, adicionando-o à sua própria linguagem, com o objetivo de se fazer compreender melhor. Um exemplo pode ser o de um adulto que aponta para uma imagem enquanto a entrega à criança ou lhe pergunta algo.

Comunicação Aumentativa e Alternativa

O termo "alternativa", ao contrário, se refere à utilização de algum código como "alternativa" à linguagem; a ausência de linguagem representa efetivamente uma grave deficiência que não apenas condiciona a comunicação e as relações sociais, mas influencia grandemente a aprendizagem e está na origem de muitos problemas comportamentais. Oferecer um método alternativo para fazer-se compreender, no entanto, tem implicações não apenas na comunicação, mas também na interação social e na aprendizagem e, além disso, permite prevenir muitos problemas de comportamento. Vejamos alguns exemplos. Uma criança com TEA que não fala, geralmente, busca fazer-se compreender usando modalidades motoras de comunicação: por exemplo, ela se agarra na mão dos pais e os leva para o lugar onde se encontra aquilo que ela deseja, que pode ser um brinquedo ou um alimento. Se, ao contrário, considerarmos o caso de uma criança capaz de pronunciar algumas palavras, mas que usa a linguagem preferencialmente de modo ecolálico e nem sempre compreende o que lhe dizemos, a CAA pode ajudá-la a organizar a linguagem "aumentando" a sua eficácia comunicativa. Isso pode ser feito oferecendo à criança um código visual a ser utilizado juntamente com a linguagem e como suporte da mesma. As estratégias de CAA também podem ser utilizadas para melhorar a estruturação da frase e sua utilização na comunicação.

Os exemplos acima mostram que a CAA recorre sobretudo a instrumentos visuais e icônicos, como fotografias, desenhos e pictogramas; também a utilização de gestos e sinais convencionais representa uma forma de CAA, que em alguns casos é aplicável inclusive em pessoas com TEA. Essas formas visuais de comunicação são as mais adequadas para comunicar-se com pessoas com autismo, que, em sua grande maioria, dispõem de boas capacidades de desenvolvimento e memória visual.

Em muitas resenhas de estudos sobre bons desempenhos (Simpson et al., 2005) e nas diretrizes institucionais (Fuentes-Biggi, 2006), a CAA é considerada uma metodologia de tratamento "recomendada", mesmo se atualmente seu respaldo científico ainda seja parcial.

Em uma resenha de 2001, Mirenda faz um balanço sobre o que sabemos sobre a CAA e o autismo, distinguindo entre apoios que servem para favorecer a compreensão (o estímulo), como, por exemplo, diários e outros subsídios visuais (Hodgdon, 1999), e apoios que facilitam a expressão e simultaneamente favorecem a compreensão (apoios que servem para aumentar o estímulo e a resposta).

Este último é o caso da intervenção de CAA proposta por Joanne M. Cafiero, conhecida como *Natural Aided Language* (Cafiero, 2005). Esta autora propõe a utilização de imagens individuais (em geral pictogramas PCS de Mayer-Johnson) ou tabelas ou dispositivos eletrônicos, tanto pela pessoa com TEA quanto pela pessoa de apoio comunicativo, como suporte da comunicação em contextos naturais. Algumas das experiências italianas de uso da CAA com crianças autistas também fazem referência a esta abordagem (Zappella et al., 2001; Arduino et al., 2001a, 2001b).

Pictogramas PCS

Mirenda também distingue os sistemas de CAA que utilizam ajudas de *output*: trata-se de metodologias de abordagem comportamental que, por meio da utilização de imagens, ensinam a fazer pesquisas e a desenvolver outras funções comunicativas. O exemplo mais conhecido e utilizado é representado pelo *Picture Exchange Communication System* (PECS) [Sistema de Comunicação de Troca de Imagem], um programa de intervenção comportamental que começa por ensinar uma solicitação pela troca de uma imagem com um objeto correspondente (p. ex., um determinado alimento ou um brinquedo). Este programa, elaborado por Frost e Bondy (1994), usado também na Itália (Visconti et al., 2007; Lerna et al., 2008), prevê uma sequência de aprendizagens de complexidade crescente e permite, em certo número de casos, aumentar também as capacidades linguísticas (Magiati & Howlin, 2003).

Outra forma de CAA descrita por Mirenda é o *Training di comunicazione funzionale* (treinamento de comunicação funcional), que utiliza modalidades análogas às referidas acima, embora centrado, sobretudo, no ensino de habilidades de comunicação, cujo objetivo principal é reduzir os problemas de comportamento relacionados precisamente com a dificuldade de comunicação. Na prática, após uma análise funcional profunda do problema de comportamento, se este for determinado por um problema de comunicação, é ensinado ao sujeito um comportamento comunicativo cujo objetivo é equivalente ao que está subjacente ao problema de comportamento: por exem-

Treinamento de comunicação funcional

plo, se uma criança não verbal apresenta comportamentos de fuga ou de agressividade com o objetivo de se afastar da turma quando está cansada, pode ser ensinada uma forma não verbal de comunicar essa necessidade.

Como já dissemos anteriormente, a CAA pode recorrer a diferentes modalidades: gestos e sinais convencionais, objetos concretos, fotografias, desenhos, pictogramas, escrita. Além disso, o nível tecnológico das ferramentas utilizadas pode ser diferente em função das necessidades do sujeito e dos recursos disponíveis. A esse respeito, geralmente distingue-se entre CAA não assistida (recorre apenas ao corpo do indivíduo, como no emprego de gestos ou de sinais manuais) e CAA assistida (utilização de ferramentas, como as imagens, diferentes do corpo do indivíduo). Além disso, podemos distinguir uma CAA sem tecnologia (uso de desenhos ou fotografias), uma CAA de baixa tecnologia (é o caso dos botões dos aparelhos através dos quais as mensagens gravadas podem ser ativadas) e de alta tecnologia (instrumentos eletrônicos com sintetizador de voz, de complexidade variável).

Que modalidades utiliza a CAA?

O desenvolvimento de um programa CAA deve sempre começar com uma avaliação funcional das capacidades do sujeito, com base na qual são definidos os instrumentos mais adequados para *aquele momento* e para *aquela* pessoa. Com uma criança não verbal com boa compreensão do significado das imagens é possível propor inicialmente um código icônico; à medida que a criança cresce e aprende a ler, por exemplo, as imagens podem ser substituídas por palavras escritas.

Partir da avaliação funcional das competências

Para a avaliação da comunicação é útil recorrer a instrumentos aumentativos ou alternativos idealizados especificamente para o autismo, como os gabaritos propostos por Watson e colaboradores (1997), ou o teste *VCAA/Avaliação da Comunicação Aumentativa e Alternativa* (Goldman, 2006).

Um dos princípios da CAA é que a utilização de instrumentos aumentativos ou alternativos de comunicação deve ser partilhada e divulgada em todos os contextos da vida da criança. Não é metodologicamente correto, e tampouco eficaz, pensar que a CAA deva ser aplicada à criança somente pela fonoaudióloga; o envolvimento ativo da família e da escola representa efetivamente um aspecto irrenunciável para qualquer programa de CAA. O documento de política de *Integração escolar dos alunos com transtornos do espectro autista* (Società Italiana di Pedagogia Speciale, 2008) recomenda que também a escola utilize apoios visuais para a comunicação.

A utilização da CAA com pessoas com TEA é também uma forma concreta de implementar os princípios do ICF (OMS, 2002, 2007), que, de fato, enfatiza o papel dos fatores ambientais na viabilização (ou não) da participação e da integração social da pessoa com deficiência. Entre estes fatores ambientais, a CAA é, sem dúvida, um dos mais importantes facilitadores para as pessoas com TEA.

Aprendizagem visual

Joanne M. Cafiero

As características da CAA e as características do aprendizado das pessoas com TEA combinam-se de uma forma surpreendente. Cada pessoa com autismo possui uma gama única de pontos fortes e pontos fracos que influenciam profundamente a sua relação com os outros e com o mundo a seu redor. Por esse motivo, se quiser encontrar a intervenção CAA correta para uma determinada criança ou aluno, uma abordagem "padrão" deve sempre ser evitada. Não existem duas pessoas com autismo que tenham a mesma combinação ou o mesmo grau de habilidades e dificuldades. Por essa razão, a escolha das ferramentas e dos dispositivos de CAA adaptados para uma pessoa com TEA é um processo dinâmico e muito personalizado. Mesmo assim, existe uma correspondência entre as características da CAA e os estilos de aprendizagem das pessoas com autismo (tabela 6.8).

TABELA 6.8

CAA e autismo: uma combinação perfeita

AUTISMO	→	CAA
Aprendizagem visual	→	A CAA utiliza estímulos visuais
Interesses por objetos inanimados	→	As ferramentas e os dispositivos da CAA são inanimados
Dificuldades de estímulos complexos	→	O nível de complexidade pode ser adaptado em função das capacidades da criança
Dificuldades com as mudanças	→	A CAA é estática e previsível
Problemas na gestão da complexidade das interações sociais	→	A CAA fornece uma interface entre os parceiros de comunicação
Dificuldade na programação motora	→	Do ponto de vista motor, a CAA é mais simples do que a linguagem verbal
Ansiedade	→	As intervenções de CAA não criam pressão ou estresse
Problemas de comportamento	→	A CAA fornece um meio de comunicação instantâneo, antecipando comportamentos problemáticos
Dificuldade de memória	→	A CAA proporciona um meio para a compreensão da linguagem que se baseia no reconhecimento e não na memória

Em primeiro lugar, a maioria das pessoas com TEA tem fortes capacidades de processamento visual, ao passo que as capacidades de processamento auditivo são muito mais fracas. Os estímulos visuais, como imagens e palavras escritas, são permanentes e não fugazes como os sons e os sinais gestuais. A CAA se baseia precisamente em estímulos visuais, como objetos (símbolos tangíveis), imagens, fotografias e palavras escritas, que para as pessoas com TEA são mais fáceis de processar.

Interesses por objetos inanimados

As crianças e os adultos com autismo frequentemente mostram um interesse inusual por objetos inanimados. Para uma pessoa que não gosta de mudanças, um objeto estático e previsível é algo muito atraente.

As ferramentas e os dispositivos da CAA são inanimados, previsíveis e mais estáticos em relação à linguagem falada, e geralmente as pessoas com autismo os consideram mais toleráveis, receptíveis e intrinsecamente mais atraentes. Também é possível que um objeto inanimado lhes proporcione um tipo de estimulação sensorial tranquilizadora.

Ferramentas e dispositivos da CAA

Além disso, as pessoas com autismo têm frequentemente dificuldade em relacionar-se com os outros e sentem-se mais seguras nas relações com objetos. Isso pode dever-se ao fato de a relação com as pessoas ser um processo dinâmico e envolver o processamento de estímulos múltiplos e complexos: linguagem corporal e falada, tom de voz e outros aspectos que possam estar presentes no ambiente nesse momento.

Figura 6.1
Expressões de complexidade crescente

O quadro de comunicação apresentado na figura 6.1 mostra quatro tipos diferentes de sequências de comunicação com CAA para solicitar um biscoito: desde o pedido mais simples ("Biscoitos") até o que tem quatro símbolos ("Quero mais biscoitos de chocolate e de cereais").

Para pedir um biscoito, uma criança com um nível de desenvolvimento ainda baixo pode indicar ou trocar um único símbolo ("biscoitos"), enquanto outra criança com uma capacidade de linguagem mais desenvolvida e complexa pode ser capaz de indicar uma série de símbolos para exprimir o pedido e fazer uma escolha específica ("Quero mais biscoitos de chocolate e de cereais").

A história dos livros "sob medida": os "IN-books"

Maria Antonella Costantino

Ouvir ou ler em voz alta é uma importante pré-experiência para as crianças, que contribui para o desenvolvimento emocional e, contemporaneamente, para o desenvolvimento linguístico e cognitivo. As crianças com deficiência, especialmente as que têm necessidades complexas de comunicação, poderiam beneficiar-se grandemente desta experiência, tanto em termos de desenvolvimento como de bem-estar, mas são frequentemente as que leem menos e mais tardiamente, e para as quais é difícil encontrar livros adequados.

Nesta perspectiva, Costantino (2011) apresenta o *IN-books*, uma proposta nascida do cruzamento entre os conhecimentos da CAA (Comunicação Aumentativa e Alternativa), a experimentação e a experiência cotidiana com famílias, crianças, escolas e profissionais.

O que são os *IN-books*?

Os *IN-books* são livros ilustrados com texto em símbolos, feitos "sob medida" para cada criança, a partir de obras de literatura infantil ou das suas experiências, que se tornam ferramentas para a inclusão e o apoio ao desenvolvimento de todas as crianças.

Para que a leitura "sob medida" em voz alta seja adaptada às necessidades de uma criança específica, e numa fase específica de sua vida, é necessário ter em conta muitos aspectos: o tema, o modo de ler, a dimensão emocional, a grafia e as imagens, o texto, a acessibilidade física, a acessibilidade comunicativa. Alguns elementos que tornam o livro ilustrado "sob medida" podem ser úteis para todas as crianças: trata-se de artifícios básicos para quem considera a leitura em voz alta agradável e motivadora, mesmo que nem sempre sejam conhecidos e difundidos. Neste caso, pode ser suficiente adaptá-los e modulá-los de acordo com as necessidades das crianças com deficiências de comunicação.

O modo de ler é certamente um elemento-chave para todos. Uma vez escolhido o livro que se pensa que pode "ressoar" dentro do outro e criar, assim, a possibilidade de um contexto de referência partilhado, todas as crianças, mas sobretudo as crianças muito pequenas e as crianças com deficiência, ficam viciadas e entusiasmadas, em primeiro lugar, pela voz do narrador, pelo ritmo, pelo calor, pela capacidade de dar a sensação de que uma história tem, mesmo quando composta de muito poucos elementos, sobretudo pela presença e riqueza das emoções. Gostam da possibilidade de saborear, na partilha do livro, a atenção dedicada e completa do adulto, a sua capacidade de escutar enquanto é escutado, a possibilidade de interromper num momento em que os primeiros sinais de cansaço da criança possam aparecer, a possibilidade de ler e reler mais e mais vezes. O espírito de "gratuidade" é um elemento essencial: é importante que o adulto leia sem pretender mudar nada, sem "questionar" a criança ou tentar verificar o que ela entendeu da leitura partilhada.

Do modo de ler também faz parte a escolha de *quando*, *onde* e *por quanto tempo* ler, bem como a maneira de modular vocalmente a primeira parte da leitura em voz alta a fim de provocar curiosidade e interesse. Para outros aspectos, porém, são necessárias atenções específicas e direcionadas, como no caso da grafia e das imagens, do texto, da acessibilidade física e da acessibilidade comunicativa.

Particularmente importantes são, por exemplo, os "truques" destinados às crianças com graves dificuldades visuais, que podem necessitar de imagens claras, nítidas, contrastadas, de preferência sobre um fundo branco, não muito ricas em elementos, já que estes poderiam provocar confusão. O texto é um dos aspectos que exigem as maiores adaptações, tanto na estrutura das frases quanto em sua posterior tradução em símbolos.

Em alguns casos é necessário, portanto, mudar o número de páginas, sua consistência e montagem. É possível partir de um livro já existente, modificá-lo, torná-lo mais acessível do ponto de vista físico. Tais mudanças podem ser feitas com materiais de baixo custo, como pregadores de roupa, adesivos de feltro etc., que facilitam virar a página ou usar sistemas "antiderrapantes" sobre a mesa para que o livro não escorregue em razão de movimentos pouco controlados ou bruscos da criança.

O livro é alterável e adaptável

Ele também pode ser montado e desmontado segundo as necessidades. Também pode ser escaneado, impresso sem mudar a grafia e os conteúdos, mas plastificando as páginas para protegê-las da saliva ou das mordidas, ou montar as páginas em capa dura para reforçá-las e torná-las mais fáceis de virar.

Em todos os transtornos de comunicação é possível associar tabelas e sistemas de comunicação aumentativa que permitem interagir, como, por exemplo, dizendo: "coragem", "leia mais devagar", "não compreendi", "mais uma vez", "que chatice" etc. Também é possível criar livros completamente do zero e sob medida para qualquer criança. Podem dizer respeito a experiências significativas agradáveis ou desagradáveis (férias, aniversários, alta hospitalar, nascimento de um irmãozinho etc.), interesses específicos (um livro de contos) ou outro. Acima de tudo, não se deve pensar que o que pode ser bom para uma criança pode também ser bom para outras, sem mais modificações. O "sob medida" é como um terno de alfaiate: não deve ter vincos, não é padrão, precisa que primeiro lhe tirem as medidas, para só depois ser feito. A figura 6.2 apresenta um exemplo do *IN-book La talpa Clotilde e il suo formidabile naso* [A toupeira Clotilde e seu nariz formidável], retirado de *Storie con la CAA 3* (Magni et al., 2014).

Figura 6.2

Exemplo retirado do *IN-book* "A toupeira Clotilde e seu nariz formidável"

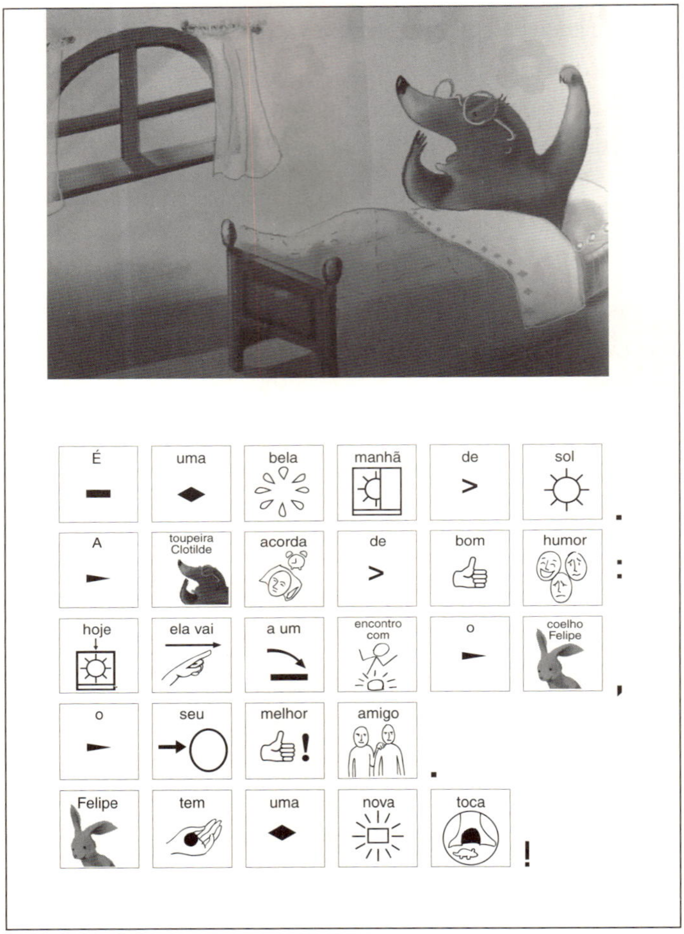

Intervenções sobre as competências escolares e pedagógicas

Giorgia Pelagatti e Francesca Cottone

Uma das maiores dificuldades que continua existindo para quem trabalha com crianças com autismo (professores, professores de apoio, educadores em geral) parece ser encontrar atividades adequadas e funcionais que conduzam ao desenvolvimento e à melhoria das capacidades destas crianças.

Face a uma vasta literatura sobre a avaliação e a intervenção nas deficiências mais específicas do TEA (comunicação, interação social etc.), são ainda escassas as propostas de trabalho para o ensino das competências escolares básicas de "leitura, escrita e aritmética".

Com isso em mente, Jo Adkins e Sue Larkey (2015) conceberam um programa para crianças com TEA, destinado a fornecer as competências básicas para a aprendizagem da matemática por meio de uma série de atividades sobre formas, categorias, sequências, números primos e utilização do dinheiro (a ficha 6.10 apresenta um exemplo de material de trabalho). Além disso, Pelagatti e Cottone (2011) propõem uma série de atividades com letras, números, formas e cores etc., que podem ser apresentadas à criança de forma simples e eficaz. As seções individuais do programa e alguns exemplos de atividades propostas são descritos em pormenor a seguir.

PRIMEIRA SEÇÃO: AS LETRAS
Objetivos: aprender as letras do alfabeto e reforçar as capacidades grafomotoras.
Forma de aplicação: a letra central em preto no topo da página serve de modelo e é útil para o adulto ajudar a criança a familiarizar-se com o traço antes de iniciar a atividade de escrita propriamente dita. Isso pode ser feito de modo muito simples: o adulto acompanha o dedo indicador da criança fazendo-o deslizar sobre a "letra-modelo" como se estivesse escrevendo-a e, ao mesmo tempo, verbaliza a vogal ou a consoante-objeto do exercício (auxílio físico e verbal). No exemplo da ficha 6.11, o último quadrado permanece vazio para permitir que a criança, após ter escrito três vezes a letra sobre o pontilhado, repita a ação sem o pontilhado subjacente.

SEGUNDA SEÇÃO: OS NÚMEROS
Objetivos: aprender os símbolos numéricos e reforçar as capacidades grafomotoras.
Forma de aplicação: como para as letras, também aqui o número central em preto no topo da página serve de modelo, e é conveniente que o adulto ajude a criança a familiarizar-se com o traço antes de iniciar a atividade de escrita propriamente dita. Isso pode ser feito de modo muito simples: o adulto acompanha o dedo indicador da criança, fazendo-o deslizar sobre o "número-modelo" como se estivesse escrevendo-o e, simultaneamente, verbaliza o número-objeto do exercício (auxílio físico e verbal).

TERCEIRA SEÇÃO: OS DESENHOS

Objetivos: desenvolver a motricidade fina e as capacidades grafomotoras, a imitação, a capacidade de discriminar as cores e de reconhecer figuras geométricas.

Forma de aplicação: as atividades consistem num desenho grande por página. O contorno, indicado por uma linha dupla, deve ser colorido pelo adulto; nestes desenhos é útil passar uma camada de cola vinílica no rebordo porque, ao secar, como referido precedentemente, cria uma pequena barreira que ajuda a criança a respeitar as margens. É conveniente, num primeiro momento, que o desenho seja de uma única cor e que se ofereça à criança uma caneta da mesma cor para não cometer erros. Posteriormente, pode-se trabalhar com duas ou mais cores escolhidas pela criança para preencher as várias partes do desenho. De acordo com as capacidades da criança, inicialmente pode ser necessário ajudá-la fisicamente a colorir corretamente o desenho.

QUARTA SEÇÃO: AS PARTES DO DESENHO

Objetivo: desenvolver a capacidade de percepção.

Forma de aplicação: as fichas consistem num desenho do qual alguns detalhes são mostrados na parte inferior da folha; estes devem ser identificados e assinalados no desenho com uma caneta de feltro pela criança. De acordo com as capacidades da criança, o adulto poderá orientá-la da seguinte forma:

1) indicando e verbalizando alternadamente o elemento individual na parte inferior da folha e no desenho;
2) dando à criança uma caneta de feltro e ajudá-la fisicamente a marcar, por exemplo, com uma cruz, o elemento dentro do desenho.

Como alternativa, o adulto pode:

1) indicar e verbalizar de vez em quando o único elemento mostrado na parte inferior da folha;
2) em seguida, chamar a atenção para o desenho, delineando-o, por exemplo, com um simples movimento circular e convidar a criança com uma indicação verbal (como, p. ex.: "procure o igual") a encontrar o elemento considerado (cf. ficha 6.12).

QUINTA SEÇÃO: OS QUEBRA-CABEÇAS

Objetivo: desenvolver a capacidade de percepção.

Forma de aplicação: para facilitar a atividade de recomposição do quebra-cabeça, aconselha-se a fotocopiar o desenho antes de cortá-lo, deixando-o em preto e branco e plastificando-o; este desenho servirá como "modelo básico" em que a criança pode aplicar as peças, remontando a figura. Em seguida:

- colorir o desenho e cortá-lo, seguindo a linha em duas partes iguais;
- plastificar as duas partes;
- aplicar o velcro, tendo o cuidado de deixar a imagem-modelo bem visível.

Nesta altura, a criança deve sobrepor as peças ao modelo; o adulto poderá acrescentar ajuda verbal à ajuda perceptiva fornecida pelo modelo (p. ex.: "coloque sobre") e uma ajuda física.

Recursos visuais na sala de aula

K. I. Al-Ghani e Lynda Kenward

A maioria das crianças com TEA tem dificuldades em processar as informações verbais, razão pela qual é essencial utilizar modalidades visuais para facilitar a compreensão. Eis alguns exemplos de recursos visuais eficazes:

1. Calendário visual com os principais acontecimentos da jornada escolar.

Aprofundamento: ideias para incentivar o aprofundamento no estudo através de interesses e paixões

Paula Kluth e Patrick Schwartz

☑ Refletir sobre as aptidões e as competências que estão envolvidas ou podem ser incentivadas num projeto de pesquisa. É possível concentrar-se em competências ligadas à alfabetização, como a leitura, a escrita, a exposição oral e a escuta, e aperfeiçoar competências de estudo, como analisar, resumir ou tomar notas. As pesquisas também podem servir para iniciar os alunos em novas ferramentas tecnológicas, como o processamento de textos, o PowerPoint, ou a tecnologia de assistência. As pesquisas aprofundadas, se devidamente estruturadas, podem também proporcionar às crianças a oportunidade de praticar as suas capacidades de comunicação e sociais.

- ☑ Permitir que os alunos façam pesquisas com continuidade ao longo do tempo (até por vários anos) sobre os seus temas preferidos, sejam eles pessoas, fatos ou coisas. Incentivá-los a manter uma pasta na sala de aula, um fichário ou um cesto para reunir todos os produtos, artefatos e materiais que acumularam. Quando surge a possibilidade de uma nova pesquisa, os alunos podem apoiar-se nos materiais recolhidos e encorajar-se a abordar novos aspectos relacionados com a área que os apaixona.
- ☑ Pedir que os alunos mantenham uma lista de perguntas permanentemente atualizada sobre suas áreas de interesse. Em particular, que formulem perguntas "importantes" que os levem a estudar mais profundamente as suas paixões, aplicando-as ao mundo real. Por exemplo, no caso de uma pesquisa sobre os parques nacionais, em vez de lhes perguntar noções elementares como o número de parques existentes ou a sua localização, incentivá-los a utilizar este trabalho para responder a questões mais complexas ou especulativas, como, por exemplo: "Os parques nacionais estão em perigo de extinção?"; ou: "Qual é o objetivo de um parque nacional?"; ou: "Como, nos últimos anos, os objetivos dos parques nacionais mudaram?"

2. Calendário pessoal que indica as tarefas específicas ou os passos para realizá-las.

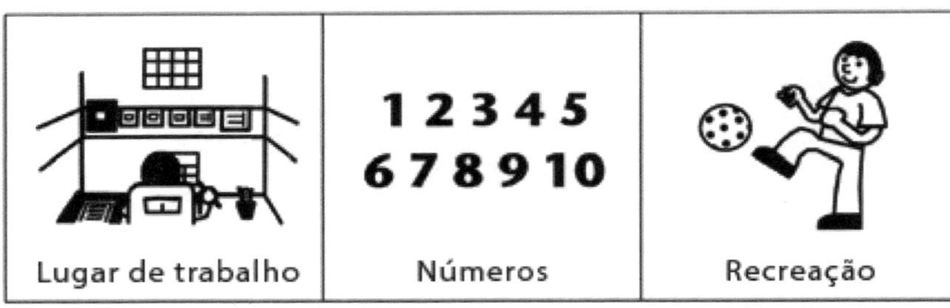

3. Uma sequência "primeiro isto, depois aquilo" para uma criança difícil de motivar (é possível simplificar dizendo: "agora/depois").

4. Lugar de trabalho individual.

5. Etiquetas visuais sobre armários, equipamentos, para marcar diferentes áreas etc.

6. Diário semanal. Ensinar a criança a utilizá-lo todos os dias e lhe propor um em casa também; os conceitos de tempo são muito difíceis de compreender para pessoas com TEA.

Os dias da semana

	segunda-feira
	terça-feira
	quarta-feira
	quinta-feira
	sexta-feira
	sábado
	domingo

hoje é
ontem era
amanhã será

tirar uma cópia e plastificar esta página; cortar a tabela e as três flechas; colocar as flechas sobre os dias correntes

7. Tabelas de motivação.

8. Utilização dos sinais e símbolos.

Intervenções educativas estruturadas

Clea Terzuolo

A melhor intervenção psicoeducacional é aquela que parte de uma relação feita a partir do que a criança propõe e sugere: recursos pessoais, ilhas de competências, distorções, dificuldades e interesses.

Um programa de tratamento psicoeducacional começa com uma avaliação eficaz das capacidades funcionais e prossegue com uma colaboração estreita entre os profissionais e os pais, que assumem o papel de coterapeutas, aprendendo técnicas de educação especial de acordo com as necessidades do próprio filho (Schopler & Reichler, 1976).

Programa TEACCH

O modelo de reabilitação de referência é o do ensino estruturado, nomeadamente o que foi desenvolvido pela Division TEACCH (*Treatment and Education of Autistic Related Communication Handicapped Children*) da Universidade da Carolina do Norte, um programa mundialmente reconhecido como um dos mais eficazes e que leva em conta todos os recursos que rodeiam a pessoa com autismo, desde a família até a escola. O programa TEACCH consiste numa avaliação individualizada, num projeto educativo "feito sob medida" (Schopler, 1991). Suas intervenções são orientadas para terapias integradas em programas individualizados de acordo com a área a desenvolver e são realizadas em diferentes contextos. Vejamos as principais:

1. Trabalho individual

- Desenvolvimento de capacidades cognitivas.
- Desenvolvimento da intersubjetividade e das capacidades de comunicação.
- Desenvolvimento da autonomia.
- Desenvolvimento de capacidades de generalização.

– Ações de jogo social relacional e simbólico, imitação, pensamento criativo e abstrato.

– Terapia para aperfeiçoar a motricidade fina e global e para melhorar a coordenação óculo-manual.

– Facilitação das aprendizagens em âmbito didático e escolar.

– Terapias destinadas a facilitar a expressão de necessidades e emoções.

– Gestão de situações problemáticas e desenvolvimento do comportamento adaptativo.

Tornar o trabalho atrativo e relaxante

Uma estratégia operacional importante consiste em tornar o momento de trabalho descontraído e atrativo para as pessoas que gerem uma situação escolar, que geralmente é fonte de estresse. É necessário criar um ambiente empático com a criança por meio de uma brincadeira que a envolva e a motive a ficar sentada ou a olhar nos olhos como, por exemplo, bolhas de sabão, pedaços de isopor subindo numa garrafa transparente, ou qualquer objeto com forma ou som interessantes. O tempo é uma ferramenta fundamental: é preciso organizá-lo, transformando-o num sinal de leitura imediata. As crianças com autismo precisam de tempo e enfrentam muitas vezes o abandono de uma atividade ou o início de uma nova tarefa com empenho e fadiga, e a concentração que podem oferecer a uma tarefa escolar é maior se a entrega subsequente for compreensível e clara. A ordem de execução das atividades deve ser adaptada aos desempenhos individuais, partindo das mais simples às mais complexas, isto é, para as que exigem maior concentração e dedicação.

2. Participar na construção do programa

A participação da criança na elaboração da agenda destina-se a promover a previsibilidade dos tempos e das ações. A expectativa de uma atividade atrativa e agradável aumenta o nível de motivação e de colaboração. As indicações podem ser objetos, figuras ou letras que a criança é capaz de interpretar. O “sistema de palavras” é um vocabulário estável. O essencial é compreender.

3. As atividades

A atividade mais adequada é aquela que é entendida como tendo um bom nível de recompensa em relação à execução da tarefa, que cumpre os requisitos de um projeto individualizado. A finalidade é obter algo de útil para a vida e para o bem-estar da criança. A linha de competências emergentes (aquilo que a criança sabe fazer com auxílio) traçada pela prova funcional Pep-R (Schopler et al., 1990) ajuda o educador a orientar a escolha das atividades a propor no âmbito do projeto de reabilitação. A utilização de recipientes compartimentados pode facilitar o desempenho independente e promover a compreensão do conceito de "grupo", "turma", "maior e menor". A criança com autismo tem uma vantagem que, em alguns casos, pode transformar-se numa limitação: é hiper-realista, atenta aos pormenores, com pouca inclinação para alusões, surpresas e metáforas frequentemente contidas nas indicações das fichas de trabalhos escolares (p. ex., unir o sol ao mar com uma flecha ou um símbolo, relacionar a neve ao cabelo etc.). Por conseguinte, é necessário modificar a expressão da tarefa (p. ex., "coloque num círculo ou numa caixa as roupas que utilizamos no mar e em outra caixa as roupas que utilizamos quando faz frio"), adaptando-a sem se afastar do objetivo da ação de ensino. Utilizando ferramentas de trabalho visíveis e tangíveis é possível constatar que a criança é capaz de executar as tarefas e que a dificuldade reside na forma de apresentá-las e na dificuldade que ela tem de compreender as tarefas. Em outros casos, pode ser útil utilizar a CAA, palavras escritas e imagens, indicações gestuais ou sonoras, tudo o que permite transformar indicações abstratas em comunicação concreta, simplificando o significado dos pedidos ao agir sobre o espaço físico e a sequência de ações necessárias para realizar a tarefa.

Obter algo de útil para a vida e o bem-estar da criança

4. Trabalho em pequeno grupo

O déficit de comunicação e de compreensão social também está na origem da maioria dos problemas de comportamento, frequentes no autismo, que, por vezes, dificultam não só a aprendizagem, mas também a presença da criança com autismo na sala de aula e até mesmo na escola (Frith, 1989). A principal finalidade do trabalho em pequeno grupo consiste em facilitar as relações sociais que ajudam a partilhar experiências, facilita a reciprocidade social, aprimora a compreensão de regras de comunicação verbal e não verbal através de simulações, jogos de intercâmbio e atenção conjunta, ou através da narração espontânea com mediação de objetos, indicações estáveis em papel, tratamento de textos etc. A análise de tarefas com reforço visual melhora as competências de ações processuais sequenciais (fazer as compras, cozinhar um doce, contar uma história).

5. A rede dos serviços

Aprendizagem experimentada em todos os contextos da vida

A experiência de aprendizagem deve ser vivida simultaneamente em todos os contextos de vida da criança para permitir a utilização de metodologias educativas específicas na estrutura de reabilitação, na escola e na família.

A atividade deste tipo, concebida e desenhada especificamente para as pessoas com autismo, na medida em que responde às necessidades decorrentes dos déficits de atenção e de percepção, pode ser transportada para a escola, para a própria casa, para as atividades de lazer, e as ajudas que dela fazem parte se tornarão, após os progressos pessoais da criança, menos estruturadas, menos indispensáveis, deixando espaço para a inovação e para a adaptação às situações cotidianas, à cooperação em pequeno grupo.

O ambulatório oferece espaços acolhedores e definidos e se beneficia de uma estruturação que facilita a compreensão do mundo e de suas regras, além de facilitar a aprendizagem em contexto escolar e laboral e oferecer ferramentas de gestão da autonomia e do tempo livre. Entretanto, o alvo da terapia é levar técnicas e ferramentas, competências e progressos para além dos muros do centro de reabilitação. O ambiente terapêutico é, portanto, um ginásio onde é possível treinar-se para sustentar o esforço de compreensão das ordens e das instruções, para administrar os problemas de comportamento, para aprender técnicas de comunicação e de relação que posteriormente serão testadas na vida domiciliar, recreativa e escolar, bem como em outros ambientes, como na piscina, no campo esportivo, nas brincadeiras com os pares no quintal de casa etc.

6. Intervenções educativas na família

O princípio que está na raiz da abordagem TEACCH é a colaboração entre pais e profissionais. Os primeiros oferecem indicações, soluções e sugestões importantes para um trabalho de cooperação com os profissionais. Na família são evidenciadas as prioridades educacionais: autonomia pessoal (prática do banho e higiene, independência nas atividades cotidianas), gestão das relações em família, contenção de comportamentos agressivos diante de acontecimentos desestabilizadores (mudanças de rotina, do tempo e do horário de verão, alteração dos ritmos sono/vigília), características de alimentação e excessiva seleção dos alimentos, comportamentos interferentes (troca intermitente de canal da TV, dificuldade na mudança de percurso para a escola, supermercado etc.), habilidades sociais e relacionais (entretenimento, jogos sociais e alternância de turnos com os irmãos).

Colaboração entre pais e profissionais

Eis alguns exemplos de ações práticas de cooperação educacional:

Quais são as principais ações de cooperação educativa?

- intervenção educacional na família (se necessário);
- ações para a autonomia: preparar-se a pasta escolar, organizar o tempo livre etc.;
- organização dos espaços de trabalho na mesa (atividades escolares: compreensão e organização das sugestões);
- projetos voltados para a gestão de problemas específicos de comportamento: dificuldade de controlar a criança no supermercado, dificuldade de adaptação a uma mudança de itinerário rodoviário etc.;
- treinamento parental e grupos de discussão para pais;
- âmbito regional: oferecer cursos de formação para os voluntários de apoio da família.

7. Intervenções educativas na escola

No serviço escolar, inserido num sistema integrado com os serviços territoriais e com o contexto familiar, a metodologia TEACCH torna-se uma realidade aplicada, e o professor competente proporciona à criança com autismo estilos de condução e programas altamente individualizados, flexíveis, criativos e alteráveis. As competências adquiridas com a ajuda de um sistema de trabalho organizado, com a compreensão do tempo com referência ao "antes" e ao "depois", ao "para onde" e "durante quanto tempo trabalho", com as competências cognitivas e a aprendizagem de competências didáticas, que são experimentadas num ambulatório num espaço livre de distrações e estruturado, encontram na escola sua efetiva realização. Em uma sala de aula estimulante (desenhos, pôsteres, jogos, bancos, livros, quadros-negros, barulho, janelas, espaços, luzes etc.) será mais fácil aplicar-se se as competências necessárias já tiverem sido experimentadas num ambiente de trabalho privilegiado: é na escola, de fato, que o esforço pessoal da criança e a premência do projeto revelam sua eficácia. O objetivo da formação em ambulatório é, portanto, levar as aprendizagens para a sala de aula, junto dos colegas, na carteira da escola, durante o intervalo, nos passeios e em todas as experiências lúdicas individuais e de grupo que o sistema escolar oferece. Trata-se de conceber uma escola inclusiva que promova o bem-estar da criança e a integração escolar e facilite a aprendizagem através de algumas linhas projetadas:

Quais linhas podem ser implementadas na promoção do bem-estar da criança?

- intervenções educativas em sala de aula por parte do educador de saúde: transporte das técnicas e metodologias testadas com a criança no ambulatório para a sala de aula;
- estruturação do espaço e do tempo, se necessário;
- assessoria funcional sobre as estratégias educacionais e sobre a adequação das propostas didáticas;
- trabalhos em pequenos grupos: narração de histórias com ajudas visuais;

– preparação para a transição do nível escolar antes do início do ano letivo: reunir-se com os diretores da escola, com os pais e com os professores, experimentar o percurso casa-escola, trabalhar dentro da nova escola, estruturar a sala de aula (se necessário) e conhecer os ambientes.

Estratégias de ensino

Linda R. Watson, Catherine Lord,
Bruce Schaffer e Eric Schopler

A maioria dos professores já começa a pensar nas atividades de ensino quando decide objetivos. É compreensível que os professores não se sintam inclinados a escolher um objetivo se não conseguem identificar imediatamente como ajudar a criança a atingi-lo.

Vejamos algumas estratégias que podem ser úteis para este fim.

O contexto do ensino

No trabalho há muitos fatores relacionados com a forma como o professor estabelece o cenário para a resposta da criança. Estes fatores podem influenciar tanto a aquisição inicial da resposta como a sua generalização a novos contextos.

1. Sessões estruturadas. Esta é a abordagem mais tradicional para a educação em comunicação com crianças com autismo. A sessão é conduzida submetendo a criança a um intenso momento de exercício em que lhe é pedido para formular os mesmos tipos de respostas aos mesmos tipos de estímulos. Esta abordagem tem a vantagem de criar uma situação facilmente previsível para a criança, e que é mais fácil, portanto, de entender. As atividades podem ser estruturadas de modo que a criança tenha pouca chance de ficar confusa sobre o que se quer dela nessa situação específica; acreditamos, portanto, que esta abordagem é muitas vezes a melhor maneira de começar a ensinar uma nova habilidade. Também é importante, nas sessões estruturadas, planejar atividades que sejam compatíveis com o objetivo do programa: peça que a criança utilize uma nova habilidade de cada vez e inclua nelas objetos e ações de uso diário. A tarefa tradicional da criança de "nomear" imagens muitas vezes requer mais de uma habilidade de cada vez. Por exemplo, uma criança cuja comunicação espontânea consiste principalmente em pedir objetos pode precisar aprender quatro novos componentes para "etiquetar" o desenho de uma faca: uma nova palavra (faca), uma nova categoria semântica (o objeto classificado), uma nova função (comentar) e um novo contexto (a comunicação em relação à imagem). Na maioria dos casos os professores, sempre que possível, são incentivados a utilizar nas sessões estruturadas objetos naturais e atividades funcionais. Esta importante estratégia serve para a criança aumentar a sua compreensão enquanto aprende a transmitir alguma mensagem. Assim ensinamos não só o que a criança deve comunicar, mas também em qual situação real essa comunicação é mais apropriada. Isto faz com que a atividade estruturada seja mais fácil de ser compreendida e ajuda a generalizar os novos comportamentos comunicativos também na vida cotidiana da criança. Definir atividades funcionais que se prestem a um modelo repetitivo requer certa inventividade, que a maioria dos professores gosta muito.

2. Ensino incidental. O "ensino incidental" indica um tipo de abordagem em que o ensino ocorre explorando eventos que ocorrem naturalmente no dia. Esta abordagem parece ser uma parte necessária no ensinamento de boa comunicação, e muitos professores a utilizam rotineiramente, muitas vezes em conjunto com uma "aula de línguas" mais formal. Alguns objetivos são apenas adequados para o ensino incidental. Definir o objetivo com antecedência é uma grande ajuda para utilizar mais apropriadamente as oportunidades de ensino incidental. Subsequentemente, quando surgir uma ocasião mais adequada, o programa pode ser realizado simultaneamente com crianças de diferentes níveis. O benefício potencial do ensino incidental é facilmente compreensível: ensinar respostas em contextos naturais aumenta a probabilidade de que a criança entenda que essas respostas podem ser usadas para se comunicar nas situações rotineiras da vida cotidiana. As desvantagens do ensino incidental também são facilmente visíveis: por exemplo, as oportunidades de ensinar certos tipos de comportamentos podem ser muito raras. É necessária prática e concentração do professor para detectar essas oportunidades, também porque às vezes ocorrem em momentos do dia em que é logisticamente difícil de realizar uma "miniaula" de comunicação. Portanto, enquanto é fortemente encorajado o uso deste tipo de ensino, também recomenda-se o uso de uma terceira abordagem que tem as vantagens do ensino incidental e consegue superar algumas de suas desvantagens. Essa abordagem tem a ver com a "construção do contexto".

3. *Construção do contexto.* Se as oportunidades de ensinar uma nova habilidade não surgem naturalmente, cabe então ao professor criá-las. Chamamos este processo de criação de situações específicas de "construção do contexto". A preparação do ambiente circundante permite que os professores criem mais oportunidades de ensino em ambientes naturais do que o número de oportunidades que em geral surgem naturalmente. Ao planejar a frequência de oportunidades em questão, o professor tem a possibilidade de planejar esses eventos para que ocorram em horários convenientes e, portanto, estar preparado para usá-los. Mesmo se eles são totalmente previsíveis para os professores que os planejaram, esses eventos produzidos devem ser variados em sua frequência natural para que não sejam totalmente previsíveis para a criança. Introduzir variações por meio da construção de eventos é importante para melhorar a flexibilidade da criança no uso de suas habilidades de comunicação. A escolha depende tanto da criança quanto do objetivo proposto. Crianças que partem de um nível de funcionamento muito baixo parecem beneficiar-se da estrutura, da previsibilidade, e uma prática intensa de sessões estruturadas é um passo inicial obrigatório para essas crianças no aprendizado de uma nova atividade. Muitos objetivos se prestam ao ensino funcional em sessões estruturadas, outros não.

Facilidades e ajudas através de imagens

Pernille Dyrbjerg e Maria Vedel

Abaixo oferecemos alguns exemplos de facilitação e ajuda baseados em imagens.

1. Agenda do dia com objetos. Já que observar uma imagem e traduzir o seu significado implica certo conhecimento dos símbolos, no caso de crianças pequenas ou pessoas com um atraso grave de desenvolvimento pode ser útil dar a oportunidade de observar objetos reais. Para a agenda usamos um suporte de CD.

2. *À esquerda no desenho abaixo:* agenda móvel com clipes de papel. Este tipo de ferramenta é fácil de transportar em qualquer lugar: visitando amigos, viajando de carro ao zoológico etc. Os conteúdos devem ser adaptados às atividades que a criança deve realizar.

À direita: agenda móvel feita com um barbante e alguns clipes a cuja extremidade inferior é amarrada uma pedra. O barbante pode ser pendurado em qualquer lugar: numa tenda de acampamento, no trailer ou num quarto de hospedaria.

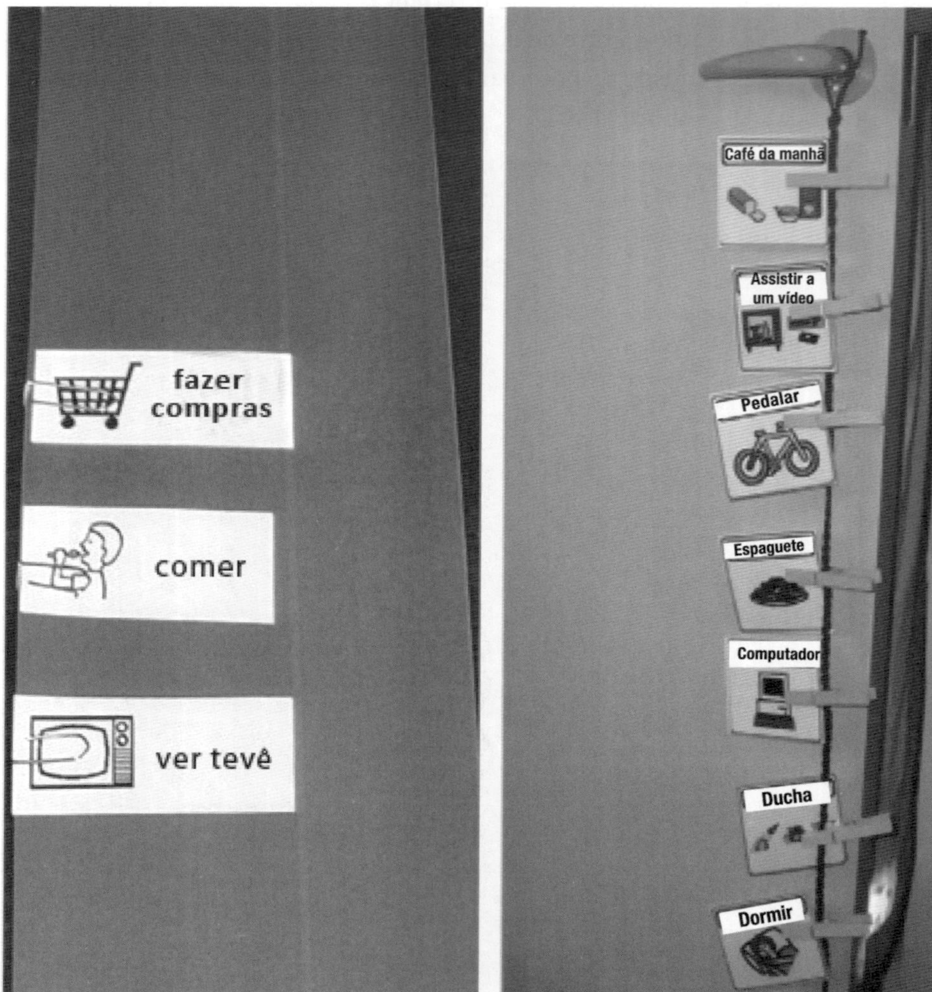

3. *Agenda semanal.* Muitas crianças precisam saber quando vão fazer coisas como andar de bicicleta ou nadar e perguntam constantemente. Uma agenda semanal pode reduzir a incerteza e evitar que a criança pergunte incessantemente as mesmas coisas. Convidando-a a consultar a agenda – tipo "em caso de dúvida, consulte a agenda" – a criança aprende que a agenda é uma importante fonte de informação.

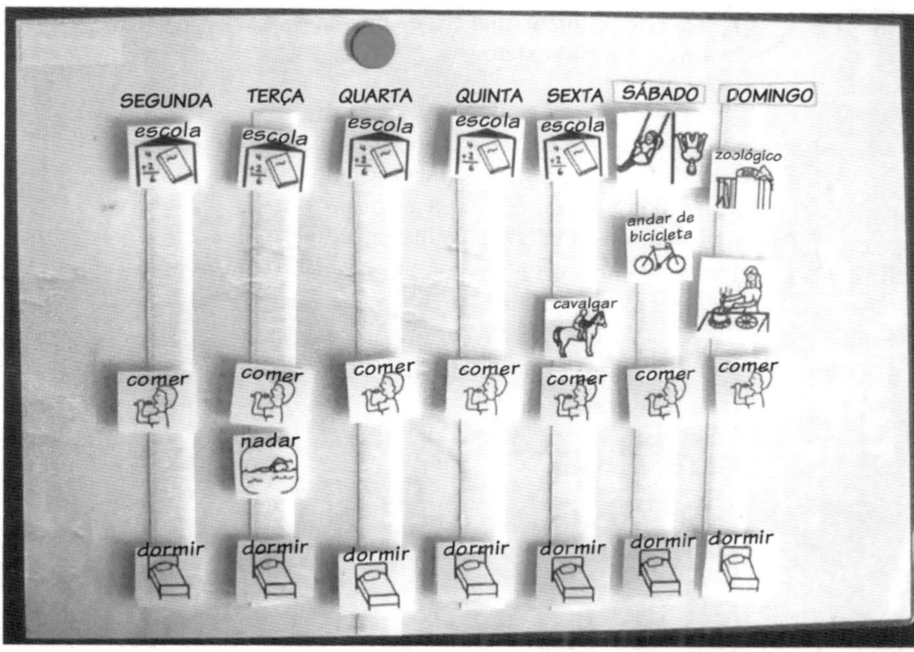

Ficha 6.1

Sessão 1 – Introdução ao programa: analisamos os sentimentos de afeto

7 **Exercício: colete imagens de pessoas que expressam afeto**

Encontre, recorte e guarde fotografias ou desenhos de pessoas da sua idade que expressam gratidão ou amor pelos outros. Você pode encontrá-las em revistas, em imagens de *clip-art* de seu computador ou na internet. Reúna entre 10 e 20 imagens. Coloque-as em um envelope grande para levá-las na próxima aula.

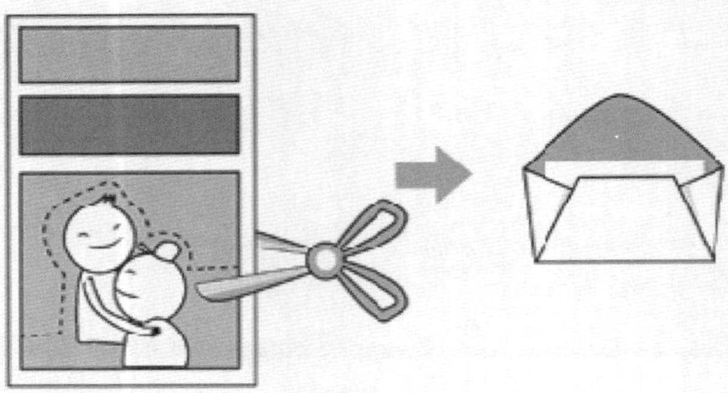

Retirada de T. Attwood e M. Garnett (2014, p. 64).

Ficha 6.2

Esta é Gianna. Esta figura nos diz o que Gianna quer fazer.

Desejo 9A

Gianna quer andar a cavalo.

Conclusão 9A

A mãe de Gianna a leva para a escola de equitação.

Retirado de P. Howlin, S. Baron-Cohen e J. Hadwin (2003, p. 92).

Ficha 6.3

Ficha 1 Simular

Esta parte compreende três pequenas cenas de complexidade crescente. A mais elementar é a Maçã, visto que a semelhança entre a maçã e a bola é explícita. No Carro, a comparação é subentendida, uma vez que o objeto real não é mencionado. A história Ferro de passar é mais difícil, pois a semelhança entre o pacote de arroz e o ferro de passar é fisicamente menos evidente; além disso, não são mencionados nem o objeto real nem o imaginário: a simulação, expressa através da ação, deve ser deduzida do contexto.

Nível de dificuldade

Fácil

Histórias

- Maçã
- Carro
- Ferro de passar

Objetivos

Discriminar entre uma ação séria e uma feita por brincadeira, por simulação.
Saber dar exemplos de situações similares.
Saber explicar este conceito.

Sugestões de leitura

Com crianças mais capacitadas podemos pedir que leiam normalmente, solicitando apenas uma entonação adequada à situação. Treinando o grupo é possível organizar um pequeno "recital".
Como alternativa, ou sucessivamente, podemos propor que se ouça um áudio previamente preparado.
Erros mais prováveis: o conceito de "simulação" pode ser trocado pelo conceito de "mentira" ou de "erro" (p. ex., "É errado, não se pode engomar com uma caixa").

Retirado de S. Rosati e N. Urbinati (2016, p. 39).

Ficha 6.3 (continuação)

Maçã (*Simular*)

O COELHINHO E A COELHINHA ESTÃO NA COZ NHA.
O COELHINHO APANHA UMA MAÇÃ E A ARREMESSA EM DIREÇÃO À COELHINHA DIZENDO: "TOMA!

É VERDADE QUE A MAÇÃ É UMA BOLA? ______________________

____

____

POR QUE O COELHINHO FALA ASSIM? ______________________

____

____

Retirado de S. Rosati e N. Urbinati (2016, p. 40).

Ficha 6.4

CADA UM COM SEU PRÓPRIO PENSAMENTO

Foco

6º Encontro

FICHA A.6.1

Associar pensamentos diferentes aos personagens das imagens (com base na idade, no sexo, na função, na expressão do rosto, na postura e nos comportamentos).

Pensamento

1. "Afinal, quando é que o ônibus vai chegar? Se não chegar em alguns minutos, com certeza chegarei atrasado no trabalho."
2. "Hoje a professora fará perguntas sobre história. Espero que não me chame, pois ontem não estudei muito! E, além disso, quem vai dizer para minha mãe que tirei aquela nota?!"
3. "Estou feliz que meu netinho venha hoje me visitar! Como lanche, vou preparar seu bolo preferido!"

Pensamento

1. "Ontem Francisco e Lucas me deixaram realmente com raiva. Espero que, ao menos hoje, que temos prova em sala de aula, não incomodem as outras crianças!"
2. "Não me sinto preparado para a prova; devo estudar mais. Não posso tirar uma nota ruim!"
3. "Hoje à tarde perguntarei à minha mãe se posso convidar Lucas para vir brincar comigo amanhã!"
4. "Também ontem meu pai e minha mãe discutiram. Tenho medo que me aconteça o que aconteceu com a Rita: que meu pai vá embora e nos abandone!"

Retirado de C. Salviato, I. C. Mammarella e C. Cornoldi (2020, p. 93).

Ficha 6.4 (continuação)

(continua)

FICHA A.6.1

Pensamento

1. Eu não queria vir para esta festa. Não quero que minha mãe me deixe sozinha!"

1. "Espero que seja o robô *transformer* que tanto quero!"

1. "Agora dou o troco... assim você aprende a não me excluir do jogo!"

Retirado de C. Salviato, I. C. Mammarella e C. Cornoldi (2020, p. 94).

Ficha 6.5

História 5

Eu uso fraldas

Eu me chamo Giovanni. Uso fraldas que coletam e seguram meu xixi e meu cocô.

A fralda recolhe e segura o xixi e o cocô, que não me servem mais. Quando ela está suja, eu a jogo fora.

Eu visto fraldas que coletam e seguram meu xixi e meu cocô.

Retirada de C. Gray (2016, p. 56).

Ficha 6.6

História 133

O grande cartaz amarelo que diz: "Todos olhem e ouçam"

Eu me chamo Elias. Vou à escola. Meu professor é o Sr. Russo. Ele tem um grande letreiro amarelo.

Este é o grande letreiro amarelo que diz: "Todos olhem e ouçam". É importante. Significa: "Tentem todos olhar para o Sr. Russo. Tentem, também, todos vocês, ouvir o Sr. Russo". Na maioria das vezes, o Sr. Russo chama-o simplesmente de "letreiro olhe e ouça". É o letreiro dele, por isso ele pode fazê-lo.

Às vezes o Sr. Russo fala comigo e com todos os outros. Muitas vezes isso acontece quando ele está sentado em sua cadeira. Ele coloca o letreiro "olhe e ouça" onde todos possam vê-lo. Significa que este é um momento em que todos devem prestar atenção nele.

O Sr. Russo pendura o cartaz quando ele ensina. O cartaz fica pendurado quando nos ensina matemática, leitura, escrita, ortografia, ciências e outras matérias. Ele fica pendurado quando o professor nos fala sobre uma tarefa a ser feita em sala de aula. Fica pendurado quando dá instruções para mim ou para todos os outros. Fica pendurado cada vez que ele fala para todos os alunos ao mesmo tempo.

Esta é a parte de trás do cartaz do Sr. Russo.

Às vezes o senhor Russo não precisa que todos ouçam. Na minha turma há momentos em que todos fazem individualmente as tarefas em sala de aula. Em um determinado momento o Sr. Russo pode ter necessidade de falar com outro professor ou com o diretor. Às vezes o Sr. Russo fala para alguns alunos, como quando são feitos grupos de leitura. E pode inclusive falar apenas comigo, e não com outro aluno.

Nesse momento vemos o verso do letreiro, sem nada escrito.

O grande letreiro amarelo que diz: "Todos olhem e escutem" significa: "Elias e todos os outros, tentem olhar o Sr. Russo e também ouvi-lo". Ele me ajuda a saber quando é importante que eu esteja atento ao que o Sr. Russo diz.

Retirado de C. Gray (2016, p. 225).

Ficha 6.7

7-11 ANOS

UMA HISTÓRIA SOBRE COMO PARTILHAR O TEMPO DA PROFESSORA ANALISA

(Esta história foi escrita por Giovanni, de 8 anos. Ele frequentava o ensino fundamental e era acompanhado em sala de aula por um professor de apoio. Quando sua professora ia ajudar alguma outra criança da turma, ele começava a gritar e a chorar. Não compreendia que era importante que a professora trabalhasse também com os outros alunos).

A Professora Analisa ajuda os meus companheiros de classe em suas tarefas. Ela circula pela sala de aula e fica em pé ou sentada perto da criança que ela está ajudando.

Às vezes, Analisa está trabalhando com outra criança e algumas delas vão ao local onde a professora está.

(continuação)

Retirado de C. Smith (2006, p. 47).

Ficha 6.7 (continuação)

7-11 ANOS

UMA HISTÓRIA SOBRE COMO DIVIDIR O TEMPO COM A PROFESSORA ANALISA

(continuação)

Gosto que a Professora Analisa trabalhe comigo, pois ela me ajuda a entender o que fazer, e assim não me zango nem fico nervoso.

As outras crianças também gostam de trabalhar com a Professora Analisa. Assim elas não ficam chateadas e conseguem dar continuidade às suas tarefas.

Enquanto a Professora Analisa está trabalhando com alguma outra criança, tento ficar tranquilo e dar continuidade às minhas tarefas.

Quando termino minhas tarefas, a Professora Analisa fica satisfeita.

Retirado de C. Smith (2006, p. 48).

Ficha 6.8

1.4 *Stop* ao desenho!

OBJETIVOS

- Desenvolver a criatividade (fluidez, flexibilidade, processamento, originalidade)
- Aceitar a contribuição das outras crianças e as mudanças de ideia-perspectiva

MATERIAIS

- Folhas brancas A4
- Lápis
- Apontador
- Material de desenho (lápis coloridos, canetas de feltro, giz de cera)

DESENVOLVIMENTO

Cada criança, sentada no canto de uma mesa, dispondo de uma folha com uma forma geométrica simples impressa, pode iniciar um desenho a partir daquele estímulo. Ao sinal de *stop*, cada criança deve deixar a folha sobre a mesa e imediatamente ocupar o lugar de seu vizinho à sua esquerda.
A solicitação agora é que ela continue o desenho de seu vizinho até o novo sinal de *stop*. Cada criança mudará de lugar quatro vezes, até chegar ao seu desenho inicial, e poderá agora completá-lo considerando as mudanças/acréscimos feitos pelos outros. No final os desenhos, podem ser pendurados um ao lado do outro.

Retirado de S. Molten e E. Farina (2016, p. 122).

Ficha 6.9

Jogos com bolhas de sabão

FICHA 1

Materiais: recipientes para fazer bolhas de sabão; outros equipamentos diversos para produzir bolhas, como pipetas, objetos que permitem soprar mais bolhas ao mesmo tempo, aparelhos que sopram bolhas de modo automático etc., frascos reservas de bolhas (quando um frasco não pode produzir bem bolhas, é melhor deixá-lo em repouso em vez de agitá-lo); panos para enxugar o líquido derramado.

Funções: expressar emoções em frente a uma apresentação fascinante (sintonização emocional entre a criança e o adulto); olhar, olhar juntos, trocar olhares, sorrisos, vocalizações; responder à solicitação de olhar e de agir (pegar as bolhas); troca de atores (primeiro o professor apresenta o espetáculo, em seguida a criança pode realizá-lo sozinha).

Jogo 1

Mantenha-se na frente da criança; peça-lhe que fique parada, que olhe as bolhas que sobem e descem até explodirem. Aguarde que a criança olhe para você antes de repetir a apresentação ou pergunte: "Devo repetir?" Peça-lhe que as toque com as mãos, com um pé (quando consegue ficar em pé com um só pé), com uma varinha (para aquelas que sentem desconforto com o sabão). Descreva as características das bolhas: "Olhe como são lindas... grandes... pequenas... de todas as cores. Veja como explodem... como sobem... como descem... cuidado, que elas podem alcançar o seu narizinho... as suas mãozinhas...".

Retirado de C. Xaiz e E. Micheli (2001, p. 110).

Ficha 6.9 (continuação)

Evite o cansaço repetindo as mesmas coisas por muito tempo. Tente fazer com que a criança sopre alternadamente, dizendo-lhe: "Uma vez eu, outra você". É conveniente que você segure o frasco na mão ou ajude a criança a segurá-lo direitinho, para evitar que derrame o líquido. Também é necessário ter ao alcance da mão algo para enxugar o líquido eventualmente derramado, bem como frascos de bolhas de reserva para não interromper a brincadeira. Em qualquer situação, o importante é conduzir a brincadeira e jamais perder o controle; você decide quando parar e quando trocar de brincadeira, prestando atenção tanto aos seus desejos quanto aos da criança.

Outras brincadeiras

Em lojas ou bancas existem materiais como pipetas ou círculos para soprar bolhas de sabão de várias dimensões. Através desses materiais é possível introduzir variações na mesma brincadeira, contando com os efeitos especiais obtidos graças a esses equipamentos "mágicos". O desenvolvimento da brincadeira é substancialmente igual à brincadeira precedente. Há também aparelhos que fazem bolhas de sabão. Neste último caso, mostre o aparelho à criança, ligue o botão de acionamento, coloque-o sobre um móvel alto e juntos olhem as bolhas caindo como chuva, comentando o evento com poucas palavras e gestos bem claros. De vez em quando desligue o botão e espere que a criança olhe para você, ou acione-o novamente, caso ela apresente algum indício de que quer que isso seja feito.

Pontes para a comunicação

Como as crianças gostam muito de bolhas, elas são muito boas para serem vistas e podem ser muito úteis para estimular a comunicação. Trata-se, então, de organizar a brincadeira de modo que ela crie uma necessidade de comunicação. Por exemplo, quando você tem certeza de que a criança está observando e participando com interesse, crie pausas interrompendo a brincadeira, espere um sinal comunicativo da criança, mesmo que mínimo, e só então dê prosseguimento à brincadeira.

Retirado de C. Xaiz e E. Micheli (2001, p. 111).

Ficha 6.10

Números

EXEMPLO DE MATERIAL PARA CORRESPONDÊNCIA DE NUMERAIS E OBJETOS DE INTERESSE ESPECIAL

Quantos trenzinhos você consegue contar?
Coloque o número na coluna à esquerda.

1	2	3	4	5

Retirada de Retirada de J. Adkins e S. Larkey (2015, p. 77).

Ficha 6.11

Retirado de G. Pelagatti e F. Cottone (2011, p. 136).

Ficha 6.12

4. As partes do desenho

FICHA 165

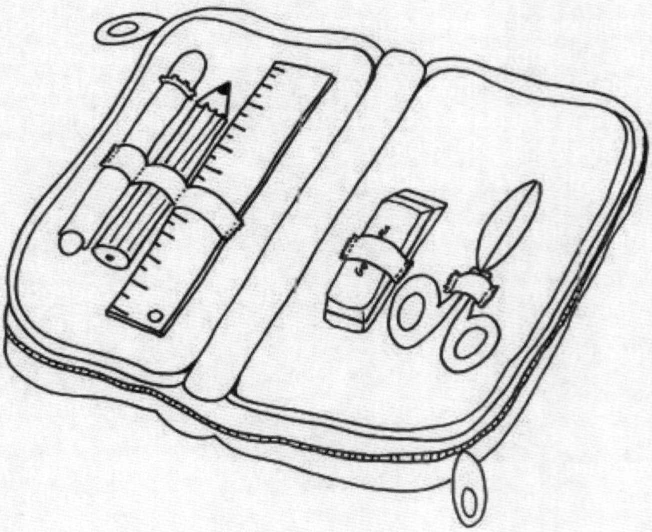

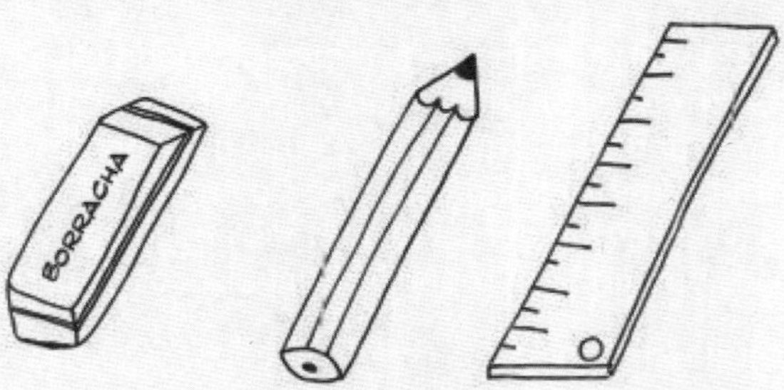

Retirado de G. Pelagatti e F. Cottone (2011, p. 196).

Em síntese

- ☑ As intervenções sobre as habilidades cognitivas e metacognitivas são abordagens cognitivo-comportamentais particularmente estruturadas que, dentro de uma dimensão comunicativa/relacional, ajudam a criança com TEA a compreender os mecanismos e as nuanças que caracterizam as relações interpessoais (cf. "teoria da mente").
- ☑ No que diz respeito às intervenções destinadas à intersubjetividade, à reciprocidade, às competências sociais e interpessoais, os caminhos facilitadores nesta área partem do desenvolvimento de competências básicas de intersubjetividade primária, como a atenção partilhada, o olhar para o outro, para alcançar formas mais avançadas de reciprocidade, empatia e partilha.
- ☑ Outra abordagem do trabalho em grupo sobre as habilidades sociais é utilizar histórias sociais pensadas especificamente para crianças com TEA, objetivando ajudá-las a compreender uma pequena parte de seu mundo social e comportar-se adequadamente dentro dele.
- ☑ No campo das intervenções psicoeducacionais sobre o jogo, o papel do jogo simbólico e simulado como critério de diagnóstico e como uma grande categoria de objetivos de aprendizagem é relevante. Na origem do déficit de jogo simbólico encontramos dificuldades de "teoria da mente", e é então aconselhável proceder paralelamente com ferramentas cognitivo-lúdicas, bem com interpessoais, destinadas ao desenvolvimento da intersubjetividade.
- ☑ Nas pessoas com autismo, a comunicação pode estar comprometida de várias formas e com diferentes níveis de gravidade: de fato, podemos encontrar pessoas que não falam e não compreendem a linguagem, com outras que não falam mas compreendem razoavelmente bem, com outras ainda que falam mas pouco compreendem o que dizem, ou com um bom repertório linguístico e boa compreensão.
- ☑ A CAA ajuda apoiando essas dificuldades. O termo "aumentativa" indica o uso de ferramentas que apoiam e "aumentam" a linguagem do indivíduo, onde, mesmo que de forma limitada, esteja presente a linguagem. A esse significado acrescente-se um segundo, relativo ao uso que os parceiros de comunicação da criança (pais, professores, profissionais etc.) fazem dos códigos de comunicação não verbal.

- ☑ Os *IN-books* são livros ilustrados com texto em símbolos feitos "sob medida" para cada criança, a partir de obras de literatura infantil ou de suas experiências, que se tornam instrumentos de inclusão e de apoio no desenvolvimento de todas as crianças.
- ☑ Uma das maiores dificuldades para quem trabalha com crianças com TEA parece ser encontrar atividades didáticas adequadas e funcionais ao desenvolvimento e ao incremento das competências dessas crianças. São ainda poucas as propostas de trabalho para o ensino das competências escolares básicas.
- ☑ Para intervenções educativas estruturadas, o modelo reabilitador de referência é o desenvolvido pela Division TEACCH, um programa mundialmente reconhecido como um dos mais eficazes, e que leva em conta todos os recursos que giram ao redor da pessoa com autismo, englobando desde a família até a escola.

Parte III
Refletir e compreender

Introdução

Pesquisa e desenvolvimento Erickson

Esta parte aprofunda alguns aspectos característicos do TEA numa perspectiva mais abrangente. O olhar é dirigido para a vida adulta e o projeto de vida, tema do capítulo 7. Além disso, nesse capítulo são ilustrados os temas relativos à sexualidade no autismo, oferecendo orientações úteis sobre como configurar um programa de educação sexual e afetiva que seja verdadeiramente funcional às características e necessidades das pessoas com autismo.

Alguns relatos e testemunhos comoventes de pessoas com TEA, dentre os quais estão os de Temple Grandin, completam esse capítulo sobre a vida adulta.

O capítulo 8 é dedicado a aspectos do TEA de nível 1 de suporte, anteriormente denominados "Síndrome de Asperger" e "autismo de alto funcionamento". Aqui são claramente definidas as suas características e peculiaridades, valendo-se igualmente de relatos e testemunhos de pessoas com Síndrome de Asperger ou de seus familiares. O capítulo termina com uma seleção de escritos de Uta Frith e Francesca Happé sobre o interessante tema "Talento e autismo", que abre nossas mentes para novos universos e visões, convidando-nos a olhar para além do TEA.

Capítulo 7
Autismo e vida adulta: projeto de vida, sexualidade e testemunhos

Fontes do capítulo

TÓPICOS

Olhar na perspectiva do projeto de vida: retirado e adaptado de D. Ianes e S. Cramerotti (2009, p. 47-51, 54-57).

Sexualidade nos transtornos do espectro autista: retirado e adaptado de D. Ianes e M. Zappella (2009, p. 71-72); W. Lawson (2005, p. 17-19, 20); H. De Clercq (2011, p. 218-220, 222).

Testemunhos de vida autista: retirado e adaptado de T. Grandin (2006, p. 23-25); E. Valtellina (2010, p. 111-117).

BOXES

O desejo de ter amigos: retirado e adaptado de H. Morgan (2003, p. 106) (contribuição de Eve Matthews).

Aprofundamento: direitos fundamentais para promover a normalização da vida sexual das pessoas com transtornos do desenvolvimento: retirado e adaptado de W. Lawson (2005, p. 21).

Algumas perguntas ao especialista... Fabio Veglia: retirado e adaptado de D. Ianes e M. Zappella (2009).

Linha temporal sequencial

Em qual fase temporal são situadas as indicações de trabalho que encontraremos neste capítulo?

Quadro de conhecimentos introdutório e características	Diagnósticos, ferramentas de avaliação e identificação precoce	Programação e intervenção	**Além do autismo**	Construção das alianças educativas

Mapa conceitual inicial

O que abordaremos neste capítulo?

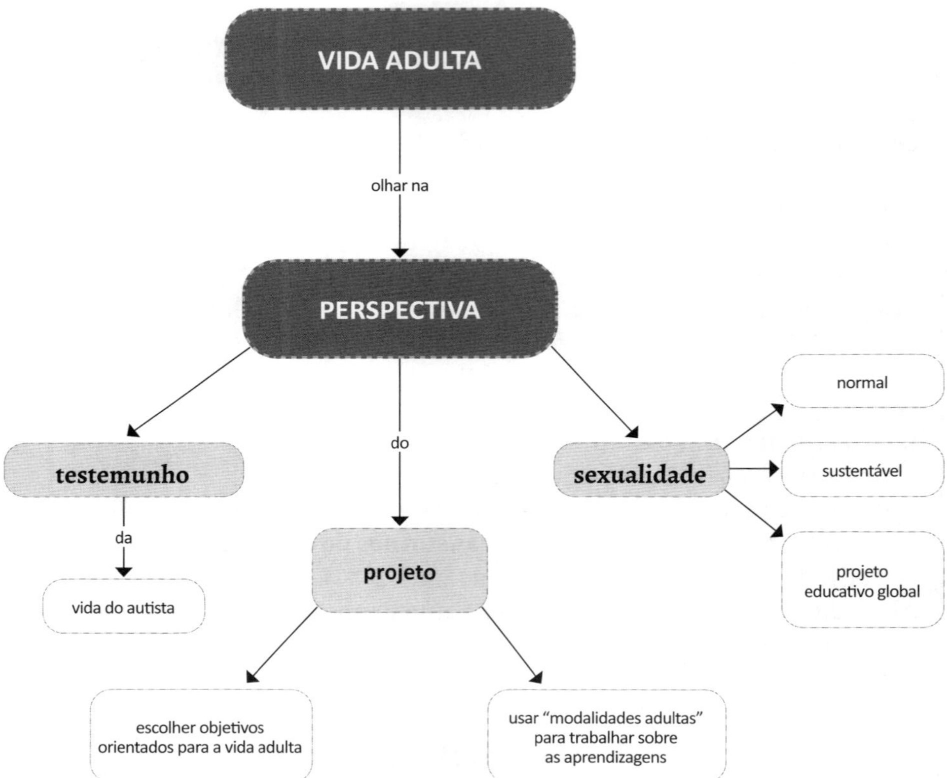

O desejo de ter amigos

Hugh Morgan

Robert é um rapaz de 21 anos com diagnóstico de Síndrome de Asperger. Robert parece ser capaz de criar relações com os outros e busca ativamente companhia, mas essas interações são excêntricas. Por exemplo, os profissionais relatam que ele pode mostrar-se muito afetuoso com os outros, mas esse comportamento geralmente é inadequado ao contexto. De fato, foi observado que, quando ele encontra pessoas totalmente desconhecidas, tanto homens quanto mulheres, a impressão que ele passa é que elas lhe parecem "extremamente amigas", tanto nos contatos físicos quanto nos discursivos. Em uma palavra: Robert parece desconhecer as convenções que regulam as relações sociais e igualmente parece não responder aos sinais não verbais de outras pessoas que o lembram de que suas familiaridades não são bem-vindas. Assim, não obstante seu grande desejo de fazer amigos, conservá-los é sua tarefa mais difícil. Também foi constatado que, já no primeiro encontro, pessoas estranhas se surpreendem com ele, sobretudo pelo bombardeamento de informações a que as submete, sem falar dos constantes tapinhas e abraços afetuosos que dele repentinamente recebem. Este bombardeamento de informações é igualmente um dos motivos pelos quais as mães de crianças com autismo não usam com os filhos frases muito longas: o essencial, o conceito, já lhes parecem demasiadamente difíceis, e falar muito cria transtornos desnecessários. Melhor utilizar palavras densas de sentido com pessoas com TEA.

Olhar na perspectiva do projeto de vida

Dario Ianes e Sofia Cramerotti

Incluir o projeto de vida no Planejamento educacional individualizado significa, do ponto de vista técnico-didático, duas coisas:

- escolher objetivos maximamente orientados para a vida adulta;
- utilizar formas de trabalho dos "adultos" no aprendizado destes objetivos.

Quanto aos objetivos mais diretamente ligados às habilidades da vida adulta, alguns pontos do ICF (OMS, 2002) poderiam ser úteis, particularmente os relativos à "participação social".

Além disso, devemos olhar para algumas macrodireções de desenvolvimento:

Macrodireções de desenvolvimento

- cargos de trabalho: "aprender a trabalhar, não aprender um trabalho" (Montobbio & Lepri, 2000);
- competências de gerir o tempo livre, tanto em casa quanto fora;
- competências de gerir a própria autonomia;
- competências de desenvolvimento/manutenção de uma rede de apoio social informal;
- competências de gerir os seus próprios recursos econômicos;
- competências afetivas e sexuais;
- competências de criar uma vida familiar própria.

Cada uma dessas macrodireções de realização na vida adulta exige, para ter o maior "sucesso possível" nos vários ecossistemas, uma série de competências de decisão, de realização, de funcionamento, que não teriam sentido se não fossem tornadas significativas por uma capacidade global de autoprojetar-se uma identidade coesa e contínua entre passado e futuro, num eu estável e construtivo.

Não esqueçamos que o que nos parece agora uma dimensão utópica, inatingível, o é muitas vezes porque não a trabalhamos intencionalmente nos anos que passaram, colocando-nos em papéis demasiadamente infantis, sentindo-nos "pacientes", "deficientes" etc. Os famosos mecanismos da "profecia autorrealizadora" funcionam também de forma positiva e não apenas negativa.

Lidar com a incerteza

Ao pensarmos numa perspectiva adulta seremos também confrontados com a nossa capacidade de lidar com a incerteza no que tange ao nosso destino, ao que a vida reserva à pessoa com TEA. Mas não o sabemos ainda, nem podemos fazer prognósticos; apenas podemos ajudar a pessoa a crescer um passo de cada vez, oferecendo-lhe um ambiente que fortaleça a sua confiança em suas próprias possibilidades.

Capacidades úteis para a definição de objetivos adultos

Voltando aos aspectos metodológicos: duas competências úteis aos professores na investigação e definição dos objetivos dos adultos são a *análise dos ecossistemas* e a *qualidade de vida*.

Para os nossos propósitos aqui, basta recordar que na análise dos ecossistemas nos concentramos nos vários ambientes de vida que devem ser padronizados pela pessoa com TEA em certo nível.

Os processos de tomada de decisão executiva que estes níveis de competências específicas exigem são divididos em elementos individuais utilizando as metodologias habituais de análise de tarefas e relacionadas com a capacidade do sujeito e a disponibilidade de eventuais fatores contextuais-ambientais facilitadores ou obstrutores.

Desse modo, temos acesso aos vários elementos que precisarão ser recompostos para alcançar essas habilidades.

O conceito de *Qualidade de vida* também pode ser útil. De fato, existem muitos estudos sobre a situação dos adultos (Ianes, 1996) que podem nos dar indicações úteis no que diz respeito aos objetivos que representam competências essenciais para uma boa qualidade de vida. Neles encontramos competências ligadas à autodeterminação, à livre-escolha, à conservação de uma boa rede de apoio social, à gestão consciente da própria saúde, além, obviamente, da dimensão identitária e do projeto próprio de vida. Do ponto de vista das modalidades "adultas" de ensino-aprendizagem, vale recordar que alcançar objetivos adultos pode exigir métodos de ensino-aprendizagem como, por exemplo, experiências diretas da situação real, situações simuladas e dramatizadas, contato-engajamento-formação-supervisão de recursos informais de ensino, construção de um super portfólio de competências suficientemente capaz de contê-las por inteiro e dar-lhes um sentido de identidade e de projeto próprio de vida.

Qualidade de vida

Além disso, a condição adulta exige uma "maturação" psicológica e afetiva complexa: a pessoa só se torna adulta à medida que sua identidade se torna autônoma e estável, que a separação/individuação das pessoas adultas de sua família de origem pode ser considerada realizada, quando suas capacidades de conceber um projeto de vida próprio desenvolvam possíveis "autonomias" e sequências de ações para realizá-las, quando ela estiver em condições de gerenciar autonomamente as diversas modalidades de seu tempo (ocupado, projetado, vazio etc.), quando ela for capaz de aceitar/construir compromissos entre desejos e realidade, quando souber assumir papéis e prescrições em vários contextos, quando for capaz de elaborar o seu original e próprio caminho afetivo, sexual, familiar.

Tudo isso parece extremamente complexo, e certamente é mais complexo ainda para os portadores de déficits significativos; mas isso não nos isenta de nos lançarmos lentamente no caminho de favorecer o máximo possível, do ponto de vista psicológico, o desenvolvimento de um ser adulto. Entre os muitos pontos de abordagem desse discurso, o da identidade é essencial. A identidade pode ser considerada como uma reflexão consciente e estável, histórica e embasada em projetos, sobre o conjunto das nossas várias características, que dá uma direção de sentido às nossas ações futuras e um significado às ações pretéritas.

Em suas várias fases da vida a pessoa é chamada a refletir sobre a própria continuidade temporal e as suas diferenças em relação às outras pessoas. O crescimento do senso de identidade encontra-se ao longo da vida com várias crises, especialmente em momentos "delicados" do desenvolvimento evolutivo. A este respeito vale recordar que a identidade de uma pessoa começa a ser construída principalmente graças ao processo de identificação com as figuras parentais, que oferecem um primeiro e importantíssimo modelo de referência. Outros modelos posteriormente emergirão.

Considerando a identidade de um ponto de vista psicológico e educacional, nos vem imediatamente à mente uma série de perguntas fundamentais que normalmente fazemos quando pensamos na nossa identidade. Quem sou eu? Como me vejo? Como os outros me veem? Como me descrevo? Como me imagino? Como gostaria de ser? Como eu era? Por que me imagino dessa maneira? E assim por diante... São perguntas que procuram dar um sentido à minha existência, um significado totalmente meu, diferente daquele dos outros, precioso justamente por ser individual, irrepetível, característico de minha singularidade.

Essas elaborações cognitivas e afetivas são difíceis e desgastantes, e o apoio psicológico e educativo à pessoa com autismo que está construindo a própria identidade, ao longo da sua vida, também é difícil e desgastante.

Como já tivemos oportunidade de sublinhar, no desenvolvimento da identidade é igualmente crucial a variável "tempo": somos aquilo que fomos, que fizemos, que escolhemos etc. É importante ajudar a pessoa com autismo a "fazer memória" para reconstruir as escolhas, os desejos, as dúvidas, os resultados, as emoções envolvidas; este "fazer memória" muitas vezes assume formas muito concretas: objetos de recordação, fotografias, viagens em lugares específicos, diários e relatos autobiográficos etc. (Farello & Bianchi, 2005).

Uma identidade forte sempre tem algum projeto a seguir, algum objetivo a alcançar, alguma aspiração, alguma motivação. Sabemos, porém, como isso é difícil para as pessoas com autismo e suas famílias.

Uma identidade, para se fortalecer de forma autônoma, também precisa de fronteiras; fronteiras para separar e, assim, proteger; fronteiras no espaço do corpo, no espaço da vida, da tomada de decisão, das relações ("eu sou o pai, você o filho; e, mesmo que você seja meu dependente, não somos a mesma pessoa").

É difícil, em muitos casos, para educadores, pais, mães, respeitarem os limites da pessoa com autismo, uma vez que suas necessidades geralmente são muitas e porque, muitas vezes, por muitos bons motivos (capacidades reduzidas, necessidade de segurança e proteção dos perigos), devemos "invadir" o seu território, fato que deve levar-nos a refletir: também a pessoa com limitações maiores nas atividades pessoais tem o direito à inviolabilidade de alguns de seus territórios, visto que abrigada por essas fronteiras ela pode fazer sua identidade crescer.

Respeitar os conflitos da pessoa com TEA

A construção da própria identidade sempre traz consigo sofrimento para cada um de nós, e muitas vezes somos tentados a proteger os autistas de um sofrimento que sentimos ser demasiado grande para que o compreendam de forma mais profunda e autêntica; mas, mesmo assim, temos de tentar confiar mais em seus recursos psicológicos e em nossa capacidade de lhes dispensar a ajuda necessária. Não é possível trabalhar seriamente num bom projeto de vida sem dedicar especial atenção a essas dimensões psicológicas, no âmbito de uma relação de ajuda orientada incessantemente para o desenvolvimento de competências significativas.

Ter uma abordagem de projeto de vida necessariamente requer também um alargamento do horizonte em relação aos "atores" deste processo: a família, os serviços sociais, os recursos relacionais informais da rede familiar (parentes, amigos etc.), os recursos associativos, culturais e recreativos de uma região ou comunidade, os vizinhos de casa etc. E quem mais tem mais deve disponibilizar! Quanto mais disponibilizarmos, mais amplo e participativo será o projeto de vida. Uma primeira linha de ação concreta é, então, explorar, alargar e tornar mais rica e consciente a rede de relações e oportunidades de relacionamento e de ajuda em que o sujeito com autismo está inserido.

Abordagem voltada para o projeto de vida

Podemos imaginar essa rede tendo por estrutura referencial uma "cebola": em seu centro estaria a pessoa autista e em suas "camadas" sucessivas estariam as pessoas com as quais ela mantém relações, que podemos definir como cada vez mais formais e institucionais (Hutton & Roberts, 1990; Seed, 1997; Maguire, 1989).

Essa organização representa de imediato a situação de muitas pessoas com autismo: uma cebola com um núcleo forte (o sujeito autista e sua família), e uma casca igualmente forte (serviços sociais, escola etc.), no meio, nas camadas que devem ser espontâneas, informais ou quase, há muito pouco. E é aqui, aliás, que se deve encher a cebola, conquistando novos territórios, novos atores para um projeto de vida da pessoa com TEA, novas pessoas-lugares-situações para partilhar a responsabilidade de fazer parte ativa do mundo relacional da pessoa com autismo.

Isso não acontece por milagre, por um surto repentino de solidariedade social da comunidade de pertença da pessoa com TEA que, percebendo sua presença, passa a assumi-la e lhe dispõe funções e visibilidades. As funções devem ser procuradas e construídas com paciência e mediação, tanto em termos de trabalho como na gestão do tempo livre, ou outras situações comunitárias. Por isso é essencial que existam trabalhadores da educação (educadores sociais) e tutores que façam este trabalho de mediação enquanto é necessário, e estruturas comunitárias permanentes de facilitação dos processos de integração social, tanto para as pessoas com deficiência quanto para suas famílias, criando assim vínculos, alianças, sinergias, acordos, comunicações, mediações, pactos, desenvolvimento de uma visão o mais comum possível.

Paciente obra de mediação

Sexualidade nos transtornos do espectro autista

Dario Ianes e Michele Zappella

Que diretrizes orientam o trabalho psicoeducacional no campo da sexualidade?

O trabalho psicoeducacional neste campo delicado apoia-se em três orientações de base: pensar como referência a sexualidade normal, pensar numa sexualidade sustentável para a pessoa com determinadas características e promover suas competências num projeto de educação global.

Como muitas outras competências e conhecimentos, também as relativas à esfera afetiva e sexual devem ser aprendidas de forma sistemática pela pessoa com autismo, isto é, aprendidas de forma individualizada, estruturada e fundamentada em estratégias educacionais concretas, que reduzam o máximo possível a utilização da linguagem verbal. Podem ser de grande utilidade, portanto, mecanismos visuais como fotografias, ilustrações, vídeos, formas de comunicação mais adaptadas a uma compreensão inequívoca por parte dos destinatários com TEA. Naturalmente deve ser reservada especial atenção ao fato de que as componentes emocionais inerentes ao tema não devem prejudicar a compreensão exata dos conteúdos apresentados em sua globalidade.

Esta compreensão incorreta, associada a um conhecimento insuficiente, parcial ou incompleto pode, de fato, levar a pessoa com TEA a assumir comportamentos inadequados, socialmente inadmissíveis (muitas vezes em razão da incompreensão de seus afetos), que podem constranger quem está à sua volta. Também às crianças autistas as competências socioafetivas e sexuais devem ser ensinadas em igual modo às outras competências/matérias (suas reações emocionais naturalmente serão visivelmente diferentes), fazendo uso, para tanto, de muitas metodologias comuns.

Abordagem evolutiva

Ao lado dessas indicações de caráter geral, é igualmente importante adotar uma *abordagem evolutiva*, ou seja, que respeite os ritmos de desenvolvimento, que seja coerente com o conteúdo da informação adequada a ser oferecida em relação ao nível cognitivo dos destinatários, aos níveis de aprendizagem, competências (também de comunicação e sociais) e capacidades de compreensão, independentemente da idade (Lawson, 2005).

Segundo o programa psicoeducional TEACCH, a educação sexual no autismo deve ser articulada em quatro níveis:

1. *Aprendizagem discriminatória* (o que é permitido fazer nos diferentes ambientes, nos diferentes momentos do dia e como fazê-lo);

2. *Higiene pessoal* (quando e com que frequência cuidar do próprio asseio);

3. *Conhecimento das partes e das funções do corpo* (órgãos genitais, funções masculinas e femininas);

4. *Educação sexual completa* (da amizade à intimidade sexual).

O que significa propriamente "sexualidade"?

Wendy Lawson

A sexualidade inclui as esferas biológica, psicológica, social, emocional e os valores que cada um cultiva. A sexualidade começa conosco e se estende às nossas formas de relacionamento com os outros: ela influencia a maneira como olhamos para nós mesmos enquanto indivíduos e seres sexuados, como olhamos para o gênero sexual ao qual pertencemos, como olhamos o nosso corpo, a nossa atividade sexual e o nosso comportamento em geral.

As relações com os outros podem variar da amizade à intimidade emocional, do amor às relações sexuais. Todos pertencemos a um gênero sexual, independentemente de nossas capacidades, deficiências ou patologias, e todos temos o direito de viver uma vida sexual plena e satisfatória. Quando se entende que a sexualidade inclui *tudo* o que uma pessoa é, muitas questões passam a fazer sentido.

Além de ser um mecanismo de realização de cada indivíduo, a sexualidade tem uma função unificadora sobre a personalidade e lhe confere plenitude. Esta influência é muitas vezes associada a um impulso de conformidade sexual.

Aprofundamento: direitos fundamentais para promover a normalização da vida sexual das pessoas com transtornos do desenvolvimento

Wendy Lawson

1. O direito de desfrutar do ensino de habilidades sociossexuais específicas; esse ensino deve ter como objetivo permitir que as pessoas com TEA tenham contatos sociais frequentes com outras pessoas e com a sua comunidade.
2. O direito de adquirir todos os conhecimentos sobre a sexualidade que a pessoa com deficiência possa compreender.
3. O direito de amar pessoas e ser amadas por elas; este ponto inclui especificamente a realização sexual.
4. O direito de expressar os próprios impulsos sexuais nas mesmas formas socialmente aceitáveis para os outros.
5. O direito de usufruir de serviços com objetivos de controle dos nascimentos adequados às exigências individuais específicas.
6. O direito de casar-se.
7. O direito de decidir autonomamente ter ou não ter filhos.

A educação sexual e a sexualidade são questões de máxima importância para o desenvolvimento das pessoas com TEA. Passar da infância à adolescência e depois à idade adulta é um processo longo e complexo, que impõe diversas "tarefas", cada uma exigindo que a precedente tenha sido resolvida com sucesso.

O desenvolvimento de pessoas neurotípicas se divide em fases reconhecíveis; elas passam por certo número de fases evolutivas, e os pais, em cada uma delas, sabem, em grandes linhas, o que podem esperar do comportamento dos filhos. Os pais de pessoas com desenvolvimento típico também podem refletir sobre a própria infância e servir-se da própria experiência pessoal para ajudar os filhos a enfrentar os problemas em seu desenvolvimento.

Mas o que acontece no desenvolvimento de crianças e adolescentes autistas? Seria o processo de desenvolvimento dessas pessoas semelhante ao das pessoas neurotípicas? A resposta a esta última pergunta é sim e não. Sim: também as pessoas com autismo passam pelas mesmas fases de desenvolvimento físico e são igualmente sujeitas às mesmas transformações hormonais dos indivíduos com desenvolvimento típico. E não: a experiência dessas mudanças não é igual para as pessoas neurodivergentes.

Um aspecto importante é que as pessoas autistas carregam consigo uma diferença no desenvolvimento: enquanto as transformações físicas aparecem na idade prevista, as correspondentes transformações emocionais e cognitivas surgem mais tarde (Schopler & Mesibov, 1993). Nas palavras de Moxon (2001, p. 153), "o forte sentimento de afeto ou o forte interesse sexual por alguém geralmente surge mais tarde do que o normal, enquanto os traços da adolescência se estendem muito além do vigésimo ano. Assim, as transformações emocionais da adolescência são postergadas e levam mais tempo para se concretizar".

Assim, um adolescente do sexo masculino com autismo pode apresentar todas as alterações exteriores da puberdade, mas seu desenvolvimento emocional e cognitivo pode estar muito mais próximo do desenvolvimento de uma criança. Ao entrar na adolescência uma menina com TEA pode menstruar e, portanto, estar em condições de engravidar e ter filhos, mas pode igualmente apresentar um nível de desenvolvimento emocional semelhante ao de uma criança. Muitas pessoas autistas, mesmo estando física e cognitivamente preparadas para enfrentar as transformações que estão acontecendo em suas vidas, carecem da bagagem de conhecimentos práticos necessários para estreitar e manter relações de amizade. Estas pessoas têm de lutar para compreender os aspectos essenciais das relações interpessoais e estão em grande desvantagem num mundo que não ajuda as pessoas diferentes. "O problema mais grave enfrentado pelas pessoas com transtornos do espectro autista, especialmente em relação à sexualidade, é a dificuldade geral de compreender as relações sociais, de estabelecer relações e manter relações interpessoais; esta dificuldade, vale sublinhar, é totalmente independente do seu nível de educação" (Moxon, 2000, p. 27).

Alguns trabalham muito duramente na sua vida relacional. Tentam observar as outras pessoas e imitar como elas se comportam. Até tentam fazer amigos, mas, embora a maioria deseje ter um amigo ou um companheiro, não sabem como chegar lá.

A importância e o valor de uma educação sexual e relacional

Hilde De Clercq

O pouco ensino ministrado pela escola, tanto o "normal" como qualquer curso "especial", geralmente é muito técnico. As pessoas com autismo precisam de explicações concretas, visíveis e adequadas ao seu nível de compreensão. Em muitos casos, o ensino se ocupa dos aspectos "técnicos": a gravidez, o uso da pílula. Algumas pessoas com autismo conhecem perfeitamente os aspectos teóricos e podem explicar cientificamente tudo o que diz respeito à reprodução, mas podem ter grandes dificuldades de aplicar esses conhecimentos na vida cotidiana.

Geralmente não há contiguidade entre as duas coisas ou não existe uma oportunidade de *feedback*. Dá-se muito pouca atenção ao lado positivo da sexualidade. Proteger-se é importante, mas deve-se evitar incutir medos infundados. No passado, o acento recaía na masturbação e no autocontrole; hoje, as preocupações insistem mais nos problemas da AIDS e nos abusos sexuais.

Oportunidade de um *feedback*

Muito cuidado com a proliferação da ideia de que a sexualidade é algo a ser temido. Não temamos em afirmar que a sexualidade é algo saudável e natural, e que ela pode ser gratificante se aos dois parceiros traz prazer. Infelizmente, o velho princípio de "não acordar o cão adormecido" é aplicado com muita frequência, pelo menos até que ocorra um "incidente" que cause uma inversão radical das tendências nas escolas. De repente redescobrem-se conceitos como a virgindade, a castidade e o conflito entre os sexos. Tenta-se então, frenética e tardiamente, prevenir novos incidentes e ensinar a higiene pessoal e educar em vista de comportamentos socialmente aceitáveis.

Lamentavelmente, o que em geral se esquece é criar uma relação vital com os sentimentos e as emoções das pessoas envolvidas. A educação sexual deve ser parte integrante do processo educativo, tanto na escola quanto na família. Nesse processo, a convicção dos pais tem uma relevância de primeira grandeza. É importante instaurar um diálogo entre os pais e a estrutura educativa. Muitas vezes são os pais que dão o alarme, e geralmente não esperam até que seja demasiado tarde. Algumas escolas consideram que eles deveriam assumir o ônus da educação sexual. Em outros casos, a educação se limita a um nível muito teórico, irreal. Real, no entanto, é a existência de tabus neste domínio.

Educação sexual como parte integrante do processo educativo

O comportamento dos adolescentes com autismo pode depender também do contexto. Ao longo da puberdade é normal que os meninos estejam mais sozinhos; para aqueles com autismo, no entanto, os elementos contextuais assumem um papel mais relevante ainda.

É preciso levar em conta o nível de inteligência e a idade de desenvolvimento, incluídos os aspectos emocionais e sociais, entre outros (Wing, 1996). De fato, a sexualidade será expressa de forma diferente em uma pessoa passiva e introvertida em comparação com uma pessoa ativa e aberta. Um adulto com funcionamento típico e socialmente ativo pode ter excelentes perspectivas na esfera relacional e sexual. Infelizmente, o risco de insucesso e consequente depressão é alto em pessoas com autismo, especialmente quando são levadas em conta as complexidades inerentes a cada relação, com todas as suas tensões sociais e sexuais. A especificidade do autismo pode dificultar a distinção exata do que pode ser uma real disfunção e o que é "simplesmente" uma característica do autismo. O ser humano

Grande risco de fracasso

compõe-se de uma multiplicidade de dimensões – físicas, sociais, emocionais, cognitivas –, mas ele é muito mais do que a soma dessas dimensões. Pode ser importante lembrar disso ao mostrar imagens relacionadas à sexualidade. O que pretendemos ensinar? O que as crianças veem na fotografia ou no desenho que estamos mostrando? E o que nós vemos? Será que elas entendem realmente o conceito?

É quase impossível imaginar uma relação em que a empatia falte. Por mais que se esforcem, as pessoas com TEA raramente alcançam a empatia necessária e intuitiva. Lamentavelmente, presta-se pouca atenção aos elementos necessários para construir uma boa relação, que podem estar ausentes, ou suficientemente estáveis. A inteligência não ajuda: muitas vezes a empatia está num nível mais baixo de desenvolvimento.

Quando uma pessoa autista tem um relacionamento, espera-se que ela "leve em conta a perspectiva do outro e que adapte o seu comportamento de forma consequente". Não lhe estaríamos pedindo demais, tendo em vista todas as fases intermediárias por que ela deve passar? Em qualquer processo de aprendizagem, não se pode começar a ensinar a partir da última fase: é necessário que todas as fases precedentes tenham sido compreendidas, integradas e aplicadas.

Testemunhos de vida autista

Temple Grandin

Eu penso em imagens: Temple Grandin

Eu penso em imagens. Para mim, as palavras são uma espécie de segunda língua. Traduzo as palavras, faladas e escritas, em filmes em cores e sons, que fluem como um vídeo na minha mente. Quando alguém fala comigo, traduzo imediatamente suas palavras em imagens. As pessoas que pensam a partir de uma base linguística muitas vezes acham difícil entender este fenômeno, mas o pensamento visual, em meu trabalho de *designer* de equipamentos para a indústria pecuária, é uma enorme vantagem.

O pensamento visual permitiu-me construir sistemas inteiros na minha imaginação. Ao longo de minha carreira concebi todo tipo de equipamentos: desde cercas para criação de gado até sistemas para tratar bovinos e suínos durante procedimentos veterinários e abate. Trabalhei para muitas empresas-líderes no setor de criação. De fato, um terço dos animais bovinos e suínos dos Estados Unidos passa por instalações que concebi. Algumas das pessoas para as quais trabalhei nem sabem que suas instalações foram projetadas por uma pessoa com autismo. Minha capacidade de pensar visualmente é preciosa, e jamais gostaria de perdê-la.

Pensamento visual

Um dos maiores mistérios do autismo é a extraordinária capacidade da maioria das pessoas autistas de desenvolver competências visuoespaciais, e, ao mesmo tempo, o desempenho extremamente fraco dessas pessoas nas competências verbais. Quando eu era criança, e também na adolescência, acreditava que todos pensassem em imagens. Nem me passava pela cabeça que meu processo de pensamento era diferente. De fato, até recentemente eu não me dava plenamente conta da extensão dessas diferenças. Em conferências e no trabalho, comecei a fazer perguntas muito específicas a outras pessoas sobre a forma como elas acessavam as informações em sua memória. De suas respostas aprendi que minhas habilidades de visualização são muito superiores às da maioria das pessoas.

Aptidões visuoespaciais

Atribuo às minhas capacidades de visualização o mérito de ter me ajudado a compreender os animais em meu trabalho. No início de meu trabalho utilizei uma máquina fotográfica para obter uma visão do ponto de vista dos animais que atravessavam um corredor estreito para o tratamento veterinário. Ajoelhava-me e tirava as fotografias através de uma passagem, colocando a câmera na altura dos olhos de uma novilha. Com a ajuda das fotografias, consegui identificar o que assustava o rebanho, como as sombras ou os pontos de luz solar intensos. À época, eu usava filmes preto e branco para fotografar, uma vez que há 20 anos os pesquisadores achavam que os bovinos não diferenciassem as cores. Hoje a pesquisa mostra que os bovinos conseguem diferenciar as cores. Seja como for, as fotografias me davam a excepcional vantagem de observar o mundo através do ponto de vista de uma novilha, ajudando-me a compreender a razão pela qual os animais se negavam a entrar numa determinada passagem e entrar sem resistência em outras.

Todas as soluções que encontrei para resolver os problemas de engenharia resultaram de minha capacidade de visualizar e de ver o mundo em imagens. Comecei a desenhar objetos quando criança, época em que eu estava constantemente experimentando novos modelos de pipas e pequenos aviões. No ensino fundamental fiz um helicóptero utilizando pedaços de um avião com propulsão a elástico quebrado. Quando acionei a hélice, o helicóptero disparou verticalmente até uma altura de cerca de 30 metros. Construí também pipas de papel em forma de pássaros, que eu fazia voar amarrando-os atrás da bicicleta. As pipas eram cortadas numa única folha de papel grosso, que costumava fazê-las alçar voo amarradas a um barbante. Experimentei diversas formas de dobrar as asas para melhorar o desempenho de voo. Dobrando as pontas, as pipas voavam mais alto. Trinta anos depois este artifício fez sua aparição nas aeronaves comerciais.

Agora, em meu trabalho, antes de iniciar qualquer invenção, testo o equipamento na minha imaginação. Visualizo os sistemas que concebo da forma como são usados em diferentes situações possíveis, com diferentes tipos e tamanhos de animais, em diferentes condições atmosféricas. Deste modo consigo corrigir os erros antes que o sistema seja definitivamente construído. Hoje todos se entusiasmam com os novos sistemas de realidade virtual, com os quais os utilizadores usam óculos especiais e ficam completamente imersos na ação dos jogos de vídeo. Para mim, estes sistemas são animações rudimentares. Minha imaginação funciona como os programas rudimentares de computação gráfica que criaram os dinossauros animados em Jurassic Park. Na minha imaginação, quando simulo a utilização de um equipamento ou trabalho num problema de programação, é como se os estivesse vendo num vídeo em minha mente. Posso observar de todos os ângulos, colocando-me acima ou abaixo do equipamento e fazendo-o girar simultaneamente. Não preciso de um sofisticado programa gráfico que produza simulações tridimensionais do projeto. Posso fazer isso melhor e mais depressa na minha cabeça.

Crio constantemente novas imagens, agrupando pequenas partes dessas imagens que guardo na minha videoteca mental.

O testemunho de Pietro[2]

Enrico Valtellina

Sou um homem de 37 anos. Recebi o diagnóstico de Síndrome de Asperger há apenas dois anos e tive de enfrentar sozinho as dificuldades de minha vida, pois no meu tempo a síndrome não era percebida, e o autismo não era conhecido corretamente.

Esta breve exposição tem por objetivo apresentar algumas das dificuldades que tive de enfrentar sozinho durante os meus estudos no ensino médio e na universidade, omitindo minha infância e meu período pós-universitário. Explico apenas brevemente que, durante o jardim de infância, não interagi nem com a professora, nem com as outras crianças, nem nunca falei com elas; isto continuou em parte no ensino fundamental, período do

2. Esta contribuição foi escrita por Pietro C., vice-presidente do Grupo Asperger Onlus e conselheiro de administração de Autism-Europe como *self-advocate*.

qual me lembro que a professora me segurava à porta da sala de aula até eu dizer: "Bom dia!", mas, não o dizendo, fazia-me entrar alguns minutos depois. Em seguida, comecei gradualmente a interagir e a falar com a professora e com os colegas, apesar de não estudar. Na segunda série do ensino fundamental quase fui reprovado; a partir da terceira série comecei a estudar principalmente as disciplinas científicas, tornando-me o primeiro da minha turma no ensino médio, onde, no entanto, minha experiência foi traumática, porque tive os piores problemas relacionais com os colegas de turma, com episódios de *bullying*.

Felizmente para mim, estou no extremo superior do espectro do autismo, e os meus recursos intelectuais permitiram-me compensar boa parte das minhas limitações, embora com muito esforço e dedicação.

Minhas maiores dificuldades não residiam no estudo, pois conseguia estudar, principalmente as disciplinas científicas, pelas quais nutria uma grande paixão; as dificuldades foram no relacionamento com os colegas: basicamente eram os outros que me procuravam para que eu fizesse suas tarefas de casa, já que eu era muito bom. Em todas as outras ocasiões, porém, sempre me mantiveram à margem. Ao longo dos anos de ensino médio ficava permanentemente sentado na minha escrivaninha: durante as aulas, no intervalo, nas festas e momentos informais em geral.

No intervalo, meus colegas de turma se deslocavam para o corredor, para o pátio, para o banheiro, para a cantina, encontravam-se com as outras turmas etc.

Eu permanecia sempre na minha carteira; não conhecia os alunos das outras turmas, nunca fui ao banheiro, nunca fui à cantina, comia sempre o mesmo pãozinho que minha mãe preparava... nos momentos de festa, nenhum de meus colegas permanecia na sala de aula; constantemente se divertiam, conheciam alunos de outras turmas, brincavam... Eu ficava sempre no meu canto estudando, já que era muito tímido. Muitas vezes, os colegas tentavam envolver-me, mas eu sempre me recusava a segui-los, preferindo ficar no meu canto, uma vez que não sabia como me comportar em outras situações. Elas me bloqueavam, me paralisavam da cabeça aos pés, e eu não sabia o que dizer ou fazer. Na época, meu interesse principal era o automobilismo. Lia revistas especializadas, aprendia de memória a lista dos automóveis existentes no mercado e suas respectivas fichas técnicas; era apaixonado por corridas de automobilismo, sobretudo a Fórmula 1. Este interesse me fez partilhar com meus colegas algo que não era apenas tarefas escolares.

Além deste meu interesse automobilístico, que era muito habitual entre os rapazes, embora a intensidade com que eu o cultivasse não fosse comum, eu também tinha interesses excêntricos que meus colegas não tinham: via filmes estrangeiros em língua original que, tarde da noite, um canal comercial apresentava, ou assistia, também à noite, partidas do campeonato americano de basquete, enquanto meus colegas preferiam assistir o campeonato italiano de futebol.

Nos fins de semana eu ia para o campo com meu pai, mas não me dava muito bem com os meninos da minha idade; preferia os amigos de meu pai; ficava na companhia de adultos e não podia interagir com os filhos desses adultos, apesar de termos a mesma idade.

Quando os professores me interrogavam, eu respondia sem olhar para eles; não conseguia encará-los, falava num tom de voz monótono, e o meu desempenho oral era pior do que nas provas escritas.

Um dia, aos 16 anos de idade, minha professora de Filosofia me disse: "Por que você nunca olha para mim quando lhe faço alguma pergunta? Você sempre abaixa a cabeça e olha para a carteira. Não seria porque lá esteja escrita a resposta que você está procurando porque não estudou?"

Pensei comigo: "Sim, é verdade que nunca olho para a professora. Mas por que deveria olhar? E, além disso, mesmo que eu queira fazer isso, não consigo. Sempre estudo, não tenho bilhetes de cola. Por que ela me acusa de ser um espertalhão? Isso é horrível! Sou honesto e quero demonstrar isso". A partir daquele momento comecei a prestar atenção e a olhar para a pessoa com quem eu estava falando, apesar de ser cansativo. Ainda hoje tenho problemas, principalmente se o discurso que faço é desafiador, e ainda não sei como ajustar bem o meu olhar.

Na escola eu nunca chegava no horário marcado: sempre me atrasava por pelo menos quinze minutos. Tentaram me forçar a ser pontual, repreendendo-me e dando-me notificações; tentaram me enviar ao diretor para que ele me escrevesse uma notificação e me repreendesse. Nada disso funcionou: para mim essas não eram práticas dissuasivas nem motivações para não chegar atrasado; não sentia o desconforto das repreensões que queriam me aplicar e, sobretudo, elas não solucionavam a causa de meus atrasos.

O meu problema era organizar o tempo quando me preparava para ir à escola; em particular, gastava muito tempo a pentear-me: à época tinha os cabelos muito espessos e ondulados e não sabia como penteá-los. Queria fazê-los repartidos: tentava com o pente, com a escova, olhava-me em dois espelhos, tentava molhar o cabelo, mas sempre ficava um tufo rebelde, ou saliente ou amassado. Não lavava com frequência os cabelos, e isso não me ajudava.

Outros problemas que me faziam perder tempo pela manhã eram as idas ao banheiro para satisfazer necessidades fisiológicas: tinha que fazê-las em casa, pois os banheiros da escola não eram como o de casa: eram sujos, desconfortáveis, pouco tranquilos e geralmente sem papel higiênico. Na realidade não conhecia muito bem os banheiros do ensino médio, mas guardava suficientes lembranças dos banheiros do ensino fundamental que despertavam em mim o temor de ter que usar os banheiros na nova escola. Enfim, também perdia muito tempo no café da manhã: comia muitas bolachas e bolos com meio litro de leite e alguma fruta; era um hábito irrenunciável.

As roupas, ao contrário, não me traziam problemas, pois não seguia a moda nem me preocupava com o que iria vestir; aliás, deixava minha mãe decidir o que vestir e o que comprar para mim. Só muitos anos depois passei a ocupar-me com o que iria vestir.

Sempre fui vítima fácil de *bullying* e gozações. Não compreendia por que alguns colegas eram tão maus comigo. Não sabia como impedi-los. Não sabia que papel assumir para enfrentar os que se comportavam mal comigo e me irritavam. Isso me deixava muito mal. Era um sofrimento sem perspectivas de solução.

Em cinco anos só participei de um passeio. Naquela ocasião me senti desconfortável; devia enfrentar situações novas, partilhar com meus colegas momentos muito diferentes das lições em sala de aula com a professora: a viagem, o quarto do hotel, os passeios, as noitadas... Eu me lembro, particularmente, que via meus colegas enviar postais à família, e eu também enviei um, embora desconhecendo o sentido exato daquilo. Pensava comigo: meus pais já sabiam que eu estava num passeio escolar naquele lugar; eles já haviam feito até o pagamento da viagem; então por que lhes escrever? Mesmo assim, escrevi no cartão o endereço de minha casa e depois, na parte das saudações, não sabia sequer o que colocar; após longas hesitações, escrevi um simples "Olá".

Meus colegas faziam muita festa com a chegada do fim do ano letivo e, consequentemente, com o início das férias de verão; no reinício das aulas eles lamentavam o fim das férias. Nas minhas férias eu sempre ficava sozinho, sem amigos, estudando em casa ou saindo com meu pai, e não via a hora de retornar para a escola para ocupar-me com atividades mais interessantes ou situações que me eram familiares.

Aos 17 anos caí em depressão por alguns meses. Meu rendimento escolar foi lentamente desmoronando. Não cultivava mais meus interesses preferidos, não me sentia à altura dos outros; pouco a pouco percebi que meus colegas conseguiam realizar coisas impossíveis para mim, mesmo não compreendendo o porquê. Esperava que alguém me ensinasse como me comportar em determinados momentos, queria aprender a me relacionar com os outros da mesma forma com que me relacionava com as disciplinas escolares, mas nada disso acontecia. Foi difícil enfrentar essa minha conscientização, mas no final consegui superá-la por meio do retorno às minhas velhas paixões: o estudo, a leitura, o automobilismo.

Diferentemente de meus colegas, não mantive contatos com meus professores. Com os colegas só mantive contato com os que passaram a frequentar a universidade comigo, mas, com o passar dos anos, estes contatos também foram se diluindo. Continuei a cultivar a paixão pelo automobilismo, e isso me permitiu compartilhar situações extraescolares com meus amigos.

Na universidade não fazia amizade com outros estudantes; só mantinha contatos com os ex-colegas de ensino médio que haviam escolhido a mesma faculdade. Isso me foi útil, visto que, assim, além de estudar com eles, por intermédio deles conseguia relacionar-me com outros estudantes.

Com o passar dos anos, esses colegas se encaminharam para cursos diferentes dos meus, e acabei ficando novamente sozinho; sem a ajuda deles não conseguia relacionar-me com outros estudantes. E lembro que passei a me sentar numa carteira no fundo da sala, longe de todos, geralmente perto de uma janela, para, numa eventualidade, poder abri-la: é que, à época, o calor me apavorava.

Sempre, ao longo das aulas, tive muitas perguntas a fazer ao professor, mas me era muito difícil interrompê-lo. Igualmente não conseguia estudar com os outros. Gostava de aprofundar a matéria na biblioteca, onde sentia um prazer enorme em examinar todos os pormenores que os docentes não explicavam. Estudava de forma rigorosa e matemática o que os professores de engenharia explicavam de forma intuitiva e com uma abordagem mais física do que matemática. Analisava detalhes que os docentes jamais me perguntariam numa prova. Passava semanas estudando modelos matemáticos para compreender uma única equação proposta pelo docente de engenharia. Recusava-me a aprender as coisas de cor: ou as entendia ou não parava de estudar e pesquisar. O professor explicava algo, e eu voltava a estudá-lo com uma abordagem rigorosa e matemática à minha maneira.

Com o passar dos anos fui estudando tudo, menos o que os professores teriam me perguntado nos exames. Sempre aprofundava mais. Enchia cadernos inteiros com teoremas e demonstrações matemáticas rigorosas, buscando construir uma ponte entre as disciplinas explicadas e a matemática. E assim acabei não sabendo mais gerir meus estudos, perdi-me e abandonei a universidade sem concluir o curso.

Simultaneamente ao abandono da universidade comecei a cultivar outra paixão: a informática. Desde criança tenho um computador, e já o utilizava muito para programar, apesar de não ser a minha principal paixão. Fora da universidade conheci um amigo apaixonado por informática, que continuamente me pedia para resolver problemas (à época usava Windows98, e os problemas estavam na ordem do dia...) e, assim, passava cada vez mais tempo no computador, que passou a ser o meu interesse principal; em toda conversa que tinha, o assunto era informática.

Assim, tornei-me tão experiente no assunto que uma empresa de informática, sem que eu a procurasse, ofereceu-me um emprego, graças a um amigo que a conhecia e que, na necessidade desesperada de um programador da empresa, indicou-me. Começando a trabalhar como programador, acabei abandonando definitivamente os estudos.

Informo brevemente que trabalhei seis anos como programador nessa empresa. Gostava do trabalho, pois ele coincidia com a minha paixão, e era uma empresa familiar, portanto, vinha também ao encontro de minhas exigências e excentricidades.

Por uma longa série de motivos não trabalho mais nela. Comecei então a criar para mim uma atividade de trabalho autônoma como consultor de informática. Tenho alguns clientes, mas não é fácil gerenciar o trabalho com eles, tampouco encontrar novos clientes, e principalmente organizar com eficácia o meu tempo.

Enfim, ultimamente, devido a um conjunto de circunstâncias, decidi matricular-me novamente na universidade, mas mudando o meu curso para engenharia informática e convertendo uma parte dos exames que já havia feito no passado no outro curso superior. Estou agora mais consciente de minhas limitações e de como superar algumas das minhas dificuldades para não voltar a cair nos mesmos erros do passado; sei como confiar nos meus pontos fortes e estou confiante, desta vez, em terminar os meus estudos com sucesso.

Algumas perguntas ao especialista...

Fabio Veglia

Retirado e adaptado do DVD Facciamo il punto su... L'autismo (Ianes & Zappella, 2009)

Falar de afetividade e de sexualidade é obviamente delicado e difícil para todos, e acredito que mais ainda quando enfrentamos as dificuldades e os possíveis desenvolvimentos de uma pessoa com Transtorno do Espectro Autista, com dificuldades evidentes de intersubjetividade e relacionais com os outros. Para o senhor, como se podem enfrentar estes temas nestas circunstâncias?

Há diretrizes que tentamos construir ao longo dos últimos anos e que dizem respeito à reflexão sobre a sexualidade humana de uma forma normal, não construindo, pois, uma sexologia especial; esta foi uma das tentações que muitas vezes apareceu no mundo da sexologia clínica e da intervenção em casos de deficiência, mas que nos desviou do caminho. A referência, portanto, somos nós, pessoas humanas, na tipicidade ou nas diferenças que nos caracterizam.

Pensar de maneira normal significa também pensar numa sexualidade sustentável, no sentido em que todas as vidas sexuais se prestam a dificuldades que são obviamente mais acentuadas quando se trata de capacidades diferentes, quando se trata do efeito de um transtorno ou de uma diferença neurológica etc. Entretanto, se nos acostumarmos a considerar a vida sexual como experiência sustentável e, por conseguinte, a ser apoiada reciprocamente, entramos na lógica da ajuda de uma forma mais provável, no sentido em que nos questionamos com as pessoas de quem cuidamos.

A terceira diretriz que precisamos ter em mente é que esta sexualidade sustentável deve também ser promovida. Portanto, deve estar dentro de um projeto educacional, não como uma simples intervenção para limitar os danos, mas que realmente faça parte da pessoa humana.

Tenho visto coisas muito bonitas nas experiências dos últimos anos, nas quais pessoas quase inexperientes no amor desenvolveram capacidades cognitivas que pareciam indisponíveis ou ausentes, e até coisas muito concretas, como a leitura funcional ou a matemática funcional, que tornaram possível discar o número certo do telefone do cônjuge ou escolher o número certo do ônibus, diferenciando-o do outro, competências estas que surgiam graças ao ativamento dessa dimensão afetiva, emocional, sexual.

No que diz respeito ao leque de funcionamento das pessoas com TEA, que vai desde as pessoas com deficiência intelectual até as pessoas com excepcional funcionamento cognitivo, não obstante excêntricos, seria mais difícil criar caminhos de promoção em um nível mais inferior ou em um nível mais alto?

São dificuldades diferentes. Aqui nos deparamos com o problema inicial de ter uma ideia da sexualidade humana, ou seja, não tanto o que é a sexualidade de uma pessoa com autismo, mas o que é a sexualidade das pessoas humanas.

Trata-se de um conteúdo dificílimo de delinear e, por conseguinte, um objeto de pesquisa muito complexo, pois para todos os pesquisadores é importante pelo menos saber os confins daquilo que estão buscando. Identificamos métodos de trabalho que são substancialmente a evolução da sexualidade, tanto na história da vida quanto na história pessoal, ou seja, a que chamamos de filogênese e ontogênese. Por outro lado, descobrimos o truque das dimensões, ou seja, a via pela qual estamos habituados a pensar na sexualidade, como partes que se integram tanto no desenvolvimento quanto na história pessoal de cada um de nós.

Normalmente consideramos o domínio dos comportamentos-problema. A masturbação em público, a masturbação compulsiva, a incapacidade de diferenciar as situações, a falta de senso de pudor, a intromissão no jogo sexual são todos comportamentos facilmente classificáveis como problemáticos. Entretanto, e esta é a lógica de todos os projetos educacionais, não podemos limitar um comportamento se não há um projeto educativo. Trata-se de imaginar, e esta talvez seja a parte mais complexa, quais competências transferir para que a pessoa, por exemplo, aprenda a masturbar-se adequadamente, no lugar certo, no momento certo, usando, por exemplo, as mãos de modo correto.

Esta é uma área complexa e problemática porque exige uma interação forte e direta entre o interveniente e a pessoa em dificuldade. Tentamos ajudar as famílias nesta tarefa, pois é insustentável uma proximidade sexual tão estreita, e é importante identificar o interveniente certo, a pessoa equilibrada ou que tenha o suficiente equilíbrio para entrar na intimidade de outra pessoa sem envolver-se diretamente com ela.

Em uma outra frente, o problema está mais ligado à interação. É preciso ter presente que as pessoas com alto funcionamento têm dificuldades de imaginar o que acontece na mente de outra pessoa, que têm dificuldades de desvencilhar-se dos próprios estados internos, ou de construir-se imagens de conjunto daquilo que está acontecendo na relação.

Normalizando a nossa atitude, vemos estas coisas nas pessoas neurotípicas: por exemplo, certas perversões, certas fixações em objetos em pessoas com desenvolvimento típico são atitudes que no autismo reconhecemos de maneira mais exata. Mas não podemos generalizar: uma pessoa com autismo de alto funcionamento necessita de proximidade, se apaixona, tem vontade de construir um vínculo, mas não sabe como fazê-lo, não sabe mantê-lo, faz movimentos errados, embora sinta este desejo que está na natureza humana, que, por sua vez, não é afetada pelo fato de ser autista. Além disso, ela também tenta extrair significado das experiências que tem, por exemplo, das suas carências, dos seus encontros com o outro, mesmo que talvez o faça de uma forma atípica, se comparada com o que nós, neurotípicos, temos em mente. Um trabalho nesta direção é a interseção, um trabalho igualmente muito importante: existem pessoas com autismo casadas e com filhos, são razoáveis e aceitáveis pais, embora o número dos que alcançam este grau seja reduzido, mesmo entre as pessoas de alto funcionamento.

A grande complexidade reside em pensar numa sexualidade possível e sustentável, porque o principal entrave reside em não imaginar um futuro e uma história possível para as pessoas com autismo; no entanto, se mudarmos a nossa perspectiva, elas mesmas nos olham e nos ensinam aquilo de que precisam.

Em síntese

- ☑ Olhar na perspectiva do projeto de vida quer dizer principalmente duas coisas: escolher objetivos orientados tanto quanto possível para a vida adulta e utilizar formas de trabalho "adultas" na aprendizagem desses objetivos.
- ☑ Ao pensarmos a partir de uma perspectiva adulta, seremos também confrontados com a nossa capacidade de lidar com a incerteza sobre onde podemos chegar e o que a vida reserva para a pessoa com autismo.
- ☑ A condição adulta exige também uma complexa "maturação" psicológica e afetiva: a pessoa torna-se adulta à medida que sua identidade é autônoma e estável, que a sua separação/identificação em relação aos adultos da sua família de origem é completa, que as suas capacidades de se auto-organizar elaboram possíveis "eus" e sequências de ações para se realizarem, que é capaz de gerir autonomamente as diferentes qualidades de seu tempo (ocupado, projetado, vazio etc.), que é capaz de aceitar/construir compromissos entre desejos e realidade, que é capaz de desempenhar papéis esperados e prescritivos em vários contextos, que sabe elaborar e identificar o próprio e original percurso afetivo, sexual, familiar.
- ☑ Tudo isso parece extremamente complexo, e certamente o é para quem tem deficiências significativas; isto não nos exime, no entanto, de assumir um caminho que favoreça o máximo possível, do ponto de vista psicológico, o desenvolvimento do ser adulto.
- ☑ Em muitos casos é difícil para o educador ou para os pais respeitarem os limites da pessoa com autismo, porque as suas necessidades são muitas vezes enormes e porque temos de "invadir" o seu território por muitas e boas razões (capacidades insuficientes, necessidade de segurança e de proteção dos perigos), mas isso deve nos levar a refletir: a pessoa com enormes limitações nas atividades pessoais também tem o direito à inviolabilidade de algumas de suas fronteiras, porque é as respeitando que essa pessoa pode fazer crescer sua identidade.
- ☑ O trabalho psicoeducacional no campo da sexualidade é certamente delicado e se apoia em três grandes diretrizes: pensar tendo por referência a sexualidade normal, pensar numa sexualidade sustentável para a pessoa com determinadas características e promover as competências num projeto educativo global.

- ☑ Em pé de igualdade com outras competências e conhecimentos, também as habilidades relativas à esfera afetiva e da sexualidade devem ser aprendidas de forma sistemática pelas pessoas com autismo, ou seja, aprendidas de forma individualizada, estruturada e embasada em estratégias educativas concretas que reduzam o máximo possível o uso da linguagem verbal.
- ☑ A pouca educação oferecida, tanto no ensino "normal" como em qualquer outro curso "especial", geralmente é demasiadamente técnica. As pessoas com TEA precisam de explicações concretas, visuais e adequadas ao seu nível de compreensão.
- ☑ Os testemunhos diretos de pessoas com autismo podem ser extremamente úteis para compreender verdadeiramente o próprio autismo. Devem, por isso, ser procurados, lidos, ouvidos para que sirvam de primeira ajuda na definição do nosso trabalho.

Capítulo 8
Síndrome de Asperger, autismo de "alto funcionamento" e talento

Fontes do capítulo

TÓPICOS

Síndrome de Asperger: retirado e adaptado de R. Keller (2016, p. 46-48).

Características da Síndrome de Asperger: retirado e adaptado de T. Attwood (2007, p. 18-20, 33-34).

Características linguísticas e comunicativas observadas no autismo *high-functioning* e na Síndrome de Asperger: retirado e adaptado de E. Schopler, G. B. Mesibov e L. J. Kunce (2003, p. 182-184, 186-188, 190-191) (contribuição de Diane Twachtman-Cullen).

Compreender e acolher a pessoa com Asperger: retirado e adaptado de P. Cornaglia Ferraris (2009, p. 33-39).

Altas habilidades e autismo: retirado e adaptado de F. Happé e U. Frith (2012, p. 7-17).

BOXES

Sobre trens e locomotivas: retirado e adaptado de T. Attwood (2007, p. 17).

Da pesquisa científica: a Síndrome de Asperger: retirado e adaptado de T. Attwood (2007, p. 18-19).

Aprofundamento: O que podem fazer os professores que têm na escola um aluno com Síndrome de Asperger? Retirado e adaptado de T. Attwood (2007, p. 42-43).

Algumas perguntas ao especialista... Paolo Cornaglia Ferraris: retirado e adaptado de D. Ianes e M. Zappella (2009).

Linha temporal sequencial

Em qual fase temporal são situadas as indicações de trabalho que encontraremos neste capítulo?

Quadro de conhecimentos introdutório e características	Diagnósticos, ferramentas de avaliação e identificação precoce	Programação e intervenção	**Além do autismo**	Construção das alianças educativas
			▲	

Mapa conceitual inicial

O que abordaremos neste capítulo?

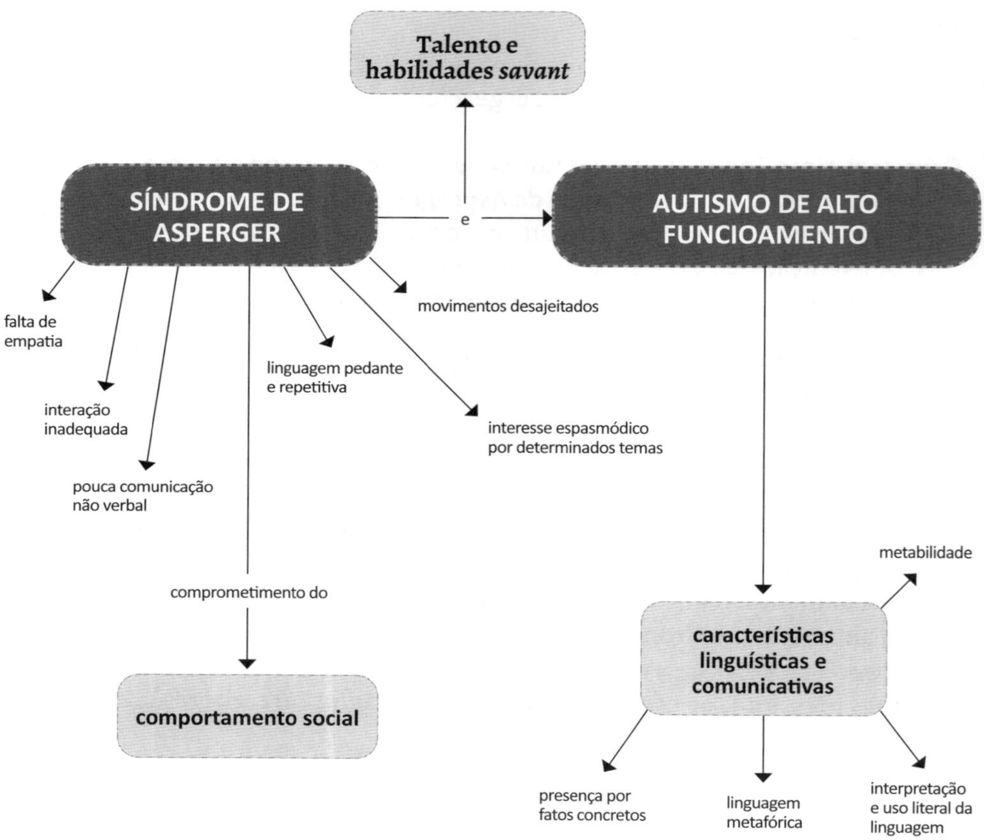

Sobre trens e locomotivas[3]

Tony Attwood

Quando chegou o carteiro para entregar a correspondência no número 20, a menina lhe correu ao encontro ao longo do caminho de acesso. A família tinha acabado de se mudar, e o carteiro queria conhecer os nomes e a procedência dos novos inquilinos. Antes que ele pudesse saudá-la, a menina lhe disse: "Você gosta de Deltic?" Não compreendendo ao que se referia aquela pergunta, o carteiro se perguntou a si mesmo se um Deltic não poderia ser uma nova marca de chocolate ou um personagem de algum programa televisivo. Antes mesmo de responder, ela disse: "São os trens a diesel mais potentes. O das 2h30, proveniente de King's Cross, é um Deltic; tenho 27 fotografias de Deltic". O carteiro ficou aliviado ao certificar-se do objeto da conversação, mas o que este tema tinha a ver com o assunto àquela hora do dia não lhe era totalmente claro. Por iniciativa própria a menina enveredou-se para uma descrição detalhada das qualidades dessa misteriosa locomotiva. Ela obviamente não estava interessada em saber o que o carteiro pensava sobre esses trens, e parecia alheia aos sinais que ele lhe enviava para dizer-lhe que tinha que continuar o seu caminho. Por fim acabou tendo que ser bastante brusco: interrompeu o monólogo da menina com um repentino "adeus" e partiu. Ficou impressionado que aquela menina tão excêntrica soubesse tanta coisa sobre trens, e partiu pensando: "Mas por que ela pensava que eu estivesse interessado em trens? Mal me olhava e sempre me interrompia. Será que ela não consegue falar de outra coisa? Parecia uma enciclopédia ambulante".

3. Segundo os atuais critérios do DSM-5®, as pessoas que precedentemente receberam o diagnóstico de Síndrome de Asperger e as que eram consideradas de alto funcionamento passam a ser incluídas no TEA com necessidade de apoio (nível 1). Apesar disso, considerou-se oportuno manter o capítulo para quem tivesse um diagnóstico pregresso ou características de funcionamento imputáveis a essas condições.

Síndrome de Asperger

Roberto Keller

Síndrome de Asperger e novidade DSM-5®

Na última versão do *Manual Diagnóstico e Estatístico de Transtornos Mentais DSM-5®* (APA, 2013), a Síndrome de Asperger (SA) foi excluída como categoria de diagnóstico específico e passou a fazer parte do TEA de nível 1 (com menor necessidade de apoio). Pode ser útil, porém, tanto na prática clínica quanto educativa, ter em mente as características distintivas da Síndrome de Asperger e, desta forma, especificá-la nos diagnósticos: "Transtorno do Espectro Autista de nível 1 segundo o DSM-5® (Síndrome de Asperger, segundo o DSM-IV-TR)". Isso para evitar, como muitas vezes aconteceu no passado, que entre o TEA e a SA o transtorno não venha a ser reconhecido ou trocado por outros diagnósticos como a esquizofrenia, o transtorno de personalidade esquiva (TPE), o transtorno de personalidade esquizotípica (TPE), o transtorno de personalidade esquizoide (TPE), a fobia social etc.

A questão é saber por que esse erro diagnóstico aconteceu no passado.

Em primeiro lugar, Leo Kanner (1943), trabalhando em Baltimore, conseguiu divulgar os seus trabalhos na cultura científica internacional, contrariamente a Hans Asperger, que, estando no contexto vienense no final da Segunda Guerra Mundial, encontrou maior resistência na atividade científica no mundo germânico, e desta forma a divulgação de seu trabalho tornou-se mais difícil. Consequentemente, a Síndrome de Asperger foi por muito tempo ignorada entre os especialistas, até que Lorna Wing decidiu retomar e difundir os trabalhos de Asperger. Portanto, a deficiência na cultura psiquiátrica e psicológica desta categoria de diagnóstico explica o grande número de erros de diagnóstico de pacientes com SA, encontrada principalmente em idade adulta.

Outro aspecto a considerar é que, para algumas pessoas, em vez de falar do transtorno como um acontecimento patológico, seria melhor pensar num funcionamento mental atípico (entendido como personalidade Asperger), diferente daquele das pessoas neurotípicas. De fato, é importante sublinhar que é muitas vezes a interação da pessoa com TEA e o ambiente que cria uma série de problemas, ligados tanto à dificuldade da pessoa autista em se relacionar com o ambiente social como do ambiente neurotípico em relacionar-se de maneira adequada com a pessoa com TEA, tendo em conta as suas características sensoriais, perceptivas e de comunicação.

Um funcionamento mental atípico

Vale também salientar que, no caso da Síndrome de Asperger, estamos passando de um período de falta de diagnóstico e de diagnósticos incorretos para um número excessivo de diagnósticos, muitas vezes com base também em diagnósticos de autoavaliação na internet. É por isso que só se deve falar de TEA na presença de características específicas, nomeadamente, "um transtorno generalizado do funcionamento social, interativo e comunicativo, associado a interesses restritivos, repetitivos e perturbações sensoriais" (Keller, 2016, p. 43-46).

Características de funcionamento atribuíveis à Síndrome de Asperger

Abaixo serão aprofundadas as características das pessoas que apresentam um funcionamento atribuível à Síndrome de Asperger.

Em primeiro lugar, uma inadequação na relação com os outros em razão de uma dificuldade na compreensão dos indícios sociais, aspecto que se manifesta sobretudo quando a demanda por competências sociais é maior (como no contexto escolar). Em seguida, dificuldade de compreender as regras sociais não escritas, causando problemas de inserção no grupo.

Há também uma presença de interesses especiais, inusuais ou não, que absorvem a pessoa desde a sua infância e que são modificáveis ao longo dos anos. É importante considerar a função positiva desses interesses enquanto levam a pessoa a sair de si e a ocupar-se deles, favorecendo, assim, as amizades e contrastando a tendência ao retraimento e às experiências depressivas; por essa razão, esses interesses devem ser reforçados e não contrariados. Considerando que, na presença de interesses generalizados que expõem a pessoa a riscos e perigos, como os que se referem a incêndios, à pornografia, aos venenos, a pessoa deve ser apoiada para que faça frente e redirecione esses interesses.

Outros aspectos que podem ser percebidos são a adesão às rotinas, a atenção aos detalhes, bem como a presença de mímica inadequada ao contexto.

A linguagem, embora superficialmente perfeita, é frequentemente logorreica e pedante quando temas de particular interesse são abordados, e apresenta também particularidades em termos de prosódia e de tom de voz. A tendência de se exprimirem com sinceridade e franqueza faz com que essas pessoas pareçam frequentemente rudes e mal-educadas.

A falta de habilidade motora é outro sinal revelador, sobretudo nos esportes de destreza, mas não naqueles repetitivos como a corrida ou a natação, onde a pessoa com SA pode ser muito hábil. As dificuldades de relacionamento podem finalmente levar a uma experiência de solidão e de inadequação, e apontar fatores de vulnerabilidade que provocam transtornos psicopatológicos como depressão e ansiedade, sobretudo quando, na falta de diagnóstico, essas pessoas são acusadas por outros de serem associais (Luciano et al., 2014).

Características da Síndrome de Asperger

Tony Attwood

O caso apresentado na abertura deste capítulo descreve um encontro típico com uma criança com Síndrome de Asperger. As características-chave desta síndrome são: carência nas habilidades sociais, poucas habilidades de iniciar uma conversação recíproca e interesse intenso por temas particulares.

Quais são as características da Síndrome de Asperger

Outros pais explicam o quanto seus filhos se sentem socialmente isolados na escola, com poucos amigos verdadeiros. Essas crianças parecem não estar em condições de ler a linguagem do corpo dos outros e às vezes fazem constatações e comentários que, por mais que correspondam à realidade, são potencialmente constrangedores. Pode, por exemplo, acontecer que, enquanto se espera na fila do caixa de um supermercado, uma criança faça um comentário em voz alta sobre a senhora que está na sua frente, dizendo: "Mas como é gorda!" E, quando lhe dizem baixinho para não fazer comentários desse gênero, responde ainda em voz alta: "Mas, de fato, ela é gorda!"

Os sinais que indicam o constrangimento dos pais não são reconhecidos pela criança, assim como os efeitos que os dois comentários podem ter sobre os sentimentos da senhora em questão. A criança se sente confusa sobre a razão pela qual os pais não aprovam seu comentário, já que para ela seu comentário é uma descrição fiel das dimensões da senhora. Nessas crianças é frequente uma sucessão de interesses espasmódicos por temas especiais, como os meios de transporte, os animais ou a ciência. Esses interesses vão e voltam, mas dominam o tempo livre da criança e suas conversações. Anedotas em que crianças dão uma interpretação literal a expressões como "o gato te mordeu a língua?" são recorrentes. A linguagem delas, além disso, é excessivamente exata e pedante. É como falar com um dicionário humano. Na escola, os professores percebem que o perfil de desenvolvimento das competências dessas crianças é desarmônico. Assim, uma criança pode ter uma excelente memória em longo prazo e uma capacidade de concentração excepcional quando se dedica a um de seus interesses especiais, e pode ter até um método original para solucionar problemas.

Em contrapartida, ela também pode ter uma falta de motivação e de concentração em atividades que normalmente são muito interessantes para as demais crianças da turma, ou dificuldades de aprendizado e ser desajeitada nos movimentos. O fato de que a criança se isole na sala de aula e no intervalo e de que ela possa ser objeto de assédio por parte de outras crianças também pode gerar certa preocupação. Consequentemente, tanto os pais quanto os professores concordam sobre o fato de que essa criança, que parece "normal" e tem uma inteligência "normal", por algumas razões inexplicáveis parece incapaz de compreender os outros e de se relacionar com eles num nível compatível com sua idade.

Da pesquisa científica: a Síndrome de Asperger

Tony Attwood

Lorna Wing foi a primeira pessoa a empregar a expressão "Síndrome de Asperger" num artigo publicado em 1981. A autora descreveu um grupo de crianças e adultos com características que se assemelhavam muito ao perfil de capacidades e comportamentos originalmente descritos pelo pediatra vienense Hans Asperger. Em sua tese de doutorado, publicada em 1944, Hans descreveu quatro crianças muito atípicas em termos de competências sociais, linguísticas e cognitivas (de pensamento). Ele usou a expressão "psicopatia autista" para descrever o que considerava uma forma de transtorno da personalidade. Interessante é o fato de que ele usou a palavra "autista" quando seu compatriota Leo Kanner mal havia publicado nos Estados Unidos outra descrição de crianças com autismo. Ambos os autores descreveram uma configuração semelhante dos sintomas e usaram o mesmo termo. Infelizmente, a descrição de Hans Asperger foi amplamente ignorada na Europa e nos Estados Unidos nos 30 anos seguintes. Apesar disso, ele continuou vendo e tratando crianças com "psicopatia autista". Criou uma unidade de cuidados para crianças com essas questões, e sua irmã, Viktorine, iniciou os primeiros programas educacionais que incluíam uma intervenção terapêutica na fala, na recitação e nos movimentos motores. Tragicamente, ela foi morta no bombardeamento dos aliados que destruiu a unidade no final da guerra, mas Hans Asperger continuou sendo um pediatra muito renomado (Frith, 1991). Morreu em 1980, poucos anos antes que a síndrome que leva o seu nome fosse reconhecida internacionalmente.

Tanto Leo Kanner como Hans Asperger descreveram crianças com pouca interação social, com dificuldades de comunicação e ocupadas com interesses particulares. Os relatos de Leo Kanner se ocupam de crianças com uma forma mais grave de autismo, ao passo que Hans Asperger descreveu crianças cujo desenvolvimento estava menos comprometido. No entanto, o trabalho de Leo Kanner começou a dominar a nossa visão do autismo a partir dos critérios de diagnóstico que incluíam uma acentuada falta de reatividade a outras pessoas e um grave comprometimento da linguagem – a clássica criança silenciosa e indiferente. Lorna Wing ficou impressionada com o fato de algumas crianças apresentarem as características clássicas do autismo desde pequenas e mais tarde desenvolverem um discurso fluente e um desejo de socialização com os outros. Por um lado, elas haviam melhorado a ponto de não mais enquadrar-se no diagnóstico clássico de autismo (segundo os critérios embasados no trabalho de Kanner); por outro, essas crianças ainda encontravam dificuldades consideráveis quanto às competências sociais e à conversação, e mais se pareciam com a descrição original de Hans Asperger.

Aprofundamento: O que podem fazer os professores que têm na escola um aluno com Síndrome de Asperger?

Tony Attwood

Usar as outras crianças como modelo para sugerir o que fazer	A criança com Síndrome de Asperger pode perturbar ou interromper porque não conhece os códigos de conduta da turma. Quando ocorrem incidentes, pedir em primeiro lugar que a criança observe o que os outros estão fazendo – p. ex., estão tranquilamente sentados, trabalham em silêncio ou esperam pacientemente numa fila organizada. É possível dizer a essa criança que observe os outros e que copie o que fazem, desde que o comportamento dos outros mereça ser imitado.
Incentivar os jogos de cooperação	Existem atividades em sala de aula que pressupõem que as crianças trabalhem em pequenos grupos como uma equipe; a criança com Síndrome de Asperger pode precisar de supervisão e de orientação para que respeite os turnos e acolha as sugestões, permitindo, assim, que também as outras crianças participem. Em jogos competitivos pode surgir o problema de a criança com Síndrome de Asperger querer estar sempre em primeiro lugar. Isso pode não se dever tanto a um desejo de se destacar, mas de manter uma regularidade na ordem dos participantes para conhecer a sua posição pessoal e de conquistar uma satisfação pessoal com sucesso.
Oferecer um modelo de como relacionar-se com a criança	As outras crianças da turma geralmente não sabem muito bem como agir diante do comportamento social estranho da criança com Síndrome de Asperger e geralmente têm o professor como referência. É importante, pois, que o professor demonstre tolerância, esteja predisposto a ensinar as regras sociais e a estimular, uma vez que sua abordagem será replicada pela turma. Também é importante saber reconhecer e louvar as ocasiões em que os colegas de turma realmente ajudam.
Explicar maneiras alternativas de pedir ajuda	A criança pode considerar o professor como a única fonte de conhecimento e assistência. É importante explicar que, quando um problema surge, é possível pedir e obter ajuda também às outras crianças, em vez de recorrer única e exclusivamente ao professor.

Estimular uma possível amizade	Cada criança da turma tem sua própria personalidade, e, para a criança com Síndrome de Asperger, aprender a interagir com todos pode exigir muito tempo. Pode ser útil, no início, identificar e encorajar a interação com um número limitado de colegas, que estejam dispostos a ajudar a criança a aprender a brincar com eles. Nesta fase, não importa se os amigos são meninos ou meninas. Depois de identificadas as crianças que poderão vir a ser amigas, é possível encorajar o contato entre elas, tanto na sala de aula como no intervalo. Essas poderiam tornar-se as "defensoras" da criança com síndrome, sobretudo quando incomodada ou provocada pelas crianças das outras turmas. E também poderiam envolver essa criança em suas brincadeiras, defendendo-a em sala de aula, bem como lembrar e indicar à criança o que dizer ou fazer quando o professor não está presente. É espantoso como algumas crianças podem ser tolerantes e prestativas.
Supervisionar os momentos de intervalo no intervalo	Para a maioria das crianças, o melhor momento da escola é o intervalo, durante o qual se pode brincar livremente no pátio. No entanto, a falta de estrutura e de supervisão, juntamente com um ambiente de intensa socialização e ruído, muitas vezes não é nada agradável para as crianças com Síndrome de Asperger. Nesses momentos as suas capacidades são mais fracas e elas se sentem mais vulneráveis. O supervisor dos intervalos deve conhecer as dificuldades que a criança com SA tem e estimular a sua interação ou respeitar a sua necessidade de solidão. A criança também pode sentir-se vulnerável no ônibus ou na lotação de ida e volta da escola; também nesses momentos ela pode necessitar de supervisão.
Estar conscientes da presença de duas personalidades	A criança pode estar muito consciente de que tem de seguir os códigos de conduta na sala de aula e de que deve tentar não se mostrar diferente e comportar-se como as outras crianças. Esta pressão para se conformar e manter o autocontrole pode levar a uma tensão emocional desenfreada que, tal como uma mola carregada, é libertada quando a criança chega em casa. Aqui a criança tem outra personalidade. Esta é uma característica de algumas crianças com Síndrome de Asperger e não significa necessariamente que os pais são incapazes de administrar o comportamento do próprio filho. Pode ser útil que o professor proponha uma série de atividades de relaxamento que a criança possa fazer instantes antes de voltar para casa. Os pais podem pensar num momento de atividades relaxantes que a criança possa fazer quando chega em casa da escola para libertar a tensão após um longo dia de estudos.
Professor de apoio	Uma vez que muitas das habilidades descritas raramente fazem parte do programa de ensino na escola, é muito importante que a criança com Síndrome de Asperger tenha um professor de apoio para facilitar o ensino individual e em pequenos grupos, a fim de melhorar o comportamento social. A quantidade de horas necessárias depende da criança, mas o professor especializado deve ter orientações sobre a Síndrome de Asperger e sobre os programas de apoio e correção.

Características linguísticas e comunicativas observadas no autismo de "alto funcionamento" e na Síndrome de Asperger

Diane Twachtman-Cullen

Interpretação e uso literal da linguagem

A propensão para a utilização e interpretação literal da linguagem ultrapassa a dificuldade com os aspectos paralinguísticos da comunicação. As pessoas com autismo de alto funcionamento (AAF) e com Síndrome de Asperger (SA) têm dificuldade de compreender até mesmo as mudanças socialmente determinadas no significado das palavras e/ou no contexto situacional (Tsai, 1992), o que afeta profundamente a linguagem expressiva. Independentemente da criatividade da resposta, a interpretação literal das palavras denota, por exemplo, ou uma interpretação parcial do significado da palavra, ou uma falta de conhecimento do contexto no qual ela aparece, ou uma incompreensão do seu conceito.

A interpretação e o uso literais da linguagem permitem ter uma ideia dos processos de pensamento das pessoas com AAF ou com SA. Parece que são atribuídos determinados rótulos ao mundo das pessoas ou das coisas em função da forma como são especificamente percebidos. Uma mãe, por exemplo, relatou que, quando seu filho ouviu pela primeira vez o treinador de futebol gritar "*Time out!*" (intervalo), ele respondeu: "Mas eu não fiz nada de errado!" Evidentemente, a maneira com que a criança interpretou aquela expressão estava ligada à experiência de um "castigo" que ela havia tido num passado. A tendência de uso literal pode também conferir à linguagem um caráter excêntrico e pedante. Um ótimo exemplo deste conceito nos é oferecido por Seip (1995): para indicar um buraco na meia um jovem com SA falou de "perda temporária de tricotagem".

Como são os processos de pensamento das pessoas com Síndrome de Asperger?

O uso e a interpretação literais da linguagem denotam um estilo rígido de aprendizado cognitivo. Nele, os significados são atribuídos às palavras como se fossem "esculpidos na pedra", isto é, embasados em interpretações concretas e factuais e/ou em experiências específicas, ou como reflexo de uma compreensão social intangível e abstrata. Assim, na ausência de flexibilidade, as pessoas com autismo de alto funcionamento e aquelas com Síndrome de Asperger persistem em suas "primeiras impressões" das palavras, fundamentalmente ligadas a situações específicas, sem considerar os usos sociais e/ou as situações que mudam de acordo com o contexto (Tsai, 1992; Wapner, Hamby & Gardner, 1981).

Estilo rígido de aprendizagem cognitivo

Linguagem metafórica

O uso da linguagem metafórica – ou seja, de uma linguagem que tem um significado pessoal e peculiar para quem a utiliza – é uma característica bem conhecida do comportamento linguístico da pessoa com TEA, principalmente nos níveis linguísticos emergentes (Fay & Schuler, 1980; Prizant & Schuler, 1987; Rumsey, 1992). Em muitos aspectos, a linguagem metafórica é paradigmática da própria síndrome autista; isso demonstra que o indivíduo usa a memória associativa para criar referências pessoais (Fay & Schuler, 1980) e é sinal de um estilo cognitivo rígido e ancorado em situações específicas, que leva os indivíduos com esse transtorno a se "agarrar" rigidamente a uma associação particular, como se na construção do sentido "perdessem de vista a floresta para observar as árvores". Por fim, uma vez que os interlocutores não partilham essas referências pessoais, a linguagem metafórica testemunha também a dificuldade do locutor de assumir o ponto de vista alheio e sua falta de compreensão do papel do conhecimento compartilhado na determinação do significado. Segundo Fay e Schuler (1980), o uso dessa estratégia de linguagem "demonstra uma tentativa de comunicação na evidente ausência de competência linguística" (p. 57). Além disso, revela uma falta de capacidade pragmática.

O que indica a utilização da linguagem metafórica?

A linguagem metafórica pode ser utilizada para comunicar vários tipos de informações. No entanto, seu emprego por pessoas com SA reflete a incapacidade social e linguística de codificar e de expressar as informações de forma compreensível ao interlocutor. Por exemplo, Chris, um menino de 9 anos com SA, por hábito, depois de ter estado ocupado por algum tempo numa determinada atividade, dizia à sua professora: "Às doze em ponto vamos para Paris". Imediatamente depois seu comportamento piorava. Quando se percebeu que esta frase provinha de uma associação que Chris fazia com uma atividade a que se dedicava no final da sua lição musical semanal, tornou-se evidente que era repetida para pedir (ou ordenar) a interrupção da atividade em curso. Se a professora tivesse continuado ignorando essa relação, ela não teria conseguido compreender a intenção comunicativa de Chris. Segundo Twachtman (1995), o emprego dessa linguagem metafórica pode ser uma estratégia de repetição verbal. Mais especificamente, as expressões verbais que produziram determinados resultados num contexto são "recicladas" com o objetivo de produzir os mesmos resultados num novo contexto, quando não se dispõe de meios para fazê-lo de maneiras mais convencionais.

Quando foi internado num hospital por um problema médico, Kevin, uma criança de 8 anos com SA, disse aos enfermeiros que seu nome era Scooby. A mãe não conseguiu que o filho explicasse por qual razão se tinha apresentado com um nome que não era o seu. Mas, uma vez regressados para casa, Kevin disse à mãe: "eu disse a eles que me chamo Scooby porque Scooby-Doo tem medo de tudo, e no hospital eu estava com medo". Nesse caso, a linguagem metafórica foi utilizada para manifestar medo num momento em que a experiência desta sensação pode ter obstaculizado a expressão verbal direta.

Com base em minha experiência clínica posso dizer que na SA o uso da linguagem metafórica é mais do que nunca "poético". Muitas vezes ela é usada para exprimir pensamentos e estados de ânimo complexos que a pessoa não saberia como comunicar de outro modo.

É possível que para as pessoas com AAF ou SA as regras – na falta de uma compreensão mais substancial do ambiente social – representem hipóteses sobre o mundo circunstante ao qual podemos nos agarrar tenazmente. Embora a linguagem metafórica seja utilizada da melhor forma pelas pessoas mais habilidosas, seu significado depende muito da capacidade de ouvir, de ler "nas entrelinhas" para apreender o sentido que está além das palavras. Além disso, a necessidade de "contornar" um tema pode refletir a dificuldade, comum entre essas pessoas, de comunicar informações que dizem mais respeito à mente do que aos fatos reais, especialmente quando essas pessoas se encontram num momento de tensão ou de forte empenho cognitivo.

Pertinência

Para participar de uma conversação é necessário entender e utilizar muitas competências interligadas. É preciso ser capaz de iniciar, de continuar e de concluir um tema adequadamente; é também necessário conhecer formas adequadas para mudar de tema ou para restabelecer (esclarecer) a comunicação quando esta é interrompida (James, 1990). Parte integrante dessas competências é a capacidade de alternar os turnos comunicativos entre o locutor e o interlocutor no intercâmbio da conversação. Todas essas competências são governadas por regras pragmáticas que obrigam as pessoas envolvidas na interação a respeitarem as quatro normas de interação da conversação já comentadas acima. Portanto, as contribuições para a conversação devem ser informativas sem ser detalhadas. Além disso, devem ser verdadeiras, pertinentes e compreensíveis para o interlocutor. A aplicação dessas competências depende, em boa parte, da capacidade do locutor de utilizar os pressupostos corretos relativamente às necessidades de informação e à perspectiva do interlocutor para que, assim, a comunicação possa adequar-se às exigências de uma situação específica (DeHart & Maratsos, 1984; Geller, 1989). Por último, os pressupostos desempenham um pa-

Normas de interação de conversação

pel importante ao assinalarem a necessidade de restabelecer a comunicação quando esta parece ter sido interrompida.

Nos transtornos do espectro autista, inclusive nos níveis de funcionamento mais elevados, as coisas se complicam no momento em que se encontram a conversação em si e os julgamentos de valor complexos que a conversação exige. A competência comunicativa pressupõe um alto grau de conhecimento social, mobilidade de perspectiva, adaptabilidade e flexibilidade, que as pessoas com AAF e SA simplesmente não possuem. Geralmente elas se fixam em temas ligados aos seus interesses particulares (Tager-Flusberg, 1993), desrespeitando, assim, as reações do interlocutor. Além disso, segundo um estudo de Tager-Flusberg e Quill (citado por Paul, 1987), essas pessoas também têm dificuldade com as normas de Grice (1975) relativas à pertinência, à quantidade e à clareza. Conjuntamente, segundo Paul (1987), os estudos realizados com autistas verbais indicam que

O que a competência comunicativa pressupõe?

> a pessoa autista é pouco capaz de participar de atividades de comunicação que envolvem referências comuns ou tópicos partilhados e, em particular, de fornecer novas informações relevantes para os objetivos do interlocutor (Paul, 1987 p. 73).

Tager-Flusberg e Anderson (1991) chegaram a conclusões análogas a propósito da dificuldade de oferecer informações novas. Outro dado interessante sublinhado por estes autores é que, embora ao longo do tempo façam progressos linguísticos, as crianças com TEA não acusam um concomitante aumento de competências de conversação (Tager-Flusberg & Anderson, 1991).

Preferência por fatos concretos

A observação informal do modo com que as pessoas com transtornos do espectro autista utilizam a linguagem permite detectar uma predileção por informações que se referem a fatos concretos.

Analogamente, o uso e a interpretação literal da linguagem são em si uma prova da falta de habilidade com a linguagem figurativa (abstrata) e com o pensamento concreto e factual que caracteriza estavelmente os transtornos do espectro autista, mesmo em pessoas com um nível de funcionamento mais elevado. Embora exista uma fascinante vertente de pesquisas que se ocupa da suposta incapacidade das pessoas com TEA de entender o que acontece na mente (Baron-Cohen, 1988; 1995; Frith, 1996; Tager-Flusberg, 1993), atualmente todas as nossas noções relativas às atividades mentais e aos estados mentais ainda são especulativas.

O que o uso e a interpretação literal da linguagem indicam?

Harris (1993) observou que crianças com autismo raramente expressam estados mentais associados a ideias. Tager-Flusberg (1993) comparou a utilização da linguagem dos estados mentais de crianças com autismo e crianças com Síndrome de Down, destacando que, embora as primeiras falem de desejos e emoções, com menos frequência elas se referem a estados cognitivos ou epistêmicos. Sem dúvida, uma das razões pelas quais elas não dispõem ainda de respostas definitivas ao problema dos estados mentais e das emoções tem muito a ver com o alto nível de variabilidade e adaptabilidade observado em muitas pessoas com transtornos do espectro autista, especialmente aquelas com níveis mais elevados (Mayes, Cohen & Klin, 1993). No entanto, por observação e anamnese é possível obter informações úteis.

Metabilidade

É importante abordar outro aspecto um tanto quanto paradoxal do comportamento linguístico das pessoas com SA, observado muitas vezes na prática clínica. Apesar de seus inúmeros déficits de comunicação, estas pessoas manifestam frequentemente uma capacidade surpreendente em certos domínios circunscritos à linguagem.

Algumas pessoas com SA são muito hábeis em jogos de palavras, que vão desde simples associações a observações espirituosas (Asperger, 1991). Por exemplo: um menino de 6 anos de idade com SA foi ouvido afirmar: "Não sou um quebra-nozes, mas um que quebra-nozes". Curiosamente, sua interpretação da linguagem falada era bastante literal. Além disso, o uso apropriado da entonação para evidenciar a palavra "quebra" contrastava nitidamente com a insólita cadência e o notável pedantismo que caracterizava sua maneira de falar nas conversações.

Reflexões metalinguísticas

Essas reflexões metalinguísticas contrastam claramente com as graves deficiências sociais/pragmáticas que essas pessoas demonstram quando usam a linguagem para se comunicar. Além disso, ilustram um aspecto de funcionamento – aparentemente único da SA – que há pouco defini como "metabilidade". Neste contexto, o prefixo grego "meta" é usado de forma bastante genérica para indicar a propensão da pessoa com SA a ir além, e, neste caso, além do valor meramente aparente das coisas que a grande maioria das pessoas apenas aceita de forma superficial. As questões levantadas por essas crianças e seus comentários revelam uma obsessão por saber coisas que de outra forma não poderiam ou não seriam facilmente conhecidas.

Compreender e acolher a pessoa com Asperger

Paolo Cornaglia Ferraris

Dizem que sou obcecado... mas

Agora quero falar daquilo que me interessa mais do que qualquer outra coisa: os animais. Gosto tanto deles que para mim é muito difícil deixar de pensar ou falar deles. Trata-se de todos os tipos de animais.

Sei que todos conhecem cães, gatos, cavalos, ovelhas, porcos, mas ninguém sabe tão bem quanto eu a respeito de todas as espécies animais, inclusive as extintas, e os vários páreos e quem os ganhava, mesmo que não fossem importantes, e também os filmes e os documentários e tudo o que se sabe sobre focas, baleias, golfinhos, tartarugas e qualquer outro tipo de animal, dinossauros incluídos.

Interesso-me muito, muito, muito mesmo por animais! Meu pai disse que não deveriam ser o meu único interesse e que eu deveria ser como as outras crianças, que brincam com tudo e falam principalmente dos brinquedos que a televisão anuncia. Mas isso não me interessa!

Muitas crianças colecionam animais, mas não como eu, pois me interesso "de verdade" por animais, especialmente por mamíferos (mas já me ocupei também com répteis). Às vezes não consigo pensar em outra coisa. Em meu quarto tenho um grande pôster com uma figura em forma de sol com todos os raios que se dividem em outros raios, e ainda em outros raios... São as várias espécies, que se dividem em subespécies, que se dividem em classes, que se dividem em ordens, que por sua vez se dividem em raças etc.

Estou colecionando fichas com todas as famílias dos mamíferos. Meu pai sabe que atualmente me interesso por mustelídeos e de vez em quando me presenteia com alguns livros muito interessantes. Também buscamos, juntos, informações sobre eles na internet.

Essa é a razão pela qual gosto de ir ao zoológico e ao museu de história natural, e adoro ficar nesses lugares por horas e horas, mas minha mãe já me falou que não se pode ficar observando um animal "por horas a fio". Também gosto de ter muitos animaizinhos de plástico, que são comprados no museu, e que são iguaizinhos aos verdadeiros, e que não são "errados" como aquele corvo de bico amarelo que minha avó me deu.

Segundo minha mãe, eu falo demais de meus animais, com insistente frequência, por horas a fio, e minhas conversas aborrecem as outras crianças. Minha professora dirigia-se a mim como "nosso pequeno zoológico", mas depois parou, porque meus colegas começaram a me chamar de "bestólogo".

Meu pai passou-me algumas informações sobre a organização de um zoológico, e foi maravilhoso. Ele é um grande analista e sabe como dizer as coisas. Depois explicou-me quanto custa manter um animal, quanto ele come e quantas pessoas são necessárias para cuidar dele e mantê-lo limpo. Pena que meu pai demonstre cansaço quando lhe peço para olharmos juntos os animais que recorto de todos os jornais que encontro. Ele não sabe as mínimas diferenças entre as várias raças de mustelídeos. Não sabe nada sobre as subfamílias das *Lutrinae*, das *Melinae*, das *Mellivovorinae* e tampouco do *Ambionix*, do *Aonix*, da *Lutra*. No máximo distingue um texugo de uma lontra, mas depois a confunde com a ariranha.

A primeira coisa que faço quando acordo é pegar num livro sobre animais. Tenho muitos e escolho um à noite para adormecer e outro de manhã para acordar.

Meu despertador toca às 7 horas porque tenho que ir para a escola, mas muitas vezes já estou acordado e lendo. Quando não encontro o livro que procuro, fico com muita raiva, mas estou aprendendo a ser paciente e a esperar que minha mãe me ajude a procurá-lo.

Minha mãe disse que se perco um livro posso sempre escolher outro. Não quero sair da cama enquanto não acabar de ler, por vezes atraso-me para o café. Quando levanto, não me visto tão depressa porque a minha mãe diz que sou desajeitado. De fato, às vezes confundo a direita com a esquerda e não consigo vestir as calças e apertar o cinto. Ou, por vezes, os botões são tão difíceis de abotoar que deixo a camisa e a calça abertas.

Ligo frequentemente a televisão para ver se estão transmitindo um documentário sobre animais da floresta. Muitas vezes os passam pela manhã, e são muito lindos. Alguns já vi, mas não importa.

Uma das regras que o médico disse que devo aprender é não falar o dia inteiro sobre animais. Ou seja, devo ser "flexível", mas não entendo o que isso significa, por isso não sei como se faz. Assim as outras crianças não me chamarão mais de "obcecado". No início não pensei que fosse coisa má, mas depois começaram a rir e a fazer piadas e versos idiotas sobre animais, que eu nem sequer compreendia. De fato, eu não me sentia bem e ficava tão zangado que tinha vontade de me retirar e deixá-los sozinhos. Uma vez eles disseram que havia um crocodilo no corredor, e eu fui ver se era verdade. E todos se puseram a rir. Eu, ao contrário, chorei.

Mamãe disse que me presentearia com um livro novo, à minha escolha, e escolhi o maior, com as melhores fotografias. Ela sempre sabe como consolar-me quando os outros tiram sarro de mim. Não sei por que sempre acredito naquilo que me dizem e não compreendo quando brincam. Quanto a essa história de dizer uma coisa pela outra, tenho que explicar um pouco melhor. Por vezes, as pessoas dizem umas coisas, mas querem dizer outras.

Neste ponto, nós, Asperger, não os compreendemos! Quando a professora disse que devemos "arregaçar as mangas", por exemplo, quer dizer que devemos trabalhar com empenho e a manga não tem nada a ver com isso. Há também outras coisas chamadas "expressões idiomáticas": por exemplo, "perder a bússola", ou (pior) "perder a cabeça", "desdobrar-se em quatro", "ranger os dentes" e tantas outras. Mas a coisa mais difícil é compreender quando as pessoas querem dizer o contrário daquilo que dizem! Como daquela vez que papai teve um pequeno acidente com o carro novo e mamãe lhe disse que "ele havia dado a ela uma bela notícia". Isso acontece, segundo minha mãe, porque eu não sei "ler nas entrelinhas", mas depois teve que me explicar o que "queria dizer", pois esta também é uma "expressão idiomática", uma vez que não se pode ler nada nas entrelinhas porque não tem nada escrito. E não foi fácil, para ela, explicar e, para mim, entender.

As pessoas que falam dessa maneira, segundo vocês, seriam normais?

Também não entendo bem as piadas. Mamãe até me comprou um livro de piadas, que lemos juntos, mas ela me disse que algumas "não têm explicação".

Aprendi algumas de cor e gostava de contá-las, mas agora compreendo que não devo contá-las sempre para as mesmas pessoas, porque só dão risada uma vez e depois não acham mais graça. Também isso é muito estranho. E eu pensava que, assim como se divertiram da primeira vez, também se divertiriam outras vezes.

Papai me explicou que, quando não compreendo o que os outros dizem, não devo dizer coisas que "não se encaixam", ou seja, se fico confuso quando os outros falam, é melhor ficar calado ou, se estiver interessado, melhor seria pedir explicações.

Talento e autismo

Francesca Happé e Uta Frith

A encantadora alteridade do autismo

De todas as características do autismo, nenhuma desperta tanta admiração quanto os notáveis talentos que frequentemente se encontram neste estado. Não obstante isso, estes são os menos estudados e menos conhecidos de todos os outros aspectos do autismo. Nas descrições populares desta condição, a existência de talentos extraordinários de tipo artístico, musical, mnemônico ou no cálculo das datas – talentos muitas vezes designados "capacidades *savant*" – tornou-se um lugar-comum. O fascínio que esse talento atualmente suscita faz com que seja muito provável que todos os cientistas ou artistas excêntricos, vivos ou mortos, sejam examinados para detectar traços autistas. Mas gênios como Newton ou Einstein seriam encarnações do vínculo entre autismo e talento? É nossa convicção de que essa ideia dá uma representação incorreta tanto do autismo quanto

Talentos especiais

do talento. Entretanto, a associação entre o primeiro e o segundo, por vezes ao mais alto nível, não pode ser negada e constitui um dos mistérios mais fascinantes dessa condição.

O caso dos gêmeos descrito por Sacks

O primeiro a dar a conhecer ao grande público pessoas com graves alterações cerebrais e que, apesar disso, demonstram capacidades extraordinárias, foi provavelmente Sacks (1986), por meio da sua descrição do caso dos "gêmeos". Quando Sacks os encontrou, John e Michael, que à época tinham 26 anos de idade, estavam internados num hospital público.

> Uma caixa de fósforos, que estava sobre a mesa, caiu espalhando o conteúdo pelo chão. "111", gritaram os dois gêmeos em uníssono; em seguida John sussurrou: "37", Michael o repetiu, John o disse uma terceira vez, e houve silêncio. Contei os fósforos (levei algum tempo): eram 111 (Sacks, 1986, p. 260-261).

Surpreendentemente, os gêmeos não apenas conseguiram contar aquele grande número de fósforos em poucos segundos, mas conseguiram ver também o número primo 37, e o viram três vezes. Mesmo não podendo comunicar-se com John e Michael de maneira ordinária, Sacks conseguiu estabelecer uma relação apresentando – para a alegria deles – números primos sempre maiores. Treffert (1989) descreveu muitos e impressionantes exemplos de habilidades geniais em sua principal obra *Extraordinary people* ("pessoas extraordinárias"), na qual definiu a pessoa *savant* como alguém com uma rara condição que combina a genialidade num domínio com grandes limitações intelectuais em quase todos os outros.

Capacidades *savant*

O que a ciência pode nos dizer sobre pessoas autistas com capacidades *savant*? Há algumas décadas, O'Connor e Hermelin (1988) publicaram um sucinto trabalho sobre o baixo nível intelectual e as habilidades especiais. Pela primeira vez, como pioneiros, estes autores impeliram a pesquisa sobre habilidades *savant* para além dos casos de estudos descritivos, servindo-se de inovadores desenhos experimentais e grupos de controle adequados. Desta forma abrigaram o caminho para os estudos modernos de psicologia cognitiva sobre o enigma: Como é possível que pessoas com substanciais comprometimentos em nível intelectual e de adaptação social mostrem habilidades que superam e confundem o mais inteligente "neurotípico"?

O final das décadas de 1980 e 1990 foi dominado pelos estudos sobre déficits sociais presentes nos transtornos do espectro autista (TEA), alimentados por uma descoberta que marcou um avanço significativo: as pessoas com autismo não eram capazes de passar em testes simples de teoria da mente. No final daquele período, no entanto, vimos um ressurgimento do interesse por aspectos mais gerais e, sobretudo, por domínios em que as pessoas com TEA revelam capacidades especiais, bem como deficiências, tendência esta iniciada com a introdução do conceito de "coerência central fraca" (Frith, 1989).

Há também um interesse renovado nos processos sensoriais básicos do autismo, também estes incialmente detectados pelos primeiros estudos de Hermelin e O'Connor (1964) sobre a peculiar elaboração dos estímulos sensoriais. À sua primeira hipótese, segundo a qual as crianças com autismo preferiam o tato e o olfato à visão e à audição, foram publicados estudos centrados nas características das representações assim criadas na mente da criança com autismo. Também a ideia deles de que a informação sensorial é imaginada de forma mais precisa, mas menos adaptativa, devido à falta de uma codificação baseada no significado, prenunciou algumas das teorias propostas por vários autores, mas acompanhadas de algumas questões: O talento pode ser determinado por déficits neurocognitivos? Qual é a natureza da criatividade autista em comparação com a "neurotípica"?

O enigma-chave: as habilidades sociais são associadas ao Transtorno do Espectro Autista

Por que em alguns casos o autismo é associado ao talento?

A história e a origem do conceito de *savant* são delineadas por Treffert (2009), que de maneira muito viva descreve o fenômeno em vários casos. Treffert discute a distinção, que ele por primeiro introduziu, entre os vários níveis de habilidades *savant*. Os "*savant* prodígios", casos muito raros, são as pessoas dotadas de habilidades espantosas em qualquer contexto. Os "*savant* talentosos" e aqueles com "fragmentos de habilidades" revelam capacidades notáveis em relação ao seu nível geral de competências e são relativamente mais frequentes. Considerando que, até agora, era quase um consenso que a condição de *savant* afetava apenas cerca de 10% dos casos de TEA, Howlin e colegas (2009) demonstraram uma incidência muito mais elevada. Em um amplo grupo clínico, cerca de 30% dos indivíduos apresentaram picos de desempenho em certos subtestes de inteligência ou de capacidades (p. ex., de tipo mnemônico, musical ou no cálculo) avaliadas pelos pais. O objetivo era, portanto, explicar por que as pessoas autistas parecem revelar talentos isolados formidáveis com muito mais frequência do que qualquer outro grupo. Numerosos autores que contribuíram para este volume avançaram a hipótese de o autismo estar correlacionado com o talento, com um amplo consenso de que um papel fundamental é desempenhado pela capacidade local de processamento de informações. Segundo Happé e Vital, a atenção e a memória focadas nos pormenores predispõem ao talento, tanto na população em geral quanto no autismo. Baron-Cohen e colegas (2009) levantam a hipótese de que na base dessa concentração nos pormenores esteja uma acuidade sensorial superior, que, por sua vez, favorece a tendência de explorar e padronizar sistemas fechados (p. ex., o calendário). Com a teoria do funcionamento perceptivo potencializado, Mottron e colaboradores (2009) consideram que a alta incidência de habilidades *savant* no autismo poderia ser devida ao processamento predominantemente local das informações e, de modo particular, à detecção de padrões no ambiente. Também Plaisted Grant e Davis (2009) sublinham as diferenças qualitativas de processamento perceptivo e cognitivo nas pessoas com autismo e levantam a hipótese de vínculos com sistemas neurais subjacentes. As teorias destes estudiosos, muito diferentes, se interligam pela ideia de que uma capacidade particular de prestar atenção e de processar informações desempenha um papel importante na predisposição para aptidões especiais de tipo *savant*. Esta ideia é apoiada, por exemplo, por um pormenorizado estudo de caso de uma pessoa com Síndrome de Asperger e sinestesia, com capacidades mnemônicas e de cálculo prodigiosas, que mostra uma preferência pelo processamento local e um padrão insólito de ativação cerebral ao recordar números (Bor et al., 2007).

Mas nem todas as pessoas com talentos são autistas

O fato de que as capacidades *savant* possam ser detectadas em pessoas não autistas é geralmente reconhecido. Uma questão em aberto é saber se estas pessoas têm em comum com os autistas a característica cognitiva de uma tendência para elaborar pormenores. Se a "atenção ao pormenor" for um fator importante para a predisposição a talentos especiais, independentemente do autismo, isso poderá talvez ajudar a orientar de forma diferente a atual "busca de Asperger" entre os gênios vivos e os mortos há muito tempo: de acordo com esta teoria, de fato, as capacidades especiais não estão ligadas a um diagnóstico de TEA em si, mas a uma (ou mais) capacidades/inclinações cognitivas típicas de tal condição, e esta característica pode ser identificada de forma útil em pessoas famosas, de Newton a Bill Gates.

Tendência para elaborar detalhes

Se as habilidades *savant* podem ser encontradas em pessoas que não se enquadram nos critérios diagnósticos do espectro do autismo, a pergunta que naturalmente vem à tona é se tais habilidades são diferentes nos *savant*, autistas ou não. Em sua contribuição sobre "artistas precoces", Drake e Winner (2009) discutem as características que estes desenhadores extraordinariamente precisos partilham com os artistas com autismo. Eles examinaram o processamento global e local nestas crianças e encontraram uma maior capacidade para segmentar partes e uma boa memória visual, tal como no autismo, mas, ao contrário deste, uma nítida vantagem dada pela coerência global.

Cardinal (2009) se ocupa de artistas não influenciados pela teoria ou pela moda atual e em grande parte autodidatas, que por várias razões podem ser considerados *outsiders*. As características comuns entre estes artistas, com ou sem TEA, são a motivação totalmente pessoal, o autodidatismo e a extrema produtividade. Uma das questões espinhosas que a arte *savant* levanta é saber se a nossa admiração por estas obras se deve às próprias obras ou ao fato de terem sido produzidas por um *savant*. Estas obras seriam dignas da maior consideração se não soubéssemos quem as fez? Segundo Cardinal (2009), "a arte *outsider* adquire sua fama não em virtude de uma associação com anamneses espantosas ou biografias sensacionais, mas porque ela oferece ao seu público uma experiência visual absolutamente emocionante", e a possibilidade "de saborear uma experiência extrema de alteridade, na forma de um exotismo sedutor que produz um prazer inefável e não obstante intenso". De fato, a arte e a música, quer sejam criadas por uma pessoa com autismo ou por qualquer outra pessoa, constituem "um meio privilegiado de contato humano". Esta ideia reflete a hipótese e os resultados de Heaton (2009), segundo os quais as emoções comunicadas através da música seriam plenamente acessíveis às crianças com autismo.

Quais são as características comuns entre artistas com TEA e artistas sem TEA

Nem todas as pessoas com autismo demonstram habilidades savant

O fascínio suscitado pelas capacidades *savant* pode ter a perigosa consequência de criar a expectativa de que todas as pessoas do espectro manifestam alguma capacidade formidável. Draaisma (2009) examina a forma como o autismo é apresentado na ficção, especialmente no cinema, concluindo que, neste gênero artístico, as habilidades *savant* são supervalorizadas. Para os pais de uma criança com autismo de nível 3 que não apresenta nenhum talento particular, a equação entre TEA e habilidades *savant* pode ser extremamente dolorosa. Hacking (2009) salienta que a proliferação de autobiografias escritas por pessoas autistas pode, inadvertidamente, contribuir para dar uma imagem desfavorável do transtorno, uma vez que estes autores são, pela própria natureza, excepcionais na sua capacidade de comunicar a sua experiência.

Uma pergunta-chave é saber por que algumas, talvez a maioria, das pessoas com autismo não desenvolvem habilidades *savant*. Este enigma é comparado com o caso das competências adquiridas depois de lesões neurológicas ou induzidas por estimulação magnética transcraniana repetitiva (rTMS), conforme relato de Snyder (2009). Segundo a teoria controvertida deste autor, é apenas a inibição *top-down* que nos impede de sermos artistas criativos. As pessoas com autismo – e as neurotípicas, quando o seu lóbulo temporal anterior é desativado reversivelmente através da rTMS – podem contornar esta inibição.

Acesso privilegiado a formas brutas de informação

Isto significa que essas pessoas têm acesso privilegiado a formas brutas de informação, normalmente inacessíveis, que podem fornecer uma visão mais perceptiva que as intepretações distorcidas pelas expectativas. Não obstante isso, nem todas as pessoas que voluntariamente se submetem a rTMS melhoram, com este tratamento, as próprias habilidades *savant*. Yong e colegas (2009), por exemplo, registraram, depois desses testes, um aumento das habilidades de memória, de desenho, de cálculo matemático e de datas, mas somente em cinco dos dezessete participantes do estudo. O que este subgrupo tem de diferente em termos cognitivos ou neurais?

Uma possibilidade é que todas as pessoas com TEA têm o potencial para desenvolver habilidades *savant* e que é sobretudo a exposição e as oportunidades que determinam o resultado. Heaton (2009) traz dados relativos a alguns jovens autistas sem nenhuma formação musical e sugere que uma grande minoria tem potencialidade para desenvolver habilidades particulares na percepção e na execução de música. Em pessoas com TEA parece ser generalizada uma maior capacidade de discriminar o tom e o timbre. Plaisted Grant e Davis (2009) apelam a que se dê mais valor a certas características autistas, como a excelente capacidade de discriminação, que são valiosas no trabalho. Embora seja improvável que todas as crianças com TEA se tornem gênios no campo da matemática, da arte e da música, mesmo com toda a instrução necessária, acreditamos que cada uma delas pode desenvolver uma determinada competência especial. Por exemplo, no espectro autista existe frequentemente uma grande facilidade em programar computadores, uma excelente memória mecânica para uma área de interesse, um ouvido apurado e uma capacidade superior para detectar erros gramaticais e tipográficos. No autismo também é relativamente comum a hiperlexia, e em alguns casos excepcionais também a aprendizagem da leitura antes do desenvolvimento da linguagem (Grigorenko et al., 2002), segundo a discussão pormenorizada na contribuição de Mottron e colegas (2009). No entanto, muitas vezes, esta não é considerada uma habilidade *savant* porque o nível final de competência que se atinge não é superior ao que geralmente todas as crianças maiores alcançam. Do mesmo modo, não são considerados "talentos" a angústia perante as menores alterações no ambiente, a insistência em seguir exatamente o mesmo caminho para chegar a um determinado destino ou as reações extremas a estímulos sensoriais aparentemente leves que, no entanto, podem denotar capacidades superiores de memória e discriminação. O desafio consiste em compreender como estas capacidades podem ser canalizadas para competências úteis que conduzam à satisfação pessoal e ao sucesso profissional.

10.000 horas de prática

Diz-se, por vezes, que a genialidade é 99% questão de prática, e um trabalho sobre este tema realizado por Howe e colegas (1998) sublinhou o papel preponderante da prática no desenvolvimento de uma vasta gama de competências. Entretanto, muitos comentários a este artigo sublinham o papel do talento inato, isto é, da predisposição devida a características cognitivas ou físicas particulares. Além disso, as diferenças individuais no grau de empenho, de perseverança, de concentração e de motivação têm sido amplamente discutidas na literatura sobre, por exemplo, o sucesso no esporte (veja-se o exemplo de Ericsson et al., 1993). As origens destas características motivacionais não são totalmente claras.

Papel da prática

As concepções modernas da interação entre a genética e o ambiente fazem com que se torne obsoleta qualquer dicotomia clara entre a educação e a natureza. Entretanto, é impossível não nos perguntarmos: Se só nos exercitássemos o suficiente, poderíamos ser todos *savant*? Woollett e colegas (2009) mostram que as competências de navegação são desenvolvidas ao longo de anos de treinamento e, mesmo depois de adquiridas, continuam dependentes da prática constante. Os taxistas londrinos que interiorizaram o complexo mapa rodoviário da cidade apresentam alterações concomitantes no hipocampo. É interessante verificar que estas alterações cessam quando se deixa de exercer a profissão, após a aposentaria. A questão, no entanto, também apresenta outro aspecto. Aproximadamente dois terços dos candidatos que iniciaram o curso de formação de três anos para motoristas dos clássicos táxis pretos londrinos não o completaram e nunca adquiriram "o conhecimento". Essa elevada taxa de desistência pode indicar que os futuros taxistas que frequentam todo o curso têm algum talento pessoal e é nesta amostra autosselecionada que os anos de prática se traduzem nos mais elevados níveis de competência. Parece muito provável, portanto, que a mesma quantidade de exercícios práticos tenha efeitos totalmente diferentes de acordo com a pessoa. Também os estudos baseados em neuroimagens indicam que a prática altera a estrutura e/ou o funcionamento do cérebro nas pessoas com habilidades *savant* de calcular datas. Não foram encontrados indícios de envolvimento de áreas cerebrais inesperadas ou normais, e isto talvez sugira uma continuidade com as capacidades matemáticas de tipo não *savant*. Isto se encaixa bem com o que afirmam Hermelin e O'Connor (1986), com base em padrões de dados comportamentais, ou seja, que os indivíduos com capacidades *savant* para calcular datas deduzem regras e constantes do calendário e não se limitam exclusivamente ao uso da memória mecânica.

Fontes de talento

Poderia o autismo revelar verdades importantes sobre a criatividade e a genialidade? Entre os autores há um forte consenso relativo ao fato de que uma das origens profundas da habilidade excepcional é o desejo obsessivo de praticá-la. Mas há mais. Segundo Baron-Cohen, há também uma necessidade obsessiva de classificar e criar sistemas.

Segundo Happé e Vital, a predileção pelo pormenor, mais do que pelos protótipos ou pela generalização, está na base tanto do talento quanto dos comportamentos repetitivos e restritos no autismo. Sua análise dos dados de estudos realizados com gêmeos indica uma base genética para esta associação. A investigação futura deverá esclarecer se os talentos em diferentes áreas derivam de um conjunto comum de fatores genéticos/ambientais. Os fatores genéticos predispõem para o talento em qualquer campo, ou num campo específico, como a música? Documentando os talentos semelhantes ou diferentes manifestados por gêmeos idênticos se revelará este fato. Seria também interessante verificar se os parentes dos *savant* – ao menos nos casos em que há familiaridade com o autismo (Abrahams & Geschwind, 2008) – apresentam capacidades cognitivas especiais ou características que os possam predispor para um determinado talento.

A predisposição para o talento é geral ou está relacionada com um domínio específico?

A maioria dos trabalhos sugere que a predisposição para o talento é, em grande parte, geral, não ligada a um domínio específico. Se assim fosse, não nos surpreenderíamos se detectássemos o desenvolvimento de uma multiplicidade de talentos por parte de uma mesma pessoa, se o tempo o permitisse. Wallace e colegas (2009) apresentam um caso deste tipo e na literatura existem muitos outros. Por exemplo, ouvido apurado, cálculo de datas e desenho presentes no caso mostrado por Trehin (2006); ouvido apurado, desenho e música no caso descrito por Wiltshire (1989; Sacks, 1995); memória para os números e aprendizado de línguas no caso examinado por Tammet (2006). Casos deste gênero seriam muito surpreendentes se as bases para o talento no cálculo, por exemplo, fossem completamente diferentes daquelas para o talento na arte ou na música.

Até o momento não se sabe quase nada sobre o cérebro dos *savant* com TEA. Os dados sobre a anatomia discutidos por Casanova e Trippe (2009), na sua contribuição para este livro, indicam a existência, nos cientistas neurotípicos, de peculiaridades no âmbito das minicolunas cerebrais (Casanova et al., 2007), também encontradas em pessoas com TEA, independentemente de serem ou não *savant*. Os dados sobre a organização atípica das minicolunas no autismo apoiam, no entanto, a hipótese de uma hiperconectividade neural local concomitante com uma hipoconectividade de "longo alcance" (p. ex., Belmonte et al., 2004). Uma abordagem muito diferente considera alguns raros transtornos de gênios com elevada predominância de autismo; recentemente foi levantada a hipótese de que certos defeitos moleculares presentes no autismo poderiam interferir nos mecanismos de síntese de proteína sináptica, vinculada, teoricamente, tanto ao déficit cognitivo quanto às habilidades *savant* (Kelleher & Bear, 2008).

Importância de favorecer o talento

Um tema que emergiu da conferência foi o valor adaptativo da promoção de interesses e talentos especiais. Pode parecer óbvio, mas está em contradição com a tendência de considerar desadaptativos e limitantes os interesses restritivos e obsessivos. Em sua contribuição, Heaton (2009) oferece provas convincentes de como, para as crianças e os jovens com autismo, aprender a tocar um instrumento é vantajoso, seja para a integração social, seja para o desenvolvimento pessoal. Seu trabalho sugere a existência de potencialidades específicas em pessoas com TEA até agora negligenciadas, que tornam particularmente importante a tarefa de educar as crianças com déficits sociocomunicativos. Para essas crianças, as lições de música não deveriam ser consideradas um luxo. A existência de talentos artísticos ou matemáticos escondidos ainda não está documentada, mas muitas vezes os pais e os profissionais descobrem talentos por acaso.

Relatar a própria história

É bem possível que o talento mais paradoxal manifestado por algumas pessoas com TEA seja a capacidade de relatar a própria história. Temple Grandin (2009), que em sua contribuição fala da própria capacidade de pensar em imagens, talvez seja o exemplo mais famoso. Hacking (2009) analisa o paradoxo e a capacidade das narrativas autobiográficas de moldarem o nosso conceito de autismo. O que, segundo ele, não é isento de perigos. De modo particular, não é claro até que ponto podemos generalizar as experiências relatadas por certo número de pessoas com autismo de alto funcionamento às experiências de outras pessoas que podem nunca ser capazes de exprimir as suas ideias. Hacking adverte-nos, de forma útil, que não podemos saber nada sobre como é "a mente autista por dentro".

Emergência precoce das suas capacidades

Uma característica marcante de muitas pessoas talentosas, com autismo ou neurotípicas, é a emergência precoce de suas habilidades. O que, por sua vez, sugere um ambiente especial, especialmente em termos de engajamento pessoal dos pais e dos professores. No caso dos *savant* com TEA, o prazer que os pais sentem pelas realizações de seus filhos é, pelo menos, tão grande como a dos pais de pequenos prodígios neurotípicos. Estes últimos, sejam eles pequenos gênios no campo da matemática, do xadrez ou do esporte, se beneficiam também de relações de longa data com instrutores profissionais que lhes forneceram um *feedback* sistemático especializado. Em muitos casos, contrariamente, o talento autista surge plenamente desenvolvido sem nenhum *feedback* sistemático de um professor. No caso do cálculo de datas, por exemplo, os pais por vezes dizem que nunca favoreceriam tal competência e que, se pudessem, canalizariam os interesses do filho numa direção diferente.

Algumas perguntas ao especialista...

Paolo Cornaglia Ferraris

Retirado e adaptado do DVD Facciamo il punto su... L'autismo (Ianes & Zappella, 2009)

Sobre a Síndrome de Asperger, com muita frequência encontramos no grande público opiniões muito vagas ou ligadas a personagens com características excepcionais. Poderia ilustrar-nos brevemente as características essenciais desta síndrome?

A síndrome é um conjunto de sintomas e sinais, como a própria palavra diz, mas é preciso ter muito cuidado, porque a inclusão no TEA é necessária para ser compreendida; entretanto, dentro deste grupo de crianças, rapazes e até adultos com transtorno de Asperger, há uma grande variedade de manifestações que vão desde formas muito matizadas, a ponto de ser difícil distinguir essas pessoas das que têm alguma excentricidade de comportamento, até pessoas muito mais afetadas.

Isso não apenas em razão da experiência educacional de cada um, mas também porque é justamente a alteração orgânica, portanto, a variante orgânica no interior das estruturas profundas do lóbulo temporal do cérebro, que é diferente. De fato, alguns são perturbados por surtos de epilepsia nessa área, outros por envolvimento cerebral, e ainda estamos longe de compreender exatamente o mecanismo. O que devemos considerar, no entanto, é que essas pessoas têm uma percepção diferente da realidade, sentem as coisas de um modo diferente, escutam vozes e rumores com muita precisão, por vezes tão intrusivos que os irrita; quase nunca são capazes de conversar com mais pessoas ao redor de uma mesa, se aborrecem com qualquer burburinho, por exemplo, no interior de um ginásio incomodam-se com ruídos estranhos, em casa não suportam o bater de pratos e garfos, e saem da mesma sem dizer nada, aparentemente de forma excêntrica.

Embora existam muitas facetas na síndrome, há uma característica que as une: algumas capacidades excepcionais de memória, de escrita de poesias, de pintura, de expressão de um mundo emocional particularmente rico e vivo que, muitas vezes, não encontrando formas de se expressar verbalmente, através de um raciocínio lógico, encontra, ao contrário, refúgio na arte, na poesia. Há contribuições muito importantes de pessoas Asperger no mundo da arte e da música; existem muitas personalidades adultas que sofrem deste tipo de transtorno e que podem nem sequer ter consciência disso.

Ao lado desta qualidade de pensamento excepcional, espera-se uma capacidade de concentração fortíssima em alguns campos.

O mecanismo com o qual alguns descreveram este campo é o da sinestesia: quem consegue memorizar mais de vinte e quatro mil números decimais depois do Pi grego, falando por cinco horas a fio e não errando nenhum número, descreve sua capacidade matemático-mnemônica como uma sinestesia.

Essa pessoa vê cores e formas que correspondem a números e, por isso, os lê dentro de uma espécie de filme que vê passando em sua cabeça. A sinestesia, que significa juntar duas formas de percepção muito diferentes, a visual das cores e a numérica – que normalmente está em outra parte do cérebro –, é uma de suas características.

Este aspecto foi muito bem estudado em alguns personagens e explica a razão pela qual algum pintor consegue associar por meio da mão um desenho ou um rumor, uma música e uma cor; por isso algumas pessoas pintavam determinados quadros só porque ouviam um determinado tipo de música.

Aos professores que encontram uma criança tão excêntrica, tão dotada em alguns aspectos, mas com dificuldade em outros, qual é a sugestão que o senhor considera central?

Os professores têm nas mãos uma espécie de pequeno tesouro: deles depende o livrar-se ou o ocupar-se desse tesouro. Da forte capacidade dos professores de inserir essa pessoa no grupo escolar dependem o futuro e a melhoria da sociabilidade dessa criança. A socialidade e as regras são aprendidas, basta impor condições.

O professor de apoio não deve, portanto, isolar a criança longe da turma, mas orientá-la com paciência, explicando, atenuando, moldando sua inserção.

O que está em jogo é a possibilidade de haver um futuro poeta, um futuro artista, um futuro cidadão capaz de se situar numa sociedade de regras por vezes rígidas, por vezes hipócritas, por vezes excessivas mesmo para pessoas normais.

Em síntese

- ☑ De acordo com os critérios diagnósticos do DSM-5®, as pessoas anteriormente diagnosticadas com Síndrome de Asperger e as pessoas consideradas de alto funcionamento enquadram-se no TEA com necessidade de apoio nível 1.
- ☑ Um déficit de aptidões sociais, uma fraca capacidade de estabelecer uma conversa mútua e um interesse intenso por um determinado tema são as características-chave da Síndrome de Asperger. Estes interesses dominam o tempo livre e as conversas da criança.
- ☑ Por outro lado, pode-se verificar uma falta de motivação e de concentração para atividades que são geralmente muito interessantes para os colegas, uma avaliação sugestiva de dificuldades de aprendizagem e certa falta de jeito nos movimentos. O fato de a criança se isolar e poder ser alvo de assédio por parte das outras crianças também pode ser motivo de preocupação.
- ☑ Wing descreve desta forma as características clínicas da Síndrome de Asperger: falta de empatia; interação ingênua, inadequada, unidirecional; habilidades fracas ou ausentes de fazer amizade; linguagem pedante, repetitiva; fraca comunicação não verbal; interesse espasmódico por certos temas; movimentos desajeitados e pouco coordenados e posturas excêntricas.
- ☑ A interpretação e o uso literal da linguagem oferecem uma visão dos processos de pensamento das pessoas com AAF (autismo de alto funcionamento) e SA (Síndrome de Asperger).
- ☑ O uso da linguagem metafórica – ou seja, de uma linguagem que tem um significado pessoal e peculiar para quem a usa – é uma característica bem conhecida do comportamento linguístico do autista, sobretudo no âmbito da linguagem emergente.
- ☑ Os testemunhos e as experiências relatadas pelas pessoas com SA e por seus familiares são fundamentais para nos ajudar a compreender realmente essa síndrome e suas características, da forma como se manifestam na vida cotidiana.
- ☑ De todas as características do autismo, nenhuma suscita tanta admiração como o talento notável que frequentemente se encontra nesta condição. No entanto, os talentos especiais são menos estudados e menos conhecidos do que todos os outros aspectos do autismo.
- ☑ Nas descrições populares desta condição, a existência de talentos extraordinários de tipo artístico, musical, mnemônico ou no cálculo de datas – frequentemente definidos como "habilidades *savant*" – tornou-se um lugar-comum.

Parte IV

Aliar-se e partilhar

Introdução

Pesquisa e Desenvolvimento Erickson

A seleção dos materiais que compõem a Parte IV deste guia pretende sublinhar a importância de uma ação compartilhada, coconstruída, colegiada e em rede entre todas as figuras de referência que giram em torno do aluno com autismo.

O nono capítulo sublinha, talvez mais do que todos os outros, por meio de inúmeras propostas e sugestões de trabalho no âmbito do desenvolvimento das autonomias pessoais, a fundamental necessidade de compartilhar os objetivos e de trabalhar de forma colaborativa para a sua realização, envolvendo escola, famílias e todos os profissionais/figuras que têm uma relação direta com o aluno.

O décimo capítulo, ainda na mesma perspectiva, oferece uma análise do papel da família e sublinha a importância de uma partilha e de um confronto contínuos, aspectos fundamentais para o sucesso efetivo de qualquer intervenção que vise às diferentes competências que são particularmente deficitárias no TEA. Por último, não se esquece o valioso papel desempenhado pelas associações e pelas inúmeras realidades presentes no território italiano.

Capítulo 9
Autismo e desenvolvimento das autonomias pessoais

Fontes do capítulo

TÓPICOS

As habilidades de autonomia: retirado e adaptado de F. Caretto, G. Dibattista e B. Scalese (2012, p. 29, 58, 139-146, 153-156, 160-163, 168-171).

BOXES

Bom-senso: retirado e adaptado de H. De Clercq (2011, p. 239).

Aprofundamento: algumas dicas para o uso dos talheres: retirado e adaptado de F. Caretto, G. Dibattista e B. Scalese (2012, p. 169).

FICHAS

Ficha 9.1: retirada de M. Pontis (2019, p. 78-80).

Ficha 9.2: retirada de M. Wrobel (2013, p. 148-149).

Linha temporal sequencial

Em qual fase temporal são situadas as indicações de trabalho que encontraremos neste capítulo?

Quadro de conhecimentos introdutório e características	Diagnósticos, ferramentas de avaliação e identificação precoce	Programação e intervenção	Além do autismo	**Construção das alianças educativas**
				▲

Mapa conceitual inicial

O que abordaremos neste capítulo?

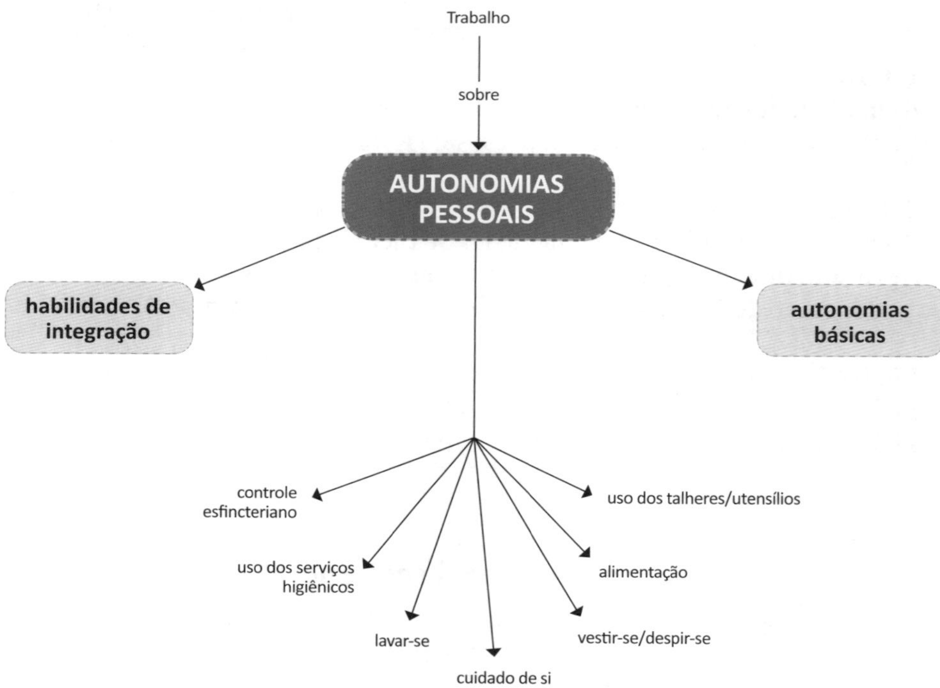

Bom-senso

Hilde De Clercq

Nunca passou pela cabeça de ninguém que ele pudesse fazer tal coisa. Ninguém tinha se dado conta de que ele tinha de ser programado para verificar se a roupa na máquina de secar estava seca. Para os profissionais era algo tão óbvio que nem sequer lhes ocorria a ideia de que Ted não o tivesse compreendido. Para eles, era seu bom-senso que devia dizer que algo estava errado (Hart).

As habilidades de autonomia

Flavia Caretto, Gabriella Dibattista e Bruna Scalese

Como já sublinhamos várias vezes neste guia, o autismo é uma condição de "espectro", ou muito variada, que implica um desenvolvimento da pessoa qualitativamente diferente da norma (compreendida no sentido estatístico), no que diz respeito à esfera da comunicação social, das atividades e dos interesses.

Quais são as autonomias básicas e as competências de integração?

As pessoas com TEA podem ter dificuldades de adquirir as habilidades de autonomia, que se dividem geralmente em autonomias básicas e competências de integração.

As autonomias básicas dizem respeito a compromissos cotidianos simples, ou seja, alimentação autônoma, controle dos esfíncteres e utilização de sanitários, capacidades de se vestir e se despir, higiene pessoal, autocuidado, hora de dormir e de acordar.

As competências de integração são consideradas autonomias de ordem superior e incluem os cuidados com o local onde se vive, a preparação das refeições, a mobilidade no espaço, a capacidade de fazer compras, o uso dos serviços públicos, o comportamento no trabalho. As pessoas com TEA de nível 1 podem encontrar dificuldades nas competências integradoras, mas também em algumas sequências de competências básicas, como tomar banho.

As crianças e os adultos com TEA nível 3 podem também ter dificuldades nas competências básicas de autonomia.

Um bom programa de intervenção nos diferentes domínios do desenvolvimento e da aprendizagem deve, pois, incluir o ensino explícito das competências de autonomia, começando pelas mais elementares.

Importância da observação

Por que é necessário observar alguém a quem se pretende ensinar competências de autonomia? Para obter informações sobre as competências de autonomia adquiridas, emergentes e não adquiridas; para conhecer o tipo de ajuda mais adequado para a pessoa; para adquirir informações sobre as motivações da pessoa com TEA e sobre as ocasiões de autonomia que o ambiente oferece.

O que é observado? Observa-se o comportamento espontâneo emitido em função do tipo de situação; o tipo de ajuda prestada pelo adulto e o tipo de participação da pessoa auxiliada na atividade; as alterações do desempenho resultantes dos auxílios; a motivação da pessoa para realizar a atividade; o valor ecológico e a disponibilidade de utilização da aptidão considerada no ambiente de vida da pessoa.

Quais diferentes tipos de avaliação são utilizados para as competências de autonomia? Existem vários tipos de avaliações: a observação indireta, constituída essencialmente de conversas com os familiares ou de entrevistas semiestruturadas, como as oferecidas por alguns testes; a observação direta não estruturada (ou informal), ou a feita em condições "naturais" na ausência de testes; a avaliação funcional, feita com ferramentas específicas de avaliação ou testes.

Além das maneiras de avaliação acima descritas, é necessário fazer uma análise da tarefa de autonomia que se pretende ensinar: para saber em que momento da sequência será útil prestar ajuda durante a intervenção psicoeducacional e qual ajuda será disponibilizada, os profissionais devem analisar as tarefas que propõem à pessoa ao longo da fase de avaliação e ser capazes de ler a análise efetuada ou formulada por outros por meio da análise de tarefas, com o objetivo de construir o programa.

A ficha 9.1 traz um *checklist*, um instrumento operativo para predispor, realizar, avaliar e compartilhar um programa de intervenção eficaz, com o objetivo de potencializar as competências de autonomia.

Abaixo ilustraremos propostas de trabalho em relação a algumas das principais autonomias da vida cotidiana.

Controle dos esfíncteres e utilização dos sanitários

A obtenção do controle dos esfíncteres é considerada um dos objetivos prioritários do programa de intervenção nas competências básicas de autonomia. Uma grande fonte de estresse para alguns pais de crianças com transtorno do desenvolvimento é o medo de que os filhos não sejam bem-acolhidos no ambiente escolar porque usam fraldas. Além disso, quando são os maiores a usar fraldas, os educadores alimentam o constante temor de que se tornem dependentes delas por um tempo muito longo ou precisem de assistência pelo resto da vida. Por consequência, a percepção social da criança, e também dos profissionais, muda muito em relação à presença ou ausência do controle dos esfíncteres, que surge como uma espécie de divisor de águas e representa um dos objetivos mais ambiciosos da intervenção educativa.

O que é o treinamento de toalete?

Neste tópico será feita referência aos princípios de treinamento estruturado do chamado treinamento de toalete (*toilet training*), ou de uso do banheiro, segundo a proposta de Boswell e Gray.

O treinamento de toalete baseia-se numa avaliação personalizada, na criação de rotinas ativas e adaptativas e na utilização sistemática de ajudas visuais, em razão das fortes capacidades visuais das pessoas com autismo.

A seguir, referimo-nos à criança pequena, mas para os adolescentes e adultos que nunca obtiveram o controle o procedimento é bastante semelhante.

Quando se trabalha com uma criança pequena, pode ser útil programar o treinamento de toalete na primavera, a fim de fazer face a hipotéticos incidentes na época de verão, quando, se a criança se molhar ou sujar, as consequências serão mais suportáveis do que no inverno. Ao contrário, quando se trabalha com uma criança maior, com um adolescente ou com um adulto, convém começar o quanto antes possível, independentemente da estação.

O treinamento de toalete deve ser introduzido habituando a criança ao "ambiente do banheiro". Muitas crianças típicas, quando usam fraldas, fazem suas necessidades em qualquer canto da casa, ao passo que as crianças com autismo geralmente preferem alguns lugares prediletos: vão esconder-se atrás de uma cortina, de uma poltrona ou diante da janela. Nesses casos, é necessário iniciar o processo de habituação ao banheiro; quando o cuidador percebe que a criança está prestes a fazer as suas necessidades, deve acompanhá-la gentilmente ao banheiro, sem falar com ela de forma invasiva e caminhando atrás dela. Se a criança é pequena, ela pode ser levantada do chão, ficando sempre atrás dela, para que a relação não a distraia do que ela precisa fazer. O adulto pode acompanhar a sua ação com uma breve frase descritiva, em voz baixa, para ajudar seu futuro pedido de ir ao banheiro. Em última análise, passa-se a mensagem de que o banheiro é o lugar certo para esse tipo de necessidade.

Ao mesmo tempo, é aconselhável evitar realizar ações que não sejam adequadas àquele ambiente, como comer ou beber. Além disso, quando o processo rumo à autonomia estiver totalmente estabilizado e a criança for capaz de levantar por alguns segundos uma perna ou agachar-se (em geral por volta dos 2 anos) pode ser útil começar a usar "fralda-calça" que, apesar de ser mais cara do que as outras, permite introduzir a participação motora da criança no controle e na troca das mesmas; neste caso trata-se de uma ação mais parecida com o que acontecerá em seguida com as outras roupas.

Vale lembrar que há crianças que obtêm o controle dos esfíncteres muito cedo – mas são exceções – e que, de modo geral, elas não devem ser forçadas em suas necessidades fisiológicas. O treinamento para o uso do vaso sanitário pode começar por volta dos 2 anos, mas não se pode esperar que as crianças menores, nessa idade, controlem os seus esfíncteres. Na entrada da educação infantil ou aos 3 anos de idade, o controle dos esfíncteres pode ser um alívio para os profissionais da escola, mas essa não deve ser uma pretensão absoluta.

Quando é adquirido o controle dos esfíncteres?

O primeiro passo para programar a intervenção consiste em fazer uma avaliação e em estabelecer consequentemente objetivos realísticos, lembrando que cada etapa do percurso já é uma meta. A este respeito deve-se explicar a todos os cuidadores que o caminho pode ser longo e que é necessária a máxima colaboração deles para a aprendizagem e a generalização nos diferentes contextos.

Envolvimento dos pais e de outras pessoas de referência

Para efetuar uma avaliação personalizada, desde o início devem ser envolvidos os pais e os outros adultos de referência, que deverão realizar uma atenta observação da criança ao longo de duas semanas, verificando a cada meia hora aproximadamente se suas fraldas estão sujas ou molhadas. Os dados devem ser registrados numa tabela na qual será atribuído, para cada horário, se as fraldas estavam sujas (S), molhadas (M), limpas (L), ou molhadas e sujas (M/S). A coleta e transcrição dos dados numa tabela de observação tem por objetivo identificar os momentos do dia em que a criança faz mais frequentemente suas necessidades fisiológicas, de modo a fixar os horários em que deve ser feito o treinamento que possibilite, com o tempo, que a criança conquiste sua autonomia. A este respeito, convém lembrar que o horário da criança varia em função de seu crescimento e da estação do ano: se entre a avaliação e a intervenção transcorrem algumas semanas e o clima mudar, a avaliação pode não mais servir.

Após a avaliação, o cuidador deve levar a criança ao banheiro somente no horário em que é mais provável que ela urine ou evacue. Os horários serão estabelecidos da maneira mais lógica e cômoda possível tanto para os adultos quanto para as crianças: nos momentos do dia em que a probabilidade de incidentes é maior, a criança pode também ser levada ao banheiro a cada quinze minutos, ao longo de uma hora (ou quatro vezes por hora), mas, nos momentos em que a probabilidade de incidentes é reduzida, a criança não deve ser importunada. A permanência no banheiro deve variar entre alguns segundos e dois minutos, no máximo (ou três, em caso de crianças "lentas em suas funções fisiológicas"). Em última análise, a ida ao banheiro não deve tornar-se um incômodo para os pais ou uma espécie de perseguição para a criança, pois aqui também vale a regra de que a criança terá dificuldade de aprender aquilo que ela percebe como desagradável ou ameaçador. Ao levá-la ao banheiro é preciso ter em conta tudo o que ali acontece e o próprio ambiente, ou seja: se há elementos que perturbam a criança, se ela é demasiado atraída por alguns estímulos como a água, se manifesta algum medo ou um interesse específico, ações que acompanham o controle dos esfíncteres (p. ex., dar a descarga do banheiro ou fechar a braguilha) etc. Uma análise da tarefa pode ajudar a avaliar as fases das idas ao banheiro e a intervir nas competências necessárias sobre os auxílios a oferecer.

Análise da tarefa

No final desse período de observação, certo número de elementos úteis certamente será recolhido, elementos que ajudarão na definição dos objetivos da intervenção.

Muito importante no treinamento de toalete é a clareza comunicativa básica: para a criança deve ser óbvio o que lhe estão pedindo e em qual contexto.

Portanto, todas as atividades relacionadas ao controle dos esfíncteres são realizadas nesse contexto, e será útil, por exemplo, definir, antes de começar o treinamento, que a troca das fraldas deve ser feita sempre e somente no banheiro.

Estruturação do ambiente físico

É essencial, pois, que o ambiente físico (banheiro) seja estruturado para o sucesso no treinamento de toalete, isto é, que seja seguro e não estimulante demais. Se a criança for pequena, uma vez sentada no vaso ela deve dispor de um apoio para os pés, para tornar a tarefa mais cômoda e para exercitar melhor a pressão sobre as pernas durante a expulsão das fezes; geralmente, para este fim, é suficiente um banco (útil também para a pia, se a criança é de baixa estatura). Além disso, deve ser adquirido um adaptador/redutor de assento, de preferência um mais macio e confortável, e que mantenha uma temperatura mais semelhante à do corpo. Em caso de dificuldades motoras, devem ser previstos apoios especiais, por exemplo, adaptadores/redutores com alças que a criança possa segurar para sentir-se mais segura.

Outras precauções podem ser: evitar ecos e ruídos se forem incômodos; evitar o uso de penicos e de tudo o que possa distrair da evacuação propriamente dita (como penicos de brinquedo ou em forma de animais). Esta, porém, não é uma regra absoluta, pois com algumas crianças o penico pode ser uma boa estratégia.

De acordo com o nível de desenvolvimento da criança deve ser estabelecida uma rotina com auxílios visuais, que podem ser representados por uma sequência de objetos, de figuras ou de uma lista escrita que ilustrem cada fase a ser realizada.

O pedido espontâneo da criança de ir ao banheiro deve ser encorajado, mas, muitas vezes, é preciso partir de um determinado sinal: por exemplo, dar-lhe um rolo de papel higiênico antes de ir ao banheiro. No caso em que a criança ainda use fraldas e precise ser trocada, pedir para que ela carregue até o banheiro uma fralda limpa.

Sempre que um sucesso é alcançado, é fundamental reforçar e recompensar adequadamente as crianças. Para algumas é também possível pensar em inserir um prêmio no final da sequência apresentada (um objeto ou uma atividade que agrade a criança).

Uma vez adquirida a habilidade, é preciso ensinar a criança a comunicar de forma correta sua necessidade, seja quando a toalete está imediatamente disponível, seja quando seu acesso é mais difícil, como num centro comercial. Também neste caso é necessário observar antes de tudo se a criança manifesta de alguma forma a necessidade de ir ao banheiro ou se ela precisa de um comando ou de uma ajuda para iniciar a atividade, considerando sempre suas capacidades de comunicação e de expressão: Pega o adulto pela mão ou o conduz em direção ao banheiro? Usa um objeto ou imagens para manifestar um pedido? Tem condições de pronunciar as palavras "banheiro", "pipi", ou é capaz de fazer um gesto que represente tal necessidade? Tenha-se presente que as crianças exprimem frequentemente um pedido imitando o comportamento que a mãe adotou até aquele momento para conduzi-las ao banheiro: por exemplo, entregando-lhes um rolo de papel higiênico ou fraldas limpas.

Esse comportamento deve ser incentivado e reforçado. Por fim, como para cada aprendizado alcançado, o que foi aprendido deve ser generalizado para outros contextos e por todas as pessoas que se ocupam da criança.

O controle esfincteriano e a utilização dos banheiros incluem, para além das competências acima referidas, outras competências, como limpar-se com o papel higiênico, dar a descarga, lavar as mãos depois de ter feito as necessidades. Em relação ao papel higiênico, rasgá-lo e dobrá-lo pode ser complicado para muitas crianças. Em caso de dificuldade, convém ensinar a criança a limpar-se sozinha, entregando-lhe o papel já organizado, ou preparando um plano com uma série de pedaços previamente rasgados. Ao mesmo tempo, trabalha-se a motricidade fina e, gradualmente, a habilidade específica, mesmo à mesa.

Quais outras competências devem ser ensinadas nesta área da autonomia pessoal?

A atividade de lavar as mãos deve fazer parte da sequência desde as primeiras práticas, assim como a ação de dar a descarga, que pode implicar uma série de problemas ligados à perturbação pelo ruído ou pela variedade e dificuldade de funcionamento de alguns tipos de materiais. Se esta tarefa for realmente adversa à criança, um trabalho à parte deve ser feito.

No tocante ao controle noturno, seria uma boa ideia para os pais de crianças pequenas que ainda não o adquiriram acordá-las uma ou duas vezes por noite, colocando uma ou duas pequenas luzes entre o quarto e o banheiro, para lhes facilitar o deslocamento. É preferível não acender e apagar a luz, porque, uma vez que a criança se tornar autônoma, se tornaria uma atividade a acrescentar à cadeia de ações, o que exigiria uma vigilância acrescida, dificultando o seu posterior regresso ao sono. Os familiares devem ter o cuidado de não acordar completamente a criança e de lhe permitir para fazer apenas as ações necessárias ao dirigir-se ao banheiro: urinar e voltar para a cama (para crianças com algumas formas de epilepsia, este procedimento deve ser feito apenas depois de consultar o médico). A fralda-calça também facilita o controle noturno dos pais e da criança, uma vez que só precisa ser baixada ou levantada.

Como gerenciar o controle noturno?

É possível que, com a maturação muscular, a criança não precise levantar-se à noite e se acorde sequinha. No entanto, na rotina do adormecer e do acordar, a transição para o banheiro deve ser introduzida. Para adolescentes e adultos que ainda não atingiram o controle noturno é preciso avaliar o horário em que vão ao banheiro, que geralmente ocorre apenas uma vez por noite (mas também pode acontecer duas vezes).

Identificado o horário, se procederá da mesma forma que para as crianças pequenas, mas "antecipando o jogo", ou seja, fazendo a criança levantar-se meia hora mais cedo (ou uma hora, se o horário for muito variável) do que a hora prevista para o incidente.

Duas questões frequentemente apresentadas pelos pais dizem respeito à necessidade de fazer com que os meninos urinem de pé e de retirar completamente as fraldas numa determinada fase do desenvolvimento.

Quanto à primeira questão, o fato de um homem poder urinar de pé pode ser conveniente, mas não necessariamente obrigatório. Uma avaliação dos custos e benefícios pode envolver a estabilidade da criança quando está de pé e a sua capacidade de realizar as ações necessárias para urinar de pé: se a criança tem dificuldades motoras, é melhor optar pela posição sentada. Para alguns meninos, além disso, pode ser difícil direcionar a urina exatamente dentro do vaso sanitário. Neste caso, é útil colocar um objeto como alvo, por exemplo, um pedaço de folha de papel-alumínio que, ao ser atingido por um líquido, produz um ruído (*feedback*). Finalmente, para as crianças autistas do sexo masculino que se sentem capazes de urinar de pé, este fato lhes facilita a diferenciação entre as atividades de urinar e de defecar.

Quanto à segunda questão, embora seja frequente ouvir histórias em que a remoção das fraldas sem nenhuma intervenção tenha funcionado, na realidade é muito difícil que isso aconteça. Uma criança com autismo não faz suas necessidades nas fraldas porque é temperamental ou hostil, mas porque é o que ela sempre fez desde quando nasceu e não conhece alternativas. Para que ela possa abandonar as fraldas é necessário oferecer-lhe alternativas. Acrescente-se que não é fácil para nenhuma criança adquirir a competência para perceber sensações corporais como o enchimento da bexiga e associar a sensação do seu esvaziamento ao fato de ter urinado. A atenção dos meninos e das meninas deve, portanto, ser direcionada para o fato de estarem urinando, apontando para a urina que sai, de forma que as sensações sejam associadas umas às outras, e a um eventual reforço.

Quanto ao reforço, sugere-se que se utilizem os mais naturais possíveis. Alguns adultos fazem as crianças brincarem com brinquedos enquanto estão sentadas no vaso, e algumas crianças com TEA só vão ao banheiro se acompanhadas por uma determinada pessoa ou se lhes cantarem uma determinada canção.

Uso de reforços naturais

É melhor evitar, tanto quanto possível, situações de estímulo fortemente identificáveis, por exemplo, com pessoas específicas, porque isso as tornará obrigatoriamente necessárias no futuro.

A ação de defecar está frequentemente ligada, inclusive nas pessoas neurotípicas, a rotinas particulares. Utilizar rotinas para a criança com TEA não é incorreto, desde que sejam concebidas desde o início para serem autonomizadas.

Por exemplo, evitar segurar as mãos da criança enquanto está sentada no vaso, mas ensiná-la a segurá-las nos adaptadores com alças ou sobre os joelhos (com orientação física); ou, ainda, evitar contar-lhe uma história enquanto está sentada no vaso, mas ensiná-la, por exemplo, a folhear um livro. Um problema adicional para os pais: o que fazer em caso de incidente, ou seja, quando o menino ou garoto se urina ou se suja. Também aqui não há uma única resposta possível: as respostas dependem dos motivos, da idade e das características do indivíduo e da situação. Seguramente, gritar ou punir é inútil e danoso, e o comportamento do cuidador deve sempre fundar-se numa paciente indiferença no âmbito emocional; no cognitivo, ao contrário, deve-se insistir no comportamento correto (p. ex., "o pipi é feito no banheiro") e, em casos específicos, o incorreto (p. ex., "não se faz pipi no sofá").

A enunciação de uma regra "pela negativa" é, em qualquer caso, de utilidade duvidosa e só deve ser feita em casos específicos (ou quando é realmente difícil e pouco específico afirmar a regra de forma positiva), e de uma forma especial (ou referindo-se ao comportamento e não à pessoa, sem mostrar raiva ou rancor, sem ameaçar o desqualificar a criança). Em função da idade e da possibilidade de participação da criança, ela pode ser envolvida na limpeza e na arrumação, mantendo uma atitude não punitiva. Além disso, há que se ter o cuidado de garantir que a mudança de fraldas e a lavagem após os incidentes não se tornem uma atividade de prestação de contas desagradável.

Lavar-se e os cuidados pessoais

Quanto ao lavar-se e aos cuidados pessoais, é conveniente iniciar a criança com atividades simples como lavar as mãos. Mesmo quando ela é muito pequena (aproximadamente 2 anos), em vez de substituí-la na atividade de lavar as mãos, convém pedir sua colaboração oferecendo-lhe orientação física. Da mesma forma, desde muito cedo vale a pena introduzir a "preparação" para a escovação dos dentes, a higienização do rosto ou do corpo na banheira, solicitando-lhe um mínimo de participação.

O termo "preparação" implica o fato de que a criança se entregue serenamente e até goste da atividade, participando nela da forma como pode (p. ex., passando a mão na barriguinha durante o banho na banheira), e que a própria atividade se integre de tal forma na rotina diária que se torne indispensável. O objetivo, portanto, não é o asseio em si (que não deve ser perdido de vista), mas sim a preparação para a futura autonomia na higiene pessoal. Em caso de baixa participação, em razão da idade da criança ou de suas dificuldades, sugira que ela realize a última parte da sequência, para reforçá-la e, logo em seguida, conclua a atividade.

Um aspecto fundamental diz respeito ao *quando* é necessário realizar uma determinada atividade de higiene. Em razão das dúvidas sobre o momento mais propício, para algumas pessoas a higiene pode tornar-se uma obsessão. Como saber quando as mãos estão sujas? Uma vez que a sujeira das mãos nem sempre é visível, é conveniente definir algumas regras, como: "Quando se entra em casa (da escola, do parque ou do supermercado), é preciso lavar as mãos"; ou "antes de comer devemos lavar as mãos". Também após a definição de regras, porém, é preciso deixar claro que se trata de seguir o seu significado e não o cumprimento rígido de uma rotina. Para compreender a confusão que as regras podem criar, considere, por exemplo, a frase: "É preciso escovar os dentes depois de comer", ou "todas as vezes que comemos". Certamente se trata de uma boa norma que, no entanto, muitas vezes é ignorada na creche ou na escola fundamental, onde nem sempre é permitido deixar as crianças levarem uma escova e pasta de dentes. Além disso, muitas são as ocasiões em que os dentes não são escovados (viagens, refeições fora de casa, depois de aperitivos etc.). Quando uma regra é ensinada e depois é sistematicamente descumprida, a pessoa com TEA pode encontrar grandes dificuldades e desconfiar de qualquer regra. Por essa razão, convém esclarecer tanto as ocasiões propícias quanto as exceções.

No que diz respeito às competências de autonomia com que se lida, para a criança será necessário trabalhar o banho, a ducha, o bidê, a lavação do rosto, a escovação dos dentes e algumas partes do corpo isoladamente (como as axilas e os pés). Para todas as atividades de higienização, siga-se como descrito acima, oferecendo orientação física ou outras formas de ajuda e ensinando uma sequência nas atividades. Para crianças capazes de folhear livros com figuras, podem ser adotados livros sobre higiene pessoal, comercialmente disponíveis ou especialmente preparados. A análise das tarefas ajuda os educadores a estabelecer as sequências que efetivamente podem ser executadas, fotografadas e repropostas à criança; para esse fim podem ser usados também desenhos ou imagens e vídeos. As imagens, plastificadas, podem ser colocadas na água ou inseridas em álbuns que as preservam do contato com a água. Às crianças verbais que preferem o canal auditivo, pode ser ensinada uma cadeia verbal de autoinstruções, baseada na análise da tarefa e expressa na primeira pessoa, como: "Abro a água fria; abro a água quente; ponho as mãos debaixo d'água; pego o sabonete" etc.

Para crianças menores, por exemplo, a tarefa de se enxugar o corpo pode apresentar dificuldades, pois a parte do corpo molhada pode não ser visível, e a dificuldade de propriocepção pode apresentar outros problemas. Às vezes a criança não consegue segurar a toalha enquanto está se enxugando: neste caso é possível intervir fixando a toalha a um suporte de diferentes formas (p. ex., com alfinetes de segurança ou prendedores), para que a criança possa utilizá-la de modo autônomo.

Uma atividade que pode comportar muitas diferenças é pentear-se, já que ela pode interessar a crianças de cabelos curtos ou compridos. No caso de cabelos compridos, será igualmente necessário intervir no corte, mas em geral não antes dos 6 anos. Particularmente, é possível ensinar a fazer o "rabo de cavalo" ou a trança usando bonecas como modelos, quando a criança já estiver em condições de identificar as partes posteriores do corpo humano.

Outra atividade que pode apresentar sérios problemas é assoar o nariz, já que essa ação não é facilmente visível nem visualizável. Pode ser útil, pois, ensinar um procedimento (fechar uma narina, soprar e fechar o lencinho; fechar a outra narina, soprar e fechar o lencinho) e acompanhar a ação de assoar o nariz com um leve movimento de cabeça, com objetivo demonstrativo (a menos que não o faça diante da pequena pia), porque algumas crianças poderiam continuar fazendo-o em situações erradas, por exemplo, fora de casa e em público. Igualmente, evite-se colocar objetos no nariz da criança: algumas delas, considerando a atividade agradável, poderiam repetir a ação com graves riscos.

Pelo mesmo motivo é conveniente ensinar a criança a fazer a higiene das orelhas apenas em determinadas ocasiões (p. ex., associando a ação à lavagem facial ou dos cabelos), e sem objetos, só com água e sabonete, e usando as mãos, já que os cotonetes podem causar graves danos se quem os usa não sabe dosar a força (existe, no entanto, um tipo de cotonete "de segurança" para recém-nascidos que pode ser introduzido apenas parcialmente na orelha).

Para adolescentes e adultos um problema pode ser a utilização de desodorantes e do barbeador para os homens, e da gestão da menstruação e da depilação para as mulheres.

No uso do desodorante deve-se levar em conta as características e as preferências olfativas da pessoa. Uma vez que o menino ou a menina podem não se sentir incomodados com o próprio cheiro de suor, é preciso oferecer regras que não se baseiem exclusivamente no fato de emanarem mau cheiro: melhor ensiná-los a lavar-se com regularidade. O desodorante preferido de alguns pode ser inodoro, enquanto, embora certos desodorantes no mercado sejam considerados "sem perfume", para as pessoas com autismo eles podem ter cheiro.

Algumas pessoas, finalmente, poderiam gostar de uma determinada fragrância, mas não tolerar o aspecto com que é apresentada (líquida, em creme, em gel etc.).

Em última análise, como acontece com qualquer um, é preferível que a própria pessoa escolha o tipo de desodorante a utilizar; mas com pessoas não verbais, em especial, vale prestar atenção aos aspectos de aceitação ou rejeição.

Quanto ao barbear-se, é bom ter presente que, para alguns, o barbeador elétrico pode ser mais seguro do que o barbeador tradicional, embora o barulho que ele emite possa incomodar, e que nem todos gostam da espuma de barbear. O uso da espuma, especificamente, tem a vantagem de tornar visível as zonas que já foram barbeadas, mas pode ter a desvantagem de propiciar sensações táteis e olfativas às vezes pouco agradáveis. Além disso, alguns homens com TEA recusam-se a ser barbeados por outros devido à sensação de ardor resultante do barbear.

Como sempre, as preferências de cada um devem ser consideradas no ensino, e os efeitos adversos da operação devem ser prevenidos e atenuados.

Enfim, quanto à higiene menstrual, é importante introduzir o conceito da menstruação e do uso de absorventes, possivelmente antes da primeira menstruação. A ficha 9.2 propõe um exemplo de atividade útil a este propósito.

Uso de imagens e treinamento prático

Para ensinar estes conceitos é possível fazer uso também de imagens (Dixon, 2008), que devem ser acompanhadas de um treinamento prático: pode, de fato, ser mais fácil aprender a colocar o absorvente com adesivo sobre as calcinhas antes de vesti-las do que depois de as tê-las vestido. Para muitas adolescentes pode ser difícil saber o momento certo de trocar-se: nestes casos, é melhor definir regras por "excesso" e eventualmente usar sinalizadores (como uma musiquinha no celular) para lembrar que é hora de trocar o absorvente. Para as meninas que não conseguem tornar-se autônomas nesta atividade é aconselhável adotar uma particular atenção à noite. A higiene menstrual deve ser acompanhada de explicações claras e compreensíveis à pessoa que as recebe e seu ensinamento deve ser acompanhado de uma série de informações sociais (p. ex., com quem e quando se pode falar das menstruações e com quem e quando é melhor não o fazer) e sexuais (sobre o significado da fertilidade e a prevenção da gravidez). Algumas meninas com TEA podem, além disso, manifestar comportamentos problemáticos ligados ao ciclo, que devem ser avaliados por especialistas. Nestes casos é conveniente ter presente que a menina pode sentir dor em relação à menstruação e não saber exprimi-la: é necessário, pois, ajudá-la da melhor forma, eventualmente também com um remédio.

Vestir-se e assear-se

Em relação a se vestir, com as crianças pequenas é útil começar com a atividade de se despir, uma vez que é geralmente mais fácil. Muitas vezes as crianças autistas consideram estimulante tirar o calçado. Se a criança gosta de estar descalça, pode ser introduzida uma rotina segundo a qual os sapatos e as meias são retirados sempre que se chega em casa.

Se a criança está aprendendo a se despir e para ela esta atividade é muito cansativa, ao terminar (p. ex., quando se despiu para colocar o pijama ou para tomar banho) ajudem-na um pouco mais na atividade sucessiva ou intercalem a ação com algo mais agradável.

Cuidado especial deve ser dado à temperatura sazonal: algumas crianças podem evitar despir-se ou evitar o contato com roupas limpas no inverno porque não são quentes quanto as que estão usando. Melhor é aquecê-las antes.

Considerando que, em geral, as crianças são vestidas quando os adultos estão com pressa (de manhã, antes de sair para a escola ou para o trabalho), é bom pensar em organizar horários para realizar as tarefas relacionadas ao vestir-se/despir-se com mais tranquilidade. Por exemplo, ir com mais frequência à piscina ou ao ginásio, ou trocar de roupa para sair e fazer alguma coisa realmente agradável no parque, ou tão somente para passear. Entretanto, é importante que estas saídas sejam diárias e não esporádicas, caso contrário, a criança não aprenderá. Além disso, convém decidir com paciência levantar-se um pouco mais cedo pela manhã e solicitar um pequeno e proporcional esforço da criança, mas de maneira constante e sem se zangar ou substituí-la.

Quando se ensina uma criança a se vestir, no início pode ser útil contar com sua colaboração, deixando de lado a sucessão "lógica" das peças e o "avesso" delas (disso, num primeiro momento, devem ocupar-se os adultos). Se a criança não se incomoda com a conversa do adulto, é possível falar em voz alta o nome da roupa com que a criança está sendo vestida e as ações realizadas, objetivando começar a construir uma "linguagem interna" que depois ela utilizará para vestir-se sozinha. Obter a colaboração da criança significa certificar-se de que ela esteja "alerta" enquanto está sendo vestida e não totalmente passiva; para tanto, é necessário criar premissas, ou seja, não vestir a criança enquanto ela ainda está meio-adormecida, mas, ao contrário, dar-lhe tempo para acordar bem.

Contar com a colaboração da criança

Se é de manhã cedo, e para a criança é óbvio que depois de se vestir vai fazer algo agradável (p. ex., tomar café ou ver desenhos animados na televisão), quando ela parece não estar mais prestando atenção ao que está sendo feito, é bom interromper a ação por um momento e aguardar; assim que ela voltar a olhar para você ou para a peça de roupa que está sendo vestida continue a atividade.

Como pode ser gerida a capacidade de se vestir?

Se a criança mostrar suficiente atenção a todas as fases do processo de se vestir, comece a propor-lhe, com orientação física, as últimas ações realizadas em cada peça de roupa (excetuando as ataduras). Por exemplo, para as cuecas ou calcinhas você pode puxá-las até acima dos joelhos, e em seguida ordene à criança: "Puxe para cima", ajudando-a a agarrá-las com as duas mãos e ficando de pé, atrás da criança. Como já sublinhamos, ficar "atrás" é a melhor posição, pois é uma forma de garantir que no futuro a sua presença não será mais necessária. Siga o mesmo procedimento com a camiseta ou o casaco: insira a cabeça e os braços da criança primeiro e em seguida diga-lhe: "Ajeite-a!", ajudando-a fisicamente. Sempre que a criança acaba de vestir uma peça de roupa, elogie o seu trabalho (se isso for para ela agradável) e diga-lhe: "Muito bem! Você vestiu sua roupa!"

Para a sequência das roupas, organize-as colocando-as na cama, utilizando representações mais simbólicas ou organizando as roupas no armário em sequência. Também é possível criar frases-chave a serem repetidas para a criança enquanto ela se veste, que gradualmente serão automatizadas, como, por exemplo: "As meias antes das calças". Uma mãe contou-me que tinha inventado uma pequena canção para ensinar ao seu filho a sequência correta ao vestir-se e, quando conhecemos a criança, ela já era autônoma nessa sequência.

Mas cuidado com o que se automatiza: se a criança aprende que sempre se vestem as meias antes das calças, ela pode não concordar em deixar de usar as meias no verão por medo de também não poder usar as calças! Neste caso é possível estabelecer várias sequências e, contemporaneamente, ensinar as circunstâncias nas quais uma determinada sequência é adequada (p. ex., quando usar o uniforme escolar e quando não).

Quanto ao "avesso" das roupas pode ser útil orientar-se pelas etiquetas, mas somente quando não for necessário eliminá-las; é que para quase todas as pessoas com autismo as etiquetas geralmente são fonte de estresse, por vezes não dito, às vezes indizível.

Por conseguinte, é aconselhável utilizar uma superfície para colocar as roupas e os marcadores: é possível bordar nas costas ou no avesso das roupas, ou fazer um pequeno sinal com um marcador de tecido e, no melhor dos casos, a criança pode ser ensinada a reconhecer os indicadores de "frente" e "verso" para ela mesma colocar a peça de vestuário na sequência correta. Para atingir este objetivo é necessário trabalhar cognitivamente os conceitos topológicos (frente/verso, direita/esquerda) e as sequências (primeiro/segundo), tanto nestas situações quanto em outras.

Deve ser dada especial atenção ao ensino do lado direito e esquerdo dos sapatos ou tênis. Por exemplo, se o sapato ou tênis tiver um velcro para ajustar (e não um cadarço), é possível mostrar à criança que o velcro é como uma seta que aponta para fora (sempre para os lados direito ou esquerdo do corpo); ou se pode usar um auxílio visual, como uma caixa de papelão especialmente preparada com o contorno dos sapatos ou tênis, que devem ser colocados em cima da caixa antes de serem calçados.

Em casos extremos (de adolescentes e adultos de alto funcionamento que não conseguem diferenciar o sapato ou tênis direito do esquerdo) é possível marcar a borda do sapato ou tênis, no lado interno, com a caneta de feltro permanente. Algumas pessoas com alto nível de funcionamento afirmaram, com certa vergonha, ter sido surpreendidas por outros, ou por se terem dado conta de que tinham calçado os sapatos ao contrário, ou por terem passado vários minutos em casa na dúvida sobre qual sapato calçar. Um homem com características do espectro também referiu que evitava limpar os sapatos, pois só conseguia reconhecê-los por suas marcas particulares e não por suas formas direita/esquerda. Nestes casos foi aconselhado a marcar os calçados direitos e esquerdos com respectivamente as letras D e E, internamente ou debaixo da palmilha. Essa operação (muito simples) resolveu muitos problemas.

Em relação às abotoaduras, desde cedo elas devem ser abordadas, mas de forma gradual e separada das ações de vestir-se e despir-se, ou seja, é melhor fazer este treinamento usando bonecos de pano ou objetos. É possível começar, por exemplo, com as ações de abotoar e desabotoar, geralmente mais fáceis. Neste particular aconselha-se a adquirir roupas confortáveis, com abotoaduras simples, que não assustem a criança pela consistência, repugnância ou ruído do material (como pode ser o caso, para alguns, com um zíper que produz um som metálico).

Geralmente a maior dificuldade consiste em amarrar os cadarços dos tênis. Com paciência e prática, no entanto, o sucesso pode não estar longe. Vale lembrar que hoje existem boas alternativas aos cadarços, como o velcro e o elástico.

Dentre as muitas competências, a criança também deve ser ensinada a dobrar a roupa, a guardá-la quando está limpa e a combiná-la de acordo com a estação e o clima.

Alimentação

Sobre a alimentação há um trabalho a ser feito quanto ao uso da colher e do garfo. A criança também deve ser ensinada a beber do copo, a colocar água nele e dele beber, a limpar-se com o guardanapo, a cortar com uma faca os alimentos duros e moles, primeiro com a faca e depois simultaneamente com o garfo e a faca, a descascar a fruta... às crianças maiores e capazes de compreender é importante explicar quando e o que comer nas diferentes refeições. Além disso, devem ser ensinadas sobre a maneira de abrir os invólucros dos lanches que levam para a escola, as tampas das garrafas, e é inclusive recomendável que elas participem o quanto antes das atividades ligadas à preparação dos alimentos, como, por exemplo, cozinhar, pôr e tirar a mesa.

Estes objetivos geralmente são alcançados através de uma primeira orientação física, ficando atrás da criança ou do lado da mão dominante da criança. Se a criança não manifesta uma preferência clara por uma mão (isto só pode ser decidido depois de uma atenta observação), no momento em que é

Guia físico

sugerido o aprendizado da colher, convém colocá-la na mão mais cômoda (em geral a direita) e continuar observando o comportamento espontâneo da criança: se toda vez que se coloca a colher na mão direita ela a transfere para a mão esquerda, provavelmente a esquerda é a melhor mão para ela; se o uso parece indiferente, o adulto deve colocar constantemente a colher na mesma mão da criança.

Quanto ao uso da colher, recolher os últimos pedaços de alimento no prato pode representar uma dificuldade. Para tanto, a criança pode ser ajudada na rotação do pulso e é igualmente possível indicar onde estão os pedaços. Geralmente os familiares devem colocar os pedaços de comida no centro do prato, mas esta atividade pode ser ensinada à criança (com orientação física), lembrando que, já que se trata de uma atividade essencialmente cognitiva, é importante que a criança aprenda o que está fazendo ou que sua atenção se concentre na tarefa.

Quanto às habilidades de beber, é preciso considerar que a criança pode encontrar dificuldade na passagem do beber leite da mamadeira para outros líquidos no copo. Esta passagem geralmente representa um problema também para muitas crianças neurotípicas, já que a sucção da mamadeira é agradável e, de seu ponto de vista, não há motivo para se desacostumar dela.

Esta passagem da mamadeira para o copo pode ser feita progressivamente, com um copo com alcinhas e uma tampa com um bico macio. Algumas mães acharam interessante esta passagem, pois isso possibilitava que a criança sugasse e não bebesse diretamente do copo, e só depois propuseram o mesmo copo sem a tampa para a criança.

Na primeira fase é possível familiarizar a criança com o novo objeto através de cores, odores e sabores próprios. Em alguns casos pareceu conveniente que os pais comprassem dois ou três copos diferentes, a fim de que a variedade não fixasse demasiadamente a criança a um único copo com bico macio, dificultando assim a sucessiva passagem para um copo sem bico macio. Para o passo subsequente, sugere-se o uso de copos de plástico (não leves demais). É bom não encher o copo de uma vez (menos de um terço), mas colocar mais vezes o líquido no copo, a fim de facilitar tanto o pedido de mais líquido da criança quanto a possibilidade de beber sem se molhar.

Quanto ao colocar a água no copo, aconselha-se a usar inicialmente garrafas de plástico leves, pequenas e manuseáveis, enchidas com a quantidade exata de líquido que se quer que a criança despeje no copo. Convém começar, pois, com uma quantidade que preencha um terço do copo.

Em seguida, quando a criança conseguir despejar a água sozinha, deve-se ensinar os sinais de parar. Para crianças mais habilidosas talvez baste um sinal, com a mão, de parar ou mostrando como fazer. Para outras crianças, ao contrário, úteis são os sinais visíveis: o nível pode ser evidenciado na parte externa do copo com um marcador de plástico, cuidando para que a marca não chegue ao contato nem da boca da criança, nem da água.

Também o beber com um canudinho pode apresentar algumas dificuldades. Inicialmente é importante, pois, ajuda a criança a se "concentrar" na atividade de sugar através do canudinho, orientando-a fisicamente. Um canudinho de tamanho médio e recurvado pode facilitar a ação, já que os mais curtos podem dificultar a sucção total do líquido. Por essas razões, sugere-se que, na fase inicial, se substituam os canudinhos curtos por canudinhos ligeiramente mais longos e curvos (podem-se comprar canudinhos longos e, de acordo com a necessidade, cortá-los de modo ligeiramente oblíquo com uma tesoura): esta engenhosidade não só facilita a vida da criança, como também tem a vantagem de reduzir a possibilidade de a criança se molhar ao entornar inadvertidamente o líquido.

A atividade de limpar-se com o guardanapo, ao contrário, geralmente não traz problemas quanto ao aspecto motor (ensina-se com um modelo ou com orientação física); o único aspecto que pode apresentar problemas é o fato de que alguns guardanapos podem causar incômodo sensorial.

Também o uso da faca parece mais simples, embora cortar alimentos mais duros possa representar dificuldades relacionadas com a coordenação da troca do garfo entre as duas mãos. Geralmente é possível orientar a criança primeiro fisicamente e depois através de modelos, ou seja, cortando ao lado dela (melhor ficar do seu lado, antes que à sua frente, já que ficando de frente a imagem chega à criança "cruzada", complicando a imitação). Para descascar a fruta, o modelo pode ser preferível à orientação física; para algumas crianças, além disso, é mais fácil, por diversos motivos sensoriais e motores, descascar a fruta sem tocá-la ou deixando-a no prato.

Como sempre, sublinhe-se que nem todos os artifícios elencados acima são necessários para todas as pessoas com autismo e que algumas crianças podem não apresentar particularidades no desenvolvimento das autonomias ligadas à alimentação.

Aprofundamento: algumas dicas para o uso dos talheres

Flavia Caretto, Gabriella Dibattista e Bruna Scalese

☑ A colher não deve ser muito grande para a boca da criança.

☑ O garfo não deve ser muito "pontiagudo", porque inicialmente as crianças podem ter dificuldade em levar os talheres diretamente à boca, correndo o risco assim de machucar os lábios e, por esse motivo, de "recusar" o auxílio do adulto.

☑ Na escolha dos talheres é preciso ter presente que alguns têm um "sabor" para a criança, que ela poderia preferir a outros, ou, ao contrário, considerá-los nojentos.

☑ Algumas atividades de jogo à mesa (como enfileirar, decantar etc.) podem favorecer o aprendizado da autonomia à mesa.

Ficha 9.1

Fazer as próprias necessidades

PARA TODOS

Ações

1	Sentir e comunicar o estímulo ☐
2	Dirigir-se ao banheiro ☐
3	Entrar no banheiro ☐
4	Desabotoar as calças ☐
5	Abaixar as calças ☐
6	Abaixar a cueca/calcinha ☐
7	Sentar-se no vaso ☐
8	Fazer as próprias necessidades (fezes/urina) ☐
9	Rasgar o papel higiênico ☐
10	Limpar-se com o papel higiênico ☐
11	Jogar o papel no vaso ☐
12	Erguer-se do vaso ☐
13	Puxar a cueca/calcinha para cima ☐
14	Puxar as calças para cima ☐
15	Abotoar as calças ☐

78 © 2019, M. Pontis, Le checklist per l'autonomia, Trento, Erickson AUTONOMIE A CASA

Extraída de M. Pontis (2019, p. 78).

Ficha 9.1 (continuação)

IMMAGINI ALLEGA

Fazer as próprias necessidades

AVALIAÇÃO: ☐ INICIAL ☐ INTERMEDIÁRIA ☐ FINAL

DATA .... LUGAR ....

NOME .... IDADE .... RESPONSÁVEL ....

	Ação	Não adquirida	Emergente	Adquirida
1	Sentir e comunicar o estímulo			
2	Dirigir-se ao banheiro			
3	Entrar no banheiro			
4	Desabotoar as calças			
5	Abaixar as calças			
6	Abaixar a cueca/calcinha			
7	Sentar-se no vaso			
8	Fazer as próprias necessidades (fezes/urina)			
9	Rasgar o papel higiênico			
10	Lipar-se com o papel higiênico			
11	Jogar o papel no vaso			
12	Erguer-se do vaso			
13	Puxar a cueca/calcinha para cima			
14	Puxar as calças para cima			
15	Abotoar as calças			

Avaliação – Barra de progresso

Notas

....

....

....

....

AUTONOMIE A CASA © 2019, M. Pontis, Le checklist per l'autonomia, Trento, Erickson 79

Extraída de M. Pontis (2019, p. 79).

Ficha 9.1 (continuação)

Fazer as próprias necessidades

Ficha de resumo

PERÍODO DE AVALIAÇÃO DE .... A .... LUGAR ....

NOME .... IDADE .... CUIDADOR ....

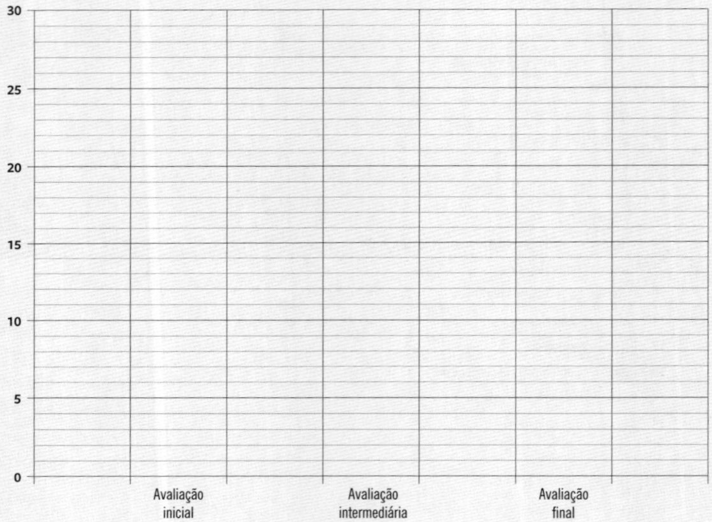

Conclusões e orientações operacionais

....

....

....

....

80 © 2019, M. Pontis, Le checklist per l'autonomia, Trento, Erickson AUTONOMIE A CASA

Extraída de M. Pontis (2019, p. 78).

Ficha 9.2

continua FICHA 1 — Vou ter meu ciclo

Sugestões para desenvolver a autonomia proposta

Uma aluna de quinta série do ensino fundamental aprende o que é o ciclo menstrual lendo a história "Vou ter o meu ciclo" juntamente com a autora

Picture Communication Symbols © 1981-2002 Mayer-Johnson, Inc. L'uso è stato autorizzato.

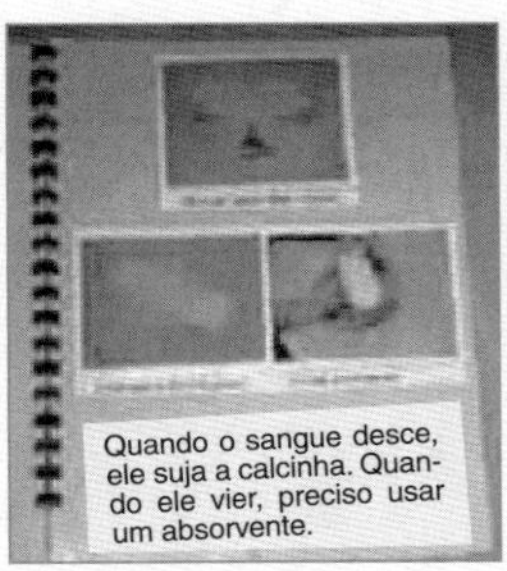

Picture Communication Symbols © 1981-2002 Mayer-Johnson, Inc. L'uso è stato autorizzato.

A ficha "Vou ter o meu ciclo" foi escrita para explicar, com palavras simples, o que acontece durante o ciclo menstrual e por que é preciso usar os absorventes. Originalmente ela foi criada usando fotografias de calcinhas, absorventes e "sangue" para as meninas que não tinham condições de compreender as imagens abstratas. É um exemplo de como uma história pode ser adotada para responder às necessidades especiais de uma pessoa

148 © 2013, M. Wrobel, Laboratorio autonomia nell'autismo, Trento, Erickson

Extraída de M. Wrobel (2013, p. 149).

Ficha 9.2 (continuação)

Ficha 9.2 (continua)

continua FICHA 1 Vou ter meu ciclo

Anotações sobre a autonomia proposta

- Dificuldades encontradas ______

- Progressos registrados ______

- Objetivos futuros ______

Extraída de M. Wrobel (2013, p. 149).

Em síntese

- ☑ As pessoas com autismo podem ter dificuldades de dominar as capacidades de autonomia.
- ☑ As capacidades de autonomia geralmente são diferenciadas em autonomias básicas e capacidades de integração.
- ☑ As autonomias básicas dizem respeito aos comportamentos cotidianos simples, ou seja, à alimentação autônoma, ao controle dos esfíncteres, ao uso dos serviços higiênicos, à capacidade de vestir-se e despir-se, à higiene pessoal, ao cuidado de si, à hora de dormir e ao sono.
- ☑ As habilidades de integração são consideradas autonomias de ordem superior e compreendem o cuidado do ambiente de vida e a preparação das refeições, a mobilidade no espaço, a capacidade de fazer compras, o uso dos serviços públicos, o comportamento no trabalho.
- ☑ Um bom programa de intervenção nas diferentes áreas do desenvolvimento e da aprendizagem deve, portanto, prever o ensinamento explícito das habilidades de autonomia, a partir das básicas. A observação torna-se, portanto, fundamental em cada uma das diversas fases do programa.
- ☑ A obtenção do controle dos esfíncteres é considerada um dos objetivos prioritários no programa de intervenção sobre as habilidades relativas às autonomias básicas.
- ☑ O treinamento de toalete se baseia numa avaliação personalizada, na criação de rotinas ativas e adaptativas, no uso sistemático de apoios visuais, em razão das fortes capacidades visuais das pessoas com autismo.
- ☑ Em relação ao lavar-se e à higiene pessoal, é útil, com a criança pequena, começar com atividades simples, como lavar as mãos. O objetivo não é tanto a limpeza em si (que deve, no entanto, ser buscada), porém mais a preparação para a futura autonomia no asseio da criança.
- ☑ Quanto ao vestuário, com as crianças pequenas é útil começar com o despir-se, uma vez que geralmente se trata de uma tarefa mais fácil e motivadora.
- ☑ Quando se ensina uma criança a vestir-se, no início é útil ter a sua colaboração, deixando de lado a sucessão das vestes e a frente/verso delas (dos quais, num primeiro momento, se ocuparão os adultos).
- ☑ Quanto à alimentação, deve-se trabalhar com as crianças sobre o uso da colher e, depois, do garfo. Deve-se ensiná-las a beber do copo e a despejar dentro dele a água, a sugar com o canudinho, a limpar-se com o guardanapo, a espalhar a comida com a faca, a cortar com ela, a descascar as frutas.

Capítulo 10
O papel da família e do associacionismo: a construção das alianças

Fontes do capítulo

TÓPICOS

A colaboração entre pais e profissionais: retirado e adaptado de E. Schopler (2005, p. 29-31).

O trabalho com os pais: retirado e adaptado de C. Xaiz e E. Micheli (2011, p. 25-27, 29-30).

A construção de alianças com a família: retirado e adaptado de D. Ianes e M. Zappella (2009, p. 74-81).

Uma resposta eficaz às famílias em dificuldade: o treinamento parental: retirado e adaptado de C. Menazza, B. Bacci e C. Vio (2010, p. 14-16).

As associações de famílias e de pessoas com Transtorno do Espectro Autista: retirado e adaptado de D. Ianes e M. Zappella (2009, p. 81-82).

BOXES

Uma porta que já não bate: retirado e adaptado de E. Schopler (2005, p. 176).

Aprofundamento: modelos de colaboração e de formação dos pais: retirado e adaptado de C. Xaiz e E. Micheli (2011, p. 29-30).

Aprofundamento: alguns princípios básicos da intervenção psicoeducacional de colaboração entre pais e profissionais: retirado e adaptado de D. Ianes e M. Zappella (2009, p. 76).

Algumas perguntas à especialista... Donata Vivanti: retirado e adaptado de D. Ianes e M. Zappella (2009).

Linha temporal sequencial

Em qual fase temporal são situadas as indicações de trabalho que encontraremos neste capítulo?

Quadro de conhecimentos introdutório e características	Diagnósticos, ferramentas de avaliação e identificação precoce	Programação e intervenção	Além do autismo	**Construção das alianças educativas**
				▲

Mapa conceitual inicial

O que abordaremos neste capítulo?

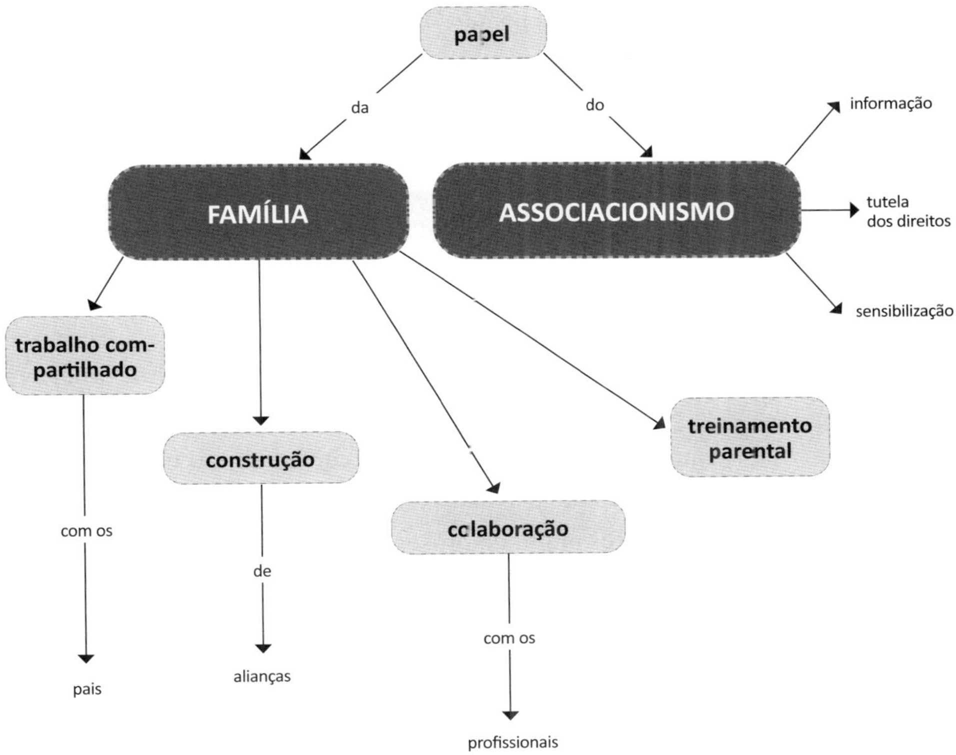

Uma porta que já não bate

Eric Schopler

Quando Bob tinha 3 anos, ele gostava de brincar no pátio, mas frequentemente reentrava em casa. Cada vez que entrava e saía novamente, batia fortemente a porta. Por mais que eu o advertisse para que não batesse a porta, cada vez mais me ignorava. Um dia, não sei por qual razão, a porta não bateu depois de sua entrada: eu o elogiei, lhe dei um biscoito. Desde então aprendi uma coisa realmente simples: ignorar o mau comportamento e elogiar as boas ações é a solução mais veloz e a mais duradoura (mãe de Bob).

A colaboração entre pais e profissionais

Eric Schopler

Dar-se conta, pela primeira vez, que o último nascido da família tem questões particulares ou transtornos pode ser um choque com efeitos muito dolorosos. Quanto tempo vai durar a questão? Influenciará a aprendizagem, a possibilidade de fazer amigos, as relações familiares? É leve ou grave? O que significa? Tem diagnóstico, tratamento, cura? Existem muitas variantes dessas preocupações gerais e diferentes perguntas, como é igualmente diferente a luta de cada família com suas dificuldades específicas. Algumas perguntas podem encontrar resposta consultando-se profissionais. As respostas a outras interrogações, que geralmente se referem às incertezas quanto ao futuro, dependem de circunstâncias desconhecidas e são difíceis de encontrar. Estas são preocupações igualmente compartilhadas por pais com crianças sem problemas específicos. Por outro lado, com as complicações do TEA, essas preocupações podem assumir formas bastante típicas. Muitos pais lutaram eficazmente com as questões mais difíceis e, ao mesmo tempo, procuraram respostas para o futuro. Suas soluções à questão geralmente eram engenhosas, criativas e perspicazes: às vezes elas permitiam uma nova compreensão da criança por uma observação muito atenta e próxima, às vezes os pais usavam essas observações em novas intervenções educativas que vinham simultaneamente sendo descobertas por pesquisadores profissionais. A experiência pode ser a melhor mestra.

Por que é importante conhecer quais são as questões que os pais de crianças com TEA vivem de forma mais perturbadora?

Outro aspecto muito importante era conhecer quais eram as questões mais perturbadoras que os pais de crianças com TEA viviam. Tratava-se de problemas relativos à agressividade, à comunicação, aos comportamentos excêntricos, aos interesses especiais, à higiene pessoal, ao comer e dormir, às dificuldades com o jogo/brincadeira e com o tempo livre.

Mesmo que este elenco de problemas não esteja completo, estes eram os mais frequentemente citados e que mais emergiam dos episódios relatados pelos pais. Alguns episódios continham soluções que pareciam ser as melhores e as únicas possíveis nas circunstâncias descritas. Para outras questões, outras interpretações e abordagens diferentes poderiam ter funcionado igualmente bem. Consideramos todos os episódios instrutivos e ótimas fontes de inspiração. Fontes de inspiração porque todos os pais estavam enfrentando uma questão especial, um problema que eles não haviam solicitado, dos quais eles não tinham sido os causadores, que de uma forma ou de outra não mereciam e, não obstante tudo, eles demonstraram energia e engenhosidade para enfrentar o problema com eficácia e otimismo. A maioria deles também passou por maus momentos, nos quais o sentimento ligado à pergunta "por que comigo ou conosco?" havia invadido o espaço que deveria ser reservado ao crescimento natural e necessário da criança; mas, na maioria das vezes, eles transformaram esse sentimento em algo bom, como a pérola de uma ostra que se forma de um irritante grão de areia.

Cada intervenção deve ser humana e útil para a criança, deve adaptar-se ao estilo de vida de cada família e refletir o melhor conhecimento científico disponível. Frequentemente os processos de pensamento subjacentes às intervenções parentais são semelhantes aos dos terapeutas profissionais.

Atualmente não existe uma cura conhecida para o autismo e os problemas que lhe são inerentes, mas existem maneiras eficazes de reduzir os sofrimentos de cada criança e favorecer tanto o seu desenvolvimento quanto a sua aprendizagem. É importante informar-se e atualizar-se quanto ao estado do conhecimento científico sobre o tema, mas é bom ter presente que, por mais que possamos ler, o melhor conhecimento deriva da experiência com a própria criança.

O trabalho com os pais

Cesarina Xaiz e Enrico Micheli

Os pais, que de alguma forma não causaram nem mereceram o transtorno de seus filhos, muito cedo se deparam com grandes dificuldades. Eles ficam desconcertados e atônitos, porque as mensagens que a mãe envia ao filho com sua voz, seu gesto, seu olhar não obtêm respostas adequadas e não conseguem construir essa conversa sem palavras, esse círculo virtuoso por meio do qual, muito antes do aparecimento da linguagem, a mãe e a criança são capazes de entabular uma relação.

Mensagens enviadas que não obtêm respostas

Quando falta esse diálogo, a criança tem dificuldade de se sintonizar emocionalmente com os pais, não compreende os contextos sociais e, assim, tem dificuldade de aderir às solicitações, não sabendo realizá-las de maneira compreensível. E os pais se veem cuidando de e amando uma criança que não compreendem totalmente e com a qual a interação não é nada fácil. Embora a criança pareça saudável, ela vai crescendo sem compartilhar ações e emoções com os outros, se aproxima das outras crianças sem saber o que fazer com elas e muitas vezes acaba ficando isolada.

Os pais começam, então, a se questionar sobre a própria incapacidade ou a pouca habilidade de educar sua criança, e o desconforto e o abatimento aumentam. Tentam buscar, então, a própria explicação e, mais cedo ou mais tarde, a encontram: alguém os informa sobre as características do Transtorno do Espectro Autista em seu filho. A comunicação do diagnóstico pode ser clara com base em classificações partilhadas ou meramente descritivas (que identifica o atraso psicomotor, problemas relacionais etc.), ou baseada em classificações obsoletas ou idiossincráticas que não se referem às definições científicas atuais. Na maioria dos casos, após o diagnóstico, os pais buscam uma terapia para a criança. Estas geralmente acontecem de forma pouco intensiva (p. ex., sessões de psicomotricidade uma ou duas vezes por semana) juntamente com a possibilidade, para os pais, de algum encontro com um psicólogo ou um neuropsiquiatra.

Os pais, no entanto, mesmo quando já aceitaram o diagnóstico e estão satisfeitos com o tratamento de seu filho, continuam pedindo ajuda com muita frequência, alegando que ninguém responde às suas necessidades de aprender como proceder em casa com a criança, seja para viver bem com ela, seja para ajudá-la a superar as suas dificuldades. Certamente estão certos ao fazer esse pedido, pois a experiência desses últimos anos no campo do TEA e dos transtornos do neurodesenvolvimento indicam claramente que o papel dos pais na educação da criança é fundamental e contribui para uma parte essencial na melhoria dos resultados dos cuidados oferecidos.

A importância da informação e da formação dos pais

O efeito da informação e da formação dos pais não é apenas direto, isto é, em termos de melhoria do funcionamento da criança, mas também indireto, ou seja, em termos de bem-estar de toda a família, da diminuição do risco de depressão ou de outras condições negativas para a saúde mental dos adultos, e de uma melhor capacidade dos pais de se "manterem" num caminho que, como muitas vezes dizemos aos pais e mães que encontramos, "não se trata de uma corrida de 100 metros, mas de uma longa maratona".

Por essa razão, queremos sublinhar fortemente a ideia e a importância da formação dos pais. Trata-se de um conceito muito diferente do simples informar, prescrever, aconselhar a fazer isto ou aquilo (e pior para eles se não o fazem). A formação dos pais é um trabalho educativo: quem o desenvolve assume o aprendizado das pessoas a quem ensina, não ensina noções para que depois os pais "se virem sozinhos", mas traça um percurso, programas, encontros cujo objetivo é mudar o comportamento de pais e mães, habilitá-los num campo que para eles é completamente novo.

Nem todos os neuropsiquiatras ou psicólogos da infância são favoráveis à formação dos pais, e essa postura geralmente é vinculada à ideia de que no campo do TEA não seja adequado um diagnóstico precoce. Essas convicções se baseiam num modelo teórico que, embora todos o considerem superado, ainda está alojado, de forma mais ou menos velada, nas crenças e nas emoções dos clínicos, um modelo segundo o qual o autismo derivaria de erros na relação entre mãe e filho, relação que poderia piorar ulteriormente se a mãe se tornasse consciente de ter uma criança autista.

Isso leva a pensar que uma mãe que necessita de formação poderia deixar de ser mãe, agravando as dificuldades de relacionamento com o seu filho. Na verdade, o contrário é que é verdadeiro: uma formação dos pais bem-feita pode evitar que eles transformem o próprio papel naquele de terapeutas e o seu tempo com o filho num prolongamento das atividades terapêuticas. As crianças, por mais dificuldades que apresentem, necessitam de um pai e de uma mãe competentes no desempenho do seu papel de pais.

Aprofundamento: modelos de colaboração e de formação dos pais

Cesarina Xaiz e Enrico Micheli

O trabalho com cada família

No primeiro encontro e na avaliação do diagnóstico, se a criança é pequena (entre 2 e 6 anos), dedicamos tempo para compreender e, em seguida, explicar aos pais as modalidades de funcionamento que ela mostra nas interações sociais e na comunicação: estas áreas são de fato importantíssimas tanto como parte essencial do programa psicoeducacional quanto pela razão de que quase sempre os pais identificam na ausência de relação social e comunicativa o principal problema da criança.

Daqui nasce o treinamento para ensinar os pais a promover na criança os correspondentes comportamentos de intersubjetividade (atenção conjunta, emoção conjunta, intenção conjunta, troca de turnos) e os primeiros elementos da comunicação. Os conteúdos do trabalho e os jogos para promover os correspondentes comportamentos da intersubjetividade, descritos no livro *Gioco e interazione sociale reciproca* [Jogo e interação social recíproca] (Xaiz & Michele, 2000), são ilustrados de forma prática ao longo de nosso treinamento.

Em uma primeira fase, um terapeuta faz uma avaliação abrangente das habilidades já em vigor e das emergentes na criança e, principalmente, estuda e experimenta as atividades de jogo a propor; por conseguinte, descreve aos pais e mostra-lhes diretamente através do espelho unidimensional o que descobriu; pede, além disso, aos pais para escolherem o que pretendem fazer imediatamente em casa com a criança, oferecendo-lhes informações úteis para realizar bem esse primeiro passo. O terapeuta também pode pedir às mães e aos pais que tentem desenvolver a atividade em sua frente, por exemplo, algum jogo ou brincadeira com a criança; neste caso, o terapeuta os observa e, em seguida, comenta com eles o que aconteceu, reforçando seus comportamentos adequados, evidenciando as soluções eficazes e aconselhando eventuais mudanças mais adequadas.

O trabalho com os grupos

O treinamento de grupo não substitui o trabalho individual, mas ajuda a perseverar na abordagem psicoeducacional e forma suas bases; é realmente necessária uma formação dos cuidadores justamente na arte da condução de grupo, bem como na abordagem do autismo. A metodologia e as técnicas didáticas compreendem lições, trabalho de grupo, apresentação de audiovisuais, experimentos práticos, tarefas de casa, supervisão das tarefas de casa, discussões. Estruturar as lições contemplando uma pausa, destinada a facilitar o intercâmbio com os pais, é parte integrante da metodologia: oferecer um café, um chá e um pedaço de bolo durante uma pausa num ambiente acolhedor permite compartilhar experiências de maneira informal.

A construção de alianças com a família

Dario Ianes e Michele Zappella

Os pais das pessoas com TEA têm uma tarefa certamente muito difícil: espera-se que cuidem incondicionalmente de seus filhos, mas que, ao mesmo tempo, possuam competências e habilidades que permitam interagir eficazmente com eles e, em alguns casos, resolver os seus problemas de comportamento. O cumprimento desse duplo papel pode muitas vezes levá-los a se sentirem cansados, desanimados e, por vezes, pessimistas em relação aos profissionais (Schopler, 1998; Ianes & Cramerotti, 2002).

Além disso, infelizmente, durante muitos anos os pais foram injustamente responsabilizados pelos problemas de seus filhos autistas, criando crenças errôneas sobre a natureza e as causas do TEA que prejudicaram grandemente tanto os indivíduos com o transtorno como as suas famílias.

A experiência de muitos profissionais, nomeadamente a adesão a abordagens específicas como, por exemplo, o TEACCH, contribuiu enormemente para refutar essas crenças errôneas, demonstrando que o autismo estava ligado a causas que nada tinham a ver com a hipótese de afastamento social provocado por atitudes negativas assumidas pelos pais.

Os pais não são a causa, portanto, do transtorno, mas, ao contrário, podem se tornar parte essencial da intervenção, colaboradores necessários e eficazes dos profissionais na definição e na execução do processo de tratamento individual (Schopler, 1998).

Hoje, felizmente, quase todas as abordagens do autismo reconhecem e valorizam o papel ativo da família no planejamento/execução do projeto educativo, atribuindo ao contexto familiar o papel de "espaço privilegiado" para a boa realização de objetivos particularmente críticos, mas essenciais, nos casos de autismo.

Construir uma aliança significativa e de colaboração mútua entre profissionais e pais talvez seja um dos objetivos mais difíceis e requer uma série de tarefas estratégicas: construir uma forte relação de escuta e apoio, criar um sentimento de fortalecimento, ensinar, interpretar, orientar, questionar, levantar hipóteses etc.

O que comporta a construção de uma aliança significativa?

O termo *aliança* é utilizado, portanto, neste caso, exatamente para sublinhar o fato de que ela sempre envolve duas partes que colaboram numa tarefa/objetivo comum, na valorização e no respeito dos diferentes papéis.

Os pais que participam neste tipo de aliança podem necessitar, porém, de mais do que um simples apoio emocional. Para alguns pais, a força de tal aliança depende, de fato, mais das competências que eles são capazes de desenvolver e das informações que recebem sobre "o que fazer" e "como fazer" certas coisas a partir dos conhecimentos que adquiriram ao lidar com questões que envolvem os seus filhos/familiares, do que do apoio emocional exclusivo que lhes é prestado (Hazan & Shaver, 1994).

Construção colaborativa do grupo e recuperação do conhecimento experiencial dos pais

Schopler, fundador da conhecida abordagem TEACCH, falando de seu trabalho com os pais de pessoas com TEA, afirma que "a experiência pode ser a melhor mestra". Muito frequentemente (mais do que se pensa), os processos de pensamentos subjacentes às intervenções dos pais são semelhantes aos dos profissionais; existe, pois, uma frequente semelhança entre a "sabedoria" implícita dos pais e a explícita dos profissionais (Schopler, 1998).

Para os profissionais, o ponto de vista dos pais deveria ser, portanto, o mais importante na formulação do programa de intervenção; isso significa que no grupo de trabalho deveria ser definida uma relação paritária na qual os membros da equipe escutem as experiências dos pais e, simultaneamente, ofereçam aos pais seus conhecimentos mais específicos.

Na abordagem TEACCH todas as fases do programa são, portanto, definidas e acordadas em conjunto: aspectos ligados à integração escolar, aos momentos de trégua e repouso para os pais, férias de verão, comunidade de acolhida, atividades laborais protegidas (Schopler, 1994; Schopler et al., 1984).

Aprofundamento: alguns princípios básicos da intervenção psicoeducacional de colaboração entre pais e profissionais

Dario Ianes e Michele Zappella

☑ Melhorar a adaptação do indivíduo com TEA ao mundo em que vive, potencializando as capacidades existentes através do uso das melhores técnicas educativas disponíveis e modificando o ambiente para compensar os déficits.

☑ Ter presente que uma atenta avaliação de cada indivíduo implica tanto uma avaliação formal como uma avaliação informal por parte dos pais, dos professores e de todos os que estão em contato regular com a pessoa com autismo.

☑ Promover um ensino estruturado em condições de prevenir os comportamentos problemáticos, muitos dos quais lançam raízes na comunicação não funcional e na frustração que disso deriva.

☑ Dar prioridade ao incremento das competências existentes e reconhecer os pontos deficitários a melhorar, aceitando-os.

☑ Ter presente que a intervenção educacional mais útil e eficaz se fundamenta nas teorias comportamentais e cognitivas da aprendizagem.

☑ Estar ciente de que profissionais e pais devem ser formados como "generalistas", ou seja, devem adquirir as competências necessárias para enfrentar todo o leque de problemas postos pela pessoa visto como um "todo".

Formação e competências educacionais dos pais

Existem muitos modos de ajudar os pais a adquirir novas capacidades e conhecimentos. Vejamos brevemente alguns dos métodos mormente difundidos nos programas estruturados de formação com os pais (Shopler, 1998; Webster-Stratton, 1994).

1. Instrução e informação. Como qualquer novo conhecimento, também as habilidades dos pais são mais bem aprendidas quando colocadas num contexto significativo, em que os pais podem adquirir novas informações sobre como interagir com seu filho. Uma das abordagens pode ser oferecer aos pais um esquema, um quadro organizativo que apresenta algumas ideias gerais, antes de centrar-se nas técnicas específicas. Apresentar um plano geral, não exageradamente detalhado, que ilustre o que será aprendido, dando um significado preciso à experiência, favorecerá a participação e a colaboração dos pais. Em uma fase inicial, isso pode também estimular o envolvimento daqueles pais que apresentam uma forte resistência. É importante, portanto, concentrar-se e colocar a tônica no desenvolvimento de novas competências e não na tentativa de evitar a repetição de velhos erros. Concentrar-se excessivamente nas coisas que os pais não devem fazer pode criar neles uma excessiva pressão negativa e, simultaneamente, interferir em suas habilidades de adquirir novas competências.

2. Modelagem. O valor de mostrar diretamente como utilizar uma habilidade dos pais não deve ser desprezado. A aprendizagem por observação de um modelo pode desempenhar um papel essencial numa intervenção, e os profissionais devem ficar atentos a não dar por garantido que os pais conheçam ou saibam fazer determinadas coisas, mesmo que pareçam simples e banais. Os pais podem ter concepções errôneas sobre como comportar-se numa determinada situação, ou podem relutar em admitir que não compreenderam algo. Entretanto, se os pais adquirem uma primeira familiaridade com as técnicas em questão, estas podem beneficiar demonstrações concretas do profissional, sobretudo se a demonstração envolve diretamente seu filho, ou se forem estruturadas apresentações de dramatização de forma a que os pais se façam passar pelo seu filho e vejam como o profissional se comporta quando confrontados com certos comportamentos que a criança está habituada a apresentar. Dessa forma, os pais têm mais facilidade em questionar as noções rígidas sobre a forma como a parentalidade deve ser exercida, também devido ao fato de que é atribuído às competências parentais apenas o papel de "instrumentos a utilizar", não questionando, assim, a sua própria identidade e valor como pais e como pessoas. Este é, portanto, um ponto fundamental ao qual é sempre bom prestar a máxima atenção durante as várias fases de envolvimento e trabalho com os pais.

3. *Simulação,* "feedback" *e "tarefas de casa".* Até que os pais não tenham a oportunidade de ensaiar concretamente o que foi explicado e demonstrado, não é claro para eles ou para os profissionais se adquiriram efetivamente determinadas competências. Da mesma forma, o objetivo de determinada competência pode não ser claro até que não sejam pessoalmente experimentados os seus resultados efetivos. É por essa razão que um dos objetivos principais dos profissionais, nos programas de educação familiar, é estimular os pais a aplicar concretamente em seu filho determinadas competências e avaliar o retorno. A simulação e o retorno são, portanto, fundamentais no processo de desenvolvimento gradual do comportamento. Os retornos não devem ser dados unicamente na conclusão da simulação; muitas vezes é certamente mais funcional fornecer um retorno durante o desenvolvimento das várias ações, acompanhadas por instruções capazes de favorecer eventuais ajustamentos ao longo do percurso. Outro ponto importante a sublinhar neste contexto é a atribuição de tarefas educativas a serem feitas em casa: esta é uma passagem muito importante e comum em quase todos os percursos formativos para os pais. As chamadas "tarefas de casa" exigem dos pais que exercitem e pratiquem também no contexto doméstico, com certa sistematicidade, as novas competências adquiridas. Também esta é uma parte crítica no processo de aquisição de novas competências e, portanto, é solicitado dos profissionais que sejam muito claros nas atribuições, no como e quando aplicar tais técnicas, uma vez que, nessas ocasiões, o profissional não estará presente para dar o retorno. Nos casos em que isso seja possível, é muito útil realizar formas de apoio educativo domiciliar, com o objetivo de ajudar os pais na aplicação das estratégias. Torna-se, assim, fundamental uma correta preparação preliminar, bem como a previsão de momentos específicos de acompanhamento, durante os quais são discutidas amplamente as várias experiências de aplicação das técnicas em contexto familiar.

Apoio psicológico e elaboração conjunta

Os pais são realmente apoiados em sentido psicológico quando o profissional se esforça para compreender empaticamente suas experiências subjetivas como pais e lhes comunica que estas experiências foram compreendidas. Mesmo que a compreensão das experiências emocionais dos pais não seja inteiramente exata, eles se beneficiam igualmente das tentativas de trabalhar seriamente para compreendê-las, da tolerância das manifestações frequentemente fortes e súbitas das suas emoções, da tensão sobre os seus sentimentos e pensamentos, reforçando, assim, o próprio sentimento de poder e de aceitação.

Às vezes, os esforços para dar apoio psicológico podem incluir respostas diretas e relativamente simples, reconhecer os esforços e as conquistas dos pais, compreendê-los e incentivá-los quando se sentem desmoralizados ou incompreendidos, instaurando, assim, uma sólida aliança psicoeducacional. Com esse objetivo – sobretudo nos casos em que os pais manifestam certa resistência na interação e na colaboração com os profissionais – é útil fazer algumas perguntas fundamentais: Do que esse pai/mãe necessita para tornar-se mais colaborativo? Que tipo de interação é mais indicada para favorecer a instauração de um tipo de relação mais positiva? (Schopler, 1998; Webster-Stratton, 1994; Ianes & Cramerotti, 2002).

As situações, inclusive pessoais, que muitos pais com filhos autistas vivenciam, criam fontes consideráveis de estresse, o qual demanda não apenas a aquisição de novas competências, mas também apoio emocional. É por essa razão que o profissional deve saber alternar bem os momentos de formação e os momentos de apoio emocional, de acordo com as necessidades. Esta alternância exige que o profissional trabalhe com os pais nas suas reações emocionais e cognitivas, segundo a especificidade das intervenções.

Trabalhar as reações emocionais e cognitivas

O que significa trabalhar conjuntamente as reações emocionais e cognitivas dos pais? A chave para um tratamento realmente eficaz é deixar de lado a busca das razões pelas quais os pais fazem o que fazem, em favor de uma análise conjunta do que os pais dizem (e pensam/vivem) sobre o que fazem. Os obstáculos mais frequentemente encontrados podem ser pensamentos negativos ou sensações desagradáveis sobre uma habilidade especial ou técnica; se os profissionais não trabalham essas reações internas junto com os pais, inevitavelmente elas se transformam em obstáculos secretos e continuarão influenciando seu comportamento, minando, assim, a aliança psicoeducacional (Ianes & Cramerotti, 2002).

Cavell (2000) descreve duas modalidades que podem ser muito úteis no processo de trabalho conjunto:

1. Deixar que os pais narrem a sua história. Uma das maneiras mais eficazes para iniciar é simplesmente ouvir como os pais descrevem a maneira com que as problemáticas do filho os influenciaram e como elas transformaram a relação.
2. Explorar os "mitos" dos pais. Outro procedimento amplamente utilizado é esboçar uma lista de afirmações sobre o papel dos pais (os chamados "mitos da parentalidade") e pedir que discutam seu ponto de vista sobre cada afirmação da lista.

A discussão sobre essas afirmações pode criar um debate animado que fornece informações importantes sobre as várias perspectivas dos pais.

Olhar na perspectiva do projeto de vida adulta: os "cuidados de alívio" ("respite care") para as famílias

Imaginar o próprio filho com TEA adulto, autônomo, capaz de levar uma "vida normal" e independente não é, obviamente, fácil para os pais: trata-se de um objetivo que os pais geralmente imaginam inalcançável, quando não puramente utópico. Falando com esses pais tem-se a impressão de que eles vejam seus filhos "sempre iguais", sempre "crianças", e de que estão concentrados, sobretudo, no "aqui e agora", nas necessidades e nas incontáveis problemáticas que diariamente se apresentam em suas vidas. Certamente é muito difícil pensar no futuro do próprio filho: trata-se de algo que, além de dúvidas e incertezas, cria ansiedade quanto às possibilidades/capacidades da família e da sociedade de cuidarem adequadamente das pessoas autistas.

Tem-se medo das ilusões/desilusões produzidas pelo encontro do filho com a consciência dos próprios limites, com as amargas realidades que a vida lhe reserva, com as grandes carências e desilusões nos momentos críticos, e continuamente se pretende protegê-lo das frustrações e dores, da autoconsciência da própria situação, da própria conscientização de "ser diferente".

Como é possível colocar-se na perspectiva do projeto de vida?

É cada vez maior o número de famílias que consegue olhar mais longe, na perspectiva de um projeto de vida adulta, saindo dos estereótipos de filho-doente-criança, e não vendo a família de origem como o único lugar e o único recurso para a vida futura do filho.

Nesta nova perspectiva, muitas famílias começam a agir, a construir, a antecipar eventos para não chegar "despreparadas". A um número cada vez maior de famílias se apresenta, por exemplo, o problema de preparar e facilitar o grande desprendimento entre elas e seu filho, e o fazem realizando viagens temporárias e estadias do filho em pequenas comunidades, quando ele ainda "está conosco", sem aguardar por um "depois". São experiências de vida que ajudam o filho a fazer algum passo significativo de autonomia e permite aos familiares a possibilidade de trabalhar gradualmente a sua independência (Ianes & Cramerotti, 2007).

Nesta ótica, os "cuidados de alívio", denominados com a expressão inglesa *respite care*, buscam oferecer às crianças, adolescentes e adultos com TEA a possibilidade de transcorrer períodos mais ou menos longos longe de casa, em ambientes acolhedores, projetados e estruturados "sob medida" para as dificuldades e as características típicas do espectro. Simultaneamente, pretendem oferecer às famílias, além da experimentação de modos de vida e de relações autônomas e adultas, a possibilidade de ter um pouco de tempo livre e, de fato, um pouco de "respiro", de descanso do compromisso de cuidar, que é certamente muito pesado.

O que torna esses ambientes "especiais", para além dos programas psicoeducacionais propostos, são as inúmeras medidas tomadas em relação ao mobiliário, à estruturação dos espaços, aos auxílios para a comunicação, aos programas e aos instrumentos em vista da autonomia, como, por exemplo, instruções visuais para a utilização de eletrodomésticos ou para preparar as refeições. Um dos principais objetivos é, portanto, aproximar gradualmente a pessoa com autismo de uma vida cada vez mais autônoma e independente.

Na Itália já existem há alguns anos ótimas propostas de "cuidados de alívio" que se embasam exatamente nos princípios expostos acima; o desejo é certamente que essas propostas se tornem cada vez mais numerosas e distribuídas uniformemente em todo o território nacional. Paralelamente, espera-se também que as famílias estejam cada vez mais dispostas a olhar "precocemente" e com a maior calma possível na direção de um projeto de vida adulta para o próprio filho.

Uma resposta eficaz às famílias em dificuldade: o "treinamento parental"

Cristina Menazza, Barbara Bacci e Claudio Vio

Ao longo dos anos, a sensibilidade para as necessidades concretas presentes no cotidiano dessas famílias certamente aumentou; não se pode ignorar, no entanto, que grande parte das famílias que necessitam dos serviços sociossanitários se declara muito insatisfeita com o tipo de apoio recebido (Soresi, 2007; Fox et al., 2002).

No final da década de 1970 começou a ser dada especial atenção, sobretudo na literatura americana, a um método de intervenção destinado a aumentar as competências dos pais para lidar com os comportamentos problemáticos das crianças com deficiências. Os programas de treinamento parental, hoje muito populares (Benedetto, 2005; Larcan, Oliva & Sorrenti, 2007), diferem em função das opções teóricas dos autores e dos objetivos específicos a que se propõem, mas é possível, no entanto, identificar algumas linhas comuns, transversais a todas as intervenções de ajuda aos pais. Em geral, o treinamento parental tem por objetivo:

- melhorar a relação e a comunicação entre pais e filhos;
- ensinar métodos educativos embasados na observação sistemática do comportamento (um exemplo é o Inventário Portage Operacionalizado [IPO]);
- aumentar o conhecimento dos pais sobre o desenvolvimento psicológico da criança e sobre os princípios que o regem.

Os modelos de treinamento parental descritos na literatura passaram por uma longa série de críticas construtivas que reforçaram alguns aspectos e desenvolveram outros. Na década de 1980, a metódica da intervenção foi posta em discussão por profissionais e pesquisadores, como, por exemplo, Bruno Bettelheim, que criticava a falta de atenção prestada pela intervenção às atribuições parentais específicas. Ainda naqueles anos, outros autores (Holmes et al., 1982) observaram como a eficácia dos programas de treinamento parental aumentava quando os pais também podiam, para além das atividades educativas, discutir com o grupo algumas questões pessoais, como os sentimentos ambivalentes em relação ao filho, as dúvidas sobre a capacidade de lidar com os problemas, a carga de trabalho exigida pela nova situação, a sensação de culpa por ter ignorado os outros filhos ou o cônjuge. Na década de 1990, Novak (1999), nas sendas da corrente sistemático-relacional, sublinhou a imprescindível necessidade, nos encontros de treinamento parental, de destacar a importância de levar em consideração a rede social alargada na qual a família está inserida.

Como evoluíram os modelos de treinamento parental

Na sequência de todas essas observações, cada vez mais insistentemente emergiu a exigência de, dentro dos encontros de treinamento parental, deslocar a atenção para a educação da criança e para as técnicas comportamentais de gestão da criança, para as necessidades de toda a família, a fim de desvendar todos aqueles fatores protetivos indispensáveis ao bem-estar psicofísico do núcleo familiar inteiro. Este fato torna-se ainda mais premente quando se considera que a literatura mostra que os pais de crianças com deficiências graves têm maior dificuldade de se perceberem e se representarem a si mesmos positivamente perante o próprio filho e a própria família (Soresi, 2007).

Dessas reflexões nasceu o programa de treinamento parental, apresentado no trabalho de Menazza et al. (2010), no qual, para além dos aspectos psicoeducacionais e das técnicas de intervenção (das quais, no entanto, não se diminui sua importante função) é dado amplo espaço ao apoio psicológico, com a intenção de criar um espaço de partilha emocional onde é possível manifestar experiências, medos e esperanças. As experiências narradas pelos pais se tornam, dessa forma, pistas de reflexão para poder desenvolver novas e mais adaptadas habilidades de lidar com a família. Em grupo, através do confronto e da partilha, o coordenador conduz o debate com a intenção de evitar que a deficiência assuma o controle ou se torne o único tema, não deixando espaço ao diálogo, ao intercâmbio recíproco, à construção de uma "família resiliente". Por meio de um claro e total conhecimento da deficiência, no caso presente o Transtorno do Espectro Autista, se procede com a aquisição de algumas técnicas de observação, para chegar a falar de medos, de incompreensões, de sofrimentos, no intuito de encontrar um possível significado ao que aconteceu na família. Um dos objetivos é chegar a aceitar a deficiência, em que "aceitar" não significa resignação passiva, mas mobilização ativa de um conjunto de recursos familiares. Juntos e em grupo tenta-se dar sentido a uma história interrompida com o objetivo final de compreender quais ações são necessárias para adquirir as ferramentas e habilidades para enfrentar os eventos adversos. Nessa perspectiva, emerge cada vez mais insistentemente outro ponto de força fundamental da intervenção de grupo com os pais, aspecto sublinhado nas primeiras experiências: a importância da partilha e do apoio dos pais que vivem a mesma situação de crises e a possibilidade, por intermédio do treinamento parental, de conhecer pessoas com quem construir ativamente associações ou grupos informais de suporte a outras famílias, alimentando, assim, um círculo virtuoso de apoio social.

Gestão cotidiana do filho

O treinamento parental tem, além disso, o objetivo de tornar os pais o mais eficazes possível na gestão cotidiana do filho. Por isso, necessariamente, é importante concentrar-se principalmente em duas questões particulares dos pais: conhecer as problemáticas de seus filhos e ajudá-los a enfrentá-las. Trata-se de prever dois momentos no trabalho com as famílias nos quais devem ser propostas atividades formativas (como enfrentar as problemáticas, com quais ferramentas, quais técnicas educativas são as mais adequadas em relação aos problemas evidenciados etc.) e outro tipo informativo, capaz de aprofundar os conhecimentos atualmente disponíveis sobre a deficiência específica do filho. A intervenção do treinamento parental assim estruturada não apenas torna os pais o máximo possível conscientes do trabalho que estão desenvolvimento, mas também lhes permite fazer observações pontuais e exatas sobre o funcionamento do filho no ambiente doméstico, com o objetivo de aumentar as capacidades, a autonomia e a comunicação (para uma orientação sobre a técnica do treinamento parental confira Benedetto, 2005).

As associações de famílias e de pessoas com Transtorno do Espectro Autista

Dario Ianes e Michele Zappella

Que papel exerce o associacionismo?

Hoje existem muitas associações de famílias e de pessoas com TEA. Seu papel e sua importância foram crescendo nos últimos 20 anos e, também em nosso país (Itália), podemos atribuir-lhes o mérito de ter estimulado, solicitado e conduzido não somente uma profunda mudança cultural, mas propiciado também uma maior sensibilidade geral a respeito destes transtornos.

Sua grande atuação está prevalentemente centrada na informação, na sensibilização e na tutela dos direitos. Para este último objetivo, a afirmação destes grupos é de que ainda existe muito a ser feito, sobretudo se nos reportarmos à Convenção da ONU sobre os direitos das pessoas com deficiências, na qual se estabelece oficialmente o direito à inclusão social.

No nosso país, Itália, existem muitas iniciativas, mas os resultados geralmente não são de boa qualidade, e este é o compromisso de várias associações, assim como solicitar da administração pública que ative serviços inovadores: pequenas comunidades habitacionais temporárias para aliviar a carga familiar (enquanto a pessoa deficiente "ainda mora com os pais"), pequenas comunidades residenciais para o "depois da família", além de etapas formativas dos pais e etapas de integração nos ambientes de trabalho etc.

Algumas perguntas ao especialista...

DONATA VIVANTI

Retirado e adaptado do DVD Facciamo il punto su... L'autismo (Ianes & Zappella, 2009)

Por que é estratégico o papel do associacionismo?

O papel do associacionismo é estratégico, e o é cada vez mais, pois se trata de uma organização de pessoas que desenvolve uma ação em defesa dos direitos das pessoas com autismo, que na maioria dos casos não podem representar-se por si mesmas. Mesmo que para os necessitados não pareça que as coisas tenham mudado muito, na verdade, nos últimos anos, houve transformações fundamentais. Somos ouvidos no âmbito europeu, somos interpelados regularmente pelas instituições, e no âmbito internacional foi adotado um acordo internacional para a deficiência que considera também aquelas deficiências complexas e específicas, como o autismo. Portanto, gradualmente as coisas mudam, não de hoje para amanhã, mas, não obstante tudo, estamos contentes por termos assumido esta grande responsabilidade, levá-la adiante e fazer ouvir a voz de pessoas vulneráveis como as autistas.

Você acredita que essas mudanças são mais de natureza cultural ou mais de natureza institucional e regulatória?

Um pouco de cada. Repito: são mudanças lentas; talvez a mudança cultural siga até mesmo a normativa. Seguramente, a Convenção da ONU para os direitos das pessoas com deficiência, que aliás é soberana enquanto ferramenta internacional, ajudará a mudar a mentalidade. Digamos que a mentalidade mudou nas altas esferas políticas. A visão da pessoa com autismo como sujeito de direitos começa a circular, mas ela ainda não é realidade nos serviços públicos e, para mim, talvez nem mesmo nas famílias se recebeu esta nova abordagem do autismo como um apoio que garanta os direitos de uma pessoa não apenas em sua diversidade, mas também em sua igualdade.

O associacionismo pode trabalhar também sobre este aspecto da família, ou seja, sobre a experiência da família em relação aos seus familiares?

Creio que seja nossa responsabilidade fazê-lo. É importante sensibilizar as famílias sobre os direitos dos filhos e fazê-las compreender que não devem apenas ser reivindicadoras de direitos, mas também pessoas com o dever de garantir esses direitos em relação à família e, sobretudo, de defender esses direitos diante das administrações públicas, embora isso possa não ser compreendido e às vezes possa revelar-se impopular.

Hoje, na Itália, ainda existem direitos negados?

Existem em toda parte, mais do que se pensa. Se tomarmos como ponto de referência a Convenção da ONU, vemos que até o direito à educação não é respeitado, se o interpretamos como na Convenção, isto é, como educação permanente que diz respeito aos adultos. Se olharmos as coisas sob esta perspectiva, vemos, por exemplo, que o direito à inserção no trabalho não foi absolutamente implementado na Itália, uma vez que o direito ao trabalho em relação às pessoas com deficiência não é respeitado.

Além disso, há um dado aterrador fornecido pela OMS que afirma que as pessoas com deficiências intelectuais graves, portanto, não só aquelas com TEA, vivem 20 anos a menos em relação às que não têm este tipo de problema, incluídas as pessoas com deficiência física. Este dado é justificado com o fato de que muitas vezes as patologias concomitantes não são diagnosticadas e, se o são, dificilmente são tratadas.

O caminho é longo ainda, o que não significa dizer que tudo possa ser feito já e imediatamente; significa, ao contrário, que há um caminho a percorrer e que não se justifica tratar quem reivindica os seus direitos como uma pessoa chata e inconveniente.

Em síntese

- ☑ Conscientizar-se de que o próprio filho apresenta problemas particulares ou deficiências é um choque que transtorna a família, gerando-lhe um grande estresse.
- ☑ Por isso, é normal que os pais comecem a se perguntar se foram eles que falharam ou se não foram competentes na educação do filho, fazendo, assim, com que o mal-estar e a perplexidade aumentem.
- ☑ A experiência no campo do TEA e o saber acumulado sobre as causas destas dificuldades e sobre o funcionamento das crianças que o manifestam indicam claramente que o papel dos pais na educação da criança é fundamental e contribui de forma essencial para um resultado mais satisfatório de seus cuidados.
- ☑ A formação dos pais é um trabalho educativo: quem o desenvolve assume o aprendizado das pessoas a quem ensina, e não fornece noções, deixando aos pais a responsabilidade de lidar com a situação, mas organiza encontros, programas e percursos cujo objetivo é mudar o comportamento do pai e da mãe, tornando-os mais habilidosos num campo para eles completamente novo.
- ☑ Qualquer intervenção, por conseguinte, deve ser humana e útil para a criança, deve adaptar-se ao estilo de vida de cada família e deve refletir os melhores conhecimentos científicos disponíveis.
- ☑ Construir uma aliança significativa e colaborativa entre profissionais e pais talvez seja um dos objetivos mais difíceis e requer uma série de tarefas estratégicas: construir uma forte relação de escuta

e apoio, criar um sentimento de autonomia, ensinar, interpretar, orientar, questionar, levantar hipóteses etc.

- ☑ O termo "aliança" é utilizado, portanto, precisamente para sublinhar o fato de envolver sempre duas partes que trabalham em conjunto numa tarefa com o mesmo objetivo, valorizando e respeitando as diferentes funções.
- ☑ É, pois, essencial encarar a perspectiva de um projeto de vida adulta, rompendo com os estereótipos do filho-doente e do filho-criança, não vendo, assim, a família de origem como o único lugar e o único recurso para a vida futura da criança.
- ☑ O treinamento parental foca em: melhorar a relação e a comunicação entre pais e filhos; ensinar métodos educativos baseados na observação sistemática do comportamento; aumentar o conhecimento dos pais sobre o desenvolvimento psicológico do filho e os princípios que o regem.
- ☑ O papel das associações de famílias e de pessoas com Transtorno do espectro Autista é fundamental para estimular, incentivar e orientar uma mudança cultural profunda e uma sensibilidade generalizada em relação ao autismo.

Referências

Abrahams, B. S., & Geschwind, D. H. (2008). Advances in autism genetics: On the threshold of a new neurobiology. *Nature Reviews Genetics, 9*, 341-355.

Adkins, J., & Larkey, S. (2015). *Matematica in pratica per bambini con autismo.* Erickson.

Adolphs, R. (1999). Social cognition and the human brain. *Trends in Cognitive Sciences, 3*, 469-479.

Adolphs, R. (2003). Cognitive neuroscience of human social behaviour. *Nature Reviews Neuroscience, 4*, 165-178.

Al-Ghani, K. I., & Kenward, L. (2012). *Preparare alla scuola il bambino con autismo: Strategie e materiali per un ingresso sereno alla primaria.* Erickson.

Alvarez, M. I., Varini, A., & Giuberti, V. (2011). L'intervento psicoeducativo nei bambini con disturbi dello spettro autistico. *Autismo e disturbi dello sviluppo, 9*(3), 377-391.

Amaral, D. G., Schuman, C. M., & Nordahl, C. W. (2008). Neuroanatomy of autism. *Trends in Neuroscience, 31*, 137-145.

American Academy of Pediatrics (2001). Technical Report: The Pediatrician's role in the diagnosis and management of autistic spectrum disorder in children. *Pediatrics, 107.* http://www.pedia-trics.org/cgi/content/full/107/5/e85.

American Psychiatric Association (1994). *DSM-IV: Diagnostic and statistical manual of mental disorders* (4th ed.). American Psychiatric Association. Trad. it.: (1996). *DSM-IV: Manuale diagnostico e statistico dei disturbi mentali.* Masson.

American Psychiatric Association (2000). Diagnostic and statistical manual of mental disorders: text revision (DSM-IV-TR) 4th Edition. American Psychiatric Association. Trad. it.: (2002). *DSM-IV-TR: Manuale diagnostico e statistico dei disturbi mentali – text revision.* Masson.

Anderson, P. (2002). Assessment and development of executive function (EF) during childhood. *Child Neuropsychology, 8*, 71-82.

Anderson, A. K., & Sobel, N. (2003). Dissociating intensity from valence as sensory inputs to emotion. *Neuron, 39*, 581-583.

APA (2013). *DSM-5: diagnostic and statistical manual of mental disorders* (5th ed.). American Psychiatric Publishing. Trad. it.: *DSM-5: manuale diagnostico e statistico dei disturbi mentali.* Raffaello Cortina Editore. Tradução italiana da quinta edição feita por

Francesco Saverio Bersani, Ester di Giacomo, Chiarina Maria Inganni, Nidia Morra, Massimo Simmone, Martina Valentini.

Arduino, G. M. (2011). La mozione del Senato sull'autismo. *Autismo e disturbi dello sviluppo, 9*(3), 417-421.

Arduino, G. M. (2013). L'accordo sulle "Linee di indirizzo" della Conferenza Stato-Regioni. *Autismo e altri disturbi dello sviluppo, 11*(2).

Arduino, G. M. et al. (2001a). Interventi con il bambino che non parla. In M. Zappella & G. De Luca (Eds.). Dossier: L'autismo oggi. *Percorsi di Integrazione, 3*/2000, *1*/2001, 38-43.

Arduino, G. M. et al. (2001b). *Interventi con il bambino che non parla*. In M. Zappella & G. De Luca (Eds.), Dossier: L'autismo oggi. *Percorsi di Integrazione, 3*/2000, *1*/2001, 44-48.

Asperger, H. (1991). "Autistic psychopathy" in childhood. In U. Frith (Ed.). *Autism and Asperger syndrome* (pp. 37-92). Cambridge University Press.

Asperger, H. (2003). *Bizzarri, isolati e intelligenti*. Erickson.

Attwood, T. (2007). *Guida alla sindrome di Asperger*. Erickson.

Bachevalier, J., & Loveland, K. A. (2006). The orbitofrontal-amygdala circuit and selfregulation of social-emotional behavior in autism. *Neuroscience & Biobehavioral Reviews, 30*, 97-117.

Bachorowski, J. A., & Newman, J. P. (1985). Impulsivity in adults: Motor inhibition and time-interval estimation. *Personality and Individual Differences, 6*, 133-136.

Baghdadli, A., Gonnier, V., & Aussiloux, C. (2002). Review of psychopharmacological treatments in adolescent adults with autistic disorder. *Encephale, 28*(3), 248-254.

Bailey, A., Phillips, W., & Rutter, M. (1996). Autism: Towards an integration of clinical, genetic, neuropsychological, and neurobiological perspectives. *Journal of Child Psychology and Psychiatry, 37*, 89-126.

Baio, J., Wiggins, L., Christensen, D. L., Maenner, M. J., Daniels, J., Warren, Z., Kurzius-Spencer, M., Zahorodny, W., Robinson Rosenberg, C., White, T., Durkin, M. S., Imm, P., Nikolaou, L., Yeargin-Allsopp, M., Lee, L. C., Harrington, R., Lopez, M., Fitzgerald, R. T., Hewitt, A., Pettygrove, S., Constantino, J. N., Vehorn, A., Shenouda, J., Hall-Lande, J., Van Naarden Braun, K., & Dowling, N. F. (2018). Prevalence of autism spectrum disorder among children aged 8 years – autism and developmental disabilities monitoring network, 11 sites, United States, 2014. *MMWR Surveillance Summaries, 67*(6), 1-23.

Baird, G., Cass, H., & Slonims, V. (2003). Diagnosis of autism. *BMJ, 327*, 488-493.

Baird, G., Charman, T., Baron-Cohen, S. et al. (2000). A screening instrument for autism at 18 months of age: A 6-year follow-up study. *Journal of the American Academy of Child and Adolescent Psychiatry, 39*, 694-702.

Baker, E., & Jeste, S. S. (2015). Diagnosis and management of autism spectrum disorder in the era of genomics. *Pediatric Clinics of North America, 62*, 607-618.

Ballerini, A. et al. (2006). *Autismo: L'umanità nascosta*. Einaudi.

Bandura, A. (1977). *Social learning theory*. Prentice-Hall.

Baranek, G. T. (2002). Effectiveness of sensory and motor interventions in autism. *Journal of Autism and Developmental Disorders, 32*(5), 397-422.

Baranek, G. T., David, F. J., Poe, M. D., Stone, W. L., & Watson, L. R. (2006). Sensory Experiences Questionnaire: Discriminating sensory features in young children with autism, developmental delays, and typical development. *Journal of Child Psychology and Psychiatry, 47*(6), 591-601.

Baron-Cohen, S. (1988). Social and pragmatic deficits in autism: Cognitive or affective? *Journal of Autism and Developmental Disorders, 18*, 379-402.

Baron-Cohen, S. (1995). *Mindblindness: An essay on autism and theory of mind*. MIT Press.

Baron-Cohen, S. (2002). The extreme male brain theory of autism. *Trends in Cognitive Sciences, 6*, 248-254.

Baron-Cohen, S. (2006). The hyper-systemizing, assortative mating theory of autism. *Progress in Neuropsychopharmacolgy and Biological Psychiatry, 30*, 865-872.

Baron-Cohen, S. (2007). Transported into a world of emotion. *The Psychologist, 20*, 76-77.

Baron-Cohen, S. (Ed.). (2011). *Cognizione ed empatia nell'autismo*. Erickson.

Baron-Cohen, S., Allen, J., & Gillberg, C. (1992). Can autism be detected at 18 months? The needle, the haystack and the CHAT. *British Journal of Psychiatry, 161*, 839-843.

Baron-Cohen, S., Ashwin, E., Ashwin, C., Tavassoli, T., & Chakrabarti, B. (2009). Talent in autism: Hyper-systemizing, hyperattention to detail and sensory hypersensitivity. *Philsophical Transactions of the Royal Society, 364*, 1377-1383. doi:10.1098/rstb.2008.0337.

Baron-Cohen, S., Cox, A., Baird, G. et al. (1996). Psychological markers in the detection of autism in infancy in a large population. *British Journal of Psychiatry, 168*, 158-163.

Baron-Cohen, S., Golan, O., Wheelwright, S. et al. (2004). *Mindreading: The interactive guide to emotions*. Jessica Kingsley Limited.

Baron-Cohen, S., Hoekstra, R. A., Knickmeyer, R., & Wheelwright, S. (2006). The Autism-Spectrum Quotient (AQ) – Adolescent version. *Journal of Autism and Developmental Disorders, 36*, 343-350.

Baron-Cohen, S., Leslie, A. M., & Frith, U (1985). Does the autistic child have a "theory of mind"? *Cognition, 21*, 37-46.

Baron-Cohen, S., Leslie, A. M., & Frith, U. (1986). Mechanical, behavioural and intentional understanding of picture stories in autistic children. *British Journal of Developmental Psychology, 4*, 113-125.

Baron-Cohen, S., Lombardo, M. V., Auyeung, B., Ashwin, E., Chakrabarti, B., & Knickmeyer, R. (2011). Why are autism spectrum conditions more prevalent in males? *PLoS Biology, 9*(6), e1001081.

Baron-Cohen, S., Richler, J., Bisarya, D. et al. (2003). The Systemising Quotient (SQ): An investigation of adults with Asperger Syndrome or high functioning autism and normal sex differences. *Philosophical Transactions of the Royal Society, 358*, 361-374.

Baron-Cohen, S., Ring, H., Wheelwright, S. et al. (1999). Social intelligence in the normal and autistic brain: An fMRI study. *European Journal of Neuroscience, 11*, 1891-1898.

Baron-Cohen, S., Ring, H. A., Bullmore, E., Wheelwright, S., Ashwin, C., & Williams, S. C. (2000). The amygdala theory of autism. *Neuroscience & Biobehavioral Reviews, 24*, 355-364.

Baron-Cohen, S., Riviere, A., Cross, P. et al. (1996). Reading the mind in the face: A cross-cultural and developmental study. *Visual Cognition, 3*, 39-59.

Baron-Cohen, S., Tager-Flusberg, H., & Cohen, D. (2000). *Understanding other mind: Perspectives from developmental neuroscience.* Oxford University Press.

Baron-Cohen, S., Wheelwright, S., Scahill, V. et al. (2001). Are intuitive physics and intuitive psychology independent? *Journal of Developmental Learning Disabilities, 5*, 47-78.

Baron-Cohen, S., Wheelwright, S., Skinner, R. et al. (2001). The Autism Spectrum Quotient (AQ): Evidence from Asperger syndrome/high functioning autism, males and females, scientists and mathematicians. *Journal of Autism and Developmental Disorders, 31*, 5-17.

Barthelemy, C., Haumeury, L., & Lelord, G. (1995). *L'autisme de l'enfant: La thérapie d'échange et de développment*. Expansion Scientifique Françaises.

Barton, M. L., Robins, D. L., Jashar, D., Brennan, L., & Fein, D. (2013). Sensitivity and specificity of proposed DSM-5 criteria for autism spectrum disorder in toddlers. *Journal of Autism and Developmental Disorders, 43*(5), 1184-1195.

Bauman, M. L., & Kemper, T. L. (2005). Neuroanatomic observations of the brain in autism: A review and future directions. *International Journal of Developmental Neuroscience, 23*, 183-187.

Belin, P., Zatorre, R. J., Lafaille, P., Ahad, P., & Pike, B. (2003). Voice-selective areas in human auditory cortex. *Nature, 403*, 309-312.

Belmonte, M. K., Allen, G., Beckel-Mitchener, A., Boulanger, L. M., Carper, R. A., & Webb, S. J. (2004). Autism and abnormal development of brain connectivity. *The Journal of Neuroscience, 24*, 9228-9231.

Bemporad, J. R. (1979). Adult recollections of a formerly autistic child. *Journal of Autism and Developmental Disorders, 9*(2), 179-197.

Ben-Sasson, A., Cermak, S., Orsmond, G., Tager-Flusberg, H., Carter, A., Kadlec, M., & Dunn, W. (2008). Extreme sensory modulation behaviors in toddlers with an autism spectrum disorder. *The American Journal of Occupational Therapy, 61*(5), 584-592.

Ben-Sasson, A., Hen, L., & Fluss, R. (2009). A meta-analysis of sensory modulation symptoms in individuals with autism spectrum disorders. *Journal of Autism and Developmental Disorders, 39*(1), 1-11.

Benedetto, L. (2005). *Il parent training: counseling e formazione per genitori*. Carocci.

Berney, T. P. (2000). Autism: An evolving concept. *British Journal of Psychiatry, 176*, 20-25.

Best, J. R., Miller, P. H., & Jones, L. L. (2009). Executive functions after age 5: Changes and correlates. *Developmental Review, 29*, 180-200.

Bettelheim, B. (1987). *Un genitore quasi perfetto.* Feltrinelli.

Bion, W. R. (1972). *Apprendere dall'esperienza.* Armando.

Bishop, D. V., & Norbury, C. F. (2005). Executive functions in children with communication impairments, in relation to autistic symptomatology. *Autism, 9*, 29-43.

Bisiacchi, P. S., Cendron, M., Gugliotta, M., Tressoldi, P. E., & Vio, C. (2005). *BVN 5-11: Batteria di valutazione neuropsicologica per l'età evolutiva*. Erickson.

Bogdashina, O. (2003). *Sensory perceptual issues in autism: Different sensory experiences – different perceptual worlds*. Jessica Kingsley Publishers.

Bogdashina, O. (2005). *Communication issues in autism and Asperger Syndrome: Do we speak the same language?* Jessica Kingsley Publishers.

Bor, D., Billington, J., & Baron-Cohen, S. (2007). Savant memory for digits in a case of synaesthesia and Asperger syndrome is related to hyperactivity in the lateral prefrontal cortex. *Neurocase, 13*, 311-319.

Boswell, S., & Gray, D. (2011). *Applying structured teaching principles to toilet trainning.* http://teacch.com/educationalapproaches/applying-structured-teachingprinciples-to-toilet-training-susan-boswell-and-debbie-gray

Boyd, B. A., Baranek, G. T., Sideris, J., Poe, M. D., Watson, L. R., Patten, E., & Miller, H. (2010). Sensory features and repetitive behaviors in children with autism and developmental delays. *Autism Research, 3*(2), 78-87.

Brock, J. et al. (2002). The temporal binding deficit hypothesis of autism. *Development and Psychopathology, 142*, 209-224.

Burgoine, E., & Wing, L. (1983). Identical triplets with Asperger's Syndrome. *British Journal of Psychiatry, 143*, 261-265.

Cafiero, J. M. (2005). *Meaningful exchange for people with autism*. Woodbine House.

Cafiero, J. M. (2009). *Comunicazione aumentativa e alternativa: Strumenti e strategie per l'autismo e i deficit di comunicazione*. Erickson.

Capps, L., Sigman, M., & Mundy, P. (1994). Attachment security in children with autism. *Development and Psychopathology, 6*, 249-261.

Cardinal, R. (2009). Outsider art and the autistic creator. *Philosophical Transactions of the Royal Society, 364*, 1459-1466.

Caretto, F., Dibattista, G., & Scalese, B. (2012). *Autismo e autonomie personali*. Erickson.

Carr, E. G. (1994). Emerging themes in the functional analysis of problem behavior. *Journal of Applied Behavior Analysis, 27*, 197-209.

Carr, E. G. et al. (1998). *Il problema di comportamento è un messaggio: Interventi basati sulla comunicazione per l'handicap grave e l'autismo.* Erickson.

Casanova, M. F. (2007). The neuropathology of autism. *Brain Pathology, 17*, 422-433.

Casanova, M. F., & Trippe, J. (2009). Radial cytoarchitecture and patterns of cortical connectivity in autism. *Philosophical Transactions of the Royal Society, 364*, 1433-1436.

Casanova, M. F., Switala, A. E., Trippe, J., & Fitzgerald, M. (2007). Comparative minicolumnar morphometry of three distinguished scientists. *Autism, 11*, 557-569. doi:10.1177/1362361307083261.

Castelli, F., Frith, C., Happé, F. et al. (2002). Autism, Asperger syndrome and brain mechanisms for the attribution of mental states to animated shapes. *Brain, 125*(8), 1839-1849.

Castelli, F., Happé, F., Frith, U., & Frith, C. (2000). Movement and mind: A functional imaging study of perception and interpretation of complex intentional movement patterns. *Neuroimage, 12*, 314-325.

Cavell, T. A. (2000). *Working with parents of aggressive children: A practitioner's guide.* American Psychological Association.

Cesaroni, L., & Garber, M. (1991). Exploring the experience of autism through first hand accounts. *Journal of Autism and Developmental Disorders, 21*(3), 303-313.

Charman, T., & Baird, G. (2002). Practitioner review: Diagnosis of autism spectrum disorder in 2 and 3-year-old children. *Journal of Child Psychology and Psychiatry, 43*, 289-305.

Charman, T., Swettenham, J., Baron-Cohen, S., Cox, A., Baird, G., & Drew, A. (1997). Infants with autism: An investigation of empathy, pretend play, joint attention, and imitation. *Developmental Psychology, 33*(5), 781-789.

CLSA (1999). An autosomal genomic screen for autism. *American Journal of Medical Genetics (Neuropsychiatric Genetics), 88*, 609-615.

Cohen, D. J., & Volkmar, F. R. (Eds.). (2004). *Autismo e disturbi generalizzati dello sviluppo.* Vannini Editrice.

Colvert, E., Tick, B., McEwen, F., Stewart, C., Curran, S. R., Woodhouse, E. et al. (2015). Heritability of autism spectrum disorder in a UK population-based twin sample. *Journal of the American Medical Association Psychiatry, 72*(5), 415-423.

Conn, C. (2010). Laboratorio teatro per bambini con disturbi dello spettro autistico: Giochi e attività per favorire le abilità sociali e l'autostima. Erickson.

Constantino, J. N., & Gruber, C. P. (2005). *Social Responsiveness Scale: Manual.* Western Psychological Services. Trad. it.: (2010). *RS – Social Responsiveness Scale.* Editado por Alessandro Zuddas, Adriana Di Martino, Laura Delitala, Laura Anchisi e Gianluigi Melis. Giunti OS.

Conturo, T. E., Williams, D. L., Smith, C. D., Gultepe, E., Akbudak, E., & Minshew, N. J. (2008). Neuronal fiber pathway abnormalities in autism. *Journal of the International Neuropsychological Society, 14*, 933-946.

Conway, A. R., Tuholski, S. W., Shisler, R. J., & Engle, R. W. (1999). The effect of memory load on negative priming: An individual differences investigation. *Memory and Cognition, 27*, 1042-1050.

Cook, E. H., & Scherer, S. W. (2008). Copy-number variations associated with neuropsychiatric conditions. *Nature, 455*, 919-923.

Corcoran, R., & Frith, C. (1997). Conversational conduct and the symptoms of schizophrenia. *Cognitive Neuropsychiatry, 1*, 305-318.

Cornaglia Ferraris, P. (2009). *Dicono che sono Asperger*. Erickson.

Cornoldi, C., Gardinale, M., Masi, A., & Pettenò, L. (1996). *Impulsività e autocontrollo: Interventi e tecniche metacognitive*. Erickson.

Cornoldi, C., Marzocchi, G. M., Belotti, M., Caroli, M. G., De Meo, T., & Braga, C. (2001). Working memory interference control deficit in children referred by teachers for ADHD symptoms. *Child Neuropsychology, 7*, 230-240.

Costantino, M. A. (2011). *Costruire libri e storie con la CAA: Gli IN-book per l'intervento precoce e l'inclusione.* Erickson.

Costantino, M. A. (2012). *Storie in simboli.* Erickson.

Cottini, L. (2017). Didattica speciale e inclusione scolastica. Carocci.

Cottini, L., Munaro, C., Dalla Vecchia, C., Tonietto, M., & Attanasio, A. R. (2018). Imparare a imparare con l'aiuto dei pari: Il peer tutoring come sfida per la scuola e le altre comunità educanti. *Autismo e disturbi del neurosviluppo, 16*(3), 355-383.

Courchesne, E. (1999). An MRI study of autism: The cerebellum revisited. *Neurology, 52*, 1106-1107.

Courchesne, E. (2004). Brain development in autism: Early overgrowth followed by premature arrest of growth. *Mental Retardation and Developmental Disabilities, 10*, 106-111.

Courchesne, E., & Pierce, K. (2005). Why the frontal cortex in autism might be talking only to itself: Local over-connectivity but long-distance disconnection. *Current Opinion in Neurobiology, 15*, 225-230.

Courchesne, E., Karns, C. M., Davis, H. R. et al. (2001). Unusual brain growth patterns in early life in patients with autistic disorder: An MRI study. *Neurology, 57*, 245-254.

Cowan, R., & Frith, C. (2009). Do calendrical savants use calculation to answer date questions? A functional magnetic resonance imaging study. *Philosophical Transactions of the Royal Society, 364*, 1417-1424.

Cox, A., Klein, K., Charman, T., Baird, G., Baron-Cohen, S., Swettenham, J., Drew, A., & Wheelwright, S. (1999), Autism spectrum disorders at 20 and 42 months of age: Stability of clinical and ADI-R diagnosis. *Journal of Child Psychology and Psychiatry, 40*(5), 719-732.

Cridland, E. K., Jones, S. C., Caputi, P., & Magee, C. A. (2014). Understanding high-functioning autism during adolescence: A personal construct theory approach. *Journal of Intellectual & Developmental Disability, 39*(1).

D'Ambrosio, C. (2004). *Psicologia delle punizioni fisiche.* Erickson.

Dalla Vecchia, A. M., & Mazzetti, A. (2003). Il Centro Autismo e Disturbi Pervasivi dello Sviluppo della AUSL di Reggio Emilia. *Autismo e disturbi dello sviluppo, 1*(3), 419-430.

Dapretto, M., Davies, M. S., Pfeifer, J. H., Scott, A. A., Sigman, M., Bookheimer, S. Y. et al. (2006). Understanding emotion in others: Mirror neuron dysfunction in children with autism spectrum disorders. *Nature Neuroscience, 9*, 28-30.

Davis, M. H. (1994). *Empathy: A social psychological approach.* Westview Press.

Dawson, G. (2008). Early behavioral intervention, brain plasticity, and the prevention of autism spectrum disorder. *Development and Psychopathology, 20*(3), 775-803.

Dawson, G., & Fernald, M. (1987). Perspective-taking ability and its relationship to the social behavior of autistic children. *Journal of Autism and Developmental Disorders, 17*, 487-498.

Dawson, G., & Watling, R. (2000). Interventions to facilitate auditory, visual, and motor integration in autism: A review of the evidence. *Journal of Autism and Developmental Disorders, 30*(5), 415-421.

Dawson, G., Ashman, S. B., & Carver, L. J. (2000). The role of early experience in shaping behavioral and brain development and its implications for social policy. *Developmental Psychopathology, 12*, 695-712.

Dawson, G., Meltzoff, A. N., Osterling, J., & Rinaldi, J. (1998a). Neuropsychological correlates of early symptoms of autism. *Child Development, 69*, 1276-1285.

Dawson, G., Meltzoff, A. N., Osterling, J., Rinaldi, J., & Brown, E. (1998b). Children with autism fail to orient to naturally occurring social stimuli. *Journal of Autism and Developmental Disorders, 28*, 479-485.

Dean, M., Harwood, R., & Kasari, C. (2016). The art of camouflage: Gender differences in the social behaviors of girls and boys with autism spectrum disorder. *Autism, 21*(6), 678-689.

De Clercq, H. (2006). *Il labirinto dei dettagli: Iperselettività cognitiva nell'autismo.* Erickson.

De Clercq, H. (2011). *L'autismo da dentro*. Erickson.

De Meo, T., Vio, C., & Maschietto, D. (2000). *Intervento cognitivo nei disturbi autistici e di Asperger: Schede per il trattamento*. Erickson.

DeHart, G., & Maratsos, M. (1984). Children's acquisition of presuppositional usages. In R. L. Schiefelbusch & J. Pickar (Eds.), *The acquisition of communicative competence* (pp. 237-293). University Park Press.

Devlin, B., & Scherer, S. W. (2012). Genetic architecture in autism spectrum disorder. *Current Opinion in Genetics & Development, 22*(3), 229-237.

Di Pietro, M., & Lupo, I. (2019). *Conosco le mie emozioni?* Erickson.

Dixon, J. (2008). *Facilitare la comunicazione nell'autismo*. Erickson.

Dodge, K. A. (1993). Social-cognitive mechanisms in the development of conduct disorder and depression. *Annual Review of Psychology, 44*, 559-584.

Draaisma, D. (2009). Stereotypes of autism. *Philosophical Transactions of the Royal Society, 364*, 1475-1480.

Drake, J. E., & Winner, E. (2009). Precocious realists: Perceptual and cognitive character rustics associated with drawing talent in non-autistic children. *Philosophical Transactions of the Royal Society, 364*, 1449-1458.

Dunlap, G., & Fox, L. (1999a). A demonstration of behavioral support for young children with autism. *Journal of Positive Behavioral Interventions, 2*, 77-87.

Dunlap, G., & Fox, L. (1999b). Supporting families of young children with autism. *Infants and Young Children, 12*, 48-54.

Dunn, W. (2001). The sensations of everyday life: Theoretical, conceptual and pragmatic considerations. *American Journal of Occupational Therapy, 55*(6), 608-620.

Durand, C. M. et al. (2007). Mutations in the gene encoding the synaptic scaffolding protein SHANK3 are associated with autism spectrum disorders. *Nature Genet, 39*, 25-27.

Dworzynski, K., Ronald, A., Bolton, P., & Happé, F. (2012). How different are girls and boys above and below the diagnostic threshold for autism spectrum disorders? *Journal of the American Academy of Child & Adolescent Psychiatry, 51*(8), 788-797.

Dyrbjerg, P., & Vedel, M. (2008). *L'apprendimento visivo nell'autismo*. Erickson.

Elsabbaggh et al. (2012). Special Issue: Global Perspectives on Autism. *Autism Research, 5*(3), 153-155.

Enright, S. M., & Axelrod, S. (1995). Peer tutoring: Applied behavior analysis working in the classroom. *School Psychology Quarterly, 10*, 29-40.

Erangey, K. (2001). Using Social Stories as a Parent of a Child with an ASD. *Good Autism Practice, 2*(1), 26-29.

Ericsson, K. A., Krampe, R. T., & Tesch-Roemer, C. (1993). The role of deliberate practice in the acquisition of expert performance. *Psychological Review, 100*, 363-406.

Esposito, G., & Venuti, P. (2010). Understanding early communication signals in autism: A study of the perception of infants' cry. *Journal of Intellectual Disability Research, 54*(3), 216-223.

Farello, P., & Bianchi, F. (2005). *Progetto di vita e orientamento.* Erickson.

Fay, W. H., & Schuler, A. L. (1980). *Emerging language in autistic children: Language intervention series volume V.* University Park Press.

First, E. (1994). The leaving game, or I'll play you and you play me: The emergence of dramatic role play in 2 year olds. In A. Slade & D. P. Wolff (Eds.), *Children at play: Clinical and developmental approaches to meaning and representation.* Oxford University Press.

Fisher, N., & Happé, F. (2005). A training study of Theory of Mind and executive function in children with autistic spectrum disorders. *Journal of Autism and Developmental Disorders, 35*, 757-771.

Folstein, S. E., & Rosen-Sheidley, B. (2001). Genetics of autism: Complex etiology for a heterogeneous disorder. *Nature Reviews Genetics, 2*, 943-955.

Fombonne, E. (2001). Is there an epidemic of autism? *Pediatrics, 107*, 411-412.

Fombonne, E. (2009). Epidemiology of pervasive developmental disorders. *Pediatric Research, 65*(6), 591-598.

Fombonne, E., & Cook, E. H. (2003). MMR and autistic enterocolitis: Consistent epidemiological failure to find an association. *Molecular Psychiatry, 8*, 133-134.

Fonagy, P. (1989). On tolerating mental states: Theory of mind in borderline personality. *Bull. Anna Freud Centre, 12*, 91-115.

Foss-Feig, J. H., Heacock, J. L., & Carissa, J. C. (2012). Tactile responsiveness patterns and their association with core features in autism spectrum disorders. *Research in Autism Spectrum Disorders, 6*(1), 337-344.

Freeman, S., & Dake, L. (2007). *Il linguaggio verbale nell'autismo.* Erickson.

Frith, U. (1989). *Autism: Explaining the enigma.* Blackwell. Trad. it.: (1996). *L'autismo: Spiegazione di un enigma.*

Frith, U. (1991). Asperger and his syndrome. In U. Frith (Ed.), *Autism and Asperger Syndrome.* Cambridge University Press.

Frith, U. (1996). *L'autismo: Spiegazione di un enigma.* Laterza.

Frith, U., & Frith, C. (2003). Development and Neurophysiology of mentalizing. *Philosophical Transanctions of the Royal Society, 358*, 459-473.

Frith, U., & Happé, F. (1994). Autism: Beyond "theory of mind". *Cognition, 50*, 115-132.

Frost, L., & Bondy, A. (1994). *The picture exchange communication system training manual*. PECS Inc.

Fuentes-Biggi, J. et al. (2006). Guía de buena práctica para el tratamiento de los trastornos del espectro autista. *Revista de Neurología, 43*(7), 425-438.

Fulceri, F., Tancredi, R., Muratori, F. (2012). Disturbi dello Spettro Autistico: aggiornamenti su nosografia, correlati neurobiologici e determinanti genetici. *Autismo e disturbi dello sviluppo, 10*(2), 213-226.

Fullerton, A., Stratton, J., Coyne, P., & Gray, C. (1996). *Higher functioning adolescents and young adults with autism: A teacher's guide*. Pro-Ed Inc.

Gadow, K. D., DeVincent, C., & Schneider, J. (2008). Predictors of psychiatric symptoms in children with an autism spectrum disorder. *Journal of Autism and Developmental Disorders, 38*, 1710-1720.

Gallese, V. et al. (1996). Action recognition in the premotor cortex. *Brain, 119*, 593-609.

Geller, E. (1989). The assessment of perspective-taking skills. *Seminars in Speech and Language, 10*, 28-41.

Gerland, G. (1997). *Een echt mens*. Houtekiet.

Gerland, G. (1999). Letter to the editors Autism and psychodynamic theories. *Autism, 3*(3), 309-311.

Gerland, G. (2003). *A real person: Life on the outside*. Souvenir Press.

Geschwind, D. H. (2008). Autism: Many genes, common pathways? *Cell, 135*(3), 391-395.

Geschwind, D. H., & Levitt, P. (2007). Autism spectrum disorders: Developmental disconnection syndromes. *Curr Opin Neurobiol, 17*, 103-111.

Geschwind, D. H., & State, M. W. (2015). Gene hunting in autism spectrum disorder: On the path to precision medicine. *The Lancet Neurology, 14*(11), 1109-1120.

Geurts, H. M., Verté, S., Oosterlaan, J., Roeyers, H., & Sergeant, A. J. (2004). How specific are executive functioning deficits in attention deficit hyperactivity disorder and autism? *The Journal of Child Psychology and Psychiatry, 45*(4), 836-854.

Gillberg, C., & Rastam, M. (1992). Do some cases of anorexia nervosa reflect underlying autistic-like conditions? *Behavioural Neurology, 5*(1), 27-32.

Gilbert, S. J., Meuwese, J. D. I., Towgood, K. J., Frith, C. D., & Burgess, P. W. (2009). Abnormal functional specialization within medial prefrontal cortex in high-functioning autism: A multi-voxel similarity analysis. *Brain, 132*, 869-878.

Gilliam, J. (2013). *GARS-3: Gilliam Autism Rating Scale* (3th ed.). Pro-Ed.

Gilman, S. R., Iossifov, I., Levy, D., Ronemus, M., Wigler, M., & Vitkup, D. (2011). Rare de novo variants associated with autism implicate a large functional network of genes involved in formation and function of synapses. *Neuron, 70*, 898-907.

Golan, O., Baron-Cohen, S., Ashwin, E., Granader, Y., McClintock, S., Day, K., & Leggett, V. (2010). Enhancing emotion recognition in children with autism spectrum conditions: An intervention using animated vehicles with real emotional faces. *Journal of Autism and Developmental Disorders, 40*, 269-279.

Golan, O., Baron-Cohen, S., Hill, J. J. et al. (2006). The “Reading the Mind in Films” task: Complex emotion recognition in adults with and without autism spectrum conditions. *Journal of Autism and Developmental Disorders, 38*, 111-123.

Goldberg, M. C., Mostofsky, S. H., Cutting, L. E., Mahone, E. M., Astor, B. C., Denckla, M. B. et al. (2005). Subtle executive impairment in children with autism and children with ADHD. *Journal of Autism Developmental Disorders, 35*, 279-293.

Goldman, H. (2006). *VCAA: Valutazione della Comunicazione Aumentativa e Alternativa*. Erickson.

Goldstein, S., & Naglieri, J. A. (2009). *Autism Spectrum Rating Scales (ASRS™)*. Multi-Health Systems Inc. Trad. it.: R. Militerni, G. M. Arduino, F. Nardocci, R. Faggioli, & S. Taddei (2014). Giunti OS.

Graf, W. D., Miller, G., Epstein, L. G., & Rapin, I. (2017). The autism “epidemic”: Ethical, legal, and social issues in a developmental spectrum disorder. *Neurology*”, *88*(14), 1371-1380.

Grandin, T. (1994). *Thinking in pictures and other reports from my life with autism*. Doubleday.

Grandin, T. (1995). How people with autism think. In *Learning and cognition in autism* (pp. 137-156). Springer.

Grandin, T. (1996). Brief report: Response to national institutes of health report. *Journal of Autism and Developmental Disorders, 26*(2), 185-187.

Grandin, T. (1996). *Pensare in immagini e altre testimonianze della mia vita di autistica*. Erickson.

Grandin, T. (2006). *Pensare in immagini e altre testimonianze della mia vita di autistica*. Erickson.

Grandin, T. (2009). How does visual thinking work in the mind of a person with autism? A personal account. *Philosophical Transactions of the Royal Society, 364*, 1437-1442.

Grandin, T., & Panek, R. (2014). *Il cervello autistico*. Adelphi.

Grandin, T., & Scarano, M. (1986). *Emergence: Labeled autistic*. Arena Press.

Gray, C. (2004). *Il libro delle storie sociali*. Vannini.

Gray, C. (2016). *Il nuovo libro delle storie sociali*. Erickson.

Gray, C., & Garand, J. (1993). Social stories: Improving responses of students with autism with accurate social information. *Focus on Autistic Behaviour, 8*, 1-10.

Greenspan, S., & Wieder, S. (1999). *A functional developmental approach to autism spectrum disorders*. The Association for Persons with Severe Handicaps.

Greenspan, S. I., & Wieder, S. (2006). *Infant and early childhood mental health: A comprehensive development approach to assessment and intervention*. American Psychiatric Publishing.

Grelotti, D. J., Klin, A. J., Gauthier, I., Skudlarski, P., Cohen, D. J., Gore, J. C. et al. (2005). FMRI activation of the fusiform gyrus and amygdala to cartoon characters but not to faces in a boy with autism. *Neuropsychologia, 43*, 373-385.

Grice, H. (1975). Logic and conversation. In D. Davidson & G. Harmon (Eds.), *The logic of grammar* (pp. 64-74). Dickenson.

Grigorenko, E. L., Klin, A., Pauls, D. L., Senft, R., Hooper, C., & Volkmar, F. (2002). A descriptive study of hyperlexia in a clinically referred sample of children with developmental delays. *Journal of Autism and Developmental Disorders, 32*, 3-12.

Grzadzinski, R., Huerta, M., & Lord, C. (2013). DSM-5 and autism spectrum disorders (ASDs): An opportunity for identifying ASD subtypes. *Molecular Autism, 4*(1), 12.

Guinchat, V., Thorsen, P., Laurent, C., Cans, C., Bodeau, N., & Cohen, D. (2012). Pre-, peri-and neonatal risk factors for autism. *Acta Obstetricia et Gynecologica Scandinavica, 91*(3), 287-300.

Guiot, G., Meini, C., & Sindelar, M. T. (2012). *Autismo e musica*. Erickson.

Guralnik, M. J. (1998). Effectiveness of early intervention for vulnerable children: A developmental perspective. *American Journal on Mental Retardation, 102*, 319-345.

Gutstein, S. E., & Sheely, R. K. (2005). *Sviluppare le relazioni nei disturbi autistici* (Vol. 1 e 2). Erickson.

Hacking, I. (2009). Autistic autobiography. *Philosophical Transactions of the Royal Society, 364*, 1467-1473.

Hadjikhani, N., Joseph, R. M., Snyder, J., & Tager-Flusberg, H. (2006). Anatomical differences in the mirror neuron system and social cognition network in autism. *Cerebral Cortex, 16*, 1276-1282.

Hadwin, J., Baron-Cohen, S., Howlin, P. et al. (1997). Does teaching a theory of mind have an effect on social communication in children with autism? *Journal of Autism and Developmental Disorders, 27*, 519-538.

Happé, F. (1999). Autism: cognitive deficit or cognitive style. *Trends in Cognitive Sciences, 3*, 216-222.

Happé, F., & Frith, U. (1996). The neuropsychology of autism. *Brain, 119*, 377-400.

Happé, F., & Frith, U. (2012). *Autismo e talento: Svelare il mistero delle abilità eccezionali*. Erickson.

Happé, F., Ehlers, S., Fletcher, P. et al. (1996). Theory of mind in the brain: Evidence from a PET scan study of Asperger syndrome, *Neuroreport, 8*, 197-201.

Happé, F., Ronald, A., & Plomin, R. (2006). Time to give up on a single explanation for autism. *Nature Neuroscience, 9*, 1218-1220.

Harper, C. B., Symon, J. B., & Frea, W. D. (2008). Recess is time-in: Using peers to improve social skills of children with autism, *Journal of Autism and Developmental Disorders, 38*(5), 815-826.

Harris, P. (1993). Pretending and planning. In S. Baron-Cohen, H. Tager-Flusberg & D. J. Cohen (Eds.), *Understanding other minds: Perspectives from autism* (pp. 228-246). Oxford University Press.

Hart, Ch. (1989). *Without reason: A family copes with two generations of autism*. The Penguin Group.

Hazan, C., & Shaver, P. R. (1994). Deeper into attachment theory. *Psychological Inquiry, 5*, 69-79.

Heaton, P. (2009). Assessing musical skills in autistic children who are not savants. *Philosophical Transactions of the Royal Society, 364*, 1443-1447.

Heiser, M., Iacoboni, M., Maeda, F., Marcus, J., & Mazziotta, J. C. (2003). The essential role of Broca's area in imitation. *The European Journal of Neuroscience, 17*, 1123-1128.

Hermelin, B., & O'Connor, N. (1964). Effects of sensory input and sensory dominance on severely disturbed, autistic children and on subnormal controls. *British Journal of Psychology, 55*, 201-206.

Hermelin, B., & O'Connor, N. (1986). Idiot savant calendrical calculators: Rules and regularities. *Psychological Medicine, 16*, 885-893.

Hiller, R. M., Young, R. L., & Weber, N. (2014). Sex differences in autism spectrum disorder based on DSM-5 criteria: evidence from clinician and teacher reporting. *Journal of Abnormal Child Psychology, 42*(8), 1381-1393.

Hilton, C. L., Harper, J. D., Kueker, R. H., Runzi Lang, A., Abbacchi, M., Todorov, A., & LaVesser, P. D. (2010). Sensory responsiveness as a predictor of social severity in children with high functioning autism spectrum disorders. *Journal of Autism and Developmental Disorders, 40*(8), 937-945.

Hobson, R. P. (1993). *Autism and the development of mind*. Erlbaum.

Hodgdon, L. A. (1999). *Strategie visive per la comunicazione*. Vannini.

Holmes, N. et al. (1982). Parents as cotherapists: Their perceptions of a homebased behavioral treatment for autistic children. *Journal of Autism and Developmental Disorders, 12*, 331-342.

Howe, M. J., Davidson, J. W., & Sloboda, J. A. (1998). Innate talents: Reality or myth? *Behavioral and Brain Sciences, 21*, 399-407. doi:10.1017/S0140525X9800123X.

Howlin, P. (1998). Practitioner review: Psychological and educational treatments for autism. *Journal of Child Psychology and Psychiatry, 39*, 307-322.

Howlin, P., & Moore, A. (1997). Diagnosis in autism: A survey of over 1200 patients in the UK. *Autism, 1*, 135-162.

Howlin, P., Baron-Cohen, S., & Hadwin, J. (1999). *Teoria della mente e autismo: Insegnare a comprendere gli stati psichici dell'altro*. Erickson.

Howlin, P., Goode, S., Hutton, J., & Rutter, M. (2004). Adult outcome for children with autism. *Journal of Child Psychology and Psychiatry, 45*, 212-229.

Howlin, P., Goode, S., Hutton, J., & Rutter. M. (2009). Savant skills in autism: Psychometric approaches and parental reports. *Philosophical Transactions of the Royal Society, 364*, 1359-1367.

Huerta, M., & Lord, C. (2012). Diagnostic evaluation of autism spectrum disorders. *Pediatric Clinics of North America, 59*(1), 103-111.

Hughes, C. (1996). Brief report: Planning problems in autism at the level of motor control. *Journal of Autism and Developmental Disorders, 26*, 99-106.

Hughes, C., & Russell, J. (1993). Autistic children's difficulty with mental disengagement from an object: It's implications for theories of autism. *Developmental Psychology, 29*, 298-510.

Huizinga, M., & Van der Molen, M. W. (2007). Age-group differences in set-switching and set-maintenance on the Wisconsin card sorting task. *Developmental Neuropsychology, 31*, 193-215.

Hurley, R. S., Losh, M., Parlier, M., Reznick, J. S., & Piven, J. (2007). The broad autism phenotype questionnaire. *Journal of autism and developmental disorders, 37*(9), 1679-1690.

Hutton, J., & Roberts, T. (1990). *SEDS/Test di valutazione dei problemi comportamentali ed emozionali*. Erickson.

Iacoboni, M., & Dapretto, M. (2006). The mirror neuron system and the consequences of its dysfunction. *Nature Review Neuroscience, 7* (December).

Ianes, D. (2006). *La Speciale normalità*. Erickson.

Ianes, D. (Ed.). (1992). *Autolesionismo, stereotipie, aggressività*. Erickson.

Ianes, D. (Ed.). (1996). *Metacognizione e insegnamento*. Erickson.

Ianes, D., & Cramerotti, S. (2002). *Comportamenti problema e alleanze psicoeducative*. Erickson.

Ianes, D., & Cramerotti, S. (2009). *Il piano educativo individualizzato: Progetto di vita*. Erickson.

Ianes, D., & Zappella, M. (2009). *Facciamo il punto su... L'autismo* (livro + DVD + CD-ROM). Erickson.

IMGSAC – International Molecular Genetic Study of Autism Consortium (1998). A full genome screen for autism with evidence for linkage to a region of chromosome 7q. *Human Molecular Genetics, 7*, 571-578.

IMGSAC – International Molecular Genetic Study of Autism Consortium (2001a). Further characterization of the autism susceptibility locus AUTS1 on chromosome 7q. *Human Molecular Genetics, 10*, 973-982.

IMGSAC – International Molecular Genetic Study of Autism Consortium (2001b). A genome wide screen for autism: Strong evidence for linkage to chromosomes 2q, 7q, and 16p. *American Journal of Human Genetics, 69*, 570-581.

Istituto Superiore di Sanità (2011). *Linea guida: Il Trattamento dei Disturbi dello Spettro Autistico nei bambini e negli adolescenti*. Istituto Superiore di Sanità.

Iwata, B. A. (1994). Functional analysis methodology. *Journal of Applied Behavior Analysis, 27*, 197-209.

Jamain, S. et al. (2003). Mutations of the X-linked genes encoding neuroligins NLGN3 and NLGN4 are associated with autism. *Nature Genet, 34*, 27-29.

James, S. L. (1990). *Normal language acquisition*. Pro-Ed.

Jamil, R. (2016). *The broad autism phenotype, empathy, and intimate relationships*. Electronic Theses and Dissertations, 5830.

Joliffe, T., & Baron-Cohen, S. (1997). Are people with autism and Asperger Syndrome faster than normal on the Embedded figure test? *Journal of Child Psychology and Psychiatry, 38*, 527-534.

Jou, R. J. et al. (2011). Structural neural phenotype of autism: Preliminary evidence from a diffusion tensor imaging study using tract-based spatial statistics. *Am J Neuroradiol, 32*(9), 1607-1613.

Just, M. A., Cherkassky, V. L., Keller, T. A., & Minshew, N. J. (2004). Cortical activation and synchronization during sentence comprehension in high-functioning autism: Evidence of underconnectivity. *Brain, 127*, 1811-1821.

Kanner, L. (1943). Autistic disturbances of affective contact. *Nervous Child, 2*, 217-250.

Kanwisher, N., & Yovel, G. (2006). The fusiform face area: A cortical region specialized for the perception of faces. *Philosophical Transactions of the Royal Society B: Biological Sciences, 361*, 2109-2128.

Kasari, C., Brady, N., Lord, C., & Tager-Flusberg, H. (2013). Assessing the minimally verbal school-aged child with autism spectrum disorder. *Autism Research, 6*(6), 479-493.

Kasari, C., & Chang, Y. C. (2014). Play development in children with Autism Spectrum Disorders: Skills, object play, and interventions. In F. R. Volkmar, R. Paul, S. J. Rogers & K. A. Pelphrey (Eds.), *Handbook of Autism and Pervasive Developmental Disorders* (4th ed.). Wiley.

Kazdin, A. E. (1984). *Behavior modification in applied settings*. Dorsey Press.

Ke, X., Hong. S., Tang. T., Zou. B., Li. H., Hang. Y. et al. (2008). Voxel-based morphometry study on brain structure in children with high-functioning autism. *NeuroReport, 19*, 921-925.

Kelleher III, R. J., & Bear, M. F. (2008). The autistic neuron: Troubled translation? *Cell, 135*, 401-406.

Keller, R. (Ed.). (2016). *I disturbi dello spettro autistico in adolescenza e in età adulta.* Erickson.

Kemper, T. L., & Bauman, M. (1998). Neuropathology of infantile autism. *Journal of Neuropathology and Experimental Neurology, 57*, 645-652.

Kern, J. K., Garver, C. R., Grannemann, B. D., Trivedi, M. H., Carmody, T., Andrews, A. A., & Mehta, J. A. (2007). Response to vestibular sensory events in autism. *Research in Autism Spectrum Disorders, 1*(1), 67-74.

Keysers, C., & Fadiga, L. (2008). The mirror neuron system: New frontiers. *Social Neuroscience, 3*, 193-198.

Kim, Y. S., & Leventhal, B. L. (2015). Genetic epidemiology and insights into interactive genetic and environmental effects in autism spectrum disorders. *Biological psychiatry, 77*(1), 66-74.

Kim, S. H., & Lord, C. (2010). Restricted and repetitive behaviors in toddlers and preschoolers with autism spectrum disorders based on the Autism Diagnostic Observation Schedule (ADOS). *Autism Res, 3*(4), 162-173.

Klauck, S. M., Poustka, F., Benner, A., Lesch, K. P., & Poustka, A. (1997). Serotonin transporter (5-HTT) gene variants associated with autism? *Human Molecular Genetics, 6*, 2233-2238.

Kleinhans, N., Akshoomoff, N., & Delis, D. C. (2005). Executive functions in autism and Asperger's disorder: Flexibility, fluency, and inhibition. *Developmental Neuropsychology, 27*, 379-401.

Kleinhans, N. M., Richards, T., Sterling, L., Stegbauer, K. C., Mahurin, R., Johnson, L. C. et al. (2008). Abnormal functional connectivity in autism spectrum disorders during face processing. *Brain, 131*, 1000-1012.

Kluth, P., Schwarz, P. (2011). *Valorizzare gli interessi ristretti nei bambini con autismo: Spunti e strategie per impostare la didattica e migliorare le relazioni sociali.* Erickson.

Koenig, K., & Tsatsanis, K. D. (2005). Pervasive developmental disorders in girls. In D. J. Bell, S. L. Foster & E. J. Mash (Eds.), *Handbook of behavioral and emotional problems in girls* (pp. 211-237). Kluwer Academic/Plenum Publisher.

Koshino, H., Kana, R. K., Keller, T. A., Cherkassky, V. L., Minshew, N. J., & Just, M. A. (2008). FMRI investigation of working memory for faces in autism: Visual coding and underconnectivity with frontal areas. *Cerebral Cortex, 18*, 289-300.

Krug, D. A., Arick, J. R. & Almond, P. J. (2008). Autism Behavior Checklist – ABC. In D. A. Krug, J. R. Arick & P. Almond (Eds.), *Autism Screening Instrument for Educational Planning (ASIEP-3)* (3rd ed.). Pro-Ed.

Kumar, R. A. et al. (2008). Recurrent 16p11.2 microdeletions in autism. *Hum. Mol. Genet., 17*, 628-638.

Kumazaki, H., Muramatsu, T., Kosaka, H., Fujisawa, T. X., Iwata, K., Tomoda, A. et al. (2015). Sex differences in cognitive and symptom profiles in children with high functioning autism spectrum disorders. *Research in Autism Spectrum Disorders, 13-14*, 1-7.

Kunce, L. J., & Mesibov, G. B. (2001). Interventi educativi per l'autismo high-functioning e la sindrome di Asperger. In E. Schopler, G. B. Mesibov & L. J. Kunce (Eds.). *Sindrome di Asperger e autismo high-functioning*. Erickson.

LaBar, K. S., Crupain, M. J., Voyvodic, J. T., & McCarthy, G. (2003). Dynamic perception of facial affect and identity in the human brain. *Cerebral Cortex, 13*, 1023-1033.

Lai, M. C., Lombardo, M. V., & Baron-Cohen, S. (2014). Autism. *Lancet, 383*, 896-910.

Lai, M. C., Lombardo, M. V., Auyeung, B., Chakrabarti, B., & Baron-Cohen, S. (2015). Sex/gender differences and autism: Setting the scene for future research. *Journal of the American Academy of Child and Adolescent Psychiatry, 54*(1), 11-24.

Lai, M. C., Lombardo, M. V., Pasco, G., Ruigrok, A. N. V., Wheelwright, S. J., Sadek, S. A. et al. (2011). A behavioral comparison of male and female adults with high functioning autism spectrum conditions. *PLoS ONE, 6*(6), e20835.

Landa, R. J., Holman, K. C., & Garrett-Mayer, E. (2007). Social and communication development in toddlers with early and later diagnosis of autism spectrum disorders. *Arch Gen Psychiatry, 64*, 853-864.

Landrigan, P. J. (2010). What causes autism? Exploring the environmental contribution. *Current Opinion in Pediatrics, 22*(2), 219-225.

Lanfranchi, S., Cornoldi, C., & Vianello, R. (2004). Verbal and visuo-spatial working memory deficits in children with Down Syndrome. *American Journal of Mental Retardation, 109*, 456-466.

Larcan, R., Oliva, P., & Sorrenti, L. (2007). *Interventi psicologici sulla famiglia*. Piccin-Nuova Libraria.

Lawson, W. (2005). *Sesso e sessualità nei disturbi autistici*. Erickson.

Leekam, S. R., Nieto, C., Libby, S. J., Wing, L., & Gould, J. (2007). Describing the sensory abnormalities of children and adults with autism. *Journal of Autism and Developmental Disorders, 37*(5), 894-910.

Lelord, G., Barthelemy-Gault, C., Sauvage, D., & Ariot, J. C. (1978). *Les Thérapeutiques d'Échange et de Développement (TED) dans les troubles graves de la personalité chez l'enfant*. Concours Méd.

Lerman, D. C., Iwata, B. A., & Wallace, M. D. (1999). Side effects of extinction: Prevalence of bursting and aggression during the treatment of self-injurious behavior. *Journal of Applied Behavior Analysis, 33*, 1-8.

Lerna, A. et al. (2008). L'utilizzo del PECS per implementare le competenze comunicativo-relazionali in bambini con Disturbo Autistico. *Autismo e disturbi dello sviluppo, 6*(1), 91-106.

Levy, S. E., Mandell, D. S., & Schultz, R. T. (2009). Autism. *Lancet, 374*(9701), 1627-1638.

Lintas, C., & Persico, A. M. (2009). Autistic phenotypes and genetic testing: State of the art for the clinical geneticist. *J Med Genet, 46*(1), January, 1-8.

Liss, M., Saulnier, C., Fein, D., & Kinsbourne, M. (2006). Sensory and attention abnormalities in autistic spectrum disorders. *Autism, 10*(2), 155-172.

Lord, C. (1995). Follow-up of two-year-olds referred for possible autism. *Journal of Child Psychology and Psychiatry, 36*, 1365-1382.

Lord, C., & Jones, R. M. (2012). Annual Research Review: Re-thinking the classification of autism spectrum disorders. *J Child Psychol Psychiatry,. 53*(5), 490-509.

Lord, C., Rutter, M., & Le Couter, A. (2003). *Autism Diagnostic Interview – Revised (ADI™-R).* Western Psychological Services. Trad. it.: R. Faggioli, M. Saccani, A. M. Persico, R. Tancredi, B. Parrini & R. Igliozzi (2005). Giunti OS.

Lord, C., Rutter, M., DiLavore, P., Risi, S., Gotham, K., & Bishop, S. (2012). *Autism Diagnostic Observation Schedule (ADOS-2)* (2nd ed.). Western Psychological Corporation. Trad. it.: (2013). *ADOS-2: The Autism Diagnostic Observational Schedule* (2nd ed.). Hogrefe.

Lord, C., Rutter, M., & Le Couteur, A. (1994). Autism Diagnostic Interview Revised. *Journal of Autism and Developmental Disorders, 24*(5), 659-685.

Lord, C., Schaffer, B., Schopler, E., & Watson, L. R. (1998). *La comunicazione spontanea nell'autismo secondo il metodo TEACCH*. Erickson.

Lovaas, O. I. (1979). Contrasting illness and behavioral models for the treatment of autistic children: A historical perspective. *Journal of Autism and Developmental Disorders, 9*, 315-323.

Lovaas, O. I. (1981). *Teaching developmentally disabled children: The "me" book*. University Park Press.

Lovaas, O. I. (1992). Autismo infantile: Intervista con Ivar Lovaas. In D. Ianes (Ed.). *Autolesionismo, stereotipie, aggressività*. Erickson.

Lovaas, O. I., & Simmons, J. Q. (1969). Manipulation of self-destruction in three retarded children. *Journal of Applied Behavior Analysis, 2*, 143-157.

Luciano, C. C., Keller, R., Politi, P., Aguglia, E., Magnano, F., Burti, L., Muraro, F., Aresi, A., Damiani, S., & Berardi, D. (2014). Misdiagnosis of high function autism spectrum disorders in adults: An Italian case series. *Autism, 4*(131).

Magiati, I., & Howlin, P. (2003). A Pilot Evaluation Study of the Picture Exchange Communication System (PECS) for children with autistic spectrum disorders. *Autism, 7*(3), 297-320.

Magni, E., Ungari, M., Denti, C., Conti, C. A., Costanzi, L., & Introzzi, R. (2014). *Storie con la CAA 3.* Erickson.

Maguire, L. (1989). *Il lavoro sociale di rete.* Erickson.

Mahjouri, S., & Lord, C. E. (2012). What the DSM-5 portends for research, diagnosis, and treatment of autism spectrum disorders. *Current Psychiatry Reports, 14*(6), 739-747.

Malagoli, C., Usai, M. C., Solari, S., Arduino, G. M. (2012). Funzioni Esecutive in bambini e ragazzi con Disturbi Pervasivi dello Sviluppo. *Autismo e disturbi dello sviluppo, 10*(2), 177-190.

Mandy, W. P., Charman, T., & Skuse, D. H. (2012). Testing the construct validity of proposed criteria for DSM-5 autism spectrum disorder. *J Am Acad Child Adolesc Psychiatry, 51*(1), 41-50.

Mandy, W., Chilvers, R., Chowdhury, U., Salter, G., Seigal, A., & Skuse, D. (2012). Sex differences in autism spectrum disorder: Evidence from a large sample of children and adolescents. *Journal of Autism and Developmental Disorders, 42*(7), 1304-1313.

Marco, E. J., Hinkley, L. B. N., Hill, S. S., & Nagarajan, S. S. (2011). Sensory processing in autism: A review of neurophysiologic findings. *Pediatric Research, 69*(5), Pt2, 48R-54R.

Marcus, L., Schopler, E., & Lord, C. (2001). TEACCH services for preschool children. In J. S. Handleman & S. L. Harris (Eds.). *Preschool Education Programs for Children with Autism.* Pro-Ed.

Marshall, C. R. et al. (2008). Structural variation of chromosomes in autism spectrum disorder. *Am. J. Hum. Genet.,* 82.

Maski, K. P., Jeste, S. S., & Spence, S. J. (2011). Common neurological co-morbidities in autism spectrum disorders. *Current Opinion in Pediatrics, 23,* 609-615.

Mayes, S. D. (2012). *Checklist for Autism Spectrum Disorder (CASD).* Stoelting. Trad. it.: G. Vivanti & F. Muratori (2013). Giunti OS.

Mayes, L., Cohen, D., & Klin, A. (1993). Desire and fantasy: A psychoanalytic perspective on theory of mind and autism. In S. Baron-Cohen, H. Tager-Flusberg, & D. J. Cohen (Eds.). *Understanding other minds: Perspectives from autism* (pp. 450-465). Oxford University Press.

McPartland, J. C., Coffman, M., & Pelphrey, K. A. (2011). Recent advances in understanding the neural bases of autism spectrum disorder. *Current Opinion in Pediatrics, 23,* 628-632.

Micheli, E. (1999). *Autismo: Verso una migliore qualità della vita.* Laruffa.

Micheli, E. (2005). La scelta dell'intervento: Confusioni, differenze e linee guida. In R. Cavagnola, P. Moderato & M. Leoni (Eds.). *Autismo: Che fare?* Vannini.

Miles, J. H. (2011). Autism Spectrum Disorders: A genetics review. *Genetics in Medicine, 13*(4), April, 278-294.

Miles, J. H. et al. (2005). Essential versus complex autism: definition of fundamental prognostic subtypes. *American Journal of Medical Genetics, 135*, 171-180.

Militerni, R. (2019). Autismo, Autismi e neurodiversità: Modelli interpretativi della clinica. *Autismo e disturbi dello sviluppo, 17*(1), 99-117.

Minshew, N. J., & Goldstein, G. (2001). The pattern of intact and impaired memory functions in autism. *Journal of Child Psychology and Psychiatry, 42*, 1095-1101.

Minshew, N., Scherf, K. S., Beharmann, M., & Humphreys, K. (2011). Autism as development neurobiological disorder: New insight from functional neuroimaging. In D. Amaral, G. Dowson & D. Geschwish (Eds.). *Autism spectrum disorders* (pp. 630-647). Oxford University Press.

Mirenda, P. (2005). Comunicazione aumentativa e tecnologia assistiva: Che cosa sappiamo veramente? *Autismo e disturbi dello sviluppo, 3*(3), 295-320.

Mitchell, D. (2014). *What really works in special and inclusive education: Using evidence-based teaching strategies*. Routledge.

Miyake, A., Friedman, N. P., Emerson, M. J., Witzki, A. H., Howerter, A., & Wager, T. D. (2000). The unity and diversity of executive functions and their contributions to complex "frontal lobe" tasks: A latent variable analysis. *Cognitive Psychology, 41*, 49-100.

Moderato, P. (2003). L'efficacia degli interventi psicoeducativi: La ricerca. In T. Lomascolo, A. Vaccaro & S. Villa (Eds.). *Autismo: Modelli applicativi nei servizi* (pp. 163-173). Vannini.

Moffat, E. (2001). Writing social stories to improve students' social understanding. *Good Autism Practice, 2*(1), 12-16.

Molteni, S., & Farina, E. (2016). *Laboratori di creatività per l'autismo*. Erickson.

Montobbio, E., & Lepri, C. (2000). *Chi sarei se potessi essere*. Del Cerro.

Moore, S. J. et al. (2000). A clinical study of 57 children with fetal anticonvulsant syndrome. *Journal of Medical Genetics, 37*, 489-497.

Morgan, H. (2003). *Adulti con autismo: Bisogni, interventi e servizi*. Erickson.

Morrow, E. M. et al. (2008). Identifying autism loci and genes by tracing recent shared ancestry. *Science, 321*, 218-223.

Mortlock, J. (1993). Socio-sexual development of people with autism and related learning disabilities, testo basato su una relazione presentata a un weekend di studio dell'Inge Wakehurst Trust, disponibile nel sito della National Autistic Society (www.nas.org.uk).

Mottron, L., Dawson, M., & Soulières, I. (2009). Enhanced perception in savant syndrome: Patterns, structure and creativity. *Philosophical Transactions of the Royal Society, 364*, 1385-1391.

Mottron, L., Dawson, M., Soulières, I., Hubert, B., & Burack, J. (2006). Enhanced perceptual functioning in autism: An update, and eight principles of autistic perception. *Journal of Autism and Developmental Disorders, 36*(1), 27-43.

Moxon, L. (2000). *Sex education for young adults with autism and Asperger syndrome: The fourth "R" – relationships: Relação apresentada na World Autism Conference,* Melbourne, Austrália.

Moxon, L. (2001). *Developing a policy on sexuality for a provider service for people with autistic spectrum disorder: In An autism odyssey: Collected papers from the Durham Conference,* University of Sunderland, Autism Research Unit.

Muhle, R., Trentacoste, S. V., & Rapin, I. (2004). The genetics of autism. *Pediatrics, 113,* 472-486.

Mundy, P. (2003). The neural basis of social impairments in autism: The role of the dorsal medial-frontal cortex and anterior cingulate system. *Journal of Child Psychology and Psychiatry, 44*(6), 793-809.

Mundy, P. (2003). The neural basis of social impairments in autism: The role of the dorsal medial-frontal cortex and anterior cingulate system. *Journal of Child Psychology and Psychiatry, 44,* 793-809.

Mundy, P., Sigman, M., & Kasari, C. (1990). A longitudinal study of joint attention and language development in autistic children. *Journal of Autism and Developmental Disorders, 20,* 115-128.

Mundy, P., Sullivan, L., & Mastergeorge, A. M. (2009). A parallel and distributed processing model of joint attention, socialcognition and autism. *Autism Research, 2*(1), 2-21.

Munson, J., Dawson, G., Abbott, R., Faja, S., Webb, S. J., Friedman, S. D. et al. (2006). Amygdalar volume and behavioral development in autism. *Archives of General Psychiatry, 63,* 686-693.

Myles, B. S., Dunn, W., Rinner, L., Hagiwara, T., Reese, M., Huggins, A., & Becker, S. (2004). Sensory issues in children with Asperger syndrome and autism. *Education and Training in Developmental Disabilities,* 283-290.

Nardocci, F. (2016). Hans Asperger: il maestro ritrovato: Il percorso scientifico e la vicenda umana di una delle personalità più significative della neuropsichiatria infantile. *Autismo e disturbi dello sviluppo, 14*(3), 361-413.

National Research Council (2001). *Educating children with autism.* National Academy Press.

Neira-Gutierréz, I. C., & Surian, L. (2012). Linee guida sull'autismo e training in teoria della mente. *Autismo e disturbi dello sviluppo, 10*(2), 259-261.

Novak, G. (1999). *Psicologia dello sviluppo.* McGraw-Hill.

O'Connor, N., & Hermelin, B. (1988). Low intelligence and special abilities. *The Journal of Child Psychology and Psychiatry, 29,* 391-396. doi:10.111l/j.1469-7610.l988.tb00732.x.

Organizzazione Mondiale della Sanità (1992). *ICD-10/Decima revisione della classificazione internazionale delle sindromi e disturbi psichici e comportamentali.* Trad. it.: D. Kemali et al. Masson.

Organizzazione Mondiale della Sanità (2002). *ICF/International Classification of Functioning, Disability and Health.* Trad. it.: *Classificazione Internazionale del Funzionamento, della Disabilità e della Salute.* Erickson.

Organizzazione Mondiale della Sanità (2007). *ICF-CY/Classificazione Internazionale del Funzionamento, della Disabilità e della Salute: Versione per bambini e adolescenti.* Erickson.

Ozonoff, S. (1997). Components of executive function deficits in autism and other disorders. In J. Russel (Ed.). *Autism as an executive disorder* (pp. 179-211). Oxford University Press.

Ozonoff, S., & Strayer, D. L. (1997). Inhibitory function in non retarded children with autism. *Journal of Autism and Developmental Disorders, 27*, 59-77.

Ozonoff, S., Strayer, D. L., McMahon, W. M., & Filloux, F. (1994). Executive function abilities in autism and Tourette syndrome: An information processing approach. *Journal of Child Psychology and Psychiatry, 35*, 1015-1032.

Ozonoff, S., Young, G. S., Carter, A., Messinger, D., Yirmiya, N., Zwaigenbaum, L. et al. (2011). Recurrence risk for autism spectrum disorders: a Baby Siblings Research Consortium study. *Pediatrics, 128*(3), 488-495.

Pardo, C. A., & Eberhart, C. G. (2007). The neurobiology of autism. *Brain Pathol, 17*(4), October, 434-447.

Parker, S. K., Schwartz, B., Todd, J., & Pickering, L. K. (2004). Thimerosal-containing vaccines and autistic spectrum disorder: A critical review of published original data. *Pediatrics, 114*, 793-804.

Paul, R. (1987). Communication. In D. J. Cohen e A. M. Donnellan (Eds.). *Handbook of autism and pervasive developmental disorders* (pp. 61-84). Wiley.

Peeters, T. (1986). De Gevolgen van Autisme op het Gezinsleven. In *Autisme en Gezin.* VVA-congres.

Peeters, T., & Gillberg, C. (1999). *Autism: Medical and educational aspects.* Whurr Publishers. Trad. it.: (2006). *Autismo: Aspetti medici e pratica educativa.* Il Minotauro.

Pelagatti, G., Cottone, F. (2011). *Insegnare ai bambini con disturbi dello spettro autistico: Schede operative su lettere, numeri, forme e colori.* Erickson.

Pennington, B. F., & Ozonoff, S. (1996). Executive functions and developmental psychopathology. *Journal of Child Psychology and Psychiatry, 37*, 51-87.

Perner, J., Frith, U., Leslie, A. M. et al. (1989). Exploration of the autistic child's theory of mind: Knowledge, belief, and communication. *Child Development, 60*, 689-700.

Persico, A. M., & Bourgeron, T. (2006). Searching for ways out of the autism maze: Genetic, epigenetic and environmental clues. *Trends in Neurosciences, 29*(7), July, 349-358.

Persico, A. M., & Napolioni, V. (2013). Autism genetics. *Behavioural Brain Research, 251*, 95-112.

Pickles, A., Starr, E., Kazak, S., Bolton, P., Papanikolaou, K., Bailey, A. et al. (2000). Variable expression of the autism broader phenotype: Findings from extended pedigrees. *The Journal of Child Psychology and Psychiatry and Allied Disciplines, 41*(4), 491-502.

Pinto, D. et al. (2010). Functional impact of global rare copy number variation in autism spectrum disorders. *Nature, 15*(466), July, 368-372.

Piven, J. (1997). The biological basis of autism. *Current Opinion Neurobiology, 7*, 708-712.

Plaisted Grant, K., & Davis, G. (2009). Perception and apperception in autism: Rejecting the inverse assumption. *Philosophical Transactions of the Royal Society, 364*, 1393-1398.

Pontis, M. (2019). *Le checklist per l'autonomia.* Erickson.

Prellezo, J. M., & Lanfranchi, R. (1995). *Educazione e pedagogia nei solchi della storia.* Società Editrice Internazionale.

Prior, M. (2003). Is there an increase in the prevalence of autism spectrum disorders? *Journal of Paediatrics and Child Health, 39*, 81-82.

Prizant, B. M., & Schuler, A. L. (1987). Facilitating communication: Language approaches. In D. J. Cohen & A. M. Donnellan (Eds.). *Handbook of autism and pervasive developmental disorders* (pp. 316-332). Wiley.

Prizant, B. M., & Wetherby, A. M. (1987). Communicative intent: A framework for understanding social-communicative behavior in autism. *Journal of the American Academy of Child and Adolescent Psychiatry, 26*, 472-479.

Prizant, B. M., & Wetherby, A. M. (1998). Understanding the continuum of discrete-trial traditional behavioral to socialpragmatic developmental approaches in communication enhancement for young children with au-tism/PDD. *Seminars in Speech and Language, 19*, 329-353.

Prizant, B. M., Wetherby, A. M., Rubin, E., & Laurent, A. C. (2003). The SCERTS Model. *Infants and Young Children, 16*, 296-316.

Quill, K. A. (2007). *Comunicazione e reciprocità sociale nell'autismo: Strategie educative per insegnanti e genitori.* Erickson.

Ramaswami, G., & Geschwind, D. H. (2018). Genetics of autism spectrum disorder. In *Handbook of clinical neurology* (vol. 147, pp. 321-329).

Rapin, I. (2004). Classificazione e causalità nell'autismo. In D. J. Cohen & F. R. Volkmar (Eds.). *Autismo e disturbi generalizzati dello sviluppo* (pp. 343-370). Vannini.

Rapin, I., & Katzman, R. (1998). Neurobiology of autism. *Annals of Neurology, 43*, 7-14.

Re, A. M., De Franchis, V., & Cornoldi, C. (2010). A working memory control deficit in kindergarten ADHD children. *Child Neuropsychology, 16*, 134-144.

Rippon, G. et al. (2007). Disordered connectivity in the autistic brain: Challenges for the "new psychology". *International Journal of Psychophysiology, 63*, 164-172.

River, T. T., & Matson, J. L. (2011). Review of gender differences in core symptomatology in autism spectrum disorders. *Research in Autism Spectrum Disorders, 5*(3), 957-976.

Rizzolatti, G., & Sinigaglia, C. (2006). *So quel che fai.* Raffaello Cortina.

Rizzolatti, G. et al. (1996). Premotor cortex and the recognition of motor actions. *Cognitive Brain Research, 3*, 131-141.

Roberts, R. J., Hager, L. D., & Heron, C. (1994). Prefrontal cognitive processes: Working memory and inhibition in the antisaccade task. *Journal of Experimental Psychology: General, 123*, 374-393.

Robins, D. L., Casagrande, K., Barton, M., Chen, C. M. A., Dumont-Mathieu, T., & Fein, D. (2014). Validation of the modified checklist for autism in toddlers, revised with follow-up (M-CHAT-R/F). *Pediatrics, 133*(1), 37-45.

Robins, D. L., Fein, D., Barton, M. L., & Green, J. A. (2001). Modified Checklist for Autism in Toddelers (M-CHAT): An initial study investigating the early detection of autism and pervasive developmental disorders. *Journal of Autism and Develomental Disorders, 31*, 131-144.

Robinson, E. B., Lichtenstein, P., Anckarsäter, H., Happé, F., & Ronald, A. (2013). Examining and interpreting the female protective effect against autistic behavior. *Proceedings of the National Academy of Sciences of the United States of America, 110*(13), 5258-5262.

Rodier, P. M. et al. (1997). Linking etiologies in human and animal models: Studies of autism. *Reproductive Toxicology, 11*, 417-422.

Rogers, S., Hepburn, S., & Wehner, E. (2003). Parent reports of sensory symptoms in toddlers with autism and those with other developmental disorders. *Journal of Autism and Developmental Disorders, 33*(6), 631-642.

Rogers, S. J. (1998). Neuropsychology of autism in young children and its implication for early intervention. *Mental Retardation and Developmental Disabilities Research, 4*, 104-112.

Rogers, S. J., Hall, T., Osaki, D., Reaven, J., & Herbison, J. (2001). The Denver Model: A comprehensive, integrated educational approach to young children with autism and their families. In J. S. Handleman & S. Harris (Eds.). *Preschool Education Programs for Children with Autism*. Pro-Ed.

Rogers, S. J., Hepburn, S. L., Stackhouse, T., & Wehner, E. (2003). Imitation performance in toddlers with autism and those with other developmental disorders. *Journal of Child Psychology and Psychiatry, 44*, 763-781.

Rosati, S., & Urbinati, N. (2016). *Allenare le abilità socio-pragmatiche*. Erickson.

Rowe, C. (1998). Do social stories benefit children with autism in mainstream primary Schools? *British Journal of Special Education, 16*(1), 12-14.

Rumsey, J. M. (1992). Neuropsychological studies of high-level autism. In E. Schopler & G. B. Mesibov (Eds.). *Highfunctioning individuals with autism* (pp. 41-64). Plenum Press.

Rutgers, A. H. et al. (2004). Autism and attachment: A meta-analytic review. *Journal of Child Psychology and Psychiatry, 45*, 1123-1135.

Rutter, M. (1978). Diagnosis and definition of childhood autism. *Journal of Autism and Developmental Disorders, 8*, 139-161.

Rutter, M., Le Couteur, A., & Lord, C. (2003). *ADI-R: Autism Diagnostic Interview* (revised). Western Psychological Services. Trad. it.: (2005). *ADI-R: Un'intervista per la diagnosi differenziale dei disturbi dello spettro autistico*. OS.

Sacks, O. (1985). *The man who mistook his wife for a hat, and other clinical tales*. Picador.

Sacks, O. (1998). *Un antropologo su Marte: Sette racconti paradossali*. Adelphi.

Salviato, C., Mammarella, I. C., & Cornoldi, C. (2020). *Intervento per le difficoltà socio-relazionali*. Erickson.

Sannio Fancello, G., Vio, C., & Cianchetti, C. (2006). *TOL/Torre di Londra: Test di valutazione delle funzioni esecutive. Pianificazione e problem solving*. Erickson.

Sasson, N. J., & Touchstone, E. W. (2014). Visual attention to competing social and object images by preschool children with autism spectrum disorder. *Journal of Autism and Developmental Disorders, 44*, 584-592.

Scambler, D., Rogers, S. J., & Wehner, E. A. (2001). Can the Checklist for Autism in Toddlers differentiate young children with autism from those with developmental delays? *Journal of the American Academy of Child and Adolescent Psychiatry, 40*, 1457-1463.

Schaaf, C. P., Sabo, A., Sakai, Y., Crosby, J., Muzny, D., Hawes, A. et al. (2011). Oligogenic heterozygosity in individuals with high-functioning autism spectrum disorders. *Human Molecular Genetics, 20*(17), 3366-3375.

Schopler, E. (1991). *Strategie educative nell'autismo*. Masson.

Schopler, E. (1994). Neurobiologic correlates in the classifycation and study of autism. In S. Broman & J. Grafman (Eds.). *Atypical cognitive deficits in developmental disorders: Implications for brain function*. Lawrence Erlbaum.

Schopler, E. (1998). *Autismo in famiglia*. Erickson.

Schopler, E., & Mesibov, G. B. (1993). *Autism in adolescents and adults*. Plenum.

Schopler, E., & Mesibov, G. B. (1998). *Apprendimento e cognizione nell'autismo*. McGraw-Hill.

Schopler, E., & Reichler, R. J. (1976). *Psychopathology and Child Development: Research and Treatment*. Plenum Press.

Schopler, E. et al. (1984). Helping autistic children through their parents: The TEACCH method. In E. Schopler & G. B. Mesibov (Eds.). *The effects of autism on the family* (pp. 65-81). Plenum Press.

Schopler, E., Lansign, M. D., Reichler, R. J., & Marcus, L. M. (2005). *Psycoeducational Profile: Third Edition.* ProEd. Trad. it.: E. Micheli e S. Villa (2006). *Profilo Psicoeducativo (PEP-3)* (3th ed.). Vannini.

Schopler, E., Lansing, M., & Waters, L. (1983). *Individualized assessment and treatment for autistic and developmentally disabled children: Vol. 3: Teaching activities for autistic children.* Pro-Ed.

Schopler, E., Mesibov, G. B., & Kunce, L. J. (Eds.) (2001). *Sindrome di Asperger e autismo high-functioning: Diagnosi e interventi.* Erickson.

Schopler, E., Reichler, R. J., & Lansing, M. (1990). *Psycho-Educational Profi le-Revised (PEP-R).* Autism Society of North Carolina Bookstore.

Schopler, E., Reichler, R. J., & Lansing, M. (1991). *Strategie educative nell'autismo.* Masson.

Schopler, E., Reichler, R. J., DeVellis, R. F., & Daly, K. (1980). Toward objective classification on childhood autism: Childhood Autism Rating Scale (CARS). *Journal of Autism and Developmental Disorders, 10*, 91-103.

Schopler, E., Van Bourgondien, M. E., Wellmann, G. J., & Love, S. R. (2010). *Childhood Autism Rating Scale (CARS 2)* (2th ed.). Western Psychological Services. Trad. it.: R. Militerni, F. Nardocci, R. Faggioli & G. Arduino (2014). Giunti OS.

Schreibman, L. (2000). Intensive behavioural/psychoeducational treatments for autism. Research needs and future directions. *Journal of Autism and Developmental Disorders, 30*, 373-378.

Schreibman, L. (2003). Trattamenti comportamentali/psicoeducativi intensivi per l'autismo. *Autismo e disturbi dello sviluppo, 1*(1), 29-40.

Schulkin, J. (2007). Autism and the amygdala: An endocrine hypothesis. *Brain and Cognition, 65*, 87-99.

Schultz, R. T. (2005). Developmental deficits in social perception in autism: The role of the amygdala and fusiform face area. *International Journal of Developmental Neuroscience, 23*, 125-141.

Schultz, R. T., Grelotti, D. J., Klin, A., Kleinman, J., Van der Gaag, C., Marois, R., & Skudlarski, P. (2003). The role of the fusiform face area in socialcognition: Implications for the pathobiology of autism. *Philosophical Transactions of the Royal Society, 358*, 415-427.

Schultz, R. T., Romanski, L., & Tsatsanis, K. (2000). Neurofunctional models of autistic disorder and Asperger's syndrome: Clues from neuroimaging. In A. Klin, F. R. Volkmar & S. S. Sparrow (Eds.). *Asperger's syndrome* (pp. 179-209). Plenum Press.

Schumann, C. M., & Amaral, D. G. (2006). Stereological analysis of amygdala neuron number in autism. *The Journal of Neuroscience, 26*, 7674-7679.

Sebat, J. et al. (2007). Strong association of de novo copy number mutations and autism. *Science, 316*, 445-449.

Seed, P. (1997). *Analisi delle reti sociali.* Erickson.

Seip, J. (1995). *Asperger syndrome: Social skills training for elementary and secondary aged students.* Goodkind of Sound.

Senn, T. E., Espy, K. A., & Kaufmann, P. M. (2004). Using path analysis to understand executive functions organization in preschool children. *Developmental Neuropsychology, 26*, 445-464.

Shah, A., & Frith, U. (1993). Why do autistic individuals show superior performance on the Block Design task? *Journal of Child Psychology and Psychiatry, 34*, 1351-1364.

Sigafoos, J., Arthur-Kelly, M., & Butterfield, N. (2007). *Migliorare la comunicazione quotidiana dei bambini disabili.* Erickson.

Sigafoos, J., Pennel, D., & Versluis, J. (1996). Naturalistic assessment leading to effective treatment of self-injury in a young boy with multiple disabilities. *Education and Treatment of Children, 19*, 101-123.

Simpson, R. L. et al. (2005). *Autism Spectrum Disorders: Intervention and treatments for children with autism.* Corwin Press.

Sinclair, J. (1992). Bridging the gaps: An inside-out view of autism (or, do you know what I don't know?). In E. Schopler & G. B. Mesibov (Eds.), *High-functioning individuals with autism* (pp. 294-302). Plenum Press.

Singh, N. N. (Ed.). (1997). *Prevention and treatment of severe behavior problems.* Brooks/Cole Publishing Company.

SINPIA – Società Italiana di Neuropsichiatria dell'Infanzia e dell'Adolescenza (2005). *Linee guida per l'autismo.* Erickson.

Smalley, S. L., Asarnow, R. F., & Spence, M. A. (1988). Autism and genetics: A decade of research. *Archives of general psychiatry, 45*(10), 953-961.

Smith, C. (2001). Using social stories with autistic spectrum disorders: An evaluation. *Good Autism Practice, 2*(1), 16-25.

Smith, C. (2006). *Storie sociali per l'autismo.* Erickson.

Smith, T., Donahoe, P. A., & Davis, B. J. (2001). The UCLA Young Autism Project. In J. S. Handleman & S. L. Harris (Eds.), *Preschool education programs for children with autism* (pp. 29-48). Pro-Ed.

Snyder, A. (2009). Explaining and inducing savant skills: Privileged access to lower level, less-processed information. *Philosophical Transactions of the Royal Society, 364*, 1399-1405. doi:10.1098/rstb.2008.0290.

Società Italiana di Pedagogia Speciale (2008). *Integrazione scolastica degli alunni con disturbi dello spettro autistico.* Erickson.

Soresi, S. (2007). *Psicologia delle disabilità.* Il Mulino.

Solomon, M., Miller, M., Taylor, S. L., Hinshaw, S. P., & Carter, C. S. (2012). Autism symptoms and internalizing psychopathology in girls and boys with autism spectrum disorders. *Journal of Autism and Developmental Disorders, 42*(1), 48-59.

Sparrow, S. S., Balla, D., & Cicchetti, D. V. (1984). *Vineland Adaptive Behavior Scales.* Trad. it.: G. Balboni & L. Pedrabissi (2003). Organizzazioni Speciali.

Sparrow, S. S., Balla, D. V., & Cicchetti, D. A. (2005). *Vineland Adaptive Behavior Scales-II: Survey Interview Form* (2th ed.). Trad. it.: G. Balboni, C. Belacchi, S. Bonichini & A. Coscarelli (2016). Giunti OS.

Sparrow, S. S., Cicchetti, D. A., & Saulnier, C. (2016). *Vineland-3, Vineland Adaptive Behavior Scales* (3th ed.). Pearson. Trad. it.: G. Balboni, C. Belacchi, S. Bonichini & A. Coscarelli (2016). *Vineland II, Vineland Adaptive Behavior Scales* (2th ed.). Giunti OS.

Stokes, T. F., & Baer, D. M. (1977). Procedure e tecniche di generalizzazione. In D. Ianes (Ed.), *Ritardo mentale e apprendimenti complessi* (pp. 221-252). Erickson.

Stone, W. L., Lee, E. B., Ashford, L. et al. (1999). Can autism be diagnosed accurately in children under 3 years? *Journal of Child Psychology and Psychiatry, 40*, 219-226.

Stone, W. L., Lee, E. B., Ashford, L., Brissie, J., Hepburn, S. L., Coonrod, E. E., & Weiss, B. H. (1999). Can autism be diagnosed accurately in children under 3 years? *Journal of Child Psychology and Psychiatry, 40*(2), 219-226.

Strain, P. S., & Cordisco, L. (2001). LEAP Preschool. In J. S. Handleman & S. L. Harris (Eds.), *Preschool Education Programs for Children with Autism.* Pro-Ed.

Strain, P. S., & Hoyson, M. (2000). On the need for longitudinal, intensive social skill intervention: LEAP follow-up outcomes for children with autism as a case in point. *Topics in Early Childhood Special Education, 20*, 116-122.

Surian, L. (2006). *Autismo: Indagini sullo sviluppo mentale.* Laterza.

Sweeter, T. L., Posey, D. J., & McDougle, C. J. (2004). Brief report: Autistic disorder in three children with citomegalovirus infection. *Journal of Autism and Developmental Disorders, 34*(5), 583-586.

Swettenham, J. (1996). Can children with autism be taught to understand false belief using computers? *Journal of Child Psychology and Psychiatry and Allied Disciplines, 37*, 157-165.

Szatmari, P. (2003). The causes of autism spectrum disorders. *BMJ, 326*, 173-174.

Szatmari, P. et al. (2007). Mapping autism risk loci using genetic linkage and chromosomal rearrangements. *Nature Genet, 39*, 319-328.

Szatmari, P., Brenner, R., & Nagy, J. (1989). Asperger's syndrome: A review of clinical features. *Canadian Journal of Psychiatry, 34*, 554-560.

Szatmari, P., Jones, M. B., Zwaigenbaum, L., & MacLean, J. E. (1998). Genetics of autism: Overview and new directions. *Journal of Autism and Developmental Disorders, 28*, 351-368.

Tager-Flusberg, H. (1993). What language reveals about the understanding of minds in children with autism. In S. BaronCohen, H. Tager-Flusberg & D. J. Cohen (Eds.), *Understanding other minds: Perspectives from autism* (pp. 138-157). Oxford University Press.

Tager-Flusberg, H., & Anderson, M. (1991). The development of contingent discourse ability in autistic children. *Journal of Child Psychology and Psychiatry, 32*, 1123-1134.

Tammet, D. (2006). *Born on a blue day: A memoir of Aspergers and an extraordinary mind*. Hodder & Stoughton.

Tammet, D. (2007). *Born on a blue day: Inside the extraordinary mind of an autistic savant*. Free Press.

Theoret, H., Halligan, E., Kobayashi, M., Fegni, F., Tager-Flusberg, H., & Pascual-Leone, A. (2005). Impaired motor facilitation during action observation in individuals with autism spectrum disorder. *Current Biology, 15*, 84-85.

Tierney, S., Burns, J., & Kilbey, E. (2016). Looking behind the mask: Social coping strategies of girls on the autistic spectrum. *Research in Autism Spectrum Disorders, 23*, 73-83.

Tomasello, M. (1995). Joint attention as social cognition. In C. Moore & P. Dunham (Eds.), *Joint attention: Its origins and role in development* (pp. 103-130). Erlbaum.

Tordjman, S., Somogyi, E., Coulon, N., Kermarrec, S., Cohen, D., Bronsard, G., Bonnot, O., Weismann-Arcache, C., Botbol, M., Lauth, B., Ginchat, V., Roubertoux, P., Barburoth, M., Kovess, V., Geoffray, M. M., & Xavier, J. (2014). Gene x Environment interactions in autism spectrum disorders: Role of epigenetic mechanisms. *Frontiers in Psychiatry, 5*(53).

Treffert, D. A. (1989). *Extraordinary people: Understanding savant syndrome*. Ballantine Books.

Treffert, D. A. (2009). The savant syndrome: An extraordinary condition. A synopsis: Past, present, future. *Philosophical Transactions of the Royal Society, 364*, 1351-1357. doi:10.1098/rstb.2008.0326.

Trehin, G. (2006). *Urville*. Jessica Kingsley.

Trevarthen, C., & Aitken, K. J. (2001). Infant intersubjectivity: Research, theory, and clinical applications. *Journal of Child Psychology and Psychiatry, 42*, 3-48.

Tsai, L. Y. (1992). Diagnostic issues in high-functioning autism. In E. Schopler & G. B. Mesibov (Eds.), *High-functioning individuals with autism* (pp. 11-40). Plenum Press.

Tsai, L., Stewart, M. A., & August, G. (1981). Implication of sex differences in the familial transmission of infantile autism. *Journal of Autism and Developmental Disorders, 11*(2), 165-173.

Tsai, H. W. J., Cebula, K., & Fletcher-Watson, S. (2017). The role of the broader autism phenotype and environmental stressors in the adjustment of siblings of children with autism spectrum disorders in Taiwan and the United Kingdom. *Journal of Autism and Developmental Disorders, 47*(8), 2363-2377.

Twachtman, D. D. (1995). Methods to enhance communication in verbal children. In K. A. Quill (Ed.), *Teaching children with autism: Strategies to enhance communication and socialization* (pp. 133-162). Delmar.

Valtellina, E. (2010). *Sindrome di Asperger, HFA e formazione superiore*. Erickson.

Van Kooten, I. A. J., Palmen, S. J. M. C., von Cappeln, P., Steinbusch, H. W. M., Korr, H., Heinsen, H. et al. (2008). Neurons in the fusiform gyrus are fewer and smaller in autism. *Brain, 131*, 987-999.

Venuti, P. (2003). *L'autismo: Percorsi d'intervento*. Carocci.

Venuti, P. (2007). *Percorsi evolutivi: Forme tipiche e atipiche*. Carocci.

Venuti, P. (2010). *L'intervento in rete per i Bisogni Educativi Speciali: Il raccordo tra lavoro clinico, scuola e famiglia*. Erickson.

Vio, C. (2005). *Autismo: Dalla diagnosi all'intervento psicoeducativo*. Vannini.

Vio, C., Menazza, C., & Bacci, B. (2010). *Parent training nell'autismo*. Erickson.

Visconti, P. (2012). Riflessioni e commenti di un clinico sulle Linee guida. *Autismo e disturbi dello sviluppo, 10*(2), 263-271.

Visconti, P., Peroni, M., & Ciceri, F. (2007). *Immagini per parlare*. Vannini.

Vivanti, D. (1998). Il programma TEACCH. In S. Bagalà, D. Raso & D. Vivanti (Eds.), *L'autistico a scuola*. Laruffa.

Vivanti, G. (2010). *La mente autistica*. Omega.

Vivanti, G. (2012). Verso il DSM-V. *Autismo e disturbi dello sviluppo, 10*(3), 395-397, 402-403.

Vivanti, G., & Salomone, E. (2016). *L'apprendimento nell'autismo*. Erickson.

Vivanti, G., Barbaro, J., Hudry, K., Dissanayake, C., & Prior, M. (2013). Intellectual development in autism spectrum disorders: New insights from longitudinal studies. *Frontiers in Human Neuroscience, 7*. https://doi.org/10.3389/fnhum.2013.00354.

Vollm, B. A. et al. (2006). Neuronal correlates of theory of mind and empathy: A functional magnetic resonance imaging study in a nonverbal task. *Neuroimage, 1*(29), January, 90-98.

Vygotskij, L. S. (1974). *Storia dello sviluppo delle funzioni psichiche superiori*. Giunti.

Wakefield, A. J., Murch, S. H., Anthony, A. et al. (1998). Ileal-lymphoid-nodular hyperplasia, non-specific colitis, and pervasive developmental disorder in children. *Lancet, 351*, 637-641.

Wallace, G. L., Happé, F., & Giedd, J. N. (2009). A case study of a multiply talented savant with an autism spectrum disorder: Neuropsychological functioning and brain morphometry. *Philosophical Transactions of the Royal Society, 364*, 1425-1432. doi:10.1098/rstb.2008.0330.

Wapner, W., Hamby, S., & Gardner, H. (1981). The role of the right hemisphere in the apprehension of complex linguistic materials. *Brain and Language, 14*, 15-33.

Watling, R. L., Deitz, J., & White, O. (2001). Comparison of sensory profile scores of young children with and without autism spectrum disorders. *American Journal of Occupational Therapy, 55*(4), 416-423.

Watson, L. R. et al. (1997). *La comunicazione spontanea nell'autismo (secondo il Metodo TEACCH)*. Erickson.

Webster-Stratton, C. (1994). Advancing videotape parent training: A comparison study. *Journal of Consulting & Clinical Psychology, 62*, 583-593.

Weiss, L. A., & Arking, D. E. (2009). A genome-wide linkage and association scan reveals novel loci for autism. *Nature, 461*(7265), 802-808.

Williams, D. (1992). *Nobody nowhere: The extraordinary biography of an autistic*. Avon.

Williams, D. (1996). *Autism – an Inside-out Approach: An innovative look at the mechanics of "autism" and its developmental "cousins"*. Jessica Kingsley.

Wiltshire, S. (1989). *Cities*. Dent.

Wing, L. (1988a). Autism: Possible clues to the underlying pathology. 1: clinical facts. In *Aspects of autism-bio-logical research*. Gaskell.

Wing, L. (1988b). The continuum of autistic characteritics. In E. Schopler & G. Mesibov (Eds.), *Diagnosis and assessment in autism*. Plenum Press.

Wing, L. (1996). *The autistic spectrum: A guide for parents and professionals*. Constable.

Wing, L. (1997). *The autistic spectrum*. Pergamon.

Wing, L. (2001). La storia della Sindrome di Asperger. In E. Schopler, G. Mesibov & L. Kunce, *Sindrome di Asperger e autismo high-funtioning: Diagnosi e interventi*. Erickson.

Wing, L., & Gould, J. (1979). Severe impairments of social interaction and associated abnormalities in children: Epidemiology and classification. *Journal of Autism and Developmental Disorders, 9*, 11-29.

Wolery, M. (2000). Commentary: The environment as a source of variability. Implications for research with individuals who have autism. *Journal of Autism and Developmental Disorders, 30*, 379-381.

Wong, V., Hui, L. H., Lee, W. C. et al. (2004). A modified screening tool for autism (Checklist for Autism in Toddlers [CHAT-23]) for Chinese children. *Pediatrics, 114*, 166-176.

Woollett, K., Spiers, H. J., & Maguire, E. A. (2009). Talent in the taxi: A model system for exploring expertise. *Philosophical Transactions of the Royal Society, 364*, 1407-1416.

World Health Organization (2007). *ICF-CY/International Classification of Functioning, Disability and Health: Children & Youth Version*, Geneva, Switzerland. Trad. it.: (2007). *Organizzazione Mondiale della Sanità, ICF-CY/Classificazione Internazionale del Funzionamento, della Disabilita e della Salute: Versione per bambini e adolescenti*. Erickson.

Wrobel, M. (2013). *Laboratorio autonomia nell'autismo*. Erickson.

Xaiz, C., & Micheli, E. (2001). *Gioco e interazione sociale nell'autismo: Cento idee per favorire lo sviluppo dell'intersoggettivita*. Erickson.

Xaiz, C., & Micheli, E. (2011). *Lavorare con le famiglie dei bambini con autismo: Guida per gli operatori*. Erickson.

Young, R. L., Ridding, M. C., & Morrell, T. L. (2004). Switching skills on by turning off part of the brain. *Neurocase, 10*, 215-222.

Zappella, M. (1991). Autistic features in children affected by cerebral gigantism, in. *Brain Dysfunction, 3*, 241-244.

Zappella, M. (1992). Hypomelanosis of Ito is frequently associated with Autism. *European Child and Adolescent Psychiatry, 1*, 170-177.

Zappella, M. (2002). Early onset Tourette syndrome with reversible autistic disorder: A dysmaturational disorder. *Eur Child Adolescent Psychiatry, 11*(1), 18-23.

Zappella, M. et al. (2001). In classe con un allievo con autismo. In C. Ricci (Ed.), *Manuale per l'integrazione scolastica*. Fabbri Editori.

Zelazo, P. D. (2006). The Dimensional Change Card Sort (DCCS): A method of assessing executive function in children. *Nature Protocols, 1*, 297-301.

Zilbovicius, M., Meresse, I., Chabane, N., Brunelle, F., Samson, Y., & Boddaert, N. (2006). Autism, the superior temporal sulcus and social perception. *Trends in Neurosciences, 29*(7), July, 359-366.

EDITORA VOZES LTDA.
Rua Frei Luís, 100 – Centro – Cep 25689-900 – Petrópolis, RJ
Tel.: (24) 2233-9000 – E-mail: vendas@vozes.com.br